FEST

Forschungen und Berichte
der Evangelischen Studiengemeinschaft
im Auftrage des Wissenschaftlichen Kuratoriums
herausgegeben von Georg Picht, Wolfgang Huber und
Heinz Eduard Tödt

Band 35

Offene Systeme II

Logik und Zeit

Herausgegeben von

KRZYSZTOF MAURIN, KRZYSZTOF MICHALSKI, ENNO RUDOLPH

KLETT-COTTA

CIP-Kurztitelaufnahme der Deutschen Bibliothek

Offene Systeme. — Stuttgart: Klett-Cotta
2. Logik und Zeit / hrsg. von Krzysztof Maurin ... —
1. Aufl. — 1981.
(Forschungen und Berichte der Evangelischen Studiengemeinschaft;
Bd. 35)
ISBN 3-12-902440-9
NE: Maurin, Krzysztof [Hrsg.]; Evangelische Studiengemeinschaft:
Forschungen und Berichte ...

1. Auflage 1981
Verlagsgemeinschaft Ernst Klett – J. G. Cotta'sche Buchhandlung
Nachfolger GmbH, Stuttgart
Alle Rechte vorbehalten
Fotomechanische Wiedergabe nur mit Genehmigung des Verlages
© Ernst Klett, Stuttgart 1981 · Printed in Germany
Satz und Druck: Zechnersche Buchdruckerei, Speyer

INHALT

Vorwort 7

1. *Georg Picht*
   Zur Einführung 9

2. *Carl Friedrich von Weizsäcker*
   Zeit und Wissen 17

I. MATHEMATISCH-PHYSIKALISCHE ASPEKTE

3. *René Thom*
   Worüber sollte man sich wundern? 41
   1. Der epistemologische Status der Katastrophen-
      theorie 41
   2. Der Begriff des Archetyps in der Biologie und seine
      gegenwärtigen Wandlungen 57
   3. Die biologischen Wurzeln des Symbolischen 71
   4. Die Archetypen zwischen Mensch und Natur . . . 82
   5. Raum, Wissenschaft und Magie 94

4. *Jacek Komorowski*
   Qualitative or Quantitative? A catastrophe-theoretical
   example within physics 108

5. *Krzysztof Maurin*
   Mathematik als Sprache und Kunst 118

II. THEOLOGISCHE ASPEKTE

6. *Christian Link*
   Schwierigkeiten des „kosmologischen" Redens von
   Gott 245

7. *Knud Ejler Løgstrup*
   Das singuläre Universale 284

8. *A. M. Klaus Müller*
   Geschöpflichkeit als Herausforderung an Naturwissenschaft und Theologie 299

III. Philosophische Aspekte

9. *Krzysztof Michalski*
Sinn und Tatsache. Über Husserls Auseinandersetzung
mit dem Psychologismus 329

10. *Enno Rudolph*
Zeit und Widerspruch. Eine Problemskizze im Blick auf
Heidegger und Aristoteles 372

11. *Edith Picht*
Kleiner Ausflug in die Musik. Bemerkungen zu einem
Bach-Praeludium 398

Die Autoren dieses Bandes 407

Personenregister 411

VORWORT

Die Quantenlogik ist im Kern eine Logik der Voraussagen. Die
Mathematik der Physiker verschweigt diese Eigenschaft ebenso
wie die klassische Logik. Mathematik und klassische Logik operieren unter definitiver Ausklammerung der Zeit. Andererseits
aber ist die Physik nicht erst in ihrer klassischen und postklassi-
schen Entwicklung eine Theorie des Bewegten, also eine Theorie von Gegenständen, die durch die Zeit in fundamentaler
Weise bestimmt sind. Die Physik der antiken Philosophie, vor
allem die aristotelische, ist für diesen Tatbestand von beispiel-
hafter Bedeutung. Die klassische Logik gilt zudem ihrer Entstehung nach als ein Regelsystem des wahrheitssuchenden Streitge-
sprächs, in dem hypothetisch und gleichsam künstlich von der
zeitlichen Veränderlichkeit der zur Debatte stehenden Gegenstände oder Sachverhalte abgesehen wird. Damit bleibt die klassische Logik aber auf negative Weise auch auf die Zeit bezogen.
Gibt es Aussageformen, Kategorien oder Modelle, die der zeitlichen Verfassung physikalischer Gegenstände gerecht werden
und dennoch ›logisch‹ genannt werden können? Dieser Frage
geht Carl Friedrich von Weizsäcker in seinem Beitrag über »Zeit
und Wissen« in diesem Band nach, eine Frage, mit der zugleich
das Leitmotiv des gesamten Buches anklingt. Weizsäckers Fragestellung bildete den Ausgangspunkt für eine Tagung, die unter
dem Titel »Logik und Zeit« im Herbst 1978 in der Forschungsstätte der Evangelischen Studiengemeinschaft Heidelberg unter
der Leitung von Georg Picht stattfand. Ein wesentlicher Teil der
Diskussion wird in dieser Anthologie zusammen mit solchen
Beiträgen veröffentlicht, die den Herausgebern von weiteren
Teilnehmern der Tagung im nachhinein zur Verfügung gestellt
wurden. Dokumentiert wird in dieser Veröffentlichung damit
der Auftakt zu einem Gespräch, in dem das Problem des Verhältnisses von Logik und Zeit überwiegend unter dem speziellen
Gesichtspunkt mathematischer und physikalischer Fragestellun-
gen behandelt wurde. Es war weder beabsichtigt, noch schien es
sinnvoll und möglich, die Beiträge im Verhältnis zueinander zu
vereinheitlichen oder gar zu systematisieren. Jeder Autor

7

versucht auf eigentümliche Weise und mit je spezifisch methodischem Ansatz das gemeinsame Thema zu beleuchten.

Der Beitrag von René Thom ist der erste in deutscher Sprache erscheinende Text des französischen Mathematikers und Begründers der »Katastrophentheorie«. Aus seinen bisherigen Arbeiten ist bekannt, daß er das Verhältnis von mathematischer Logik und Zeit mit dem Ziel untersucht, eine Theorie der Mathematisierbarkeit von Prozessen mit diskontinuierlicher Struktur zu entwickeln. Sein Beitrag versteht sich zudem als Baustein einer mathematisch fundierten Naturphilosophie. Der Diskussionsbeitrag von Jacek Komorowski beschäftigt sich anschließend in direkter Reaktion darauf mit der physikalischen Relevanz des Thom'schen Modells. Einen völlig anderen und ebenso außergewöhnlichen Zugang zur Mathematik eröffnet der Beitrag von Krzysztof Maurin. Er überschreitet das traditionelle Selbstverständnis dieser Wissenschaft, indem er sie als Sprache und Kunst und damit als Phänomen in der Zeit zu deuten versucht.

Die Arbeiten von Knud Eiler Løgstrup, Christian Link wie auch von A. M. Klaus Müller wurden in der Diskussion nicht ausdrücklich behandelt. Sie sind im Umfeld der Fragestellung anzusiedeln und verstehen sich als theologische Reflexion auf die Problematik des Verhältnisses von Logik und Zeit. Die beiden philosophischen Beiträge von Krzysztof Michalski und Enno Rudolph sollen andeuten, an welchen traditionellen Theoremen der Philosophiegeschichte sich eine Vertiefung der Analysen orientieren könnte. Die Reflexionen schließlich, die Edith Picht-Axenfeld über ein Präludium von Bach anstellt, repräsentieren die Perspektive, die sich von der Kunst auf das Thema der Tagung entwerfen läßt. Sie fanden ihre lebendige und undokumentierbare Manifestation in Pianorezitalen, die den Gegenstand der Diskussion in einer wortlosen Sprache zu Gehör brachten.

Die Herausgeber danken Heinrich von Weizsäcker, der für die Diskussion zwischen polnischen und deutschen Gesprächspartnern als unentbehrlicher Brückenschlag diente. Besonderer Dank gilt Georg Picht, der in diesem Band mit einer kleinen Einführung bei weitem zu wenig demonstriert, wie sehr das Gespräch durch seine Gedanken geprägt war.

Heidelberg, im Dezember 1980   *Die Herausgeber*

GEORG PICHT

ZUR EINFÜHRUNG

Der Titel dieses Buches —»Offene Systeme« — scheint in sich
einen Widerspruch zu enthalten. Unter »System« (zu deutsch:
Zusammenstand) pflegen wir eine Ordnung zu verstehen, in der
jedem Element, das in ihr vorkommt, eine jeweils eindeutig bestimmbare Position zugewiesen werden kann. Dieses Postulat
setzt die konstante und invariante Identität des Systems mit sich
selbst voraus. Ob das so definierte System in unserem Wissen
oder in der Natur der Dinge verankert ist, bleibt unentschieden;
daraus ergibt sich eine Zweideutigkeit, die meist unreflektiert
hingenommen wird. Das System des Wissens und das System
der Natur werden, als ob sich das von selbst verstünde, miteinander gleichgesetzt. Das hat zur Folge, daß man bei strikt sy-
stem-konformen Aussagen zwischen Aussage und Sachverhalt
nicht unterscheiden kann; es ist in den exakten Wissenschaften
üblich, Aussagen für Sachverhalte oder Sachverhalte für Aussagen einzusetzen. Zieht man hingegen die Möglichkeit in Erwägung, Systeme könnten offen sein, so setzt man das Merkmal der
Invarianz außer Kraft; dadurch wird auch das Merkmal der
Konstanz relativiert. Kann die Invarianz nicht mehr vorausgesetzt werden, so kann man auch nicht mehr von der Annahme
ausgehen, eine Aussage sei wahr, wenn sie den von ihr bezeich-
neten Sachverhalt eindeutig bestimmt; es ist vielmehr dann zu
erwarten, daß »die Natur der Dinge« oder, vorsichtiger und zugleich genauer gesagt: die Phänomenalität der Phänomene von
sich aus vieldeutig ist, also in einer unbestimmten Mannigfaltigkeit von Relationen sich bewegt, die miteinander incommensurabel sind. Dann ist es nicht mehr legitim, daran festzuhalten,
daß die wechselseitige Substitution von Aussagen und Sachverhalten erlaubt ist; denn diese ist nun durch die Eindeutigkeit der
Aussagen gerechtfertigt. Alternativen zu der geforderten Eindeutigkeit bietet aber die Tradition der europäischen Wissenschaft und Philosophie, die immer noch von der griechischen
Ontologie beherrscht wird, nicht an. Daraus erklärt sich, daß die

9

Überschrift »Offene Systeme« wie eine halbdurchdachte Paradoxie oder ein manirierter Ausdruck für die Verlegenheit wirken muß, in die Wissenschaftler geraten, wenn sie gleichzeitig in geschlossenen Systemen denken und in einer offenen Gesellschaft leben wollen. Deshalb bedarf es der Rechtfertigung, wenn ein Institut jetzt schon den zweiten Band mit diesem Titel veröffentlicht, zumal ein drittes Buch, »Humanökologie und Frieden«, seiner Thematik nach unter dieselbe Überschrift hätte gestellt werden können[1]. Betrachtet man sich die drei Bücher genauer, so muß sich dieser Eindruck verstärken. Sie haben die Gestalt von »Unbüchern«, denn sie verstoßen gegen die klassische Forderung, eine ernstzunehmende wissenschaftliche Publikation müsse systematisch aufgebaut sein, also selbst das Modell eines geschlossenen Systems imitieren.

Die Begründung, wenn auch noch nicht die Rechtfertigung des Titels »Offene Systeme« ergibt sich aus der Frage, die durch den Untertitel »Logik und Zeit« bezeichnet wird. »Logik« ist, nach einem die neuzeitliche Philosophie beherrschenden Dogma, das in der stoischen Logos-Metaphysik seinen geschichtlichen Ursprung hat, die Lehre von den notwendigen Gesetzen des Denkens. Zwar hat sie, wie das Denken überhaupt, eine Geschichte. Sollen ihre Gesetze aber notwendig sein, so ist diese Geschichte für die Logik selbst irrelevant. Wenn Denken Erkenntnisse gewinnen kann, die zu allen Zeiten, also in diesem Sinne »zeitlos« gültig sind, so müssen seine Gesetze zeitlos sein. In dieser Zeitlosigkeit hat die Invarianz des geschlossenen Systems ihren Grund. Invarianz bedeutet: unveränderliche Identität des Systems mit sich selbst. Die Basis der Logik ist deshalb das Prinzip der Identität, das Grundprinzip der europäischen Metaphysik. Seit sich die Logik von der Metaphysik emanzipiert hat, oder genauer gesagt: seit sie auf ihre metaphysischen Implikationen nicht mehr reflektiert, macht sie von diesem Prinzip in der Regel nur noch in seiner negativen Formulierung, dem Satz

---

[1] Ernst von Weizsäcker (Hrsg.), Offene Systeme I. Beiträge zur Zeitstruktur von Information, Entropie und Evolution (Forschungen und Berichte der Evangelischen Studiengemeinschaft, Bd. 30), Stuttgart 1974, und Constanze Eisenbart (Hrsg.), Humanökologie und Frieden (Forschungen und Berichte der Evangelischen Studiengemeinschaft, Bd. 34), Stuttgart 1979.

vom Widerspruch, Gebrauch. Da dieser Satz aus sich selbst heraus als »zwingend« gilt, ist sie durch ihn von der Nötigung entbunden, ihren Anspruch auf Wahrheit zu begründen. Die Äquivokation, daß das Wort »notwendig« sowohl in der Bedeutung »zwingend« wie in der Bedeutung »wahr« gebraucht wird, nimmt man in Kauf, weil man sie nicht bemerkt.

Solange das metaphysische Dogma galt, das Universum sei ein geschlossenes System, also ebenfalls dem Prinzip der Identität unterworfen, konnte man — hypothetisch — voraussetzen, durch dieses Prinzip sei die Übereinstimmung der Gesetze der Logik mit den Gesetzen der Natur verbürgt. Von Aussagen, die den Gesetzen der Logik gehorchen, konnte zugleich behauptet werden, daß sie mit Sachverhalten in der Natur übereinstimmen, denn die Bedingung für diese Behauptung wurde durch die metaphysische Lehre garantiert, daß ein und dasselbe Prinzip, das Prinzip der Identität, sowohl der Natur wie dem Denken zugrundeliegt. War die Möglichkeit einer solchen Übereinstimmung »im Prinzip« gesichert, so bereitete es keine Schwierigkeiten, daß die Differenz zwischen Aussage und Sachverhalt sich in den systematisch aufgebauten Wissenschaften nicht angeben läßt. Man konnte dann, wie es in diesen Wissenschaften noch heute Usus ist, jederzeit Aussagen für Sachverhalte und Sachverhalte für Aussagen substituieren.

In diese »heile Welt« der Metaphysik, an der die exakten Wissenschaften trotz ihrer Emanzipation von der Philosophie bis heute festhalten, bricht die einfache Überlegung ein, daß alles, was uns in der Natur begegnet — Phänomene, Prozesse, Zustände und Strukturen — nur darum in ihr »vorkommen« kann, weil es in der Zeit ist. Zeit ist jedoch nicht jenes homogene Kontinuum, als das sie vorgestellt wird, wenn man sie in der Gestalt eines linearen Parameters »einführt«. Der lineare Parameter ist vielmehr, wie sich aus der Geschichte dieses »Bildes« der Zeit nachweisen läßt, eine Projektion: er ist eine Projektion des Prinzips der Identität. Tatsächlich begegnet uns jedoch Zeit, auch in der Erfahrung der Naturwissenschaften, stets in der Differenz ihrer Modi: Vergangenheit, Gegenwart, Zukunft. Zukunft ist aber ein Feld offener Möglichkeiten. Wenn nun jeder »Zusammenstand«, also jedes geordnete Gefüge in der Natur, ein Gefüge in der Zeit ist, so muß die Trias der Modi der Zeit sich in dem Bau dieser Gefüge manifestieren. Ist die Zeit nach der Zukunft hin offen, so können sich die Ordnungen in der Zeit dem für ihre Strukturbildung konstitutiven Prinzip der Offenheit der Zeit nicht widersetzen. Sie können also nicht geschlossene, sie müssen offene Systeme sein. Eine Theorie der Ordnungen in der Natur wäre dann eine Theorie verschiedener Klassen von offenen Systemen. Betrachtet man, wie es in den drei genannten Büchern geschieht, auch die in der Humangeschichte hervorgetretenen Ordnungen jeglicher Art bis hin zu Musik und Kunst als Ordnungen in der Natur, so schließt der Titel »Offene Systeme« die bisher getrennten Bereiche der Natur-, Sozial- und Geisteswissenschaften zusammen. Es geht dann überall um den inneren Bau jener Ordnungen, die in der Zeit möglich sind.

Läßt man sich auf solche Überlegungen ein, wozu nicht jedermann bereit ist, so entdeckt man eine fundamentale Diastase zwischen der zeitlichen Verfassung der Sachverhalte, die wir erkennen wollen, und der logischen Form der Aussagen, in denen wir unsere Erkenntnisse darstellen und festhalten. Man bemerkt, daß nicht nur in der Philosophie, sondern auch in den »positiven« Wissenschaften die aus dieser Diastase entspringenden Fragen sich während der letzten zwei Jahrhunderte mehr und mehr hervordrängen und neue Typen von Theoriebildungen erzeugen, die unverkennbar analoge Problemlagen widerspiegeln, mögen sie auch, von außen her betrachtet, als disparat und incommensurabel erscheinen. Die Wissenschaften des 19. und 20. Jahrhunderts sind auf verschiedenen Wegen und ohne voneinander zu wissen in ein Feld vorgedrungen, das man als jenen »Zwischenraum« charakterisieren könnte, der sich durch die Diastase von Logik und Zeit eröffnet hat. Sie sind in der Regel bemüht, die Differenz von Logik und Zeit durch scharfsinnige Hilfskonstruktionen zu überbrücken. Bei näherer Prüfung stellt sich immer wieder heraus, daß diese Hilfskonstruktionen nicht tragfähig sind. In der Philosophie wurde die Diastase von Logik und Zeit zum ersten Mal durch Kant thematisiert. Die erste große Hilfskonstruktion war die Dialektik von Hegel. Im Rückblick läßt sich heute erkennen, daß schon die vielberufene cartesische Spaltung zwischen »res cogitans« und »res extensa« in der Diastase von Logik und Zeit ihre phänomenale Basis hatte. Für die Hilfskonstruktionen ist charakteristisch, daß durch sie das europäische Denken der letzten Jahrhunderte eine hohe Virtuosität in der Kunst entwickelt hat, Antinomien, die auf der Objektseite entstehen, im Abgrund der Subjektivität verschwinden zu lassen, oder umgekehrt die »Identitätskrisen« des Subjektes auf Antinomien im Feld der Objektivität zurückzuführen. Ich bin zu der Überzeugung gelangt, daß jeder Versuch, die Diastase zwischen Logik und Zeit zu überbrücken, scheitern muß. Sie ist unaufhebbar, und die Frage ist nur, welche Konsequenzen aus dieser Feststellung gezogen werden müssen. Drängt ein Problem sich auf, so muß man zunächst versuchen, es richtig zu lokalisieren. Die »Hilfskonstruktionen«, von denen ich gesprochen habe, sind seit dem Scheitern der Philosophie von Schelling und Hegel insgesamt dadurch gekennzeichnet, daß man auf partikulär gestellte Fragen partikuläre Antworten zu geben versuchte und an der Möglichkeit verzweifelte, für jene universalen Probleme, mit denen uns der Prozeß der Geschichte konfrontiert, universale Lösungen finden zu können. Auch die Philosophie hat sich weithin in eine Lehre von ihrer eigenen Unmöglichkeit verwandelt. Die mit Kant aufbrechende Krise der Metaphysik hat sich unwiderstehlich durchgesetzt. Daraus ergab sich die paradoxe Konsequenz, daß die Wissenschaft, unter der Herrschaft von Logik, darauf verzichtet, auf ihre metaphysischen Implikationen zu reflektieren, weil sie es von vornherein für unmöglich hielt, deren Rechtsgrundlage prüfen zu können. Die Krise der Metaphysik gibt also den Freibrief für eine nahezu unbeschränkte Herrschaft jener halbverstandenen Vorurteile, in denen das moderne Bewußtsein das Erbe der Metaphysik festhält. Ich erläutere dies an einem Beispiel, das mehr als ein bloßes Beispiel ist. Nach der klassischen Definition ist Wahrheit die Übereinstimmung von Aussage und Sachverhalt. Die Möglichkeit einer solchen Übereinstimmung war, wie ich gezeigt habe, im Zeitalter der Metaphysik dadurch gesichert, daß das Prinzip der Identität sowohl das oberste Prinzip des Denkens als auch das oberste Prinzip der Natur war, die man aus diesem Grunde »Uni-versum« nannte. Mit der Diastase von Logik und Zeit löst sich die Klammer, welche die Übereinstimmung von menschlichem Denken und Natur, von Aussage und Sachverhalt, zusammengehalten hatte. Das Prinzip der Identität gerät ins Wanken. In dieser Krise wird uns deutlich, daß die

Formel »Übereinstimmung von Aussage und Sachverhalt« nicht ausreicht, um das traditionelle Verständnis der Wahrheit zu erläutern. Tatsächlich wird nämlich gefordert, daß eine Aussage, von der wir behaupten, sie sei wahr, einer doppelten Übereinstimmung genügen muß: sie muß einerseits mit dem entsprechenden Sachverhalt, sie muß andererseits durch ihre logische Form mit den Gesetzen der Logik übereinstimmen. Nur diese doppelte Übereinstimmung kann die Wahrheit einer Aussage begründen. Stehen Logik und Zeit zueinander in einer fundamentalen Diastase, so ist es prinzipiell unmöglich, das Postulat der doppelten Übereinstimmung zu erfüllen. Gehorcht die Aussage den Gesetzen der Logik, so kann sie der Zeitverfassung der Sachverhalte nicht adäquat sein. Stimmt sie mit den Sachverhalten überein, so läßt sie sich nicht mehr in die logischen Aussageformen einfügen. Deshalb ist das Verhältnis von Logik und Sprache im Zeitalter der Krise der Metaphysik zu einem zentralen Problem der Philosophie geworden, das durch den Beitrag von Krzysztof Maurin in diesem Bande auf einzigartige Weise beleuchtet wird. Es geht also bei der Frage nach Logik und Zeit um nichts Geringeres als um das Wesen der Wahrheit und der in ihm begründeten Möglichkeiten menschlicher Erkenntnis.

Die offenen Systeme, von denen niemand leugnen wird, daß es sie in der Natur wirklich gibt, verbürgen durch ihr bloßes Dasein, daß die Erkenntnis der Diastase von Logik und Zeit nicht in den Abgrund des Nihilismus führen muß. Wenn uns der Titel paradox erscheint, wenn wir uns einbilden, die Begriffe »System« und »offen« schlössen sich wechselseitig aus, so geben wir dadurch nur zu erkennen, daß es uns bisher nicht gelungen ist, uns von den Vorurteilen einer Metaphysik zu befreien, an deren absolute Wahrheit wir doch nicht mehr glauben. Wir glauben aber auch nicht mehr, daß es möglich sei, allein auf dem Königsweg des reinen spekulativen Denkens die wahre Struktur des Universums und unseres eigenen Denkens zu erkennen. Deswegen haben sich die Arbeitsgruppen, die im Rahmen der FEST seit 1970 die durch den Titel »Offene Systeme« indizierten Probleme untersuchen, dafür entschieden, einen Weg einzuschlagen, der sich für ein interdisziplinäres Institut anbietet. Krzysztof Maurin hat, zunächst unabhängig von uns, seinem interdisziplinären Seminar an der Universität Warschau denselben

Namen gegeben. Aus der Zusammenarbeit mit ihm auf der einen, mit Carl Friedrich von Weizsäcker auf der anderen Seite ist das gemeinsame Studium der Thematik »Logik und Zeit« hervorgegangen. An der FEST versuchen wir, ähnlich wie unsere polnischen Freunde, in einer Bestandsaufnahme verschiedene Modelle offener Systeme, die in weit auseinanderliegenden Wissenschaften heute entwickelt werden, strukturanalytisch zu untersuchen; parallel dazu arbeiten wir an Problemstudien, die das Ziel haben, durch Aufdeckung der in diesen Modellen versteckten Implikationen die Ebene zu erreichen, auf der sie miteinander vergleichbar werden. Philosophie in einem ernstzunehmenden Sinne des Wortes ist nicht nur jene akademische Disziplin, die es noch heute wagt, diesen Namen in Anspruch zu nehmen. Seit der Emanzipation der positiven Wissenschaften von der Metaphysik vollzieht sich in diesen Wissenschaften selbst ein dem Bewußtsein ihrer Repräsentanten weithin entzogenes, aber deshalb doch nicht weniger wirksames Philosophieren, dem wir die Revolutionen verdanken, die sich in diesen Wissenschaften ereignet haben. Den wirklichen Stand des philosophischen Bewußtseins im 20. Jahrhundert werden wir erst erkennen, wenn es gelingt, diese latente Philosophie ans Licht zu heben und in eine Sprache zu übersetzen, die es den Wissenschaftlern möglich macht, das, was sie denken und praktizieren, selbst zu begreifen. Erst wenn die Wissenschaften sich selbst verstehen, werden wir in der Lage sein, ihre zukünftige Evolution und ihre Auswirkungen zu kontrollieren. Der Titel »Offene Systeme« hat, wie der Band über »Humanökologie und Frieden« zeigen will, auch diesen, in einem sehr weiten Sinne des Wortes »politischen« Aspekt. Da politische Ordnungen durchgängig die Struktur von offenen Systemen haben, ist die Herstellung eines tragfähigen Gleichgewichtes zwischen diesen Ordnungen wie innerhalb ihrer vermutlich erst möglich, wenn wir die Struktur von offenen Systemen besser verstehen. Aus der Methodik des interdisziplinären Modellvergleiches und der ihn begleitenden Problemstudien erklärt sich, daß die drei Bände die Form des »Unbuches« haben. Es wäre irrig, daraus abzuleiten, sie seien bloße Buchbinder-Synthesen und entbehrten der inneren Einheit. Ihr Zusammenhalt ergibt sich daraus, daß die Leitfrage, die ich entwickelt habe, methodisch durchgehalten wird, zugleich aber so angesetzt ist, daß die Erwartung nicht aufkommen kann, sie könnte je durch eine »Antwort«, also ein abgeschlossenes Forschungsresultat, erledigt werden. Darin liegt ein prinzipieller Verzicht auf die Idee, es sei zu intendieren, daß menschliches Wissen sich der Form des geschlossenen Systems annähert.

Man kann nur denken, was man erfahren hat. Ein jedermann zugängliches Feld der Erfahrung und zugleich der Analyse offener Systeme ist die Musik. Jedes musikalische Gebilde hat die Struktur eines offenen Systems. Dieser Satz ist selbst dann richtig, wenn man den Begriff »Offenes System« so definiert, wie er in den exakten Wissenschaften gebraucht wird[2]. In der Musik überschneiden sich die Wissenschaften, die wir in der ersten Arbeitsphase mit gutem Grund in den Mittelpunkt gestellt haben: Mathematik, Physik und Geschichte des Geistes. Deswegen hat meine Frau bei den Sitzungen des Arbeitskreises »Logik und Zeit« musikalische Werke gespielt und zu diesem Band die Skizze einer Analyse eines musikalischen Gebildes beigetragen. Aus dem gleichen Grunde haben wir mit Hans Zender eine Konsultation über Formprobleme der neuen Musik durchgeführt. Das Überschreiten der traditionellen Schranken zwischen Wissenschaft und Kunst hängt mit dem Phänomen der Diastase von Logik und Zeit und mit fundamentalen Methodenproblemen des Themas »Offene Systeme« eng zusammen. Die gleichen Probleme nötigen Krzysztof Maurin in seinem Beitrag zu einer Aufhebung der Grenzen zwischen Mathematik und mystischer Meditation. Warum solche Grenzüberschreitungen unausweichlich sind, kann hier nicht ausgeführt werden. Wir behalten das späteren Studien vor.

---

[2] Vgl. dazu Ernst von Weizsäcker, Offene Systeme I, 9 ff.

CARL FRIEDRICH VON WEIZSÄCKER

ZEIT UND WISSEN*

Τὸ γὰρ αὐτὸ νοεῖν ἔστιν τε καὶ εἶναι.

Parmenides

Offenbart sich die Zeit selbst als Horizont des Seins?

Heidegger

Wenn die Identität Wissen und Sein verknüpft und ein Horizont
Sein und Zeit, wie verknüpfen sich Zeit und Wissen?
Heute, Georg, spreche ich nicht *über* Dich, also zu Dritten, sondern *zu* Dir. Ich spreche aber auch noch nicht so *mit* Dir, wie ich
es von einer nahen Zukunft erhoffe. Ich bringe zunächst gleichsam etwas zu beißen, und etwas Wein zum Symposion, ich
bringe Material zum Gespräch. Dein Nachdenken über Zeit und
Wissen ist Philosophie. Es hat sich in dem, was Du publiziert
hast, unter anderem in dem Buchtitel ausgedrückt:»Wahrheit
— Vernunft — Verantwortung«. Du nimmst dort in den Begriff
der Verantwortung das auf, was heute von Wahrheit und Vernunft zu bewahren ist. Verantwortung aber ist der Zukunft zuge-
wandt, also nur in der Zeit zu denken. Das ist eine Philosophie
der Zeit. Sie ist, konsequenterweise, ausdrücklich auch eine Philosophie in der Zeit, nämlich in unserer Zeit, heute. Unser Zeitalter nun ist durch die Wissenschaft bestimmt, im Kern durch
die Naturwissenschaft. Ich bringe heute eine Skizze meiner Arbeit in der Naturwissenschaft, die ich gelernt habe.
Diese Skizze stelle ich von vornherein in den Gesprächsrahmen
Deines Projekts»Naturphilosophie«. Als Teil dieses Projekts
werden wir im Herbst eine Diskussionswoche über Zeit und Logik haben. Dafür habe ich eine etwas umfangreichere Darstel-

---

* Der Aufsatz stellt den Abdruck eines Vortrags dar, den der Verfasser
anläßlich des 65. Geburtstags von Georg Picht im Juli 1978 in der FEST
gehalten hat. Er steht thematisch in unmittelbarem Zusammenhang mit
der Arbeitstagung über»Logik und Zeit« und den dort vom Verfasser
vorgetragenen Forschungsergebnissen.

17

lung dessen, was ich von der Naturwissenschaft her zum Thema »Zeit und Wissen« beizusteuern habe, schon geschrieben. Sie ist zugleich für eine Physikertagung verfaßt, die unser Institut in der kommenden Woche in Tutzing abhalten wird. Ihre Sprache richtet sich also an Physiker — damit beginnend, daß sie auf Englisch verfaßt ist. Was ich heute in einer Stunde auf Deutsch sagen will, setzt diese Darstellung systematisch voraus, referiert sie auszugsweise und führt sie weiter. Ich will in drei Bereichen je einen Punkt hervorheben, der für das philosophische Gespräch wichtig sein könnte. Die drei Bereiche sind durch das eine Thema der zeitlichen Logik zusammengefaßt. Sie sind: 1. die zeitliche Logik selbst, 2. ihre Anwendung in der Naturwissenschaft, 3. ihre Voraussetzung in der Natur. Ich spreche hier also in einem mir seit langem naheliegenden geschichtlichen Schema: Die Natur ist älter als der Mensch, der Mensch ist älter als die Naturwissenschaft. Der Mensch ist ein Kind der Natur, die Naturwissenschaft ist eine Erfindung des Menschen. Die drei hervorgehobenen Punkte sind: 1. zeitliche Logik und Mathematik, 2. das ontologische Problem der Quantentheorie, 3. der Mensch als Erfinder der Logik. Wenn ich noch einmal auf die Situation des Gratulanten zurückkommen darf, so werde ich also gleichsam in drei Rollen auftreten: als Logiker, als gelernter Physiker, als selbsternannter Anthropolog.

Zeitliche Logik und Mathematik

Indische und japanische Philosophen haben mir übereinstimmend gesagt, Stärke und Grenze des abendländischen Denkens liege in seiner Bindung an die aristotelische Logik. In der Tat entstammt die neuzeitliche Naturwissenschaft der Tradition der Philosophie[1]. Philosophie, in dem scharfen Sinne, in dem ich das Wort hier gebrauche, ist in der Menschheitsgeschichte nur einmal entstanden. Philosophie ist der Herkunft nach griechische Philosophie. Was zeichnet sie gegenüber allen Formen

---

[1] In meinen Vorlesungen »Die Tragweite der Wissenschaft« habe ich die Rolle des biblisch-christlichen Denkens bei der Entstehung der Naturwissenschaft überschätzt. Ich hatte damals noch zu wenig Platon gelesen.

asiatischer Weisheit aus und hat ihr unter anderem ermöglicht, die Naturwissenschaft als ihr legitimes Kind hervorzubringen? Wenn ich mich nicht täusche, ist es das Paradigma der gleichzeitig mit der Philosophie in Griechenland erfundenen deduktiven Mathematik. Für die Wissenschaft der Logik war die Mathematik das methodische Vorbild und der nächstliegende Anwendungsbereich.

Der griechischen Eidos-Philosophie stellt das mathematische Paradigma einen zentralen Gedanken zur Verfügung, den der zeitlosen rationalen Erkenntnis. Der Aufstieg von dem, was entsteht und vergeht, zur unvergänglichen Wahrheit ist auch der Weg der meditativen Weisheit Indiens. Aber für diese Weisheit gehört das argumentierende Denken zur Welt des Werdens und Vergehens. Der meditative Aufstieg läßt früher den Begriff hinter sich als die Zeit. Anders, wenn wir den westlichen Philosophen der Meditation, Plotin, lesen. Für ihn ist die Zeit (χϱόνος) das Leben der Seele (ψυχή), die Ewigkeit (αἰων) das Leben des Geistes (νοῦς). Der Geist aber ist noch nicht das Eine (ἕν). Er ist zugleich Eines und Vieles, jeder Teil notwendig im Ganzen und eben darum jeder Teil das Ganze implikativ enthaltend. Eben in dieser Weise ist er der Ort der Ideen. Man kann sich diese Struktur am Modell der Mathematik klarmachen. Um ein modernes, auch zur Interpretation von Leibniz nützliches Beispiel heranzuziehen: jedes beliebig kleine Stück einer analytischen Funktion bestimmt den gesamten Funktionsverlauf. Mathematische Sätze aber sind nicht heute wahr und morgen falsch. Mathematische Strukturen bestehen, so scheint es, unberührt vom Gang der Zeit. Also gibt es im Aufstieg, so scheint es, eine Ebene, auf der wir die Zeit hinter uns gelassen haben, nicht aber die Vielheit, und nicht das vernünftige Wissen. Rationales Wissen, so scheint es, ist höher als die Zeit.

Ich habe Plotin zitiert, und nicht Platon, den er doch auslegt. Platon und Aristoteles sind der forschende Anfang, in dem die Entscheidungen in einem noch offenen Felde von Möglichkeiten fallen, der Anfang, mit dem unsere eigene Forschung das Gespräch sucht. Plotin und Thomas, um zwei der größten Namen unter den Späteren zu zitieren, bezeichnen die Tradition der gefallenen Entscheidung.

Das Paradigma der Mathematik hat auch die Selbstinterpretation der Logik bis in unsere Tage bestimmt. Ein Aussagesatz (λόγος ἀποφαντικός) ist nach Aristoteles eine Äußerung, die wahr oder falsch sein kann. Dabei ist stillschweigend, wie selbstverständlich, unterstellt, daß ihm diese Eigenschaft an sich zukommt, daß er nicht bald wahr, bald falsch ist. So ist $2 \times 2 = 4$ an sich, und folglich immer, wahr, $2 \times 2 = 5$ an sich, und folglich immer, falsch. Aber die attischen Philosophen argumentieren nicht nur mit der Mathematik, sie argumentieren auch aus der Sprache. Platons erstes Beispiel eines Aussagesatzes: »Theätet sitzt«, ist präsentisch, und ist keineswegs an sich oder immer wahr, oder an sich oder immer falsch. Aristoteles verweist auf die unerträglichen Konsequenzen der Annahme, der futurische Satz: »Morgen wird eine Seeschlacht sein« sei heute an sich wahr oder an sich falsch. Aber das Bewußtsein dieser Probleme ist in die Tradition nicht eingegangen. Wenn man die beiden Beispiele einem modernen Logiker nennt, so sagt er, sie seien eben keine vollständigen, nämlich objektiv datierten Aussagen, sondern bloße Aussageformen, in denen die Variable »Zeit« unausgesprochen bleibe.

Die Dogmatik der logischen Tradition ist seit etwa achtzig Jahren in eine Krise geraten, die ihr Ziel meines Erachtens noch nicht erreicht hat. Die Krise begann, wie Krisen oft, mit dem Ernstmachen. Frege wollte die Logik so durchführen, daß sie wirklich die Mathematik begründen konnte. Er scheiterte an Russells Paradoxie. Mit der Ungewißheit, welche Meinungen der Logik wahr sind, wurde die Frage dringend, was die Regeln der Logik denn überhaupt bedeuten. Die Berufung auf den Ideenhimmel der Tradition war in dem Augenblick kraftlos geworden, in dem diese Ideen ihre definierende Eigenschaft nicht mehr bewährten, die Evidenz (ἰδέα ↔ video). Man begann, sich wieder auf die operative Bedeutung der Logik zu besinnen. Die Regeln der Logik waren ursprünglich Regeln wahrheitsuchenden Sprechens, so des Lehrvortrags oder der fairen Diskussion. Die linguistische Philosophie unserer Tage gibt der Logik ihren »Sitz im Leben« zurück. Die dem Leben entnommenen Beispiele für Aussagen sind aber fast durchweg auf die Gegenwart des Sprechenden bezogen; sie sagen, was jetzt ist, was war, was sein wird. Diese ganze elementare Schicht des Redens wird von der mathematischen Logik übersprungen und von der linguistischen Begründung der Logik, wie mir scheint, bis heute noch nicht ernst genug genommen. Das logische Ernstnehmen der Flexionsformen des Verbs könnte eine fruchtbare Krise einleiten. Technisch gesagt ist es genau dies, was ich versuche. Ich bin auf das Problem nicht durch die Linguistik, sondern durch die Physik gestoßen. Physik ist, in leichter Verallgemeinerung einer aristotelischen Definition, Theorie des Bewegten. Sie sollte also der Reflexion auf die Zeit nicht entgehen können. Ich stieß auf die Bedeutung der Zeitmodi in der statistischen Erklärung des zweiten Hauptsatzes der Thermodynamik und der Evolution, und auf ihre Wichtigkeit für die Logik in der sogenannten Quantenlogik, die im Kern eine Logik der Voraussagen ist. Da die Mathematik der Physiker diese Zusammenhänge verschweigt, die Physiker aber offensichtlich vernünftig mit ihnen umgehen, muß das Verständnis der Zeit in der von den Physikern unreflektiert benützten Umgangssprache stecken. Dies führte mich zu einer selbstgebastelten linguistischen Zeitlogik.

Wenn ich nun ein paar Behauptungen dieser Zeitlogik zitiere, so erinnere ich vorweg daran, daß Logik eine von Menschen gemachte Wissenschaft ist. Um eine Zeitlogik zu machen, führe ich gewisse Begriffe ein, sei es durch Definition oder durch Beispiele ihres Gebrauchs. So entsteht ein Vokabular, das vom traditionellen Gebrauch derselben Vokabeln ein Stück weit entfernt ist; wollte ich diese Bedeutungsverschiebung vermeiden, so müßte ich neue, barbarische Kunstwörter einführen. Ich bitte, diese Distanz erst zu sehen, ehe wir uns bemühen, sie in einem späteren Arbeitsgang zu überbrücken.

In der gegenwärtigen Skizze betrachte ich nur drei Typen zeitlicher Aussagen: präsentische, datierte perfektische und datierte futurische Aussagen. Beispiele: präsentisch: »es regnet«; datiert perfektisch: »am 25. Juni 1978 hat es auf der Griesseralm geschneit«; datiert futurisch: »am Weihnachtsabend 1978 wird auf dem Birklehof Schnee liegen«. Ich übergehe also um der Kürze willen die systematisch fundamentaleren gegenwartsbezogenen perfektischen und futurischen Aussagen wie »gestern hat es geregnet« und »morgen wird es regnen«; auch übergehe ich alle komplizierteren Aussagetypen. Ich führe nun in definitorischer Weise einige Regeln ein.

Eine präsentische Aussage ist in jeder Gegenwart entweder wahr oder falsch, weder beides zugleich, noch keines von beiden. Gegenüber der Umgangssprache ist dies, wie jede logische Regel, eine Aufforderung zur Präzisierung. Ein Satz, der dieser Regel nicht entspricht, werde entweder so präzisiert, daß er nachher der Regel genügt, oder er trete nicht als präsentische Aussage auf. »Jede Gegenwart« ist zunächst die zugleich zeitliche und räumliche Gegenwart eines Menschen, der solche Sätze sagen kann. Man bedarf einer Theorie, um solche Sätze dann auch fiktiv sinnvoll zu verwenden; zum Beispiel »die Temperatur im Sonnenmittelpunkt ist 15 Millionen Grad«, das heißt fiktiv: wer jetzt dort die Temperatur bestimmen könnte, würde sie so finden. Ich nenne eine präsentische Aussage auch die präsentische Aussagegestalt eines Begriffs, oder in salopper Kürze, einen Begriff. Man sieht an der präsentischen Aussage, daß man die Sätze vom Widerspruch und vom ausgeschlossenen Dritten auch ohne den Anspruch zeitloser Geltung der Aussage verwenden kann. Die logische Tradition konstruiert umgekehrt. Für sie ist die präsentische Aussage (wo sie als Problem auftaucht) eine unvollständige Aussageform, also »eigentlich« ein Begriff, der erst durch einen Zeitindex t zum Prädikat des logischen Subjekts t gemacht wird. Was damit verlorengeht, ist eben das, was die einfache Form der präsentischen Aussage ermöglicht, daß nämlich in ihr t stets »jetzt« meint. Es ist unmöglich, aus bloßen Begriffen zu definieren, was »jetzt« bedeutet. Es ist aber möglich, vom Verständnis des »jetzt« ausgehend, zu erläutern, wie Begriffe verwendet werden. In diesem Sinne beschreibt die zeitliche Logik, wenngleich selbst noch unvollständig, das gegenüber der zeitlosen Logik elementarere Phänomen.

Eine datierte perfektische Aussage ist ein für allemal entweder wahr oder falsch. Sie bietet also das Modell, dem die klassische Logik folgt. Was die datierte perfektische Aussage aussagt, nenne ich ein Faktum. Die klassische Logik behandelt den Inhalt zeitloser Aussagen wie Fakten. Operational stellt sich die Frage, wie man Fakten wissen, also perfektische Aussagen verifizieren kann. Verifikation perfektischer Aussagen ist, wenn sie vollzogen wird, ihre Reduktion auf präsentische Aussagen. Physikalisch bedeutet das die Erschließung vergangener Ereignisse aus ihren gegenwärtigen Dokumenten. Im Sinne der statistischen Thermodynamik ist die Entstehung eines Dokuments ein irreversibles Ereignis. Ein Hergang ist jedoch stets nur mit (eventuell sehr großer) Wahrscheinlichkeit, aber nicht absolut irreversibel. So läßt die Erwägung der Verifizierbarkeit die Möglichkeit offen, daß die Faktizität der Vergangenheit nur eine genäherte Beschreibung der Wirklichkeit ist.

Eine datierte futurische Aussage ist — so definiere ich hier die Begriffe — überhaupt nicht wahr oder falsch, sondern mit Modalitäten wie möglich, notwendig, unmöglich oder deren Quantifizierung durch Wahrscheinlichkeiten zu bewerten. Ihre Verifikation geschieht, wenn der angegebene Zeitpunkt Gegenwart geworden ist; es ist dann präzis zu sagen,»sie wird jetzt wahr« oder»sie wird jetzt falsch«. Was eine futurische Aussage aussagt, nenne ich generell eine Möglichkeit. Möglichkeit ist hier der Oberbegriff zu den futurischen Modalitäten. Die Beziehung der drei zeitlichen Aussagemodi zum Begriff läßt sich so bezeichnen: die präsentische Aussage ist ein verfügbarer Begriff (seine Prädikation von der Gegenwart ist je nach Situation wahr oder falsch), die perfektische Aussage ist ein faktisch angewandter Begriff (von nun an für immer wahr oder falsch), die futurische Aussage ist ein möglicher Begriff (kann noch wahr oder falsch werden).

Den Begriff, unabhängig vom Zeitmodus seiner Verwendung, bezeichne ich als formale Möglichkeit. Die klassische Auffassung sieht die formale Möglichkeit als den ursprünglichen Sinn von Möglichkeit an, und die futurische Möglichkeit als deren Anwendung auf den speziellen Zeitmodus der Zukunft. Ich ziehe vor, umgekehrt zu sagen, formal möglich sei, was in irgendeiner Gegenwart futurisch möglich ist. Das philosophische Motiv für diese definitorische Entscheidung ist dasselbe wie zuvor. Aus der formalen Möglichkeit läßt sich die Zeitstruktur von Jetzt, Faktum und futurischer Möglichkeit überhaupt nicht herleiten. Dies spiegelt sich in Plotins ungelöstem spekulativen Problem, warum es außer dem Geist auch noch die Seele, außer der Ewigkeit auch noch die Zeit hat geben sollen. Geht man aber von der Zeitstruktur aus, so läßt sich die formale Möglichkeit in der soeben zitierten Weise definieren. Natürlich entgeht eine so formale Definition den spekulativen Problemen noch nicht, denn sie bedient sich der formalen Begriffe, um aus der formal gefaßten Zeitstruktur den formalen Begriff zu definieren. Es fragt sich also, ob wir so nicht schlicht einem circulus vitiosus verfallen.

Ich gebe zunächst eine methodologische Antwort. Aus dem Paradigma der deduktiven Mathematik stammt die Vorstellung eines »hierarchischen« Aufbaus der Philosophie. Nur in einem solchen Aufbau könnte man hoffen, mit Grundbegriffen, Axiomen und Definitionen beginnend alles weitere unrevidierbar einzuführen. Ein Zentralsatz der zeitlichen Philosophie aber muß heißen: wir philosophieren *heute*. Jeder philosophische Anfang setzt vergangenes Denken als zu deutendes voraus und ist als Anfang die uneingelöste Antizipation einer Zukunft. Angewandt auf unser vorliegendes Problem: Die zeitliche Logik ist als Instrument der Physik entworfen und kann sich erst im Durchgang durch die Physik bewähren. Ihre physikalische Anwendung ist erst das Feld ihrer Entwicklung.

Zuvor sei aber eine Bemerkung über ihr Verhältnis zur Mathematik gemacht. Mathematik ist, inhaltlich gesagt, in moderner Auffassung im wesentlichen ein Studium des Unendlichen; die unendliche Menge der natürlichen Zahlen ist das einfachste Beispiel. Erkenntnistheoretisch gesehen ist Mathematik das klassische Beispiel der Erkenntnis a priori. Beides gehört zusammen, denn Unendliches kann man nicht empirisch kennen. Wie aber können wir überhaupt etwas a priori wissen, das sich dann in jedem Einzelfall bewährt? Eine alte Antwort ist, daß wir nur die Regeln, nach denen wir selbst handeln, vorweg wissen können. Mathematik nun kann als die Theorie der Regeln formal möglichen Handelns aufgefaßt werden, unter Absehung davon, ob dieses Handeln real ausführbar ist. So kann man zu jeder natürlichen Zahl n ihren Nachfolger n + 1 angeben; dies ist eine allgemeine Regel, unabhängig davon, wo wir in ihrer Ausführung real erlahmen. Diese Verwendung des Begriffs der formalen Möglichkeit entspricht seiner vorhin gegebenen Definition: das Weiterzählen bis n + 1 ist genau dann futurisch möglich, wenn bis n gezählt worden ist. Die potentielle Unendlichkeit der futurischen Möglichkeiten kann man, wenn man will, so aussprechen, daß die allgemeine Regel eine aktuelle Unendlichkeit formaler Möglichkeiten statuiert. In einer operativen Begründung der Mathematik muß man aber solche Regeln oder Regeln zur

Konstruktion solcher Regeln etc. ausdrücklich angeben können. Dieses »angeben« oder »konstruieren« aber ist ein Handeln in der Zeit, und in diesem Sinne studiert die zeitliche Logik die Vorbedingungen der Mathematik und mit ihr der mathematischen Logik.

Sollte es in der Tat möglich sein, die Mathematik so zu interpretieren, so wäre dies eine Umkehrung der der philosophischen Tradition vorschwebenden Rangordnung. Die mathematischen Strukturen bestünden dann nicht jenseits der Zeit, sondern durch die Zeit. Freilich nicht durch dies oder jenes, was in der Zeit geschehen mag, sondern durch die Struktur der Zeit. Was »Struktur« in »Struktur der Zeit« heißt, das kann man in dieser anfänglichen Stufe der Betrachtung noch nicht erfolgreich fragen.

Das ontologische Problem der Quantentheorie

Hier konzentriere ich mich auf dasjenige philosophische Problem der Quantentheorie, das nach meinem gegenwärtigen Urteil ungelöst ist. Man kann es ihr ontologisches Problem nennen. In ihm dürfte sich das philosophische Problem der Physik überhaupt zusammenfassen.

Ich beginne mit einer unzureichenden Fassung des Problems, der seit Jahrzehnten ergebnislos vorgebrachten Kritik der »Realisten« an der »Kopenhagener Deutung« der Quantentheorie. Einstein, der größte und in der Einfachheit seiner Formulierungen methodenbewußteste der Realisten, meint, daß die Quantentheorie nicht das »Physikalisch-Reale« beschreibt[2], sondern ein unvollständiges Wissen darüber. In seiner knappen Metaphorik sagte er »Gott würfelt nicht«. Bohr antwortete: »Es ist nicht unser Problem, ob Gott würfelt oder nicht, sondern was wir meinen, wenn wir sagen, Gott würfle nicht«. Es ist unser Problem, was wir meinen, wenn wir vom Physikalisch-Realen sprechen. Meine Antwort wäre: das Reale, das sind Fakten; ein

---

[2] Autobiographisches, in: P. A. Schilpp (ed.), Albert Einstein, Philosopher-Scientist, The Library of Living Philosophers, Evanston, Illinois, 1949, 80.

25

Wissen, das nicht Wissen von Fakten ist, ist Wissen von Möglichkeiten. Wenn die Zeit der Horizont des Seins ist, so enthält die Kopenhagener Deutung der Quantentheorie keine Paradoxie. Einstein aber war tief von der Überzeitlichkeit der Realität überzeugt. Vier Wochen vor seinem eigenen Tode schrieb er den Angehörigen seines verstorbenen Freundes Besso: »Nun ist er mir auch mit dem Abschied von dieser sonderbaren Welt ein wenig vorausgegangen. Dies bedeutet nichts. Für uns gläubige Physiker hat die Scheidung zwischen Vergangenheit, Gegenwart und Zukunft nur die Bedeutung einer wenn auch hartnäckigen Illusion.«[3]

Es liegt mir fern zu leugnen, daß Einstein hier von einer Wirklichkeit spricht. Aber für ihn ist nicht nur wie für die Platoniker die Welt der mathematischen Gestalten, sondern selbst das Physikalisch-Reale überzeitlich. Ich glaube, daß die Stufenleiter anders ist.

Die Antwort, das Reale seien Fakten, nichtfaktisches Wissen sei Wissen von Möglichkeiten, ist Bohrs Antwort an Einstein, in die Sprache der zeitlichen Logik übersetzt. In derselben Sprache läßt sich auch die übliche Formulierung vom Dualismus des Wellen- und Teilchenbildes leicht aussprechen. Die einem Teilchen zugeordnete Schrödingerwelle gibt die Wahrscheinlichkeit an, das Teilchen an einem bestimmten Ort oder mit einem bestimmten Wert einer anderen Observablen, zum Beispiel des Impulses, anzutreffen; sie ist der Inbegriff der für das Teilchen bestehenden Möglichkeiten. Ich behaupte, ohne die Argumente hier im einzelnen vorzulegen (sie gehören zum Teil in mein unvollendetes Forschungsprogramm über Uralternativen), daß sich Teilchen und Welle wie Faktum und Möglichkeit gegenüberstehen. Fakten sind endlich, daher diskret, Möglichkeiten sind unendlich und im Bilde des Raumes kontinuierlich darzustellen. Das klassische Wellenbild aber ist, wie die klassische Physik und Ontologie überhaupt, die Darstellung des Möglichen als sei es Faktisches. Ein faktisches Kontinuum ist jedoch des dynamischen Gleichgewichts nicht fähig; diese Erkenntnis, von den Physikern »Ultraviolettkatastrophe« genannt, war der Aus-

---

[3] Zitiert nach B. Hoffmann und H. Dukas, Albert Einstein. Schöpfer und Rebell, Frankfurt: Fischer Taschenbuch Verlag, 1978, 302 f.

gangspunkt der Planckschen Quantenhypothese. Dies — wie gesagt — ist in abgekürzter Weise gesprochen. Das ist die Korrektur des »Realismus« durch die Einführung der Möglichkeit, also der Zeit. Es ist aber noch nicht die Antwort auf die ontologische Frage an die Quantentheorie, sondern nur die Vorbereitung dafür, diese Frage richtig zu stellen. Die Frage läßt sich doppelt formulieren: Was ist nun der ontologische Status des wissenden Subjekts? Was ist das Sein der Zeit? Ich greife die Frage vorerst nur mit den Mitteln an, welche die einheitliche Naturwissenschaft, letztlich die Physik zur Verfügung stellt. Ich behandle sie vorerst als Konsistenzfrage der Physik. Eine Philosophie der Zeit muß ja eben bewußt auch eine Philosophie in der Zeit sein; sie muß ihre Fragen im heutigen Forschungsstand wiedererkennen und, wenn sie Glück hat, diesen dadurch erst transparent machen.

Die Quantentheorie bleibt widerspruchsfrei, solange sie eine Theorie des Wissens ist, Wissen als Wissen von Fakten und Möglichkeiten verstanden, von Phänomenen, wie Bohr sagte. Was geschieht, wenn sie auf das wissende Subjekt selbst angewandt wird? Bohr suchte dies abzuwehren, indem er die Objektivierung des Wissens in den klassisch zu beschreibenden Meßapparat verlegte. Klassisch heißt hier faktisch, das heißt irreversibel. Die Faktizität aber ist selbst die Erscheinungsweise des Phänomens für einen Beobachter, der nicht im Besitz der vollen Information ist. Wie die unvollständige Kenntnis des Beobachters vom Meßapparat zu beschreiben sei, ist für die Quantentheoretiker bis heute ein offenes Problem.

Tatsächlich läßt sich der Beobachter nicht aus der beobachteten Welt herauslösen. Es liegt in der Linie der gesunden Naivität naturwissenschaftlichen Fortschritts, ihn in die gegenständliche Beschreibung einzubeziehen, und auf die Probleme, die uns dabei begegnen werden, gefaßt zu sein. Das tun Evolutionstheorie und Kybernetik. Wir treten damit nicht aus dem Rahmen der Theorie des Wissens heraus. Denn die Evolution wird in der Selektionstheorie, ebenso wie die Irreversibilität in der Thermodynamik, durch den Wahrscheinlichkeitsbegriff erklärt, also im Schema von Faktum und Möglichkeit. Ich habe das in einem Beitrag zur Arbeitsgruppe »Offene Systeme« dargestellt und in meinem neuen, englischen Arbeitspapier erläutert. Wie Lorenz und Popper zurecht hervorheben, ist die Evolution selbst erkenntnisförmig; sie ist Akkumulation von Information. Die Evolutionslehre bietet den Ansatz einer objektivierenden genetischen Theorie des Wissens, eines objektivierenden Wissens vom Wissen in der Zeit. Die Frage ist nur, ob wir unsere Begriffe verstehen, ob wir in philosophischer Selbstkontrolle zu sagen vermögen, was sie bedeuten.

Notwendig ist zunächst der Wegfall des hauptsächlichen Erkenntnishindernisses in der Naturwissenschaft, des ontologischen Dualismus von Materie und Bewußtsein. Wissen und Sein sind nicht faktisch, aber ontologisch wieder zu identifizieren. Materie und Bewußtsein sind nicht zwei Substanzen, sondern zwei Rollen im Spiel des Wissens. Wir können aber auch nicht einen Monismus dadurch einführen, daß wir die Substanzdarstellung einer der beiden Rollen zugrundelegen und die andere Rolle darauf reduzieren. Es ist einerseits methodisch so unmöglich, Bewußtsein aus dem klassischen Begriff von Materie zu erklären, wie es unmöglich ist, das Jetzt aus Allgemeinbegriffen verständlich zu machen. Materie ist umgekehrt als das zu definieren, was den Gesetzen der Physik genügt, also als Faktum und Möglichkeit darstellbar ist. Aber andererseits bietet auch der klassische Begriff des Bewußtseins keine mögliche substantielle Basis. In kantischer Stenographie gesagt: das empirische Subjekt ist selbst Objekt und ein Kind der Evolution; das transzendentale Subjekt bezeichnet nur unser ungelöstes Problem und ist selbst keine Substanz.

Wir wenden nun zunächst den Evolutionsbegriff auf unsere eigenen Theorien an. Wenn Evolution erkenntnisförmig ist, muß diese Anwendung legitim sein; das ist, was zum Beispiel Popper heute ebenso tut wie Kuhn. Evolution vollzieht sich in Abfolgen von Ebenen und Krisen[4]; hier ist übrigens eine Anknüpfung an Thoms Katastrophentheorie. Die Ebenen der theoretischen Physik sind Heisenbergs »abgeschlossene Theorien«. Sie bilden eine Abfolge von wachsender Allgemeinheit. Es erscheint nicht sinnvoll, eine unendliche Folge immer allgemeinerer Theorien zu erwarten. Eher wird man eine letzte Theorie als die Erfüllung des Paradigmas »Theorie« erwarten. Ich verfolge die Arbeitshy-

---

[4] Der Garten des Menschlichen, München: Hanser, 1977, 86—90.

pothese, daß diese Erfüllung eine Theorie des theoretischen Wissens selbst, eine Theorie der Bedingungen der Möglichkeit theoretisch faßbarer Erfahrung sein wird. Dies ist die Leitvorstellung der Analyse der Quantentheorie durch zeitliche Logik. Eine solche Theorie muß also die Reflexion auf sich selbst eben so weit enthalten, als diese Reflexion die Form theoretischen Wissens annehmen kann. Sie muß, schärfer gesagt, von solcher Gestalt sein, daß die Beschreibung von Wissen automatisch ein Teil von ihr ist. Eine solche Gestalt hat die Quantentheorie bisher nicht. Die Arbeitshypothese ist aber erlaubt, dies sei nur die Folge davon, daß man das Problem nicht gesehen hat, sie so zu formulieren. Ich skizziere hier den Entwurf einer solchen Formulierung.

Wissen ist Wissen von Fakten und Möglichkeiten. Es bedarf also des Gedächtnisses und der Antizipation. Im Gedächtnis sind, wie wir sagen, Fakten gespeichert. Gedächtnis setzt also irreversible Vorgänge voraus. Irreversibilität ist selbst eine Modalität: sie ist die Unmöglichkeit der Umkehr. Sie ist stets nur eine Näherung. Die Umkehr bleibt möglich, ist aber eminent unwahrscheinlich. Insofern setzt Faktizität Möglichkeit voraus. Was aber jeweils aktual möglich ist, ist durch die vorliegenden Fakten bestimmt, und als formal möglich beschreiben wir, was als in irgendeiner Situation aktual möglich gedacht werden kann. Insofern setzt Möglichkeit Faktizität voraus. Dieser Zusammenhang läßt sich in der Quantentheorie nachweisen:

Die Quantentheorie präzisiert die Möglichkeiten durch Wahrscheinlichkeiten. Eine Wahrscheinlichkeit ist die Voraussage einer relativen Häufigkeit. Sie bezieht sich damit auf ein sogenanntes statistisches Ensemble, das heißt eine Klasse gleichartiger Versuche. Anlage und Ausfall des Versuches werden als Erzeugung formal möglicher Fakten, das heißt als formal mögliche irreversible Hergänge gedacht. Die Möglichkeit für den Einzelfall findet so ihre Objektivierung durch die Vorstellung der Faktizität im Ensemble. Das Ensemble selbst aber unterliegt wieder der Wahrscheinlichkeitstheorie; sein mögliches Verhalten ist nur im Gedanken an ein Ensemble von Ensembles zu prognostizieren. Die sogenannten Gesetze der großen Zahl — mathematische Gesetze! — garantieren, daß dabei die Wahrscheinlichkeiten in den höheren Ensembles in der Mehrzahl der Fälle gegen

Null oder Eins konvergieren, also gegen Unmöglichkeit oder Gewißheit, gegen vorhersagbare Faktizität. Wenn die Quantentheorie die Theorie des Geschehens ist, so ist dieser Gedankengang ein Ausschnitt aus der Theorie der Möglichkeit von Faktizität, also von aktualer Möglichkeit, also von formaler Möglichkeit, also von Begriff, also von Theorie.

Eine für die Physik tragende Rolle spielt eine bestimmte Klasse von Fakten: die Objekte. Für den quantentheoretischen Objektbegriff muß ich auf die englische Ausarbeitung (III 3) verweisen. Wesentlich für meine Rekonstruktion der Quantentheorie ist, daß nicht mit dem Begriff des Objekts, sondern mit dem des Faktums begonnen wird. Traditionell erscheinen Objekte als das ontologisch Fundamentale, Fakten als etwas, was an ihnen geschieht. Jetzt werden Fakten — in der angedeuteten Näherung — zugrundegelegt, und Objekte sind Klassen von Fakten, oder, anders gesagt, eine Klasse von komplexen Fakten. Ein Objekt ist keine Substanz im klassischen Sinne. Es ist ein durch irreversible Vorgänge isolierbarer Faktenkomplex mit den durch seine Fakten implizierten Möglichkeiten. Ein Objekt kann in Teilobjekte zerlegt werden, so ein Kristall in Atome, ein Atom in Kern und Elektronen. Aber wenn ein Objekt nicht faktisch zerlegt ist, kann es zu Widersprüchen führen, wenn man unterstellt, die Teilobjekte existierten an sich; dies ist die Wurzel des sogenannten Paradoxons von Einstein, Podolsky und Rosen. Jedes Objekt ist endlich und ist im Prinzip als Teilobjekt größerer Objekte aufzufassen. Damit existieren Objekte strenggenommen nur für Subjekte, welche sie isolieren. Auch die Theorie aber, die dies beschreibt, ist eine Theorie, welche wir als Subjekte entwerfen.

Als Objekte dieser Theorie können nun — das ist die antidualistische Wendung — auch endliche Subjekte vorkommen. Sie müssen in ihr als eine Klasse von Objekten — sagen wir als wissensfähige Objekte — auftreten. Fakten, die ich über mich weiß, Möglichkeiten, die ich von mir aussage — etwa: »hier stehe ich, ich kann nicht anders« — gehören zur Charakterisierung des empirischen Subjekts als endliches Objekt für endliche, empirische Subjekte. Dabei ist noch einmal an das zirkuläre, aber asymmetrische Verhältnis der Rollen von Subjekt und Objekt zu erinnern. Aus Materie, das heißt aus Faktizität und Möglichkeit, ist das Bewußtsein nicht begreiflich zu machen, sondern für das Bewußtsein gibt es Faktizität und Möglichkeit. Aber das Bewußtsein als faktisch auftretendes wird selbst durch Faktizität und Möglichkeit begrifflich beschrieben. Und es hat eine Genesis, eine Vorgeschichte. Das endliche Bewußtsein ist sich selbst von Natur nicht durchsichtig, weder in den Fakten seiner Herkunft, noch in den Möglichkeiten seiner Zukunft. Wenn das endliche Subjekt als ein endliches Objekt Gegenstand des Wissens ist, so gibt es endliche Subjekte nur für endliche Subjekte, eine Näherung für eine Näherung. Auch die zeitliche Logik, derer diese Analyse sich bedient, ist ein Werk endlicher Subjekte. In der Bedingtheit der Faktizität durch die Näherung der Irreversibilität ist uns dies vor Augen getreten. Die lineare Zeit ist eine klassische Näherung. Zeitpunkte sind formal mögliche Fakten. So auch die als Zeitpunkt verstandene Gegenwart, ein Artefakt. Vergangenheit als Inbegriff von Fakten, Zukunft als Inbegriff von Möglichkeiten sind selbst Konstruktionen wissender Subjekte. Aber dies ist insofern kein »Subjektivismus« oder gar »Solipsismus«, als das Subjekt selbst in dieser Konstruktion nur als Teil der konstruierten Welt vorkommt. Der Subjektivismus ist bloß halbe Skepsis; er vergißt die Unbekanntheit des Subjekts.

Sätze wie diese sind als philosophische Vermutungen relativ leicht niederzuschreiben. Das Programm wäre, sie an Hand der realen Quantentheorie und ihrer Anwendung auf lebende Wesen im Detail durchzuprobieren. Dabei würden sich weitere, hier noch nicht geahnte Strukturen zeigen. Erst danach wäre das ontologische Problem der Quantentheorie einer Formulierung zugänglich.

Es liegt nahe, hier noch einmal an den Platonismus oder den Vedanta zu erinnern. Dort versteht man die Seelen als Teile *einer* Seele, das Viele als Erscheinung des Einen. Aber vom Vedanta unterscheidet uns der gedankliche Vollzug der kosmischen Mathematik, vom Platonismus der Vorrang der Zeit vor der Mathematik. Ich wende die Frage noch einmal nichtspekulativ, sondern empirisch, nämlich anthropologisch. Was bedeutet das durch Faktum und Möglichkeit konstituierte Wissen in der Natur des Menschen, das heißt in der Geschichte der Kultur?

Der Mensch als Erfinder der Logik

Der Mensch ist ein Kind der Natur, durch die Evolution erzeugt. Evolution vollzieht sich in Ebenen und Krisen. Was die Evolution so hervorbringt, ist im allgemeinen nicht eine lineare Kette einander ablösender Ebenen, und erst recht kein hierarchisches System, sondern es ist ein Garten. Es ist die Koexistenz vielfacher Gestalten, vielfacher unvollkommen aneinander angepaßter Ebenen. Den Vorgang, durch den sich in der Krise eine neue Ebene eröffnet, nenne ich, mit einem durch Konrad Lorenz von Leibniz entlehnten Ausdruck, eine Fulguration, das blitzartige Zusammenschießen zu einer zuvor nicht dagewesenen Gestalt. Hieraus folgt eine methodologisch wichtige Bemerkung. Die neue Ebene, fast unvorhersagbar von den früheren her, ist andererseits als Phänomen oft geradezu evident, wenn sie da ist. Sie ist ein Faktum, dem keine faktisch prognostizierte Möglichkeit entsprach. Phänomenologische Wahrnehmung ist eben deshalb fast der einzige Leitfaden des philosophischen Verständnisses geschichtlicher Gestalten, während vorgefertigte systematische Einteilungen fast zwangsläufig am Wesentlichen vorbei, also in die Irre führen. Das ist die systematische Intention im Buchtitel »Der Garten des Menschlichen«[5].

Für die anthropologischen Ebenen[6] habe ich mir inzwischen ein zum Wiederabriß bestimmtes Baugerüst gezimmert. Es teilt die Ebenen zunächst in vier Stockwerke ein, von unten nach oben: 1. Die Einheit von Wahrnehmen und Bewegen. 2. Das Gefüge der Zweckrationalität. 3. Die Trias der neuzeitlich-kulturellen Ebenen des Theoretisch-Wahren, des Sittlich-Gerechten, des Ästhetisch-Schönen. 4. Die Einheit der Wahrheit, in der abendländischen Geschichte kulturell dargestellt in der Religion, spekulativ beansprucht von der Philosophie. Die Worte »abendländisch« und »neuzeitlich« zeigen, daß es sich um Menschlichkeit

---

[5] Eine weitere Absicht war, anzudeuten, daß der vorangegangene Titel »Wege in der Gefahr« nicht einer Faszination des Schrecklichen, sondern der Sorge um den geliebten Garten entstammt.

[6] Vgl. die Aufsätze über das Schöne und den Tod im »Garten des Menschlichen« und den neuen Aufsatz Meditation und Wahrnehmung.

in der realen Geschichte handelt, um die Natur des Menschen aus dem Blickwinkel unserer Gegenwart. Von den vielfältigen Kletterrouten in diesem Gerüst kann ich heute nur eine, und nur in einer Linie, nachzeichnen. Es ist diejenige, welche das Theoretisch-Wahre mit den unter und über ihm liegenden Ebenen verbindet.

Die Einheit von Wahrnehmen und Bewegen[7] ist tierisches Erbe. Menschliche Selbstbeurteilung mag uns veranlassen, einen Handlungsablauf in vier Momente zu zerlegen: Sinnesempfindung, Urteil, Affekt, Handlung. Ich erinnere an das Beispiel des Autofahrers: er *sieht* die entgegenkommende rote Kontur, *urteilt*: »ein Wagen auf der falschen Fahrbahn«, *erschrickt*, und *handelt* durch Vorbeilenken. Aber die Trennung der Momente geschieht erst in der Reflexion. Eigentlich ist die Wahrnehmung prädikativ; ich sehe nicht rot, sondern das rote Auto, und sehe ich nur rot, so frage ich spontan: »was ist das Rote?«. Die Wahrnehmung ist affektiv; ein affektfrei bleibender Reiz überschreitet kaum die Bewußtseinsschwelle; der Schreck ist der Sinn dieser Wahrnehmung. Aber der Schreck ist nicht ihr letzter Sinn; glückt sie, so leitet sie bruchlos in die Handlung über und bleibt eben dadurch mehr oder weniger unausdrücklich. Affekte, sagte Viktor v. Weizsäcker, sind unterlassene Handlungen.

Die Trennung der Momente erklärt sich aus dem höheren Stockwerk der Zweckrationalität. Die elementare Einheit von Wahrnehmen und Bewegen ist Reagieren. Der Mensch aber kann agieren, er kann Handlungen beginnen, gerade weil er andererseits handlungsentlastet urteilen kann. Für das zweckrationale Urteil gibt es Fakten und Möglichkeiten. Indem das Urteil über ein Faktum vom Faktum selbst getrennt werden kann, entsteht der Begriff der reinen Sinnenempfindung als Restkategorie, als das, was von der prädikativen Empfindung übrigbleibt, wenn man das Prädikat als präsentisches Urteil von ihr getrennt hat. Die Möglichkeiten im zweckrationalen Urteil sind vor allem

---

[7] Untertitel des Buches von Viktor v. Weizsäcker, Der Gestaltkreis. Theorie der Einheit von Wahrnehmen und Bewegen, Leipzig 1940, neu Frankfurt 1973.

Handlungsmöglichkeiten. Dem zweckrationalen Handeln ist der Zweck vorgegeben, die Handlung wird als Mittel beurteilt. Auch der Affektbegriff entsteht im Schema der Zweckrationalität als Restkategorie, als dasjenige an der erlebten Einheit der Handlung, was nicht als Mittel beurteilt werden kann. Fragt die Reflexion nach der Rechtfertigung der Zwecke, so überschreitet sie den Rahmen der Zweckrationalität. Bleibt sie dabei aber, wie in der modernen Denkweise häufig, an die Begriffsstruktur der Zweckrationalität fixiert, so muß ihr der Zweck als affektiv und insofern als irrational oder subjektiv erscheinen. Doch kann sich die Reflexion über die objektive Vernunft der Affekte belehren lassen. Damit aber werden die Zwecke wieder als Mittel interpretiert, und die Rationalität der letzten Zwecke bleibt dunkel.

Schalten wir eine methodische Überlegung ein. Wir haben gesehen, wie das höhere Stockwerk erst das tiefere Stockwerk interpretiert. Die vier Momente, die wir an der Einheit von Wahrnehmen und Bewegen unterschieden, erwiesen sich als Ebenen im Gefüge der Zweckrationalität, zwei im Licht stehende: das Urteil und die Handlung, und zwei in den Schatten gedrängte: die Empfindung und der Affekt. Im Gegenüber von Urteil und Handlung ahnten wir den Ursprung des Gegenüber von Faktum und Möglichkeit. Aber eben die Begriffe, welche diese Einteilung rechtfertigen, blieben dunkel. Es zeigt sich, daß unsere Analyse der Zweckrationalität wiederum ohne die stillschweigend benutzten Begriffe der nächsthöheren Ebene gar nicht möglich gewesen wäre. Nach diesen haben wir also ausdrücklich zu fragen.

Für die neuzeitliche Kultur spielen neben dem Nützlichen, das wir soeben unter dem Titel des Zweckrationalen besprochen haben, das Wahre, das Gute und das Schöne die Rolle leitender Werte. Jeder von ihnen bestimmt einzelne, ganze Bereiche dieser Kultur. So das Wahre die Wissenschaft, unser heutiges Thema. Das Gute oder Sittliche ist nicht nur Leitwert der autonomen Moral, also der Rationalität der Zwecke, sondern durch sie vermittelt auch Leitwert der aufgeklärten Politik bis hin zu den aktuellen »Grundwerten« der Freiheit, Gerechtigkeit, Solidarität. Das Schöne oder das Ästhetische etabliert nicht nur die eigengesetzliche Sphäre der Kunst, in dieser Eigengesetzlichkeit wohl auch ein Spezifikum des neuzeitlichen Europa, sondern es prägt in Renaissance und Klassik ein Menschenbild und wird, in zum Teil defizienten Modi, heute zum seismographischen Verständigungsmedium der Träger der Modernität, der Intellektuellen. Jeder dieser Werte definiert gleichsam eine ganze Ebene menschlicher Existenz; er entstammt jeweils einer kulturellen Fulguration. Dieser Eigenständigkeit der Bereiche entspricht, daß ihr Zusammenhang untereinander dunkel bleibt, ja immer dunkler wird.

Philosophisch läßt sich diese Auflösung des Zusammenhangs bis in die aristotelische Trennung der platonischen Einheit in die theoretische, praktische und poietische Philosophie zurückverfolgen; sie gehört zu den frühen Entscheidungen des Abendlandes. Man kann aber sagen, daß in dieser Tradition das theoretische Denken, der Leitwert des Wahren, stets die führende Rolle behalten hat; das meinen unsere asiatischen Freunde mit unserer Fixierung an die aristotelische Logik. Die Praxis, als autonomer Bereich sittlichen Handelns verstanden, beweist ihre Abhängigkeit von der Theorie schon, wenn sie sich durch ihre Unabhängigkeit von der Theorie zu definieren sucht. Sie schwankt zwischen der Heteronomie unter der Religion und der Heteronomie unter einem in Wahrheit von der Theorie bestimmten Rationalitätsbegriff. Doch dies ist heute nicht mein Thema. Der ästhetische Bereich schließlich blieb immer im Schatten des Dualismus von Theorie und Praxis; er lebte, aber er vermochte den Grund seines Lebens nicht in dem allein gültigen Vokabular der Theorie zu sagen.

Wir sprechen also wohl vom gedanklichen Träger der europäischen Kultur, wenn wir von der Ebene des Theoretisch-Wahren sprechen. Jedes stabile Ergebnis einer Fulguration muß eine ihm eigene Kraft der Selbststabilisierung haben, eine Korrespondenz seiner inneren Struktur zu den äußeren Bedingungen seiner Existenz. In diesem Sinne können wir nach den Bedingungen der Möglichkeit des Theoretisch-Wahren fragen. Dies ist die evolutionistische Version der transzendentalen Fragestellung. Sie behält deren Selbstbezüglichkeit, insofern sie selbst mit den Mitteln des theoretischen Denkens gestellt wird. Aber sie bezieht die Welt ein, in der wir leben, die Geschichte, deren Kinder wir sind.

Die Ebene des Faktisch-Wahren, die uns unter dem Begriff des Urteils im Gefüge der Zweckrationalität begegnet ist, und die Ebene des Theoretisch-Wahren sind aufeinander bezogen. Die elementaren Aussagen der zeitlichen Logik gehören dem Faktisch-Wahren an. Wenn die präsentische Aussage der angewandte Begriff ist, und wenn der Begriff das Allgemeine ist, das erst im theoretischen Zusammenhang seinen präzisen Sinn gewinnt, so setzt das Faktisch-Wahre das Theoretisch-Wahre voraus. Die angedeutete Analyse des Theoretisch-Wahren aber, unter dem Titel des formal Möglichen, lief auf allgemein einsichtige Handlungsstrukturen, also über das futurisch Mögliche auf faktische Wahrheit hinaus. Die logischen Grundsätze vom Widerspruch und vom ausgeschlossenen Dritten haben ihre Evidenz im Faktischen.

In einem Abschnitt (II 3 C) des englischen Textes habe ich die biologischen Präliminarien zur Logik (vgl.»Garten« II 6) besprochen. Ich verfolge dort die vier Merkmale der Allgemeinheit, der Ja-Nein-Struktur, der Positivität und der Anpassung, durch die evolutive Kette vom elementaren ethologischen Verhaltensschema bis zum faktischen Urteil. Unter dem Titel der Erkenntnisförmigkeit des organischen Lebens finden wir die evolutiven Vorstufen der beiden zusammengehörigen Wahrheitsebenen. Wir lernen, daß eben Wesen, die gemäß den vier Verhaltensmerkmalen reagieren, in der Evolution, also in der Zeit, überleben konnten. Insofern erklären wir evolutiv die Möglichkeit faktischer und theoretischer Wahrheit und damit einer auf dieser Wahrheit beruhenden Kultur. Wir dürfen uns aber nicht verhehlen, daß wir in gewissem Sinne die Ostereier, die wir finden, selbst versteckt haben. Wir kennen faktische und theoretische Wahrheit und fragen nach ihrer Vorgeschichte. Was hätten wir gefunden, wenn wir nach der Vorgeschichte des Sittlichen, des Schönen, des Heiligen gefragt hätten?

Stellten wir diese Fragen, so würde sich uns eine scheinbar völlig andere Welt auftun als die Welt der Logik, also der Physik und der physikalistischen Biologie. Die pathische Welt würde sich uns eröffnen, die Welt, deren Wirklichkeit nicht aus Fakten und Möglichkeiten besteht, sondern aus Empfindung und Affekt im sinnvollen Zusammenhang, aus Freude und Leid, Freundschaft und Feindschaft, Begehren und Furcht, Dürfen und Sollen. Das Luther-Zitat, das ich vorhin fast blasphemisch verwendet habe — »hier stehe ich, ich kann nicht anders« — würde nicht bloß Fakten und Möglichkeiten zeigen, die der Sprechende von sich aussagt, sondern im Faktum die Entschlossenheit, im Nichtanderskönnen sein Gefangen- und Gerechtfertigtsein durch Gott. Das Einstein-Zitat über den Tod bliebe nicht bloß ein Rätselspruch, sondern ein Hinweis auf einen weiten Weg, der unserer Einsicht noch bevorsteht; wer, der in der Mitte des siebten Lebensjahrzehnts steht, könnte sich dem verschließen?

Ich sagte, eine *scheinbar* andere Welt tue sich auf als die der Logik und der Physik. Denn nicht der unerläßliche Übergang aus der faktischen in die pathische Erfahrungsweise ist unser Thema; er ist nichts als die Rückkehr in die Menschlichkeit. Unser Thema sollte die Einheit der Wahrheit sein. Hier wiederholt sich eine Figur, die uns schon zweimal begegnet ist. Wir konnten aus dem Begriff nicht das Jetzt ableiten, sondern mußten aus dem Jetzt, der Zukunft und den Fakten verständlich machen, was Begriff ist; gleichwohl diente uns der Begriff, all dies zu sagen. Wir konnten aus der Materie nicht das Bewußtsein ableiten, sondern mußten Materie als das dem Bewußtsein durch den Begriff Erschlossene definieren; gleichwohl diente uns die Geschichte der Natur, als Geschichte der Materie buchstabiert, die Geschichte des Bewußtseins aufzuschließen. Wir können aus der faktischen Welt nicht die pathische ableiten, sondern müssen Faktum und Möglichkeit als Verhaltensweisen des pathischen Menschen begreifen; gleichwohl ist das Pathische strukturiert, und diese Struktur ist, so sehen wir dann, der Gegenstand der Analyse durch Faktizität und Möglichkeit. Dabei habe ich nirgends versäumt, auf die Grenzen, auf den Näherungscharakter der Begriffe von Faktum und Möglichkeit hinzuweisen, den eben die zeitliche Logik in ihrer Anwendung konstatiert. Mit dem pathischen Wissen müßten wir nun den Bereich der Theorie von neuem durchlaufen.

Dazu ist aber der Aufstieg ins vierte Stockwerk unerläßlich. Die Philosophie hat bei den Griechen die Theorie nicht bloß als Ebene der faktischen und gesetzesförmigen Wahrheit verstanden, sondern als die Weise, die Einheit der Wahrheit zu sehen. Dies wird im Horizont der Zeit anders unternommen werden.

Aber hier endet mein heutiger Vortrag. Ich habe meine drei Rollen gespielt. Erlaube mir, so wie ich mit einem Zitat in der Sprache der Philosophie begonnen habe, mit einem solchen zu schließen. Εἷς, δύο, τρεῖς · ὁ δὲ δὴ τέταρτος ἡμῖν, ὦ φίλε Γεώργιε, ποῦ;

I. Mathematisch-Physikalische Aspekte

René Thom

WORÜBER SOLLTE MAN SICH WUNDERN?[1]

»Das Grauenhafte des bloß Schematischen«
(F. Kafka)

1. Der epistemologische Status der Katastrophentheorie

Wer sich eine genaue Vorstellung von der Katastrophentheorie
machen will, muß sich zunächst einmal von einigen Vorurteilen
befreien, die sich bei dem Wort *Theorie* einstellen. Von dem
Sinn des Wortes *Katastrophe,* der gewöhnlich mit dem Begriff
des Desasters in Verbindung gebracht wird, muß hier natürlich
gänzlich abgesehen werden.
Erste Beobachtung: Die Katastrophentheorie ist keine wissenschaftliche Theorie im üblichen Sinne des Wortes wie etwa die
Newtonsche Gravitationstheorie in der Physik oder die Darwin-
sche Evolutionstheorie in der Biologie. Von einer Theorie erwartet man, daß sie eine eindeutige experimentelle Bestätigung findet (beziehungsweise, daß man das Poppersche Falsifizierungs-
Kriterium auf sie anwenden kann). Dies wird jedoch nicht erfüllt, denn einerseits bezieht sich die Katastrophentheorie auf
kein spezifisches Fach der wissenschaftlichen Erfahrung und
schließt *a priori* auch keines aus; andererseits kann sie vom Experiment weder bestätigt noch falsifiziert werden. Diese Einsicht
schulde ich dem Biologen Lewis Wolpert, der mir auf einer Tagung folgenden unerwarteten Einwand machte: »Kurz gesagt,
erklärt Ihre Theorie alles. Eine Theorie, die jedoch alles erklärt,
erklärt nichts.« Seine Bemerkung entrüstete mich zunächst ein-

---

[1] Aus dem Französischen übersetzt von Guy Efa Akame unter Mitwir-
kung von Monika Efa Akame und Hariss Kidwaii, Stuttgart, April 1979.
Revidiert von Karol Sauerland, korrigiert von K. Maurin und Eckehart
Stöve.

mal. Doch bei längerem Nachdenken erkannte ich, daß der Einwand, inspiriert von angelsächsischem Empirismus reinsten Wassers, wohl begründet war. Skeptiker werden der Katastrophentheorie mithin den gleichen Status einräumen, den der englische Anthropologe Evans-Pritchard der Magie zuwies. In seiner Studie über die magischen Praktiken bei den Nuern, einem Volksstamm am Ober-Nil, hat Evans-Pritchard gezeigt, daß das Erklärungssystem der Magie ein lückenloses System ist. Wenn eine magische Handlung beziehungsweise ein magisches Verfahren wirkungslos bleibt, wird die öffentliche Meinung stets versuchen, das Scheitern mit lokalen Gründen zu erklären. Sie würde meinen, daß die Wirkung der Handlung beeinträchtigt wurde durch einen Formfehler oder durch mangelnde Beachtung der Reinheitsvorschriften beziehungsweise mangelnde Vorbereitung des Priesters oder durch eine Art Gegenzauberei von seiten des Opfers. Dies ist ein ähnlicher Gedankengang, den Popper hatte, als er zeigte, daß die Psychoanalyse durch das Experiment nicht »falsifiziert« werden könne und sie sich daher dem Nachweis der Wissenschaftlichkeit entziehe. Wir möchten nicht verschweigen, daß man auch gegenüber der Katastrophentheorie so argumentieren kann. Es wäre allerdings noch darüber zu diskutieren, ob dies ausreichend ist, um sie aus dem wissenschaftlichen Bereich auszuschließen. Es gibt schließlich, wie jeder weiß, keine eindeutig festgelegte Grenze zwischen »Wissenschaft« und »Nicht-Wissenschaft« (zumindest handelt es sich hier um eine zentrale Frage der Epistemologie, worüber sich noch viele Leute streiten).

Zum Glück gibt es ja, könnte man sagen, einen Ausweg, nämlich: die Katastrophentheorie als eine mathematische Theorie zu bezeichnen. Sicher ist sie das insofern, als sie mathematische Begriffe und einen mathematischen Formalismus benutzt. *Dennoch ist sie keine mathematische Theorie.* Kein Mathematiker wird (wenn er ausreichend auf dem Stand ist) die Existenz einer solchen Theorie als Teil seines Faches anerkennen. Übrigens bezweifeln viele Mathematiker, daß es eine solche Theorie überhaupt gibt. Denn wie kann man sich vorstellen, daß man mit Hilfe einiger allgemeiner Theoreme der Differential-Analyse oder der qualitativen Dynamik Anspruch darauf erhebt, Aussagen über die Wirklichkeit zu machen? Ein Vertreter der reinen

Mathematik wird nie akzeptieren, daß die Mathematik über die Wirklichkeit Gesetzmäßigkeiten aufzeigt oder den Phänomenen vorschreiben darf, es sei denn, man setze ein lokal begründetes Prinzip wie etwa ein physikalisches Gesetz voraus. Einige Zweige der Mathematik kommen jedoch der Katastrophentheorie nahe; historisch gesehen, sind sogar manche von ihr stark angeregt worden: die Theorie der Singularitäten von differenzierbaren Abbildungen, die Singularitäten der Differentialformen, die Bifurkationstheorie, die Struktur der Attraktoren in der qualitativen Dynamik. Das sind die grundlegenden Gebiete der Mathematik, die bislang in die algorithmische Ausrüstung der Katastrophentheorie eingehen. Doch haben diese Theorien allerdings den Rang einer autonomen mathematischen Theorie. Und Mathematiker, die mit diesen Theorien arbeiten, betrachten die in ihren Augen etwas absonderlichen Versuche, diese Strukturen auf Phänomene der Wirklichkeit anzuwenden, mit skeptischer Gelassenheit (oder sogar mit verächtlicher Mißbilligung).

Die Katastrophentheorie befindet sich also in einer paradoxen und unangenehmen Lage: sie wird sowohl von den Wissenschaftlern positivistischer Prägung verworfen, da sie einer strengen experimentellen Überprüfung nicht standhalte, wie auch von den Mathematikern (der reinen und insbesondere der angewandten Mathematik), die darin nur eine mehr oder weniger schlecht formalisierte Sprache erblicken, weil es ihr zumeist an Strenge fehle; außerdem sei sie außerhalb der Mathematik angesiedelt, denn sie beziehe sich auf die äußere Welt.

Was aber nun ist die Katastrophentheorie? Sie ist vor allem eine Methode und eine Sprache. Wie jede Sprache dient sie dazu, die Wirklichkeit zu beschreiben. Aber sie kann genauso wenig wie die Sprache weder für die Wahrhaftigkeit noch für die Angemessenheit der Beschreibung garantieren. Bei dieser Methode ist im allgemeinen folgendermaßen vorzugehen: Angenommen, wir beobachten eine empirische Morphologie zwischen zwei Zeitpunkten (t_0, t_1). Aus der Untersuchung dieser Morphologie wird der Katastrophentheoretiker das einfachste dynamische Modell (minimales Modell) ermitteln können, das diese Morphologie erzeugt. Er wird dann das Modell über einem weiteren Intervall (t_1, t_2) über t_1 hinaus extrapolieren und die in diesem

Intervall erzeugte Morphologie angeben können. Es sei allerdings angemerkt, daß es im allgemeinen unmöglich sein wird, die Dauer (t_1, t_2) dieser Prognose quantitativ zu schätzen. Außerdem wird man nie eine so exakte Voraussage machen können, wie es in der Physik der Fall ist. Man wird höchstens sagen können: aufgrund der vorher beobachteten Vorgänge in (t_0, t_1) *ist zu erwarten,* daß sich die Vorgänge so auch im folgenden Intervall (t_1, t_2) vollziehen werden. Wenn sich die Voraussage als richtig erweist, heißt das, daß sich das vorher konstruierte minimale Modell bewährt hat. Es wird auf diese Weise bestätigt. Scheitert dagegen die Voraussage wegen des Auftretens eines unvorhergesehenen morphologischen Ereignisses, so war das minimale Modell zu einfach. Es muß komplizierter angesetzt werden, um den neu beobachteten Vorgängen Rechnung zu tragen. In diesem Sinne ist es kaum paradoxal zu sagen, daß die Katastrophentheorie interessanter ist, wenn sie scheitert, als wenn sie erfolgreich ist. Die schlichte Tatsache aber, daß es möglich ist, genaue Kriterien anzugeben, die die überraschende Eigenart einer Morphologie anzeigen, ist eine nicht zu unterschätzende Errungenschaft. In der Biologie zum Beispiel stellt sich bei der Beobachtung von lebenden Systemen oft folgende Frage: *Worüber soll man sich hier wundern?*

Kommen wir nun aber zu den Grundgedanken der Katastrophentheorie. Man könnte sagen, daß die Theorie von zwei Grundbegriffen der heutigen Mathematik ausgeht:

a) dem Begriff der Funktion (oder der Abbildung),

b) dem Begriff des dynamischen Systems.

Der *Begriff der Funktion* hat einen durchaus philosophischen Ursprung. Die äußere Welt erscheint uns in der Tat als eine Mischung aus Determinismus und Indeterminismus. Immer ist es angebracht, zwischen dem zu unterscheiden, was »von uns abhängt« *(ta eph èmin),* und dem, was »von uns nicht abhängt« *(ta ouk eph èmin),* wie es zu Beginn des »Handbüchlein« von Epiktet heißt. Ist diese Unterscheidung auf moralischer Ebene wichtig, so ist sie es in der Wissenschaft nicht minder. Um diese Mischung zu formalisieren, hat das mathematische Denken diesen Gegensatz zugespitzt: das, was von uns abhängt, ist die Variable beziehungsweise das Argument der Funktion. Das aber, was von uns nicht abhängt, ist der starre Determinismus, der

den Wert der Funktion bestimmt, sobald die Variable festgelegt
worden ist. Die Verallgemeinerung des Begriffs der Funktion
durch den der Abbildung ist gut bekannt: eine Abbildung F ordnet dem Raum X (mit den Koordinaten $x_1, x_2, \ldots, x_n$) den Raum
$Y(y_1, y_2, \ldots, y_p)$ mittels eines Gesetzes zu, das durch Funktionen
$y_j = f_j(x_1, x_2, \ldots, x_n)$ definiert wird[2].
Der *Begriff des dynamischen Systems* wird dagegen durch das
Differentialsystem des Typs $ds/dt = F(s)$ realisiert, wobei $s \in S$.
An jedem Punkt s des Raumes S definiert die Funktion F einen
tangentiellen Vektor $F(s)$. Beim Integrieren des Vektorfeldes
(mit den Hypothesen der Kompaktheit) gewinnt man eine ein-
parametrige Gruppe von Transformationen $h_t(S)$, die im allgemeinen die Wirkung der Zeit, das Altern des Systems beschreibt.
Diese beiden Begriffe lassen sich in einem gemeinsamen Begriff,
dem des »Automaten«, vereinigen. Ein Automat ist ein System,
das in einem Kasten (in einer black box, zumindest zum Anfang) enthalten ist. In diesen Kasten gehen physikalische Größen $u_1, u_2, \ldots, u_k$ ein, die die Koordinaten eines Punktes $u \in U$
(Raum der Eingänge beziehungsweise Kontrollvariable, deren
Wert experimentell festgelegt werden kann) sind; es ergeben
sich die Größen $y_1, y_2, \ldots, y_m$, die den Raum der Ausgänge bilden. Im Prinzip ist nur die Relation zwischen dem Ein- und
Ausgang bekannt. In einem extremen Fall bestimmt der Eingang
den Ausgang durch ein Gesetz $u \xrightarrow{g} y$, und man findet den Begriff
der Abbildung wieder. Jedoch hängt der Ausgang $y \in Y$ im allgemeinen nicht nur vom Eingang $u \in U$ ab, sondern auch von der
ganzen Vergangenheit des Systems. Mit dem Begriff »*Zustand*
des Systems« bezeichnet man jene Wirkung der Vergangenheit.
Man setzt voraus, daß die Zustände einen Euklidischen Raum S
bilden und daß der Punkt $s(t)$, der den augenblicklichen Zustand des Systems beschreibt, durch ein Differentialgesetz der
Form: $ds/dt = F(s; u)$ bestimmt wird, wobei der Ausgang y
durch die Abbildung $y = G(s; u)$ definiert ist.
Es gibt noch keine allgemeine Theorie der differenzierbaren Automaten nach dem obigen Schema. Das Problem ist auch hier
ein »hermeneutisches« (Problem der Interpretation): vorgegeben ist die Menge der Korrespondenzen (Relationen) zwischen

---

[2] $j = 1, 2, \ldots, p$ (Bem. d. Hrsg.).

den Ein- und Ausgängen; man rekonstruiere die Dynamik der Zustände eines hypothetischen Raumes S, derart, daß diese Dynamik die einfachste von allen Dynamiken sei, die die Angaben über die Korrespondenz Eingang—Ausgang erzeugen.

Unter den vereinfachenden Annahmen, die man bei der Problemlösung machen kann, betrachten wir folgende *»elementare«* *Hypothese:* Wenn der Eingang $u \in U$ festgelegt ist, gehört der Ausgang y einer endlichen Menge F_u von Punkten aus Y an. Hier bestimmen der Zustand des Systems und dessen Dynamik nur den Punkt, der aus der endlichen Menge F_u gewählt wurde. Man wird den Graphen (Γ) von Paaren (u, y) betrachten können, wo $y \in F_u$. Wir nehmen an, daß dieser Graph eine Mannigfaltigkeit der Dimension $k = \dim U$ ist; er wird eine gewisse »Charakteristik« des Systems bilden.

Nehmen wir zwei exemplarische Typen, bei denen der einfache Fall $\dim U = \dim Y = 1$ gilt. Der Graph (Γ) ist dann eine glatte Kurve in der Ebene $U \times Y$ mit den Koordinaten (u, y).

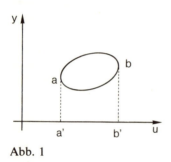

Abb. 1

Setzen wir voraus, daß Γ eine geschlossene konvexe Kurve ist (Abb. 1), mit zwei kritischen Punkten (an einer senkrechten Tangente) a und b. Es seien a' und b' die Projektionen von a und b auf den Kontrollraum U. Gegeben ist ein Wert u zwischen a' und b'; ihm entsprechen zwei mögliche Ausgänge: $s(u)$ und $s'(u)$, wobei $s(u)$ den oberen Ast von Γ beschreibe.

Wenn u wächst, ändert sich $s(u)$ kontinuierlich mit u (Theorem der impliziten Funktionen), solange $u < b'$ gilt. Wenn $u = b'$, erreicht $s(u)$ den Punkt b. Werte, für die u größer sind als b', sind nicht möglich. Beharrt der Experimentator jedoch darauf, u größere Werte als b' zu geben, muß er das System zerstören. Hier handelt es sich um eine Katastrophe im üblichen Sinne des Wortes, zum Beispiel um die Explosion eines Kessels, wenn man den Dampfdruck über eine Widerstandswelle ansteigen läßt.

In unserem zweiten Beispiel (Abb. 2) hat die Charakteristik (Γ) den Verlauf einer »S-Falte«; hier gibt es zwei kritische Punkte a

46

und b und zwei kritische Werte a' und b' in U. Nehmen wir an, daß der Zustand s(u) auf dem oberen Teil von Γ dem Wert u entspricht, der zwischen b' und a' liegt. Wächst u bis zum Wert a' an, beschreibt s(u) den oberen Ast von Γ stetig bis a. Wenn nun u über den Wert a' hinaus wächst, kann

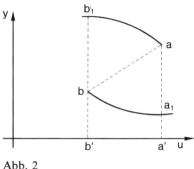

Abb. 2

das System dadurch der Zerstörung entgehen, daß es dem Zustand s(u) ermöglicht, in a_1 sehr schnell auf den unteren Ast von Γ überzuspringen. Nimmt der Wert bis b' ab, läuft $s_1(u)$ stetig auf dem unteren Ast von (Γ) bis zum kritischen Wert b. Wenn u über b' hinaus abnimmt, wird die Phase s(u) keine andere Alternative haben, als auf den oberen Ast von Γ in b_1 überzuspringen, bei dem der vorangegangene Prozeß wieder einsetzen wird. Es wird das ausgelöst, was in der Physik unter dem Namen Hysteresenschleife figuriert. Sprungperioden von einem Ast zum anderen (in u = a' oder u = b') sind typische »Katastrophen« im Sinne der Katastrophentheorie. Im Gegensatz zum umgangssprachlichen Sinne des Wortes ergibt sich keine Zerstörung des Systems.

Selbstverständlich hat das System im obigen zweiten Beispiel keine Wahl, wenn es über seinen kritischen Punkt hinausgetrieben wird. Man könnte sich jedoch komplexere Charakteristiken (Γ) vorstellen, bei denen das System eine Möglichkeit der Wahl zwischen den Sprüngen hätte, die seine Existenz aufrechterhalten. Führt man den Begriff des Zustands des Systems ein, ist natürlich denkbar, daß die »Katastrophensprünge« durch Bahnen der inneren Dynamik ds/dt im Raum S der Zustände bestimmt werden. Eine »feine« Kenntnis dieser Dynamik würde es dann ermöglichen, die (vorangegangene) Unbestimmtheit zu beheben. Die »Charakteristik« (Γ) erscheint von nun an nur noch als Projektion auf G einer Menge von »Gleichgewichts«-Zuständen des Systems S, gegen das der Zustand bei festem u sehr schnell strebt. Das ist die Grundhypothese, die hier die Theorie der

47

»elementaren Katastrophen« genannt wurde. Man geht von der Annahme aus, daß der Raum S der Zustände eine kompakte Mannigfaltigkeit mit einer Riemann-Metrik ist, und daß die innere Dynamik als ein Potentialgradient definiert ist: $ds/dt = -\text{grad}\,V(s;u)$.

Bei festem u strebt das System gegen eine Gleichgewichtslage, gegen ein Minimum der Funktion V (Potentialtopf); die Gesamtheit dieser Minima bildet eine endliche Menge ($\tilde{\Gamma}$) über U, wenn das Potential V »generisch« ist. Die Charakteristik (Γ) ist das Bild von ($\tilde{\Gamma}$) mittels der Abbildung G.

Die Theorie der elementaren Katastrophen bietet den Vorteil, daß sie zu einer wohlbekannten mathematischen Theorie führt, nämlich zu der der Singularitäten von Funktionen. Bei der Popularisierung der Katastrophentheorie wird gern auf diese Theorie (insbesondere mit den sieben elementaren Katastrophen über $\mathbf{R}^4$) verwiesen; es werden aber all die anderen Aspekte der Katastrophentheorie vernachlässigt, die weniger leicht anzuwenden und viel schwerer zu verstehen sind. An Kritiken hat es auch nicht gefehlt; sie hoben das Willkürliche an der Hypothese einer Gradientendynamik hervor. In der Tat ist die Situation nicht einfach. Wenn es stimmt, daß eine allgemeine Dynamik keine Gradientendynamik ist (wegen der Existenz rekursiver Bahnen), muß man einsehen, daß die »elementare« Hypothese über die Endlichkeit der Charakteristik eine umfassendere Gültigkeit hat als die Gradientenhypothese. Tatsächlich, verfolgt man eine Bahn g eines dynamischen Systems, so hat diese Bahn eine Grenzmenge in S, wobei S wiederum höchstwahrscheinlich ein »Attraktor«, das heißt, eine abgeschlossene invariante Menge $A \subset S$ ist, die alle benachbarten Bahnen »anzieht«. Gesetzt, der Raum S wird in eine endliche Zahl von Anziehungsbecken (bassins d'attracteurs) geteilt, definiert praktisch jedes dieser Becken eine »stationäre Ordnung«: Der Attraktor wird von jeder Bahn ergodisch (mit einem invarianten Maß) durchlaufen; anstatt den Ausgang $y = G(u;s)$ zu wählen, ersetzt man ihn durch seinen zeitlichen Mittelwert

$$y = 1/T \cdot \int G(s(t);u)\, dt$$

über einer ausreichend langen Zeit T, damit der Attraktor »ergodisch« zurückgelegt wird und auf diese Weise der zeitliche und der »räumliche« Mittelwert über A zusammenfallen:

$$y = 1/m(A) \int_A G(s;u)\,dm.$$

Diese Sichtweise wirft das Problem der »strukturellen Stabilität« solcher Attraktoren in endlicher Zahl auf. Dazu sei folgendes in Erinnerung gebracht: bekanntlich gibt es um jeden Attraktor A eine lokale Ljapunow-Funktion $L_\omega \geq 0$, die auf jeder gegen A strebenden Bahn abnehmend gegen Null strebt. Wenn die Bahnen ins durch L definierte Rohr einfließen, wird das gleiche auch jedem enger benachbarten Vektorfeld ergehen. Also wird auch jedes gestörte Feld einen Attraktor A' haben, der in der Umgebung von A liegt. Ein Attraktor kann mithin bei einer Störung keine »Explosion«, sondern, im Gegenteil, nur eine »Implosion« erfahren, die die Verringerung seiner Dimension zur Folge hat. Dies äußert sich durch eine sprunghafte Änderung (discontinuité brutale) des Wertes des Ausganges y des Systems, da man nicht mehr den Durchschnitt über einen Attraktor A, sondern über einen Sub-Attraktor A_1 von A berechnet. Es liegt hier ein Phänomen vor, mit dem man die spektralen »Spitzen« sowie den unstetigen Charakter der Materie interpretieren kann.

Diese Analyse führt gleichzeitig zu folgender Beobachtung: in der Umgebung eines Attraktors A kann jedes Vektorfeld als die Summe von zwei Feldern betrachtet werden: einem Tangentialfeld, das auf A und den Mannigfaltigkeiten vom Niveau $L_{(A)}$ tangentiell gerichtet ist (dieses Feld hat im allgemeinen einen konservativen und ergodischen Charakter), und einem Normalfeld, das durch den Gradienten von $L_{(A)}$ definiert ist. Die Theorie der elementaren Katastrophen konzentriert sich auf die Bifurkation des Normalfeldes, die das Tangentialfeld betreffenden Bifurkationen vernachlässigt sie dagegen.

Die Anwendung des Schemas für die Morphogenese

Nehmen wir an, daß unsere Automaten eine Öffnung besitzen und nicht mehr wie bisher verschlossen (black boxes) sind. Durch die Öffnung kann man die Farbe des Inhaltes erkennen.

49

Die Farbe, als ein Vektor des Raumes $\mathbf{R}^3$ der Farbeneindrücke betrachtet, ist nichts anderes als der Ausgang $y \in Y$ des Automaten. Lassen wir nun in einem Bereich D des Zeitraumes einen Naturprozeß (physikalischer, chemischer, biologischer oder anderer) sich vollziehen und teilen wir den Bereich D in Zellen U_i auf. Es ist dann zulässig, daß die lokalen Prozesse, welche in der Zelle U_i stattfinden, einen Automaten F_i des vorigen Typs bilden. Anders gesagt: Der Bereich D ist die Basis eines Feldes von lokalen Automaten, deren Eingang die raum-zeitliche Lage bildet; dabei besitzt jeder lokale Automat eine Farbe, nämlich die der Umgebung. Der Bereich D erscheint somit als eine Farbtafel. Wenn sich der lokale Automat an einem Punkt a von D auf einem regulären Ast der Charakteristik befindet und dort bei einer kleinen Änderung von a bleibt, sagt man, daß a ein regulärer Punkt der Morphologie ist; die regulären Punkte bilden einen offenen Raum, dessen Komplement der *»abgeschlossene Raum der Katastrophen«* ist. Diese Punkte, an denen die Farbe diskontinuierlich ist, bilden gerade die Unterlage der visuellen Formen, die durch eine Perzeption in D wahrgenommen werden können. In dem Gegensatz Figur/Inhalt, für den die *Gestalt-Theoretiker* eine Vorliebe haben, bildet der Rand der Figur eine Katastrophenmenge.

Die Bestimmung der Katastrophenmenge: die universelle Entfaltung

Häufig weist die abgeschlossene Katastrophenmenge eine gewisse morphologische Regelmäßigkeit auf; sehr oft sind diese Regelmäßigkeiten in dem Sinne »strukturell stabil«, daß ihre Topologie geringen Störungen des Prozesses Widerstand leistet. In diesem Falle legt es sich nahe, daß man einen Katalog dieser morphologischen stabilen Zwischenfälle, die ich »morphogenetische Felder« genannt habe, zusammenstellt und sie mit Hilfe der inneren Dynamik zu erläutern versucht.

Die Existenz lokaler Modelle für diese Singularitäten kann mit einem algebraischen Tatbestand von großer Tragweite in Zusammenhang gebracht werden, nämlich mit der Existenz eines Raumes universeller Entfaltung für gewisse mathematische Singularitäten. Hierfür sei ein einfaches Beispiel angeführt.

Es sei dim U = dim Y = 1. Die Charakteristik (Γ) sei durch eine lokale Gleichung $F(u,y)=0$ definiert. Hat der Graph (Γ) im Punkt $u=y=0$ eine nicht senkrechte Tangente, so gilt $F_y'(0,0)\neq 0$. Ein solcher Punkt heißt regulär, denn y ist aufgrund des Satzes über implizite Funktionen eine lokal ableitbare Funktion von $u, y = g(u)$. Ein solcher Punkt kann in der Morphologie über U regulär sein. Wenn aber die Ableitung F_y' gleich null ist, haben wir es mit einem singulären Punkt zu tun, der im allgemeinen eine Quelle lokaler Katastrophen ist. Die mathematische Theorie unterscheidet zweierlei Klassen von singulären Punkten: a) die sogenannten *»singulären Punkte endlicher Kodimension«:* Dies sind diejenigen Punkte, die einer Ungleichung des Typs

$$F_y(0) = F_{y^2}^{(2)}(0) = \cdots = F_{y^{k-1}}^{(k-1)}(0) = 0,$$

mit $F_{y^k}^{(k)}(0)\neq 0$ genügen.

b) die sogenannten *»singulären Punkte unendlicher Kodimension«:* Das sind die Punkte, für die alle Ableitungen $\partial F^k/\partial y^{k(0)}$ gleich Null sind; es gibt dann für den Graphen (Γ) eine flache Berührung unendlicher Ordnung mit der Vertikalen.

Um die letztere Bedingung erfüllen zu können, muß man von der Funktion unendlich viele voneinander unabhängige Bedingungen fordern. Auf diese Weise erklärt man (durch ein Argument der Transversalität), daß dieser Typ von Punkt eine grundsätzlich instabile Pathologie darstellt und völlig unabhängig von der Dimension des Kontrollraums U ist.

Dagegen bilden die Punkte des Typs a eine Pathologie, die nicht immer vermeidbar ist. Nach dem Vorbereitungssatz von Weierstrass-Malgrange kann man die Gleichung F lokal auf die Form bringen:

$$F(y; u) = c(y; u)\left[y^k + \sum_{j=1}^{k} A_j(u)y^{k-j} \right]$$

wobei $c(y; u)$ eine umkehrbare Funktion mit $c(0; u)\neq 0$ ist, die mit dem ausgezeichneten Polynom k-ten Grades in y multipliziert wird. Die Koeffizienten $A_j(u)$ sind ursprünglich Nullfunktionen.

Um die Singularität lokal untersuchen zu können, führt man den Universalraum der Koeffizienten a_j des generischen Polynoms k-ten Grades

$$P(y) = y^k + \sum_{j=1}^{k} a_j y^{k-j}$$

ein, der auf eine gewisse Weise die Charakteristik des »universellen Automaten« definiert. Er ist der Singularität lokal zugeordnet. Man wird also im Universalraum $\tilde{U}$ der Koeffizienten a_j die Diskriminanten-Mannigfaltigkeit (variété discrimininant) D vom Polynom P konstruieren können; die oben behandelte durch F definierte Singularität gewinnt man als Urbild derjenigen Singularität, die durch P über die Abbildung A mit $A : U \rightarrow \tilde{U}$ definiert wird. Hier wird $a_j = A_j(u)$ definiert. Der Raum $\tilde{U}$, »(uni)-verselle Entfaltung« der Singularität genannt, enthält in gewisser Weise alle möglichen Deformationen der ursprünglichen Singularität y^k (bis auf die Äquivalenz durch Variablentransformation).

Dieser Begriff der »universellen Entfaltung« erinnert an den alten Aristotelesschen Begriff des »Aktuellen« (beziehungsweise der Aktualität) als Gegensatz zum »Virtuellen«. Jede instabile Situation ist eine mögliche Ursache von Unbestimmtheit; wenn man alle möglichen »Aktualisierungen« in Parametern darstellen will (die in einer Instabilität, mathematisch durch eine Singularität s symbolisiert, enthalten sind), entspricht jede Aktualisierung einem Weg von 0 in dem Raum U der Entfaltung von s. Hieraus leitet man den grundsätzlich irreversiblen Charakter der Modelle ab, die auf der Idee universeller Entfaltung beruhen. Die Theorie der elementaren Katastrophen als die Erforschung der Scharen von Gradienten eines Potentials $V(y; u)$ ist offenbar typisch irreversibel. Es herrscht dann dabei die Aristotelessche Dynamik, in der die Geschwindigkeit zur Kraft proportional ist.

Die Anwendungen der Katastrophentheorie

Vielleicht wird es eines der (unbestreitbaren) Verdienste der Katastrophentheorie sein, das Problem der Rolle der Mathematik in der Wissenschaft aufgeworfen zu haben. Man weiß, daß die Mathematik in der Physik eine wesentliche Rolle spielt, und zwar nicht nur in der eigentlichen Erfassung (conceptualisation) physikalischer Größen (entités) (Geschwindigkeit, Tensoren, Spins, etc.), wie J.-M. Lévy-Leblond bemerkt, sondern auch, weil es physikalische Gesetze gibt, die eine explizite Berechnung untersuchter Größen ermöglichen. Der universelle »Substratraum«, die Raum-Zeit, ist in der Tat ein homogener Raum, in dem eine Lie-Gruppe endlicher Dimension transitiv wirkt. Daraus folgt die Möglichkeit, den Räumen physikalischer Größen eine analytische Struktur zuzuordnen, was die analytische Fortsetzung der Funktion und folglich eine »Voraussage« erlaubt. Man kann deswegen sagen, daß die physikalische Theoretisierung eine »harte« sei, weil man mit ihr explizite Berechnungen durchführen kann, die eine Voraussage erlauben. Im eigentlichen Kern der physikalischen Theorien taucht somit die Katastrophentheorie nicht explizit auf. Man kann jedoch folgende Liste »strenger« Anwendungen der Theorie der elementaren Katastrophen angeben:

1. *Lagrange'scher Formalismus* (Untersuchungen von I. Ekeland): Es handelt sich hier darum, die Bahnen zu ermitteln, die das Integral der Form

$$I = \int_{x_0}^{x_1} f(x, x') \, dt$$

zwischen zwei Punkten x_0 und x_1 minimalisieren. Man bildet über dem Raum (x, p) der Kovektoren die Hilfsfunktion

$$L(x : p ; x') = p \cdot x - f(x, x')$$

und maximalisiere diese Funktion. Der Kontrollraum ist der Raum (x, p) mit dem Lagrange'schen Potential L.

2. Die *Theorie von Hamilton-Jacobi. Die Ausbreitung von kaustischen Wellenfronten in der geometrischen Optik:* Nach den Untersuchungen von Arnold weiß man, daß die Theorie der elementaren Katastrophen die Singularitäten von Wellenfronten in Räumen wiedergibt, deren Dimension kleiner oder gleich 11 ($\leqslant 11$) ist.

3. Die *Stoßlinien der Riemann-Gleichung* $u_t = (f(u))_x$ mit der Dimension eins werden durch die Theorie der elementaren Katastrophen definiert *(Satz von P. Lax).*

4. In der angewandten Mechanik ist die *Bifurkationstheorie,* welche zur Untersuchung der Instabilität zahlreicher Systeme gebraucht wird, ein Spezialfall der Theorie der elementaren Katastrophen *(Gesetz von Koiter).*

5. In der *Theorie der Phasenübergänge* ist die Theorie der elementaren Katastrophen praktisch identisch mit der *Theorie von Landau* (Theorie des Mittelfeldes), einer quantitativ falschen, aber qualitativ richtigen Theorie.

6. In der *mathematischen Ökonomie* liefert die Theorie der elementaren Katastrophen zahlreiche Theoreme über das Verhalten einer »generischen« Wirtschaft, zum Beispiel die Nichtdifferenzierbarkeit der Funktion der Nachfrage in Abhängigkeit von den Preisen.

Bei all diesen Beispielen, das letzte ausgenommen, bringt die Katastrophentheorie nur eine lokale Klassifizierung von Singularitäten ein. Meistens handelt es sich um morphologische Störfälle, die einen stetigen inneren Prozeß überlagern und die den zeitlichen Ablauf des Prozesses nicht (im Falle der Kaustiken) oder nur gering (im Falle der Stoßwellen) beeinflussen. Wir werden weiter unten auf Modelle zu sprechen kommen, die unter dem Namen »gemischte Theoriebildung« figurieren und bei denen die Unstetigkeiten einen kausalen Einfluß auf den Ablauf des Prozesses haben.

Die Anwendungen der Katastrophentheorie in der Biologie und in den Geisteswissenschaften

Wenn man sich darauf beschränkt, nur die elementare Theorie anzuwenden, erreicht man im Bestfall eine topologische und lokale Klassifizierung der morphologischen Ereignisse. Tatsächlich hat der Substratraum, der dann ein Entfaltungsraum ist, meist nur eine semantische Charakteristik (Aggressivität, Frustration, etc.); es wäre daher unvernünftig, die Abbildung einer natürlichen Metrik auf den Substratraum zu erwarten. Hieraus ließe sich die Unmöglichkeit einer analytischen Fortsetzung und, folglich, einer wirksamen pragmatischen Voraussage erklären. Es handelt sich hier um eine *weiche Theoretisierung.*
Das ist bei den berühmten Modellen von Zeeman der Fall: in

der Physiologie, Ethologie (der Hund) und Soziologie (Börsen-Krach; Ausbruch des Krieges). Die Quantifizierung, die Zeeman und dessen Mitarbeiter auf statistischem Wege über manche dieser Modelle erhalten haben, ist ohne Zweifel illusorisch. Man sollte daraus jedoch nicht schlußfolgern, wie manche Kritiker (besonders H. Sussmann) es getan haben, daß diese Modelle von keinerlei Interesse sind. Tatsächlich ist schon die einfache Tatsache, analoge Vorgänge klassifizieren zu können, eine beträchtliche Errungenschaft, wenn man bedenkt, daß es seit Aristoteles keine Theorie der Analogie mehr gegeben hat. Hier stellt sich die ungeheuer schwere Frage der geometrischen Modellisierung psychischer Handlungen, auf die wir noch zurückkommen werden.

Auf dem Wege zur Ausbildung einer *théorie mixte*?

In der Biologie bildet der Substratraum die übliche Raum-Zeit und ist in diesem Falle mit einer natürlichen Metrik ausgestattet. Die »morphogenetischen Felder« in der Biologie sind metrisch erfaßbar. Man kann daher an die Schaffung einer Theorie denken, die eine gewisse Rückkehr auf eine Basismetrik ermöglicht. Eine Möglichkeit in dieser Richtung wäre folgende: Wir nehmen an, uns in der Entfaltung U einer Singularität mit dem Potential V (y; u) zu befinden; zu U gehöre eine kanonische Dynamik mit den Bahnen g. Wenn die Singularitäten über ein gewisses Wirkungsvermögen verfügen sollen, muß das Modell zusätzlich zur Reversibilität fähig gemacht werden. In der Biologie zum Beispiel gibt es in der Gametogenesis eine gewisse Rückkehr zum »organisatorischen« Zentrum, das das genetische Erbteil der Art symbolisiert. Die Dynamik g in U muß also Brennpunktbildungen auf einigen Streifen und sogar im organisatorischen Zentrum beziehungsweise im Ursprung selbst realisieren. Man kann dann annehmen, daß es über U derartige Differentialformen mit Werten in $\mathbf{R}^4$ gibt, daß das Integral $\int_\sigma \omega$ die raumzeitliche Bewegung des Punktes von der Singularität (s_j) beschreibt, wenn ein Bogen σ mit der Bahn g von Schicht s_i zur Schicht s_j läuft.

Wenn es zum Beispiel nur eine einzige Singularität 0 gibt, und wenn man es mit einer Bahn oder mit einem offenen Raum solcher Bahnen von 0 nach 0 zu tun hat, kann man auf diese Weise einen Generator Brownscher Bewegung erhalten: etwa der Gang eines Betrunkenen, bei dem der schwankende Schritt das Integral $\int_g \omega$ wäre.

Es sei hier angemerkt, daß die Form ω in der Theorie von Hamilton-Jacobi durch dq natürlich eingeführt ist. Also ist ihr Wert dq.

Die letztendliche Ambition der Katastrophentheorie ist, die Unterscheidung zwischen mathematischem und üblichem Sprachgebrauch abzuschaffen, die es in der Wissenschaft seit dem Galileischen Schnitt gibt. Was ist der Vorteil der Mathematisierung in der Physik? Der Vorteil ist wohl, daß man durch Zahlenoperationen Berechnungen durchführen kann, was bei einem Denken mit Begriffen der üblichen Sprache nicht möglich wäre. Eine geometrische Modellierung des üblichen verbalen Denkens kann nur dann von Interesse sein, wenn man mit deren Hilfe zu Aussagen gelangt, die die übliche Logik der natürlichen Sprachen nicht zu bieten vermag. Dies setzt voraus, daß man:

1. alle (strengen) Schlußfolgerungen des üblichen Denkens geometrisch modellieren kann; mit anderen Worten, daß man den Leibnizschen Traum der »universellen Charakteristik« verwirklicht;

2. noch darüber hinausgeht.

Da der Teil 1 dieses »enormen« Programms nicht weit davon entfernt ist, realisiert worden zu sein, ist es zweifelsohne voreilig, sich dem Teil 2 zuzuwenden. Ich bin dennoch schon auf Vorschläge »translogischen« Charakters gestoßen, die vom geometrischen Modell geliefert wurden, die der übliche gesunde Menschenverstand jedoch verwarf. So verhält es sich mit der Aussage: »der hungrige Jäger ist sein eigenes Opfer«, die meiner Meinung nach die Grundlage der Tierembryologie ist.

Zusammenfassung

Was den Teil 1 des Programms anbetrifft, wird man offensichtlich eine Verallgemeinerung der elementaren Theorie brauchen, da diese Theorie rein statisch und irreversibel ist. Um zu folgern, muß man erzeugen; nur die »gemischte Theoretisierung« gibt Hoffnung zu einer Definition der »Erzeugung« einer »Generation« von Feldern (ähnlich der biologischen Zeugung) und einer

Definition der Erzeugung durch räumliche Bewegung der Druckbuchstaben von Formeln der formalen Algebra. Selbstverständlich handelt es sich hier um ein sehr ambitiöses Programm; dieses Vorhaben wird vielleicht an prinzipiellen und ontologischen Gründen scheitern, nämlich an der Unmöglichkeit des menschlichen Gehirns, sich selbst in seinen wesentlichen Denkvorgängen zu simulieren. Aber würde sich ein Versuch nicht lohnen?

2. Der Begriff des Archetyps in der Biologie und seine gegenwärtigen Wandlungen

Betrachtet man die Gesamtheit der in der Biologie gestellten Probleme, erkennt man leicht, daß man sie in zwei Klassen aufteilen kann: einerseits gibt es die sich aus der Praxis ergebenden Probleme, im wesentlichen die der medizinischen Klinik, der Kontrolle der Epidemien und Parasiten, der Selektierung der Arten und der dem Menschen nützlichen Abarten; andererseits gibt es enorme theoretische Probleme wie den Ursprung des Lebens oder die Evolution. Dennoch widmen sich die meisten Biologen in ihrer wissenschaftlichen Tätigkeit weder der einen noch der anderen Klasse von Problemen. Die klassische Biologie und sogar die moderne Molekularbiologie sind im wesentlichen deskriptive Fächer: ihr Ziel ist die Aufzeichnung der Gesamtheit der Gestalten der Lebewesen, ihrer Anatomie und Physiologie auf allen denkbaren Organisationsstufen vom Molekül bis zum Organismus und sogar bis hin zur ökologischen Gemeinschaft. Dabei beantwortet die Biologie keine bestimmte Frage, sie befriedigt nur das Bedürfnis des menschlichen Geistes, eine möglichst vollständige Inventur der von ihm wahrnehmbaren Phänomene zu besitzen. Zweifelsohne wird man den Einwand erheben, daß die Biologen versuchen, die unendlich vielen Mechanismen und Formen, die sie entdeckt haben, auch zu erklären. Das ideale Erklärungs-Schema wäre natürlich das reduktionistische; sein Ziel wäre es, die ganze molekulare Anordnung (agencement) des Lebewesens als Lösung eines gigantischen Differentialsystems zu erhalten, das die Bewegungen und die Wechselwirkungen der konstituierenden Moleküle beschreibt. Einzu-

wenden wäre jedoch: Wenn man alles auf das molekulare Bild als das Bezugssystem zu reduzieren versucht, wird der reduktionistische Ansatz unpraktikabel, nicht nur aufgrund des mehrfach wiederholten Arguments der enormen Zahl der zu betrachtenden Moleküle (Größenordnung 10^{23}), sondern auch wegen des weniger bekannten, aber nicht minder offenbaren Einwands, daß die Wechselwirkungen zwischen zwei etwas komplexeren Molekülen sich jeder mathematischen Formalisierung entziehen. Man könnte daher daran denken, das Problem auf einer höheren Organisationsstufe zu erörtern, was die Physiologen zum Teil mit Erfolg versuchen. Es gibt zum Beispiel akzeptable mathematische Modellbildungen von lokalen Problemen; man denke an die Reizleitung in den Nervenbahnen oder den Kreislauf innerhalb der Aorta. Jedoch stellt sich nun die Frage, wie man die auf diesem Wege erworbenen lokalen Kenntnisse in ein kohärentes System der globalen Dynamik des Organismus integrieren kann, das deren fundamentale Regelungs- und Reproduktionseigenschaften erläutert. Es bleibt in diesem Falle dem Biologen nichts anderes übrig, als auf eine allgemeine Theorie der Regulation, nämlich die Kybernetik, zurückzugreifen. Leider konnte diese Theorie, die als ein Programm von ihrem Erfinder Norbert Wiener dargelegt wurde, nur Trivialitäten über das Feed-back angeben. In der Kybernetik gibt es kein einziges Theorem. Die rein technologische Auffassung der Kybernetik läßt übrigens das Geheimnis der Entstehung des Lebewesens und dessen Entwicklung im Embryonal- und Kindheitsstadium unangetastet. Die »Kybernetiker« würden hier auf die Theorie der selbstreproduzierenden Automaten von von Neumann verweisen. Aber diese sehr unvollständige Theorie bringt sehr große Schwierigkeiten mit sich, sobald man vom abstrakten Schematismus zur praktischen Verwirklichung in der Raum-Zeit übergehen will. (Übrigens hat von Neumann diese Theorie nie zu seinen Lebzeiten veröffentlicht; sie ist erst nach seinem Tode aus dem Nachlaß wieder ans Licht gebracht worden.)
Man muß sich darüber im klaren sein, daß das Problem der Integration der lokalen Mechanismen in eine globale Struktur das zentrale Problem der Biologie ist; das Problem der Morphogenese ist in unseren Augen der eigentliche Gegenstand der theoretischen Biologie.

Zur Behandlung dieser Frage bietet die Katastrophentheorie eine recht neue Methodologie. Bevor wir uns dieser Methode zuwenden, die an eine geometrische Darstellung der Regulationsmechanismen gebunden ist, sei einleitend einiges über das Problem der hierarchischen Organisationsstufen gesagt.

Die hierarchischen Organisationsstufen

Wenn eine Morphologie empirisch vorgegeben ist, wird die formelle Definition ihrer Organisationsstufen schon für sich allein zum Problem. Nach meiner Meinung vermögen allein topologische Betrachtungen etwas Genaueres zu dieser Frage zu liefern. Man kann in der Tat im Prinzip voraussetzen, daß die Elemente einer vorgegebenen Organisationsstufe topologische Kugeln sind (Zellen); die Einheit und die Identität eines Objekts sind (in der unmittelbaren Intuition) an den zusammenhängenden Bereich der Raum-Zeit gebunden, den dieses Objekt einnimmt: wenn man ein Stück Kreide in zwei Teile bricht, hat man zwei Stück Kreide ... Andererseits sind die räumlichen Träger der Elemente im allgemeinen zusammenziehbar (zum Beispiel ist jedes Lebewesen topologisch eine Kugel). Die beiden paradigmatischen Morphologien in der Wissenschaft, nämlich die Morphologie der Lebewesen und die der Sprache, genügen dieser Regel. Ferner offenbaren beide Morphologien ein sehr interessantes Phänomen: Wenn man die Elemente dem Niveau ihrer Inklusion nach anordnet, erhält man zum Beispiel folgende Reihen:
für die Linguistik: Phonem — Silbe — Wort — Syntagma — Satz — Erzählung;
für die Biologie: Moleküle — molekulare Anordnungen — zytoplasmische Organellen — Zelle — Gewebe — Organ — Organismus — Population — Biotop.
Es stellt sich nun aber heraus, daß manche Paare aufeinanderfolgender Niveaus eine eindeutigere Anordnung als andere aufweisen, bei denen die Anordnung viel lockerer ist.
Zum Beispiel ist in der Linguistik das Paar »Phonem — Silbe« Gegenstand der Phonologie; Phonologie beschreibt als Bestandteil der Linguistik die Folgen der Phoneme, welche eine Silbe bilden können. Ebenso ist das Paar »Silbe — Wort« oder Satz —

Erzählung« nicht Gegenstand einer strikten allgemeinen Regel. In der Biologie sind die Paare »Organellen — Zelle« und »Organ — Organismus« relativ gut strukturiert; die anderen Paare sind im allgemeinen wenig oder gar nicht determiniert.

Bei der Beschreibung eines »gut strukturierten« Paares gebraucht man im allgemeinen den Begriff der Struktur: das obere Element läßt sich in Elemente niederer Ordnung nach einem gut definierten Schema zerlegen, was man a priori oft fast voraussehen kann. Um auf das Beispiel der Phonologie zurückzukommen, kann man sagen, daß eine Silbe ein Zeitintervall ist, das sich geometrisch durch eine Strecke deuten läßt. Der Anfangs- und der Endpunkt der Strecke werden durch Phänomene realisiert, die einen kurzlebigen und katastrophischen Charakter (Gutturale, Dentale) haben, also durch die Konsonanten C; der zentrale Teil der Silbe, der einen permanenten stationären Charakter besitzt, muß ein Vokal V sein. Daher ist das Basisschema für eine Silbe CVC, das sich in CcVcC verkomplizieren kann, wobei c ein Zwischenelement zwischen dem Vokal und Konsonanten darstellt, wie zum Beispiel die Fließlaute (l, r) oder die Zischlaute (s). Diese Zerlegungsstruktur hat manche Linguisten dazu geführt, das obere Element und das untere Teilelement in die gleiche »Organisationsstufe« einzubeziehen. Dies basiert auf dem Postulat, wonach jede Organisationsstufe (im integrierten Sinne) eine Zerlegungsstruktur aufweist; diese Struktur der Form »Element — Compositum« *(kernel — compound)* wird zum Gegenstand einer Syntax und manchmal sogar einer Algebra. Zum Beispiel weist das Paar »Syntagma — Satz« für einen einfachen Satz wie »Die Katze fängt die Maus« folgende durch den Stammbaum der generativen Struktur dargestellte Zerlegung auf:

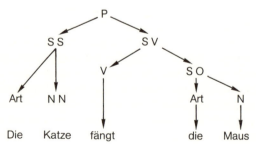

Auch hier hat man eine zusammenziehbare Struktur (in der Graphentheorie Stammbaum genannt). Zusammengesetzte Sätze werden mit Hilfe von Konjunktionen (Bindeworten) wie »und«, »oder«, »daß« ... verbunden, das heißt durch Elemente beziehungsweise Worte eines Niveaus, das dem Niveau des Syntagmas hierarchisch untersteht. Desgleichen werden in vielen Sprachen einige »grammatische Funktionen« (das heißt abstrakte Elemente, die die Struktur des zusammengesetzten Elements präzisieren) durch Kennzeichen ausgedrückt (wie im Französischen das »s« im Plural), die dem allerersten Niveau, dem des Phonems, angehören. Es kann also durchaus eine gewisse Projektion der Struktur des integrierten höheren Niveaus auf gewisse »kodierte« Elemente des unteren Niveaus geben. Die biologische Morphologie liefert ähnliche Phänomene; so kann das am besten strukturierte Paar, nämlich das Paar »Organ — Organismus«, ebenfalls durch eine Baumstruktur dargestellt werden; diese wird durch die embryonale Entwicklung (von Waddington »epigenetische Landschaft« genannt) wiedergegeben:

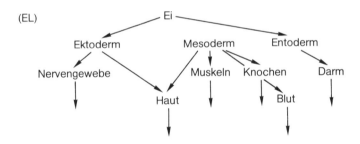

Es besteht aber im Vergleich mit den oben zitierten linguistischen Beispielen ein wesentlicher Unterschied: Während die linguistische Morphologie eindimensional ist (Saussure sprach von der Linearität des Bezeichnenden), ist das Lebewesen eine Kugel, also dreidimensional. Ein Stammbaum allein kann also nicht die räumliche Anordnung verschiedener Gewebearten und Organe im Organismus beschreiben.

Das Problem des Bauplanes des Organismus

Daß diese räumliche Anordnung gewissen einschränkenden Bedingungen *a priori* ausgesetzt ist, war hierbei wohl eine selbstverständliche Idee. Kommen wir auf das zurück, was man als das goldene Zeitalter der Biologie betrachten darf, auf die »vorsokratische« Epoche, die Jahre 1800 — 1830, als Goethe, Lamarck, Cuvier und Geoffroy Saint-Hilaire wirkten. In jener Epoche war das Problem des Bauplans des Organismus noch gegenwärtig; die spätere Biologie hat dieses Problem fallengelassen, zunächst unter dem Einfluß der Theorie von Darwin, die in der Tat nur eine rein verbale Lösung (Beschwörung des Zufalls) gebracht hat; später hat sich mit Pasteur (Mikrobiologie) und Mendel (Genetik) das Interesse der Biologen auf die Strukturen niederen Niveaus wie Zellen und dann Moleküle beschränkt. Man hat einer reduktionistischen Tendenz nachgegeben, über deren explikative Reichweite man sich nach meiner Meinung Illusionen macht, solange wenigstens, wie man für die auf dem Niveau des Organismus wirkenden Zwänge keine Erläuterung gefunden haben wird.

1830 fand in der Akademie der Wissenschaften in Paris die berühmte Kontroverse zwischen Cuvier und Geoffroy Saint-Hilaire statt, der der alternde Goethe größtes Interesse entgegenbrachte[3]. Ihr Thema kennen wir: Während Geoffroy Saint-Hi-

---

[3] »Die Nachrichten von der begonnenen Julirevolution gelangten heute [2. August 1830] nach Weimar und setzten alles in Aufregung. Eckermann war noch erschüttert, als er zu Goethe kam. ›Nun‹, rief er ihm entgegen, ›was denken Sie von dieser großen Begebenheit? Der Vulkan ist zum Ausbruch gekommen; alles steht in Flammen, und es ist nicht ferner eine Verhandlung bei verschlossenen Türen.‹ ›Eine furchtbare Geschichte!‹, erwiderte Eckermann. ›Aber was ließ sich bei den bekannten Zuständen und bei einem solchen Ministerium anderes erwarten, als daß man mit der Vertreibung der bisherigen königlichen Familie endigen würde‹. ›Wir scheinen uns nicht zu verstehen, mein Allerbester‹, erwiderte Goethe. ›Ich rede gar nicht von diesen Leuten; es handelt sich bei mir um ganz andere Dinge. Ich rede von dem in der Akademie zum öffentlichen Ausbruch gekommenen, für die Wissenschaft so höchst bedeutenden Streit zwischen Cuvier und Geoffroy Saint-Hilaire … Die Sache ist von der höchsten Bedeutung und Sie können sich keinen Begriff machen, was ich bei der Nachricht von der Sitzung am 19. Juli empfinde‹.« (Eckermann, Gespräche mit Goethe, Berlin 1956, 700 f.).

laire die Organe verschiedener Tiere mit Hilfe eines rein geometrischen Prinzips (heute würden wir von einem topologischen Prinzip sprechen), nämlich des *Prinzips des Zusammenhangs (connexion),* bestimmte und damit Anspruch darauf erhob, einen für alle Tiere gültigen Bauplan gefunden zu haben, erkannte Cuvier nur Wechselbeziehungen, die auf einer funktionellen Homologie beruhten, als gültig an. Die relative Priorität der Geometrie (die Lokalisierung) oder der Funktion ist noch heute ein großes Problem der theoretischen Biologie. Viele Zeitgenossen, die sich für die Kühnheit der Gedanken von Geoffroy Saint-Hilaire begeisterten, sahen in den detaillierten Einwänden von Cuvier die Kundgebungen eines Spezialisten, der den Wald vor lauter Bäumen nicht sah. Später dagegen wurden die Gedanken von Geoffroy Saint-Hilaire als vorwissenschaftlicher Unsinn verworfen, insbesondere seine Assimilierung des Insekts zu einem »Wirbeltier, das sich auf seinem Rücken fortbewegt«. Man hat wohl auf den Gedanken eines einzigen Organisationsbildes für alle Tiere verzichten müssen; jedoch gibt es höchstens an die zwanzig fundamentale Bilder für den Tierorganismus. Also behält die Idee eines Bauplanes des Organismus Gültigkeit, auch wenn an der Idee eines einzigen solchen Bildes nicht mehr festgehalten werden kann. Ich werde weiter unten zeigen, wie es die Katastrophentheorie erlaubt, den recht fundamentalen Unterschied zwischen dem Aufbau eines Insekts (Gliederfüßler) und dem eines Wirbeltieres aufzuzeigen.

Die Archetypen

Das allgemeine Aufbauschema (Bauplan) eines Organismus kann zunächst einmal als »Archetyp« betrachtet werden. Man muß aber feststellen, daß man im Sinne von Goethe und den Naturphilosophen dazu neigte, das *Urbild* eines Organs oder einer Menge von Organen als Archetyp zu bezeichnen. Dabei bevorzugte man relativ konkrete, vollkommene und einem bestimmten Zweck dienende Strukturen wie die »Pfote«, den »Flügel«, das »Blatt« usw.
Diese Tendenz, sich auf den Archetyp in konkreten und sehr elaborierten Anwendungen zu berufen, erreicht in der Jungschen Psychoanalyse ihren Höhepunkt, in der die Archetypen

wie Individuen behandelt werden. Sie sind mit einer Subjektivität und einer Psyche behaftet, die kaum weniger komplex ist als die menschliche Seele. Es ist klar, daß man den Begriff des Archetypen zuerst in einfachen, das heißt in abstrakten Fällen definieren muß, wenn er wieder einen wissenschaftlichen Status erlangen soll. Deswegen ist es von Bedeutung, auf die fundamentale Beobachtung von Aristoteles zurückzukommen, nach der sich die Strukturen in der embryonalen Entwicklung vom Abstrakten zum Konkreten entfalten. Dies bedeutet in dem Stammbaum der embryonalen Entwicklung (mit EL bezeichnet), daß jeder Ast eine zellulare Spezialisierung, das heißt einen stabilen Prozeß (régime) des Stoffwechsels definiert, der zu einem wiederum stabilisierten und geregelten raum-zeitlichen Verhalten führt. Dieser führende und stabile Charakter der Evolution des Gewebes entspricht dem, was Waddington *Chréode* nannte. Die Aufteilung eines nicht differenzierten Gewebes im Laufe der Zeit in verschiedene zellulare Spezialisierungen kann, wenn sie stabil und geregelt ist, von einem »morphologischen Feld« beschrieben werden; wenn man in einem solchen Feld nur die räumliche Verteilung der entsprechenden zellularen Differenzierungen sieht, ist es legitim, dieses Feld als »Archetyp« zu betrachten, wobei dieser wiederum sehr einfacher Natur ist. Die Katastrophentheorie erlaubt es in den meisten Fällen, dieses Feld als Führungsfeld zu deuten, das einen Konflikt zwischen stabilen Prozessen des Stoffwechsels beziehungsweise zwischen den »Chreoden« regelt.

$V = x^2$

Abb. 1

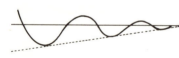

Abb. 2

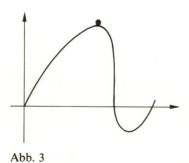

Abb. 3

64

Nun sind wir imstande, die Methodologie der Theorie der Katastrophen in der Biologie zu beschreiben; gegenüber jedem stabilen Zustand, jedem stabilen Prozeß, jedem stabilen »Verhalten« bemüht man sich, die (metabolischen) Stabilitäts- und Regelungsmechanismen der entsprechenden »Chreoden« zu bestimmen. Sicher erhebt die Katastrophentheorie keinen Anspruch darauf, das allgemeine Problem der Regelung, über das die Kybernetik förmlich gestolpert ist, zu lösen (dabei kann man sich fragen, ob es eine eindeutige Lösung zu einem so breiten und schlecht formulierten Problem gibt). Dennoch bietet sie eine Methode, das Problem anzugehen, die auf dem mathematischen Gedanken der »sukzessiven Approximationen« beruht. Gegeben sei das zu untersuchende stabile Wesen, das *a priori* durch ein dynamisches System in der Umgebung eines stabilen Gleichgewichts abgebildet wird, zum Beispiel durch einen Massenpunkt auf dem Boden des quadratischen Potentialtopfes (Abb. 1). Man kann die Richtigkeit dieser Abbildung dadurch prüfen, daß man zum Beispiel die Rückkehr des Systems zur Gleichgewichtslage nach einem Reiz (Stimulus) untersucht. Man müßte dann eine gedämpfte Sinuskurve erhalten (Abb. 2); wenn dies nicht eintritt und besonders wenn die Regelung durch Auslösen eines Ausgleichsreflexes zustandekommt, entsteht bei dem Wiedererreichen der Gleichgewichtslage über die Rückwegskurven eine Unstetigkeit bei der entsprechenden Ableitung, sobald der Reflex ausgelöst wird (Abb. 3). In solchem Falle stellt man diese Situation durch eine »Steilküste« dar, die man mit Hilfe von Überhangsfaltung der Wände des ursprünglichen Potentialtopfes (Abb. 4, S. 66) erhält. Eine gründlichere Analyse, bei der das Wiedererreichen der Gleichgewichtslage für multidimensionale Erregungen (Stimuli) mit einbezogen wird, kann zu späterer Verkomplizierung der Regulierungsfigur führen. Bei der Untersuchung der Rückkehr zum Gleichgewicht muß man vor jeder anderen Betrachtung die Entstehung des Systems, seinen Ursprung, die Morphologie seiner Wechselwirkungen, seine Konflikte mit den angrenzenden Zuständen beziehungsweise Prozessen berücksichtigen. Wenn sich unser Zustand beziehungsweise Prozeß durch Bifurkation in zwei Teile zerlegt, kann man diese Transformation durch den Übergang des einfachen Potentials $V = x^4/4 + x^2/2$ zum Doppelpotentialtopf $V = x^4/4 - x^2/2$

(Abb. 5) über die Singularität $V \equiv x^4/4$ darstellen. (Dies geschieht im ersten Schritt, der später kompliziert werden kann.)

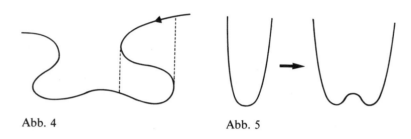

Abb. 4   Abb. 5

Wenn man eine komplexe Morphologie wiedergeben will, muß man versuchen, die lokalen Störfälle mit dem Modell von Singularitäten des Potentials darzustellen; dabei werden die Singularitäten so gewählt, daß das Willkürliche möglichst klein gehalten wird, damit eine gewisse Stetigkeit der Potentiale trotz einer sehr stark variierenden Morphologie gewährleistet wird. Die Technik ist hier nicht *a priori* gegeben, und dies erklärt, warum die Katastrophentheorie auf subtile Weise angewandt werden muß. In der Biologie wird man sich bei der Wahl der Potentiale auf Betrachtungen von zugleich funktionellem und finalistischem Charakter berufen, und hier haben wir es wieder mit der Kontroverse Cuvier — Geoffroy Saint-Hilaire zu tun. Der rein räumliche Begriff des morphogenetischen Feldes rechtfertigt das »Prinzip des Zusammenhangs« von Geoffroy Saint-Hilaire; die funktionellen Korrelationen von Cuvier werden als Zusammenhänge in Räumen metabolischer Zustände ausgelegt, also praktisch durch eine gewisse Stetigkeit lokaler Potentiale in bezug auf die internen Parameter, die die lokalen Zustände des Stoffwechsels (in meiner Terminologie »interne Variablen« genannt) kennzeichnen. Aus dieser Sicht ist es legitim, der durch den absteigenden Weg des Graphen (**EL**) definierten ganzen Folge eine funktionelle »Bedeutung« zuzuordnen. Das ist das Gleiche, als wenn man eine räumliche Stetigkeit beziehungsweise einen geometrischen Zusammenhang postulieren würde, jedoch über einem »internen« Raum, welcher mit einer metabo-

66

lischen oder semantischen Interpretation ausgestaltet ist. Als Beispiel für die Deutung dieses Typs möge der Vergleich der Embryologie von Wirbeltieren mit der von Insekten dienen.

Vergleich der Embryologie von Wirbeltieren und Insekten

Man weiß, daß die meisten Tiere eine »triploblastische« Embryologie aufweisen; die Entwicklung vollzieht sich nämlich von drei ursprünglichen Keimblättern aus: von dem Ektoderm, Mesoderm und Entoderm. Die Versuchung, diese Dreierstruktur der Embryologie — besonders bei Wirbeltieren — mit der dreifachen Struktur des transitiven Standardsatzes SVO — Subjekt, Verb, Objekt — zu identifizieren, ist groß. Das Beispiel für diesen Satz war: »Die Katze frißt die Maus«. Da das Mesoderm die Knochen und die Muskeln baut, setzt sich die Identifikation mit der grammatischen Kategorie des Verbs durch. Im Gegensatz dazu bleibt eine gewisse Zweideutigkeit bestehen, wenn es sich um die Korrespondenz zwischen Subjekt — Objekt und Ektoderm — Entoderm handelt. Wie beim Beispiel: »Die Katze frißt die Maus« muß man das Entoderm zum Subjekt machen, wenn man jede Handlung auf ein Fangvermögen (prédation) bezieht, denn schließlich wird die Darmschleimhaut, von entodermischem Ursprung, die Beute nach der Verdauung assimilieren. Die Assimilierung Objekt beziehungsweise Beute — Ektoderm kann man durch die Tatsache rechtfertigen, daß das Ektoderm während der Neurulation Nervengewebe herstellt; das Nervensystem ist beim Wirbeltier jedoch ein Organ, das den Zustand der Umwelt simuliert und im Zustand von Engrammen die Formen der Beute enthält (und zwar nach der Maxime: »Der hungrige Jäger ist seine eigene Beute«; s. unten). Der Vergleich zwischen den Embryologien der Wirbeltiere und der Insekten offenbart auffallende Unterschiede: es gibt praktisch kein Entoderm bei Insekten; während Wirbeltiere eine Morphologie dorsaler Art (Blastoporus oder Primitivstreifen) aufweisen, haben die Insekten eine Bauch-Morphologie. Die dreifache Struktur der Syntax SVO muß bei den Insekten zu Beginn der Embryonalentwicklung mit »Ektoderm — Mesoderm — Eidotter« identifiziert werden (zu Beginn der Embryologie); in der Tat kapselt das Embryo die Eidotter während der Bildung des eigenen Verdauungsrohrs in dessen Innerem ab (wobei bei manchen Schmetterlingsarten die jungen Raupen den äußeren Rest der Eidotter sogar selber verzehren). Es gibt keine Neurulation beim Insekt, sondern lediglich eine Invagination von Neuroblasten ektodermischen Ursprungs an der Bauchwand; die innere Stimulierung der Außenwelt ist somit auf ein absolutes Minimum begrenzt.

Wie kann man diese Unterschiede interpretieren? Gegen 1840 behauptete der Naturalist Serres: Da das Embryo des Wirbeltiers größer ist als das des Insektes, besitze das Wirbeltier mehr Eidotterreserven als das Insekt, und somit seien die dorsalen Reserven des Insekts beim Wirbeltier unter Wirkung der Schwere ventral geworden. Ich glaube, daß es angemessener ist, in diesem Unterschied eine völlige Strategieänderung in der vitalen Regulierung zu sehen. Während sich das Insekt, aufgrund seiner Ablehnung der Außenwelt, eine Art »Maginotlinien-Komplex«, in seinen Rückenverschluß (ektodermischen Ursprungs ohne mesodermische Komponente) einschließt, hat das Wirbeltier eine völlig andere Lebensphilosophie; es gebraucht den größeren Teil seines peripherischen Gewebes (ektodermisches Gewebe, Nervengewebe) zur Simulierung der Außenwelt, wodurch es eine viel größere Disponibilität zeigt; beim Wirbeltier hat die Haut eine mesodermische Komponente (le derme); die Haut ist also die schwankende und ständig regenerierte Grenze, an der sich der Konflikt zwischen Organismus und Außenwelt vollzieht. Auf der Kopfhöhe jedoch hört das Verdauungsrohr zu existieren auf; also muß die Rolle des Subjekts von dem Ektoderm, das noch existiert, übernommen werden. So kommen wir lokal wieder auf eine Situation zurück, deren Typ dem des Insektes am Entwicklungsende ähnlich ist:

Verb . . . . Ektoderm + Mesoderm
Subjekt . . . . Nervengewebe (Sinnesorgane)
Objekt . . . . Außenwelt.

So ist der Hirnschädel von einer Knochenwand (paroi osseuse) und einem Exo-Skelett (wie der Rückenverschluß der Insekte) umgeben; diese Permutation von Subjekt — Objekt bei der Kopfbildung hängt bestimmt mit der Kreuzung von Nervenbündeln auf dem Niveau des verlängerten Marks zusammen.

Auf diese Weise wollen wir zeigen, daß die großen Schemata (Baupläne) des tierischen Aufbaus großen Optionen der vitalen Regelung entsprechen, die das Tier etwas wesentlich anderes werden läßt als sie selbst: dies ist der Zwang (contrainte) der ursprünglichen Entfremdung[4]. Beim Insekt setzt dieser Zwang erst am Ende ein und wird auf ein striktes Minimum gehalten. Beim Wirbeltier setzt sich der Zwang schon beim ersten Anlauf durch und erreicht beim Menschen das Maximum, denn das Bewußtsein bleibt immer Bewußtsein, und zwar nicht das von einem Ego, einem echten philosophischen Trugbild, sondern von einem äußeren Ding, das in Raum und Zeit lokalisiert ist.

Die wissenschaftliche Erklärung und die Mathematik

Bei der hier gebotenen Methode ist zu erkennen, daß die Forderung nach einer Denkökonomie eine wesentliche Rolle spielt; wie ich es einmal an einem anderen Ort[5] formuliert habe, ist die wissenschaftliche Erklärung im wesentlichen die *Beschränkung der Willkür* bei der Beschreibung. Man hat dieser Definition einen subjektiven Charakter vorgeworfen; die magischen oder mystischen Erklärungen erlauben es auch, das Willkürliche an einer empirischen Beschreibung einzuschränken. Dieser Einwand ist zwar begründet, aber er gilt auch für all jene Erklärungen, die auf der Anwendung von nicht formalisierten Konzeptionen beruhen. Im allgemeinen ist die moderne Biologie von Worten wie »*Ordnung*«, »*Unordnung*«, »*Komplexität*«, »*Information*«, »*Code*«, »*Signal*« (*Nachricht*) ... überladen. Der gemeinsame Charakter all dieser Begriffe ist, daß raum-zeitliche Korrelationen von großer Tragweite definiert werden; es sind nach der Terminologie von R. Ruyer »transspatiale« Begriffe. Aufgrund dieser Tatsache können sie sich nicht von Begriffen magischen Charakters wie dem der Fernwirkung unterscheiden. Wenn das wissenschaftliche Denken streng, das heißt beweisend und formalisierbar, werden will, muß es sich von diesen zwei-

---

[4] S. René Thom, Structural stability and Morphogenesis, Reading, Mass.: W. A. Benjamin, 1975, Kap. XIII.
[5] René Thom, La Linguistique, discipline morphologique exemplaire, in: Critique, März 1974, 255.

deutigen Begriffen befreien; es wird sich der Formalisierung bedienen müssen, das heißt einer Denkweise, die allein auf der *lokalen* Anhäufung von Formen beruht. Sie wird den Raum und den Weg mit einem Instrumentarium entmythologisieren müssen, dessen Gültigkeit von allen anerkannt wird. Der Mathematiker verfügt aber über einen sicheren Begriff für einen Übergang vom Lokalen zum Globalen, nämlich die analytische Verfahrensweise. Ein Keim der analytischen Funktion bestimmt (durch analytische Fortsetzung) die Funktion im ganzen Definitionsbereich[6]. Für den Übergang vom Globalen zum Lokalen verfügt der Mathematiker über einen anderen Begriff: den der Singularität. Tatsächlich ist die Singularität an einem Punkt nichts anderes als eine globale Figur, die in diesem Punkt konzentriert ist (zum Beispiel: wenn ein Meridiankreis Γ eines Zylinders in einem Punkt O konzentriert wird, bekommt man die Spitze eines Kegels).

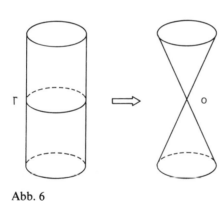

Abb. 6

Aufgrund der abwechselnden Anwendung dieser beiden Techniken (Abb. 6) (wie in der Katastrophentheorie) kann man hoffen, zu einer dynamischen Synthese komplexer globaler Fälle zu gelangen. Welche andere Disziplin als die Mathematik könnte ebenbürtige Mittel zur Verfügung stellen? Aus dieser Sicht würde der Begriff nur noch eine heuristische Rolle erfüllen, und man sollte den Platz — wie in der Kombinatorik von Leibniz — einem reinen Spiel der Formen überlassen ...

---

[6] Vgl. den II. Teil des Artikels von K. Maurin.

3. Die biologischen Wurzeln des Symbolischen

In seinem Werk »*Anthropologische Strukturen des Imaginären*« regt Gilbert Durand an, eine »Topologie des Phantastischen« zu schaffen. Der vorliegende Artikel will vielleicht diesem Aufruf Folge leisten. Mich beeindruckte dieses großartige Buch unerhört, aber geht es hier um eine Wirklichkeit des Phantastischen? Ich bin sicher, daß G. Durand mit seiner großartigen Klassifizierung des Symbolischen in schizomorphe, mystische und synthetische Strukturen einen der gesamten vitalen Dynamik zugrundeliegenden fundamentalen Mechanismus gefunden hat. Die Parallele dazu, die ich am Ende meines Artikels zwischen Klassifizierung der »Anthropologischen *Strukturen* des Imaginären« und den Mechanismen der embryonalen Entwicklung in der Sicht der Katastrophentheorie ziehen werde, wird hoffentlich dem Leser erlauben, sich davon zu überzeugen.

Mir geht es hier nicht darum, das Modell der Katastrophentheorie noch einmal zu erläutern, was ich selbst und andere — sehr viel verständlicher — schon gemacht haben. Daher werde ich hier den Anteil des mathematischen Symbolismus auf ein einfaches Zitat begrenzen, das man als »Augurenlächeln« verstehen kann.

Da schließlich alles, was ich vorschlage, nichts weiter als eine breite Metapher zwischen der Symbolik der »*Anthropologischen Struktur des Imaginären*« und der Dynamik der Embryologie ist, kann man das Wesentliche dieser Metapher als eine Korrespondenz von Begriff zu Begriff verstehen; nur die durch das geometrische Modell ausgedrückte funktionelle Abhängigkeit zwischen den Begriffen wird dem nicht-mathematischen Leser entgehen, und auch in einem solchen Falle ist es nicht unmöglich, daß man die Konturen durch mehr oder minder glückliche Wort-Äquivalente umreißt.

Die Katastrophentheorie führt zu einer gewissen Formalisierung der Tierdynamik; aber genauso wie man in der reinen Mathematik bei einer vollständigen Formalisierung der Arithmetik zu den Aporien der Mengenlehre gelangt, die an den Selbst-Bezug gebunden sind (zum Beispiel: »Der Friseur ist der einzige Mensch im Dorf, der alle anderen rasiert, die sich selber nicht rasieren«), so wird eine Formalisierung der Dynamik des Lebens nur bei dem gleichen Typ von Schwierigkeiten münden, die an den Selbstbezug beziehungsweise an das Wesen des Unterschieds zwischen dem Ich und dem Anderen gebunden sind; mit einem Wort: man kommt zur wesentlichen Zweideutigkeit, mit der der Identitätsgedanke behaftet ist.

Nach unserem Standpunkt entstammt das Symbolische dem Konflikt zwischen zwei Identitätskriterien. Es gibt tatsächlich zwei Arten der Auffassung der Identität eines Wesens, die absolut unterschiedlich sind:

a) Bei einem räumlichen, materiellen Ding kann man die Identität einfach mit Hilfe des zusammenhängenden Bereichs von Zeit und Raum definieren, den dieses Ding einnimmt. In der Tat sind zwei materielle Objekte gegenseitig undurchdringlich, wie etwa zwei Festkörper. Die Identität beziehungsweise den Namen eines Menschen kann man sich durch die raum-zeitliche Lokalisierung des von diesem Körper besetzten Bereichs definiert vorstellen. (Die »bürgerliche« Identität zum Beispiel beschränkt diese Lokalisierung auf Geburtsort und -datum.)

b) Beim abstrakten Wesen, wie zum Beispiel dem Begriff »Qualität«, beruht die Identität nicht mehr auf einer räumlichen Basis. Man kann zum Beispiel die Farbe »grün« gleichzeitig an zwei verschiedenen Stellen antreffen. Die eigentliche Definition der Qualität ist vollkommen unabhängig von der raum-zeitlichen Lokalisierung der Objekte, die über diese Qualitäten verfügen. Hier ist die Identität semantischer Natur und bedarf des Verständnisses eines Begriffs.

Sobald die Seinsqualität, der ontologische Status von etwas einen mehr semantischen als räumlichen Charakter hat, kann man nichts dagegen einwenden, wenn es gleichzeitig (in übrigens verschiedenen Erscheinungen) an verschiedenen Stellen des Raumes auftaucht. Daraus lassen sich die Beteiligungsvorgänge (faits de »participation«) ableiten, die Lévy-Bruhl als vor-logisch bezeichnete, die man aber tatsächlich ganz natürlich im Rahmen einer »intensiven« Logik erklären kann, welche mehr Wert legt auf das Verständnis von Begriffen als auf deren Anwendungsbreite, wie dies die moderne Logik tut. Aus dem Konflikt — der Dialektik — dieser beiden Identitätskriterien entsteht das Imaginäre.

Ohne Zweifel wird von unserem »modernen« Standpunkt aus der Unterschied zwischen den beiden Identitätskriterien schon durch die Grammatik offenbart. Die Wesen ersten Typs, deren Identität räumlicher Natur ist, werden zwangsläufig durch Substantive, die des zweiten Typs eher durch Adjektive dargestellt. Die Unterscheidung für das Lebewesen ist aber nicht so einfach. Für die Zelle, die nach F. Jacob davon »träumt, sich aufzuteilen«, für das Tier, das »träumt, sich fortzupflanzen«, ist das erwartete Wesen beziehungsweise das kommende Kind mehr im semantischen Bereich als im räumlichen anzusiedeln. Die zelluläre Mitose und die Erzeugung, die das Projekt realisieren, können als Projektionen des Semantischen ins Räumliche aufgefaßt werden: *kai o Logos sarx egeneto.* Dies ist jedoch sicher weniger in der Fortpflanzung als in dieser regelnden fundamentalen Funktion des Fangvermögens (prédation) zu suchen, wo sich die Wurzel des Imaginären befindet.

In der Dynamik der Lebewesen haben wir es mit einer echten Antinomie zu tun: wie kann man die notwendige Fortdauer des Subjekts mit dem grundsätzlich irreversiblen Charakter von Regelungsreflexen vereinbaren? Um die Stabilität des Zustands des Subjekts zu gewährleisten, muß man jeden Reflex in eine Transformation periodischen Charakters verwandeln, bei der jeder (optimale) Endzustand des Stoffwechsels mit dem Anfangszustand übereinstimmt: hier handelt es sich um eine Forderung der Reversibilität, die dem strukturell irreversiblen Charakter des Fangvermögens (prédation) augenscheinlich widerspricht.

Im Satz »Die Katze hat die Maus gefressen« gibt es ursprünglich zwei handelnde Größen, ein Subjekt, das frißt (die Katze) — ein Objekt, das gefressen wird (die Maus). Am Ende des Prozesses gibt es nur noch ein handelndes Wesen, das Subjekt (das die Katastrophe siegreich besteht). Die Gesamtmorphologie des Prozesses kann vom »Fanggraphen« (graphe de capture) beschrieben werden (Abb. 1, S. 74), der sichtlich irreversibel ist. Diese Morphologie läßt sich durch die Faltungssingularität (Katastrophe von Riemann-Hugoniot) erzeugen: es genügt, einen der Äste der Falte auf der Ebene Ouv der Entfaltungsvariablen nach einer Strecke λ zu überschreiten, die den Graphen im Fangpunkt K

Katze
Maus

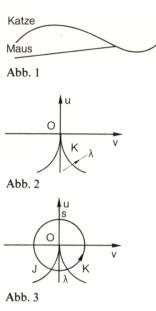

Abb. 1

Abb. 2

u

O

K
λ

v

Abb. 3

u
s

O

J

K
λ

v

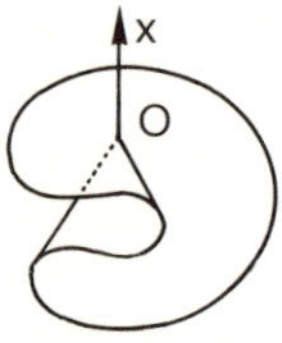

x

O

Abb. 4

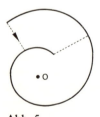

• o

Abb. 5

schneidet (Abb. 2). Man muß jedoch diesen Reflex in einen periodischen Prozeß verwandeln, der (beliebig oft) wiederholt werden kann. Der einfachste Weg besteht darin, die Fangstrecke λ (segment de capture) zu einem Kreis zu schließen, dessen Mitte den Ursprung, das »Organisationszentrum« der Gesamtstruktur bildet (Abb. 3). Nun aber hat das Abbild dieses Zyklus innerhalb der Faltungsfläche F den Verlauf der Abb. 4, wobei die Menge der singulären Punkte des Potentials $V = x^4/4 + ux^2/2 + vx$ und die Fläche $V_x = x^3 + ux + v = 0$ gegeben sind. Oberhalb der Strecke JK des innerhalb der Falte enthaltenen Zyklus gibt es drei Punkte über jedem Zykluspunkt, und zwar zwei stabile Minima und ein Maximum. Aufgrund der möglichen Liftungen des Zyklus auf der Fläche (F) kann die Gesamtstruktur als eine Nockenstruktur bezeichnet werden (Abb. 5). Dies ist der einfachste Weg, Reversibilität und Irreversibilität zu vereinbaren; es handelt sich um den Mechanismus des »markierten Zyklus« (cycle marqué): während einer Periode des Zyklus hat man einen markierten Punkt, bei dem sich ein rascher im allgemeinen stark exothermer Übergang vollzieht, dessen freigesetzte Energie die Reibungsverluste im glatten Teil des Zyklus kompensiert. Man begegnet hier wieder dem Prinzip der Hemmung bei der Uhr, wodurch die »isochronen Schwingun-

gen« eines Pendels ermöglicht werden. Vom topologischen, aber
nicht dynamischen Standpunkt aus wird der Archetyp des »markierten Zyklus« durch das Zifferblatt der Wanduhr mit einem
Zeiger, der auf den markierten Punkt hindeutet, realisiert. Im
Hörbereich entspricht das dem Ticken der Uhr.

Man sieht, daß der Zyklus, in seiner bloßen algebraischen Form
(nach Kafka »*Das Grauenhafte des bloß Schematischen*«), sich
auf natürliche Weise in zwei Teile zerlegt: in den nicht markierten Teil, den großen Bogen KsJ (Abb. 3), über dem es nur eine
aktive Größe (actant) gibt, und in den »markierten« Teil JλK in
der Falte, über dem man zwei sich im Wettkampf befindende
aktive Größen antrifft. Diese beiden Größen lassen sich biologisch auf evidente Weise interpretieren: es geht um den Jäger
und die Beute. In J schafft sich der Jäger de novo und fängt in K
die von links kommende Beute. Verfolgt man stetig den Jäger
oberhalb des großen Bogens KsJ, stellt man fest, daß er in J
nicht mehr als Jäger wiedererscheint, sondern als Beute. Aus
diesem Paradoxon offenbart sich die Antinomie der beiden
Identitätskriterien. In der Tat kann das Paradoxon auf zwei verschiedene Weisen behoben werden:

a) Setzt man die räumliche und semantische Stetigkeit der handelnden Größe als Bedingung, kann man im vorliegenden
   ökologischen System sagen, daß der ursprüngliche Jäger P
   zur Beute eines stärkeren Jägers P' wird; es kommt auf das
   Gleiche hinaus, ob man den Umlauf der Singularität macht
   oder ob man auf eine Stufe der ökologischen Pyramide
   steigt; der Gesamtfluß beschreibt die globale Entwicklung
   der Biomasse, die ausgeht von den Beuten unterer Stufe und
   schließlich in den Organismus der Spitzenjäger *(top preda-
   tors)* gelangt. (Man weiß übrigens, daß ein ökologisches System nicht mehr als vier Stufen umfaßt, so daß diese Interpretation nicht mit einer unbestimmten Wiederholung des
   Zyklus verträglich ist.)
b) Bei der zweiten Interpretation stellt die Achse Ov die Energiemenge dar; im Zeitpunkt K des Fanges nimmt die Energie
   zu und beginnt dann wieder zu sinken (der große Bogen s, als
   Schlaf interpretiert). Im Minimum von v wird der ursprüngliche Jäger, da er hungrig ist, im »semantischen« Sinne zur ei-

genen Beute, das heißt, daß die Seele des Tiers vollständig vom Bild der Beute beherrscht, »entfremdet« ist. Hier erscheint die wesentliche Funktion des zentralen Nervensystems, als Funktion der Entfremdung: es erlaubt einem Lebewesen nämlich, »semantisch« anders zu sein als sein räumliches Dasein. Der Punkt J beschreibt die »Wahrnehmungskatastrophe«: Wenn der seiner Beute gegenüber entfremdete Jäger eine äußere Beute erkennt, wird das psychische (semantische) Bild der Beute in die äußere Form projiziert, was die Befreiung des Ego des Jägers zur Folge hat. Die Entfremdung hört auf, und der Jäger, (semantisch) wieder er selbst geworden, macht sich an die Verfolgung der Beute heran.

Der Abschnitt JK beschreibt die Verfolgung der Beute durch den Jäger. Er erhebt sich, jagt ihr nach, erreicht sie, fängt sie, zerreißt sie und frißt sie schließlich. Dazu muß er erst einmal auf seine eigene energetische Reserve zurückgreifen, um sich bewegen zu können. Die Aufnahme der Beute wird die eingesetzten Leistungen über das notwendige Maß hinaus wieder aufwiegen.

Rechts vom Punkt K auf dem Zyklus Γ beginnt die Verdauung; hier handelt es sich um eine räumliche und biochemische Fusion von Jäger und Beute. Wenn mit $u > 0$ auf dem Bogen s die Energiemenge abzunehmen beginnt, muß man logischerweise in dem entsprechenden Zustand, der durch eine Nichtunterscheidbarkeit zwischen Objekt und Subjekt gekennzeichnet ist, den Schlaf sehen. Sagt man nicht auch vom Menschen, er komme *post coenam et coitum?* Der Gesamtzyklus Γ kann also mit der tagumlaufenden Uhr identifiziert werden, die den Verlauf der Tage und der Nächte rhythmisiert.

*Identifizierung mit den »Konstellationen«, den »Anthro-
pologischen Strukturen des Imaginären«*

Die Identifizierung drängt sich auf: Die markierte Phase JK mit zwei handelnden Größen ermöglicht zweierlei Strukturen:
1. *entweder* identifiziert sich das Subjekt mit der handelnden Beute. Man hat es dann mit der Konstellation von »nyktomor-

phen Symbolen« zu tun, wie Angst, Sturz in die Hölle und Vernichtung;

2. *oder* das Subjekt identifiziert sich mit dem Jäger. Man hat es dann mit der Symbolik der Macht und des Triumphs (das Zepter und das Schwert), des Sieges über den Feind zu tun. Die theriomorphe, also die mit Tierbildern operierende Symbolik geht offenbar in dieses Schema ein; denn der Mensch identifizierte sich mit Vorliebe mit Tierarten, denen er als Beute ausgesetzt ist oder die er als Beute jagt. Man kann feststellen, daß in manchen Gesellschaften zwischen den »guten Zauberern« und den »bösen Zauberern« unterschieden wird: die »guten« verwandeln sich in nützliche Haustiere, die »bösen« in die furchtbarsten Raubtiere.

Der nicht markierte Satz KsJ ist offenbar mit dem »mystischen« Symbolismus des Nachtreiches (régime nocturne) zu identifizieren: Hinabsteigen ins Unbewußte, verknüpft mit dem Verdauungssymbol des Pokals. Die Vereinigung der Gegensätze und das *coincidentia oppositorum* werden in diesem Falle realisiert.

Es verbleibt uns noch, die »synthetische« Symbolik und insbesondere die zyklische Symbolik (das Rad) zu interpretieren. Wie G. Durand mit viel Scharfsinn zeigt, definiert das Rad den reinen nicht markierten Zyklus, dessen Randpunkte alle miteinander äquivalent sind. Es handelt sich hier um das Nullstadium einer Entwicklung, die, indem sie allmählich komplexer wird, zur synthetischen Struktur des Dialogs durch Wiedereinführung der binären Struktur mit zwei handelnden Größen führt: die typische Struktur einer beispielhaft realisierten Hysteresenschleife ist das Spiel mit einem Ball, den sich zwei Partner abwechselnd gegenseitig zuspielen (der »Fehler« ist dann der Bruch des Archetyps).

Unsere embryologischen Modelle liefern ein packendes Bild jener Transformation, der man in der Theorie der elektrischen Stromkreise mit der Gleichung von Van Der Pol begegnet. Im Gegensatz dazu fällt es mir sehr schwer, den »*Anthropologischen Strukturen des Imaginären*« zu folgen, wenn man in ihnen mystische Aktivität mit dem Nacht-Reich (régime nocturne) verknüpft, es sei denn, man reduziert das Tagesleben auf den erfolgreichen triumphalen Kampf eines Jägers mit seiner Beute.

Vielleicht ist bei den »Anthropologischen Strukturen des Imaginären« folgender Punkt nicht genügend betont worden: zwischen dem Ich und dem Anderen sind zweierlei Fusionen möglich: erstens eine *statische,* bei der die zwei Wesen durch Neutralisierung ihrer Gegnerschaft, durch Auflösung der sie trennenden Schwelle miteinander verschmelzen (wie bei der Faltungskatastrophe mit dem Übergang von $V = x^4 - x^2$ zu $V = x^4 + x^2$); zweitens eine »metabolische« Fusion, die mathematisch folgendermaßen definiert wird: man nehme das »binäre« Potential $V = x^4/4 - x^2/2$, das man in $V = x^4/4 - x^2/2 + vx$ entfaltet, dann bildet man den Gradienten dieses Potentials in bezug auf die *hyperbolische* Metrik $ds^2 = dx^2 - kdv^2$ (gewissermaßen drückt das die Dämpfung der Katastrophe durch ihre Entfaltung aus). Man weiß nun, daß die Dynamik dieses Gradienten einen sehr regulären Anziehungszyklus aufweist, der, wenn k gegen Unendlich strebt, mit der von der Falte getragenen Hysteresenschleife zusammenfällt (Van Der Pol-Phänomen) (Abb. 6)[7].

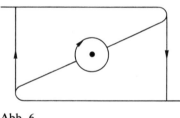

Abb. 6

Also transformiert sich ein reiner nicht markierter Zyklus allmählich in eine Hysteresenschleife vom Typ »Austausch zwischen zwei handelnden Größen«. Es handelt sich dabei um ein Modell von »Stabilisierung einer Schwelle«, bei dem manche Elemente sich weigern, eine Entscheidung in der binären Teilung zu treffen; sie oszillieren lieber unendlich zwischen dem einen und dem anderen Wesen (siehe G. Durand, Anthropologische Strukturen des Imaginären, 298), wo dieser Übergang verbalisiert wird. Doch kommen wir nun zu der embryologischen Parallele.

---

[7] S. »L'Evolution temporelle des catastrophes«, Application of Global Analysis, Communication of the Mathematical Institute, Rijksuniversiteit Utrecht, 3, 1974.

Die Metapher der Tierembryologie

Man weiß, daß bei den höheren Tieren und insbesondere bei den Wirbeltieren das Embryo ursprünglich die Form einer hohlen Kugel (Blastula) annimmt. Durch Invagination in sich selbst, bedingt durch den Prozeß der Gastrulation, wird aus dieser Blastula eine tripoblastische Form mit drei Keimblättern: dem Ektoderm, Mesoderm und Entoderm. Das Ektoderm erzeugt wesentlich die Haut (zum Teil), die Sinnesorgane und das Nervensystem; das Mesoderm liefert die Knochen, die Muskeln, das Blut, das Herz, die Blutgefäße und die Ausscheidungsorgane. Das Entoderm bildet die Darmschleimhaut und verschiedene Verdauungsdrüsen, wie die Leber. Diese etwas rhapsodische Aufzählung erhält durch folgende Metapher einen Sinn: ich habe vorgeschlagen, die tripoblastische Struktur des Wirbeltieres mit der ternären Struktur des transitiven Satzes Subjekt — Verb — Objekt nach dem Schema

Ektoderm = Objekt
Mesoderm = Verb
Entoderm = Subjekt

zu identifizieren.

Eine erste Katastrophe, die Gastrulation, unterteilt die Zellen der Blastula in zwei Gruppen: das Ektoderm nach außen und das Entoderm nach innen[8]. Einige Mittelzellen verweigern aber die Wahl und bilden die Zwischenschicht des Mesoderms. Während das Ektoderm und das Entoderm die beiden Minima des biquadratischen Potentials $V = x^4/4 - x^2/2$ der Falte besetzen, macht sich das auf der Schwelle $x = 0$ zwischen beiden Minima aufgehaltene Mesoderm sofort daran, sich in einem Zyklus zu stabilisieren, der die Entfaltungsvariable v mit einbezieht. Später degeneriert dieser Zyklus zu der Hysteresenschleife zwischen Subjekt und Objekt beziehungsweise zwischen Jäger und Beute: indem das Mesoderm durch die Betätigung der Muskeln und Knochen in die Reserven des Darms und der Leber (Entoderm)

---

[8] Es ist das Umsteigen des Eies vom nächtlichen Teil des Zyklus ($u > 0$) zum täglichen ($u < 0$), wobei die Geburt der Übergang der Nacht zum Tag ist.

Energie hineinpumpt, führt sie die Beute in den Mund (Fangpunkt K). Die zwei Katastrophen J (Wahrnehmungskatastrophe) und K (Fangkatastrophe) glätten einander durch die quasi-simultane Bildung des Nervensystems (die von dem Mesoderm induzierte Neurulation) und der Speiseröhre. Manche Organe wie das Herz (mesodermisch) und das Neuron (ektodermisch) haben übrigens eine vom Archetyp des »markierten Zyklus« (Zeeman-Modell) beherrschte Physiologie; so die Anfangsfigur der Lebensdynamik, die sich lokal für jedes Organ auf spezifischen Trägern durch eine partielle Rückkehr zum Organisierungszentrum der Struktur realisieren läßt.

Der keineswegs forcierte Vergleich zwischen der symbolischen und der embryologischen Tafel ist aufschlußreich. Ich wäre außerdem nicht verwundert, wenn sich diese Klassifizierung auch in der Systematik der Mathematik als erfolgreich erweisen würde. In den *»Anthropologischen Strukturen des Imaginären«* wird eine Anspielung auf die Analogie zwischen Geometrie und Algebra gemacht (s. Durand, 429). In der Tat gibt es einen gewissen Gegensatz zwischen Geometrie und Algebra. Der fundamentale Baustoff der Geometrie und der Topologie ist das geometrische Kontinuum, das als reine und nicht strukturierte Ausdehnung ein »mystischer« Begriff par excellence ist. Im Gegensatz dazu ist Algebra ein grundsätzlich dem Tag zugewandtes (»diaïrétique«) Operationsverhalten. Während die Topologen die Kinder der Nacht sind, verfahren die Algebraiker mit unerbittlicher Strenge (manient le couteau de la rigueur) in einer perfekten Klarheit.

Am Ende dieses doppelten Panoramas des Symbolismus und der Embryologie drängt sich eine Schlußfolgerung auf. Die von Gilbert Durand so meisterhaft hervorgebrachten verschiedenen Bereiche des Imaginären können nicht, wie es etwa eine seltsame (»chinoise«) Beschreibung (s. *»Anthropologische Strukturen des Imaginären«,* 450) ziemlich platt suggeriert, in eine von den Kardinalpunkten geordnete Erdkarte eingepaßt werden. So wie sich beim Embryo die verschiedenen Gewebearten zwangsläufig eine aus der anderen bilden, verfahren auch die verschiedenen symbolischen Reiche nach einer unausweichlichen Logik, und die sie erzeugende Dynamik ist nichts anderes als der ewige, unwandelbare Pulsschlag des Lebens.

Vergleichstafel zwischen symbolischen Zuständen und der Embryologie

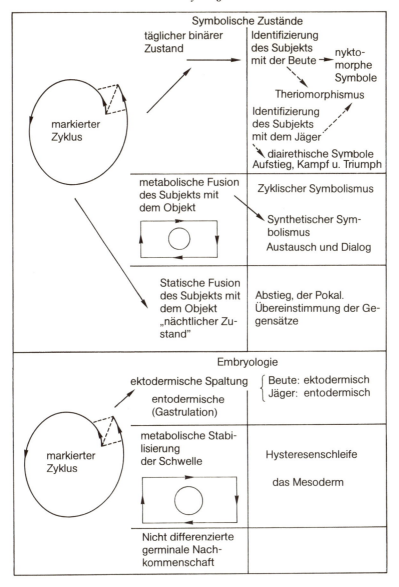

Symbolische Zustände

| täglicher binärer Zustand | Identifizierung des Subjekts mit der Beute → nykto-morphe Symbole |

Theriomorphismus

Identifizierung des Subjekts mit dem Jäger

diairethische Symbole
Aufstieg, Kampf u. Triumph

metabolische Fusion des Subjekts mit dem Objekt

Zyklischer Symbolismus

Synthetischer Symbolismus
Austausch und Dialog

Statische Fusion des Subjekts mit dem Objekt „nächtlicher Zustand"

Abstieg, der Pokal. Übereinstimmung der Gegensätze

markierter Zyklus

Embryologie

ektodermische Spaltung
entodermische (Gastrulation)

Beute: ektodermisch
Jäger: entodermisch

metabolische Stabilisierung der Schwelle

Hysteresenschleife

das Mesoderm

markierter Zyklus

Nicht differenzierte germinale Nachkommenschaft

81

4. Die Archetypen zwischen Mensch und Natur

Wissenschaft und Philosophie

Die Kluft, die ungefähr seit dem Beginn dieses Jahrhunderts zwischen der Wissenschaft und der Philosophie entstanden ist, hat viele Fragen aufgeworfen. Für diese so bedauerliche Trennung tragen Wissenschaftler und Philosophen gemeinsam die Verantwortung. Die traditionelle Philosophie kann sich nicht rühmen, zu so sicheren Erkenntnissen gekommen zu sein wie die Wissenschaft. Sie hat nur ungewisse oder hypothetische Aussagen zu bieten. Andererseits sind die Philosophen durch die in der Physik gebräuchliche mathematische Deduktion und den für den Laien nicht nachprüfbaren Charakter der Forschungsergebnisse der Laborspezialisten aus der reinen Wissenschaft verdrängt worden. Die Philosophie, die den Wissenschaften den Bereich der Physis überließ, hat sich im großen und ganzen in einen zunehmenden Subjektivismus zurückgezogen; verschanzt in der Festung des Ich, wartet sie hartnäckig auf die Herausforderungen objektiver Erkenntnis. Es wäre nun zu erwarten gewesen, daß sich zumindest die Wissenschaftler (für meinen Teil hoffe ich das ein wenig), die etwas von Forschung verstehen, auf die Suche nach einer synthetischen Erkenntnis nach Art der Naturphilosophen des 18. Jahrhunderts machen. Bis auf wenige Ausnahmen (H. Poincaré und Schrödinger ...) war das bisher nicht der Fall. Die Aufsplitterung der wissenschaftlichen Forschung in disparate Spezialgebiete, die sich zwecks Erlangung öffentlicher Gelder oft wechselseitig behindern, die Bildung einer sozialen Kaste von wissenschaftlichen Forschern, bei der die korporativen Interessen viel zu oft über die geistigen Ansprüche dominieren, haben jeglichen Versuch verallgemeinernden Denkens im Keime zunichtegemacht. Die meisten Wissenschaftler waren nur bemüht, den Mythos der Wissenschaft (insbesondere der experimentellen Wissenschaft) in der Öffentlichkeit als ausschließliche Quelle von Erkenntnissen zu verkünden, wobei sie sich auf eine summarische Philosophie positivistischen oder Popperschen Charakters versteifen, nach der allein experimentell verifizierbare (beziehungsweise falsifizierbare) Sätze einen Sinn haben. Historisch gesehen, hat die Naturphilosophie übrigens weder Schelling noch die »Farbenlehre« Goethes überlebt, der den Fehler beging, eine Theorie in die Physik zu übertragen, die eine gewisse Gültigkeit in der Sinnesphysiologie besaß. Eine dem Mikrokosmos eigentümliche Struktur wurde auf den Makrokosmos übertragen. Die großen pragmatischen Erfolge der Physik und der Biologie im 19. Jahrhundert haben schließlich den vollständigen Ruin der wertvollen Versuche der Naturphilosophie herbeigeführt. Jedoch verfügten die Philosophen gegenüber dem immer größer werdenden Einfluß der Wissenschaft zu ihrer Verteidigung über zwei Argumente, die sie nur selten anwandten:

a) Die Wissenschaft gebraucht unvermeidlich die natürliche Sprache und ist somit an die gesamte Metaphysik gebunden, die die Anwendung des täglichen Sprachgebrauchs mit sich bringt. So führt die Anwendung globaler Begriffe der Wissenschaft (wie etwa Komplexität, Ordnung, Information und so weiter) zu schwerwiegenden Folgen; sogar in der Mathematik ist die mit dem Gödelschen Satz offenbar gewordene Unmöglichkeit, die Arithmetik vollständig zu formalisieren, nichts anderes als ein technischer Ausdruck dieses Tatbestandes.

b) Bei einem gegebenen Satz muß man nicht nur auf dessen Wahrheit achten, sondern auch das »Interesse« abwägen, das dieser haben kann. Es nützt nichts, wahre Erkenntnisse zu sammeln, wenn diese bedeutungslose Erkenntnisse, tote Archiv- oder Bibliotheksdokumente sind. Die modernen (subjektivistischen) Theorien der Wahrscheinlichkeit (insbesondere nach den Arbeiten von Savage) haben diesen grundsätzlich subjektiven Charakter der »Nützlichkeit« eines Satzes wiederentdeckt.

Wenn zwar nicht die Wahrhaftigkeit, aber die Wahrscheinlichkeit einer These festgestellt werden kann, und wenn letzteres entscheidende theoretische oder praktische Konsequenzen hat, so ist das für den Geist interessanter, »brauchbarer« als ein wahrer Satz, der nur in sich selbst mündet. Sicher wissen das die Wissenschaftler; aber sie verdecken diese Tatsache stillschweigend mit der Vokabel »Hypothese« und fügen dabei nur hinzu, daß eine Hypothese experimentell verifizierbar oder falsifizierbar sein muß, damit sie wissenschaftlich wird. Man kann die Verifizierbarkeit einer Hypothese auf zwei verschiedene Weisen verstehen:

a) bei der *strikten* Form verlangt man, daß die Hypothese eine neue Konsequenz nach sich zieht, welche durch das Experiment bestätigt oder falsifiziert werden kann;
b) bei der *lockeren* Form verlangt man von der Hypothese nur, daß alle ihre Konsequenzen mit dem schon bekannten experimentellen Korpus verträglich sind (Verifikation *a posteriori*).

Die Forderung der strikten Verifizierbarkeit führt dazu, aus dem wissenschaftlichen Gebiet das unermeßliche Feld derjenigen wissenschaftlichen Disziplinen auszuschließen, in denen Experimente unmöglich sind (zum Beispiel Geschichtswissenschaften). Die lockere Form akzeptieren heißt, jede deutliche Abgrenzung zwischen Wissenschaft und Philosophie aufzuheben. Im letzteren Fall akzeptiert man hypothetische Aussagen wegen ihrer »Brauchbarkeit« und nicht wegen ihrer unmöglichen Verifizierbarkeit. Da andererseits die Unterscheidung zwischen den Fällen a) und b) nicht die Deduktionstechniken ins Spiel bringt, die im Prinzip in beiden Fällen genau dieselben sind, sieht man, daß es im Prinzip möglich ist, eine durch ihre Methoden wissenschaftliche, aber in ihren Zwecken hypothetische Theorie zu konstruieren, deren Funktion darin bestünde, die Gesamtheit der uns aus wissenschaftlichem Experiment und Alltagserfahrungen bekannten Tatsachen zu vereinigen und zu systematisieren.

Es ist auffallend, daß die Forderung nach strenger Verifizierbarkeit hauptsächlich bei denjenigen auftaucht, die in den exakten Wissenschaften arbeiten (zum Beispiel physikalische Chemie, Biologie); denn man kann im Prinzip die Natur, den Makrokosmos, unabhängig vom Menschen, dem Mikrokosmos, mit Hilfe von experimentellen Techniken und logisch-mathematischer Deduktion studieren, sobald man nämlich vorbehaltlos die im Sprachgebrauch enthaltene implizite Metaphysik akzeptiert. In den Geisteswissenschaften sieht die Lage ganz anders aus: das Experimentieren ist hier nur schwer möglich, wenn nicht gar unmöglich. Daher sollte das Kriterium der strikten Verifizierbarkeit fallengelassen werden, und sodann wird man sich auf dem Niveau einer begrifflich begründeten, hypothetischen Theoriebildung treffen, die mehr an die traditionelle Philosophie erinnert als an die sogenannten exakten Wissenschaften. In der Tat standen diese Wissenschaften vor großen Schwierigkeiten, ihre eigene Methodologie zu definieren, und es ist kein Zufall, wenn fast alle großen Namen aus Anthropologie, Soziologie und so weiter, von Auguste Comte bis zu Lévi-Strauss, die philosophische Praxis spürbar beeinflußt haben. Meine Betrachtungen zum Gegensatz Makrokosmos/Mikrokosmos müssen im Zusammenhang mit der Erwartung einer Renaissance der »Naturphilosophie« gesehen werden. Vielleicht werden sich die Philosophen in einigen Jahren von ihren Minderwertigkeitskomplexen befreien und auch von ihrer Angst vor den mathematischen und experimentellen Techniken; sie werden dann wieder in die wissenschaftliche Arena einziehen und den Wissenschaftlern, die alles auf die Zuverlässigkeit des experimentellen Tatbestandes setzen, das Kriterium der Brauchbarkeit einer spekulativen Aussage entgegenhalten.

Makrokosmos und Mikrokosmos

Es muß genau gesagt werden: unter »Interesse« beziehungsweise »Nützlichkeit« einer Aussage verstehen wir nicht nur deren pragmatische Leistungsfähigkeit. Was die technologische Leistungsfähigkeit ihrer Entdeckungen anbelangt, können wir uns auf die Wissenschaften verlassen; wir verstehen unter diesem Begriff eher das Bemühen um Denkökonomie, um Vereinfachung der Beschreibung, um innere Kohärenz der Deduktion. Diese Sorge soll jedoch nicht zu einer übertriebenen Anwendung des Ockhamschen Rasiermessers führen. Die künftige Naturphilosophie wird sich von der traditionellen durch eine gewisse ontologische Vorsicht und durch Zurückhaltung gegenüber großen Richtungen unterscheiden, über die die Metaphysiker immer so schnell ein Urteil abgaben. Auf diese Weise enthüllt uns »grosso modo« das Experiment zweierlei Existenzformen: die materielle Existenz, das heißt die im Raum verbreiteten Objekte, und die geistige (mentale) Existenz, die Existenz der sich in unserem Bewußtsein abspielenden psychischen Vorgänge. Die traditionelle Metaphysik wird in ihrem Streben zur Vereinheitlichung versuchen, die fundamentale Heterogenität der Wirklichkeit dadurch zu vermindern, daß sie den Geist entweder als eine Form der Materie und der Materiebewegung (Materialismus) auffaßt, oder den Raum und die Materie als reine Produkte des Geistes (Idealismus) betrachtet. Indem der Naturphilosoph dabei dem Gedanken des Konventionalismus von Poincaré folgt, wird er sagen:»Nichts zwingt uns im Augenblick dazu, in diesem Streit Partei zu ergreifen; setzen wir von vornherein (a priori) die Existenz dieser beiden Realitätsformen, deren heterogener Charakter so evident ist, daß er eine unmittelbare Erzeugung der einen durch die andere schwer macht. Wir müssen nur darauf achten, welche gemeinsamen Faktoren in den beiden Formen wirken.« Diese vorsichtige Erwartung ist tatsächlich die Einstellung des Wissenschaftlers gegenüber zwei Modellen des gleichen Phänomens. Man sollte jedoch diese ontologische Neutralität nicht für Gleichgültigkeit halten. Wenn sich der Forscher-Philosoph bei jedem Phänomen auf die Suche nach dem in bezug auf Eleganz und Denkökonomie besten Modell macht, tut er dies mit der stillschweigenden Überzeugung, daß diese innere Einfachheit der beste Weg zum Begreifen der dem Phänomen zugrundeliegenden Mechanismen, das heißt dessen»Ontologie« ist. Die Überzeugung beruht auf dem Gedanken, nach dem alles, was schwierig, komplex für den Geist ist, genauso schwierig für die Natur sei; somit beruht sie auf der Hypothese einer gewissen zwischen Geist und Natur, zwischen Mikrokosmos und Makrokosmos bestehenden prästabilierten Harmonie. Die ontologische Vorsicht, die ihn vom traditionellen Metaphysiker trennt, rührt von dem Wunsch her, durch Anwendung von Begriffen oder Ideen»nicht lokalen« Charakters keinen übertriebenen»Sprung« in die Deduktion zu machen. Dies bedeutet, daß man, soweit es möglich ist, eine Denkweise lokal formalisierbaren Charakters vom Typ des Mathematikers anzuwenden versucht, die schon aus diesem Grunde eine Beweiskraft besitzt.

Was die allgemeine Ideengeschichte betrifft, kann man tatsächlich zeigen, daß das alte Thema des Spiegelgeistes (esprit miroir) der Welt immer eine treibende Rolle in der philosophischen Spekulation, vom Mittelalter bis heute, gespielt hat. Obwohl man glaubt, daß dieses Thema durch die Cartesische Dualität Denken — Raum als Reaktion gegen die synkretistischen Ansichten des späten Mittelalters aus der Welt geschaffen worden sei, ist es rasch wieder aufgetaucht: die Monadologie von Leibniz verteilt diese prästabilierte Harmonie auf alle Punkte des Raumes, während die englischen Empiristen den Geist als eine tabula rasa verstehen, die von den aus der Außenwelt kommenden Sinneseindrücken informiert (informée) wird (gemäß dem Theaitetos von Platon); Kant kehrte die Kausalität des Prozesses durch die Behauptung um, daß die Wirklichkeit an sich, das Noumenon, die Form, in der sie wahrgenommen wird, den Kategorien der Vernunft entlehnt. Vor kurzem ist die Frage in einer weniger metaphysischen, aber vielleicht hartnäckigeren Form wieder aufgetaucht: es handelt sich um die Frage der ontologischen Gültigkeit der Logik. Wenn der Verstand von Prämissen, die als »physikalisch« wahr anerkannt werden, »logisch« ausgeht, erwartet man, daß jede Folgerung aus diesen Prämissen wiederum wahr ist, daß sie in den Phänomenen realisiert ist. Es muß also einen Parallelismus zwischen den deduktiven Mechanismen des Geistes und den Entwicklungsmechanismen der Natur geben. Diese Aufgabe versuchten die Hegelsche Logik und, in einer »linguistischeren« und weniger anspruchsvollen Form, Bertrand Russel in »Inquiry into meaning and truth« zu lösen.

Zu einer Theorie der Analogie

Wenn man die fundamentale These der Analogie zwischen Mensch und Natur als Ausgangspunkt nimmt, sollte man sich bemühen, die Modalitäten dieser Analogie zu präzisieren. Dazu muß man die Analogie als formales Objekt definieren. Man stößt hier sofort auf ein recht großes Problem, in das, wie ich meine, eine gewisse geometrische Veranschaulichung etwas Licht bringen kann. Greifen wir wieder zur ersten Definition der Analogie zurück, die bei Aristoteles zu finden ist. Es ist eine Proportion mit vier Begriffen vom Typ: A/B = C/D.

Zum Beispiel: $\dfrac{\text{Alter}}{\text{Leben}} = \dfrac{\text{Abend}}{\text{Tag}}$.

Wie Aristoteles bemerkt, würde ein Dichter sagen: »Das Greisenalter ist der Abend des Lebens«.

In diesem Beispiel wird mit Hilfe der Analogie auf den Gedanken des Endes beziehungsweise des Todes angespielt. Geometrisch kann man diese Auffassung durch den Endpunkt einer Strecke darstellen, deren Richtung von der Zeitachse bestimmt wird. Allenfalls wird der Rand etwas dick gezogen. In einem solchen Falle fügt sich ein geometrisch-algebraisches Wesen (der Rand, der auf der negativen Achse durch die Ungleichung $x \leqslant 0$ definiert wird) in zwei voneinander verschiedene Substrate ein: das Leben einerseits und der Tag, in Form der Zeit, andererseits. Man kann sich vorstellen, daß eine erweiterte Klasse von Analogien zu folgender Darstellung führt: ein geometrisch-algebraisches Wesen (ein archetypischer »Logos«) fügt sich in zwei voneinander verschiedene Substrate ein; er definiert dort eine Unterteilung der zugrundeliegenden Räume in Bereiche, die linguistisch »Handlungsgrößen« (»actants«) definieren. Die verschiedenen Lagen dieser »Handlungsgrößen« sind geometrisch zueinander isomorph, und das drückt die Analogie aus.

Die Theorie der »elementaren Katastrophen«, die ich entwickelt habe, ermöglicht eine erste Klassifizierung dieser »archetypischen logoi«. Ein »logos« ist im wesentlichen eine dynamische Konfliktsituation zwischen Handlungsgrößen (actants), die sich einen Substratraum, um den sie sich streiten, teilen müssen. Dies ist eine Heraklitische Auffassung, nach der jede Morphologie das Ergebnis oder die Feststellung eines Konflikts ist. Ich habe vorgeschlagen, die syntaktischen Strukturen des Sprachgebrauchs (Baumstruktur der generativen Grammatik) als ein vereinfachtes Bild der in bezug auf Raum und Zeit banalsten dynamischen Wechselwirkungen zu verstehen. Anders gesagt: der menschliche Sprachgebrauch ist nichts anderes als das Ergebnis eines Eindringens in den Mikrokosmos, wobei dies mit Hilfe eines Filterspiegels geschieht, der die gewöhnlichsten Konflikte dieser Welt vereinfacht.

Eines der Ziele der Katastrophentheorie ist es, auf diese Weise alle »logoi«, das heißt alle möglichen Typen von analogischen Situationen, zu klassifizieren. Es handelt sich dabei aber nur um ein kaum entwickeltes Programm; die einzig gut bekannten »archetypischen logoi« sind die der »elementaren Katastrophen«, welche den relativ einfachen algebraischen Wesen, nämlich den isolierten Singularitäten des Potentials, zugeordnet sind. Die letzten entfalten sich über einem Substratraum: Solche Archetypen entsprechen immer der grammatischen Kategorie des Verb (wie das Verb »*enden*« in dem weiter oben zitierten Beispiel von Aristoteles). Manche Analogien aber rufen die linguistische Kategorie des Substantivs auf: beispielsweise die bei H. Spencer so beliebte Analogie lebendiger Organismus — Gesellschaft. Dieser Typ von Analogie ist natürlich unendlich viel komplexer als der vorangegangene, denn wir verfügen über keine formalisierte Theorie, die die möglichen Formen der Regelung eines Wesens oder einer Idee klassifiziert; das war das Ziel der Kybernetik, aber diese Theorie scheint im Zustand eines Programms stekkengeblieben zu sein.

Diese Überlegungen sind von Interesse, wenn man (in der Epistemologie) die Rolle der Analogie im wissenschaftlichen Denken in Frage stellt. Viele Wissenschaftler sind Analogien gegenüber mißtrauisch, da sie sie oft als aus der Luft gegriffen oder als gewagt abqualifizieren; andere, wie K. Lorenz (in seiner Nobelpreisrede), sagen ohne zu zögern, daß der Definition nach jede Analogie irgendwie wahr sei. Mir scheint folgende Antwort richtig zu sein: eine Analogie, welche formalisiert ist, das heißt auf einen gut definierten archetypischen »Logos« bezogen ist, ist notwendigerweise wahr. Dabei kommt aber wenig heraus, allenfalls mehr oder weniger poetische Metaphern. Im Gegenteil, wenn die Analogie nicht formalisiert werden kann, ist sie notwendigerweise hypothetisch. Aus diesem Grunde kann sie durch Übertragung einer auf dem einen Substrat beobachteten Tatsache auf das dazu parallel gesetzte Substrat zu neuen und unvorgesehenen Konsequenzen führen. Wir verfügen natürlich über keine Sicherheit, was die Analogie für diese einzelne Tatsache betrifft; die Analogie ist entweder wahr, und dann unfruchtbar, oder sie ist gewagt (unvollständig) und kann nun fruchtbar sein. Nur mit dem Risiko eines Fehlers kann man auf Neues stoßen.

Trotz allem verfährt jede Theorie der Analogie so, daß sie zwei über disjunktiven Substraträumen definierte Morphologien miteinander vergleicht und diese zueinander ideell parallel setzt.

Wenn man versucht, dieses Modell auf die Analogie Mensch — Natur anzuwenden, sieht man sofort, daß der Substratraum der Natur die physikalische Raum-Zeit ist. Für den Mikrokosmos offenbart sich im Gegensatz dazu eine gewisse Zweideutigkeit: ist dessen Substrat der menschliche Körper? Die Suche nach einer Korrespondenz zwischen Körperorganen des menschlichen Körpers und Naturphänomenen könnte uns zu einigen recht wahnwitzigen Spekulationen der indischen Philosophie führen. Wenn man aber zu einer funktionellen Interpretation zurückkehrt, sieht man, daß sogar dieser Gedanke nicht unbegründet ist. In der Tat muß man einsehen, daß das wesentliche Substrat des Mikrokosmos der Raum der geistigen Aktivitäten ist, beziehungsweise der »Geist«, der mit dem räumlichen Charakter der zeitlichen Betrachtung und den zwischen Konzepten von ihm erlaubten semantischen Deformationen behaftet ist.

Wie offenbart sich nun die Analogie zwischen Mikrokosmos und Makrokosmos? Sie wird durch die Bildung von Strukturen im Geiste vollzogen, die zu den Strukturen der äußeren Wirklichkeit isomorph sind, und dies bezeichnet man üblicherweise als Erkenntnis. Diese alte Idee taucht allmählich als eine neue in den Schriften der Experimentalwissenschaftler wieder auf, besonders bei den Neurophysiologen; nach Young hat der Kleinhirnspezialist V. Braitenberg in einem vor kurzem erschienenen Aufsatz (» Gehirngespinste«, Springer-Verlag) der Rolle der Großhirnrinde (Cortex) als Träger einer Karte der äußeren Welt (» Innere Darstellung der Außenwelt«) einen ganzen Paragraphen gewidmet. Auch wenn diese Idee ausdrücklich als Spekulation vorgebracht wird, spielt sie trotzdem die Rolle eines Führers für den Beobachter, der mit einer komplexen experimentellen Gegebenheit und einer vielfältigen Analysenmöglichkeit konfrontiert ist.

Ebenso haben die Gesetze der Physik und der Mechanik, denen die physische Welt unterliegt, ihre Bürgen im Mikrokosmos. Zuerst in der biologischen Struktur: die Mechanismen in der embryonalen Entwicklung erfordern natürlich eine genaue Kenntnis der Gesetze der Mechanik (Bildung des Skeletts, Knochen, Gelenke und Muskeln) und sogar der Optik (Organogenesis des Auges). Diese simulierende Struktur erreicht ihre letzte Form in den Gefühls- und Bewegungsaktivitäten des Erwachsenen, dessen gesamte Aktivität von einer Karte strukturiert wird, die von der Umgebung und der Lage des sich in dieser Umgebung befindenden Organismus beschrieben wird. Somit spielt die Euklidische Gruppe eine große Rolle in der visuellen Wahrnehmung (Formendetektoren, Experimente von Hubel-Wiesel) und höchstwahrscheinlich in den Ausgleichsaktivitäten des Kleinhirns. Die reinen Empiriker werden sich fragen, worauf sich diese simulierenden Aktivitäten der Welt stützen: im Moment kann niemand eine befriedigende Antwort auf diese Frage geben, aber die eigentliche Existenz dieser simulierenden Mechanismen kann nicht mehr in Frage gestellt werden. Allein deren Vollkommenheit kann durch die »ontologische Gültigkeit« der Logik erklärt werden, da der Geist mehr oder weniger die Folgen und Auswirkungen einer jeden Veränderung der Außenwelt antizipiert.

Die Welt als Bild des Menschen

Wie steht es mit der zweiten Bedeutung der Analogie, wenn die innere Existenz von simulierenden Strukturen der physikalischen Gesetze in der genetischen Erbschaft des lebenden Wesens durch eine anatomisch-physiologische Analyse erreichbar ist? Ist es möglich, Elemente in der Natur zu finden, die dem Leben oder der Psyche des Menschen ähnlich sind? Hier steht man im Widerspruch zu der fundamentalen wissenschaftlichen Überzeugung, daß der Mikrokosmos als ein Teil des Makrokosmos anzusehen ist und nicht umgekehrt: die Wissenschaft will das Leben von der Mechanik aus konstruieren und nicht die Mechanik vom Leben aus erklären. Man kann sich dennoch, ohne in das Extrem einer organismischen Metaphysik wie diejenige von A. N. Whitehead zu verfallen, einige Fragen stellen:

a) Ist es denkbar, daß Systeme, die formal den lebenden oder sogar denkenden Lebewesen ähneln, aus einem ganz anderen Substrat als dem biochemischen Stoff, wie er uns von der Erde her bekannt ist (organische Bestandteile, Nukleinsäuren, Proteine), bestehen und existieren können?
Eine Bejahung dieser Frage würde gleichbedeutend damit sein, daß das Leben eine formale und nicht eine materiale Struktur sei.

91

b) Könnte man sich vorstellen, auch ohne die Existenz solcher »quasi-lebenden« autonomen und vollständigen Systeme zu postulieren, daß manche formalen Mechanismen in der biologischen Regulation einen Einfluß auf die Regulierung solcher physischen Wesen haben, die als leblos betrachtet werden? Schließlich bleibt das innerste Wesen von dem, was in Raum, Zeit, Materie und Strahlung gilt, nahezu ein totales Geheimnis. Begriffe wie Zeit und Energie haben ihren Ort sowohl im Herzen des Lebens wie auch im Herzen der Materie.

Vergessen wir nicht, daß der erste Hauptsatz der Thermodynamik zum ersten Mal von Mayer, einem Arzt, ausgesprochen wurde, nachdem er in den Tropen das Blut von Seeleuten untersucht hatte. Kann man nicht das Elementarteilchen als eine privilegierte Zone des Raumes ansehen, in der sich die Irreversibilität der Zeit manifestiert? Dies ist natürlich eine notwendige Bedingung zur Auffindung des Teilchens ohne dessen Zerstörung. Es liefert also zusammen mit dem lebenden Organismus die fundamentale Analogie, der Träger eines dissipativen irreversiblen Phänomens (oder der Keim eines solchen Prozesses) zu sein, genauso wie der biochemische Stoffwechsel. Alle Wesen sind privilegierte Orte im Alterungsprozeß des Universums, sobald sie stabil existieren, gleich ob sie lebendig oder nichtlebendig sind. Es ist daher nicht undenkbar, daß sich thermodynamische Äquivalente psychologischer Eigenschaften definieren lassen, wie zum Beispiel die »Affinität« in der Chemie, die die Anziehung in der Liebe simuliert.

Wenn man diesen Gedankengang ins Extreme treibt, kommt man dazu, das Universum mit einer Seele, nämlich Gott, auszustatten. Der illegitime Charakter eines solchen Gedankenganges rührt von unserer Unfähigkeit her, die Regelmechanismen des Lebewesens oder des Gedankens zu beschreiben, oder auch — wie oben gesagt — von dem Mangel an einer klaren, auf die Substantive bezogenen Theorie der Analogie. Wir wissen nicht, wie man die Art von Mechanismen beschreiben soll, welche die Stabilität, die Homöostase und die Identität eines Wesens gewährleisten. Man könnte in der Tat die Identität eines Wesens nicht durch den Zusammenhang des Bereichs der Raum-Zeit definieren, den es besetzt. Ein solches Kriterium wird gleichzeitig in der fundamentalen Physik (durch das Prinzip der Nichtunterscheidbarkeit der Teilchen) und in der Semantik entkräftet, in der ein Prädikat oder eine Eigenschaft durch den Vorgang der Abstraktion eine nicht lokalisierte Existenz im Raum hat. Man könnte den Verdacht schöpfen, daß diese Stabilität durch ein Bündel von Archetypen bewirkt wird, die komplexer sind als diejenigen, die die elementaren Katastrophen definieren. Von diesem Gesichtspunkt aus standen die Archetypen der Goetheschen Biologie dem Verb näher als dem Substantiv. Der Archetyp eines Organs, wie zum Beispiel der Flügel des Vogels, bleibt seinem funktionellen Sinn (Bewegung) recht treu; er wird einzig vom organischen Substrat und von mechanischen Eigenschaften der Außenwelt gestaltet. Die »Archetypen« der Jungschen Psychologie gehen in der Analyse der Regelung des Ich zweifellos viel weiter und tiefer. Ein Archetyp wie der von »der Mutter« ist zum Beispiel eine besondere Gestaltung des Archetyps der Frau, wobei der Aspekt »Genitrix« bestrebt ist, einen entscheidenden Platz im Komplex der Regelungsarchetypen der Frau einzunehmen. Aufgrund dieser Tatsache besitzen die Archetypen alle Eigenschaften des Lebewesens: hieraus ergibt sich ihr nicht formalisierter und extrem »literarischer« Aspekt. Es darf nicht verschwiegen werden, daß wir hier in einen äußerst gefährlichen Bereich hineingeraten: einer der fundamentalsten Aspekte des magischen Denkens besteht darin, eine Verwirrung zwischen Mikro- und Makrokosmos in der Weise zu verursachen, daß die *strukturale* Analyse der Analogien durch eine tatsächliche *kausale* Verbindung zwischen psychischer und materieller Gegebenheit (im Sinne eines direkten Einflusses des Geistes auf die Materie) ersetzt wird. Man sollte nicht durch eine natürliche, aber oft unbedachte Projektion den Irrtum der Goetheschen Farbenlehre wiederholen, indem man in den Makrokosmos eine spezifische regulierende Struktur des Mikrokosmos projiziert. Zweifellos ist es ein großes Verdienst der wissenschaftlichen Methode, uns immer wieder zur Wirklichkeit zurückzurufen. Aber vielleicht besteht der wesentliche Vorteil des wissenschaftlichen Vorgehens weder in der pragmatischen Wirksamkeit der Wissenschaft noch in der Verhütung von metaphysischen Verwirrungen und Ausschweifungen. Man sollte sich nicht darüber wundern, daß die moderne Wissenschaft die Vision der Analogie von Mikro- und Makrokosmos so mühsam wieder entdeckt, die die Gnostiker, Kabbalisten und andere Philosophen der Antike allein durch Intuition entwickelt hatten. Was nützen uns Galilei, Newton und der epistemologische Schnitt, wenn wir zu den Grundgedanken von Paracelsus oder Hildegard von Bingen zurückkehren müßten? In der Tat sind der Introspektion enge Grenzen gesetzt. Der Versuch, unsere eigene Struktur zu verstehen, stößt auf große Schwierigkeiten: die menschliche Psyche könnte sich im Effekt nicht selbst simulieren, ohne sich dabei zu modifizieren, zu entfremden oder zu verändern. Es gibt natürliche Schranken, die uns daran hindern, die wesentlichen Bestandteile des eigenen Ichs zu erkennen (wie diejenigen, die uns in der Physiologie unsere Herzschläge oder das Zusammenziehen des Darmes verbergen). Die Analyse der Natur erlaubt es uns, bis zu einem gewissen Grade diese Schranken zu umgehen oder niederzureißen, denn sie allein macht uns bewußt, daß es zu viele implizite Mechanismen innerhalb unserer geistigen Aktivität gibt (so wie die in unserer Bewegungstätigkeit implizit anwesenden Gesetze der galileischen Mechanik erst nach der Untersuchung der Bahnbewegung von Himmelskörpern entdeckt wurden). Die Naturphilosophie sollte diese Aufgabe der inneren Analyse durch das Modellieren der äußeren Phänomene in Angriff nehmen. Wissenschaft und Philosophie — endlich versöhnt — haben eine schöne Rolle zu spielen.

5. Raum, Wissenschaft und Magie

Die Darstellung der Zeit und des Raumes, wie sie uns von der modernen Wissenschaft suggeriert wird, ist — zumindest auf theoretischer Ebene — mit ernsthaften Schwierigkeiten verbunden. Zweifellos werden orthodoxe Physiker gleich einwenden, daß wir mit der Quantenmechanik sogar über Rezepte verfügen, die funktionieren. Über die Tatsache hinaus, daß diese Rezepte nicht überall mit gleich befriedigender Effizienz funktionieren (auch wenn man sehr stolz darauf ist, bis zur siebten Dezimalstelle den »Lamb-Shift« oder das g-2 genau berechnen zu können, schweigt man um so mehr über viele bestimmt grundsätzlichere und schlecht verstandene Fragen[9]), steht man in bezug auf die philosophische Frage nach den Verhältnissen zwischen dem allgemeinen Rahmen von Zeit und Raum und den darin befindlichen physikalischen Objekten, der Materie und der Strahlung, vor einem fundamentalen Dilemma: entweder vermag sich die Raum-Zeit nicht (nach der These von Ernst Mach) von den materiellen Wesen oder Teilchen zu trennen, die ihn füllen und auf gewisse Weise bilden; oder umgekehrt (dies könnte die These von Einstein sein, dessen allgemeine Relativitätstheorie — vergessen wir es nicht — eine absolute Theorie ist) sind Materie und Strahlung »Krankheiten«, das heißt Singularitäten einer Raum-Zeit, die nichts anderes ist als eine *materia prima*, ein indifferenter Äther. Zwischen diesen beiden Typen von Modellen bietet die heutige Quantentheorie keinerlei Entscheidungsmöglichkeit, da sie von beiden Gesichtspunkten ausgeht, die sich auch noch »weitschweifig« überlagern. Indem sie von der besonderen, diskreten Auffassung des Raumes ausgeht, ordnet sie ihm die Gruppe der Transformationen von Bezugssystemen zu, welche eine kontinuierliche Liesche Gruppe ist, die wiederum die Euklidische (beziehungsweise Minkowskische) Raum-Zeit als homogenen Raum erzeugt. Zwei verschiedene Beobachter können die Ergebnisse ihrer Beobachtungen immer mit Hilfe einer (linearen) Transformation vergleichen, die allein von der Lage und den relativen Geschwindigkeiten dieser Beobachter (als makrokosmische Größen, in der Tat als Festkörper betrachtet) abhängt. Somit hat man es mit einem »inneren« sehr schlecht definierten Raum (einem Hilbertschen Raum) zu tun, in welchem eine Darstellung der Gruppe der Transformationen von Bezugssystemen wirkt. Die Lokalisierung eines besonderen Phänomens selbst kann nur rein willkürlich ermittelt werden (zum Beispiel dadurch, daß man den Hilbertschen Raum mit dem Raum der quadratisch integrierbaren Funktionen über einem Bereich des Raumes identifiziert und den Absolutbetrag dieser Funktion als die Wahrscheinlichkeit der Anwesenheit des Phänomens in diesem Punkt interpretiert). Es gibt dabei, wie mir scheint, eine gewisse Inkohärenz, wenn man (wie die sogenannte

---

[9] Zum Beispiel Stabilität des Protons, die Differenz der Masse zwischen Proton und Neutron, die Instabilität und Masse des Muons etc.

Kopenhagener Deutung der Quantenmechanik) behauptet, daß einerseits ein Phänomen nicht vom menschlichen Beobachter getrennt werden kann und andererseits die Beobachtungen zweier verschiedener Beobachter immer mittels einer linearen Äquivalenz zueinander äquivalent, also vollkommen vergleichbar sind. Selbstverständlich wird diese letztere Äquivalenz nur statistisch als gültig anerkannt, was dann die Anwendung von statistischen (in der Literatur selten erläuterten) Regeln erfordert, die beschreiben, wie verschiedene Beobachter das gleiche Phänomen wahrnehmen können[10].

Für den Philosophen, aber nicht für den Physiker hat die Einsteinsche These der Machschen gegenüber einen einleuchtenden Vorteil: es ist möglich, sich den Raum als materie- und strahlungsfrei vorzustellen; im Gegensatz dazu ist es schwierig, wenn nicht unmöglich, einzusehen, wie Elemente von nicht erweiterter Art in sich selbst den stetigen Raum bilden können, den wir intuitiv kennen. Man sollte jedoch nicht verschweigen, daß die historisch zahlreichen und verschiedenen Versuche (de Broglie, Heisenberg etc.), die Elementarteilchen als Singularitäten eines über dem ganzen Raum definierten Feldes zu interpretieren, gescheitert sind. Das Interesse, das man jetzt der Theorie der Solitonen entgegenbringt und das mit dem gleichen Anspruch motiviert wird, scheint mir nicht die Raumdimension *eins* überschreiten zu können. Dies läßt sich folgendermaßen begründen: in jeder begreiflichen Theorie von Singularitäten müssen diese als »Hyperflächen« (der Kodimension eins) in dem betrachteten Raum auftreten (man denke dabei an die Stoßwelle der Hydromechanik). Die Elementarteilchen aber, soweit man sie ausfindig macht, erscheinen als Punkte (der Kurven in der Raum-Zeit) und somit als geometrische Wesen der Kodimension drei[11]. Die einzig gültige Analogie wäre diejenige, welche ein Elementarteilchen mit einer Unregelmäßigkeit (Defekt) in einem geordne-

---

[10] Diese mathematischen Begriffsbildungen: Hilbertscher Raum, Gruppendarstellung usw. findet der Leser in dem II. Teil des Aufsatzes von K. Maurin (Anm. d. Hrsg.).

[11] Wenn man das Prinzip der Unbestimmtheit von Heisenberg akzeptiert, hat ein Teilchen keine Bahn stricto sensu; seine aufeinanderfolgenden Lokalisierungen bilden dann die Singularität, die die Kodimension vier besitzt, da sie von den Punkten bestimmt wird.

ten Milieu gleich setzt (wie eine nematische Phase, der die Kurve der Desinklination in der Kodimension zwei erscheint); dies würde die Gegebenheit einer Polarisierung (Vektor oder Tensor) in jedem Punkt des Milieus verlangen, deren physikalische Deutung schwierig bleiben würde, da sie nicht direkt zu finden wäre. Übrigens haben diese Defekte im allgemeinen genauso wie die Singularitäten eines Feldes eine stratifizierte Struktur; sie sind in Schichten von abnehmender Dimension aufgeteilt (reguläre Singularitäten, Singularitäten von Singularitäten etc.); es ist im Falle der Elementarteilchen nie eine solche Struktur beobachtet worden. Die allmähliche Zerstörung der Idee der Form, des Nichtvorhandenseins der ganzen Morphologie, die man beobachten, wenn auch nicht ausfindig machen kann, bildet eines der furchtbarsten Rätsel der Quantenwelt. Diese Situation hat die Behauptung gerechtfertigt, nach der das eigentliche Raum-Zeit-Konzept auf Quanten-Ebene jeden Sinn verlieren würde.

Diese Schwierigkeiten, die vor allem Schwierigkeiten der Vorstellung sind, interessieren offensichtlich nur sehr wenige Berufsphysiker; mit den von mir genannten und akzeptierten Ideen wende ich mich an diejenigen — zweifellos gibt es sie noch —, die sich mit der heutigen Situation nicht einverstanden erklären können. Ich gebe zu bedenken, daß eine Rückkehr zu den Raumbegriffen, wie sie uns einerseits die Tierphysiologie und andererseits die Anthropologie der »primitiven« menschlichen Gesellschaften liefern, für uns wertvolle Modelle für unser Verständnis der Quantenwelt bilden können.

Man kann nun fast gelten lassen, daß die wesentliche Funktion des zentralen Nervensystems beim Tier darin besteht, ein lokales Bild des den Organismus umgebenden räumlichen Bereiches zu liefern, in den die sinnliche Aktivität die biologisch prägnanten Bilder wie zum Beispiel Beute, Jäger, Sexualpartner etc. einbringt. Sobald diese wiedererkannt sind, bestimmen sie den weiteren Bewegungsverlauf (Verfolgung einer Beute, Flucht eines Jägers und so weiter). Diese Verhaltensweisen in der Bewegung sind aber diskret in große »Felder« strukturiert, in »Chreoden«, nach der Terminologie von C. H. Waddington. Man denke zum Beispiel an den *Schritt*, ein Elementarfeld des Gehens beim Menschen. Jedes »Feld« wird durch eine ganz bestimmte Bahn innerhalb einer ihm zugeordneten lokalen Karte definiert. Jeder lokalen Karte wird eine Art »lokales Bewußtsein« zugeordnet; nichts berechtigt uns zu der Behauptung, daß jedes Tier im allgemeinen das ständig ihn begleitende Gefühl seines eigenen Körpers in der Mitte der lokalen Karte lokalisiert hat, auch nichts dazu, daß es folgerichtig eine kontinuierliche »Subjektivität«, auch im Wachzustand, besitzt. Man kann nicht behaupten, daß das Tier eine globale Vorstellung des Raumes habe. Es kann aber zu einer sehr wirksamen Gedächtnisvorstellung seines Territoriums gelangen, indem es übereinander die lokalen Karten mit Hilfe von Indizien gefühlsmäßiger (visueller, Geruchs-)Art anhäuft; je nach seinem psychologischen Zustand kann das Tier gewissen Indizien gegenüber empfindlicher reagieren, so daß es vernünftig ist zu behaupten, daß seine Raumvorstellung aufgrund organischer Bedürfnisse deformiert werden kann. Selbstverständlich können diese Deformationen nur ausnahmsweise die lokale Karte, welche den Organismus enthält, beeinflussen, da die geometrische, mechanische oder physische Treue dieser Karte eine notwendige Voraussetzung der Wirksamkeit der treibenden Bewegungen ist. Eine gewisse Formbarkeit bleibt aber möglich (und wahrscheinlich) auf der Ebene des globalen Territoriums.

Wenn wir nun vom Tier zum Menschen übergehen, treffen wir anfangs auf eine nicht so unterschiedliche Situation. Das Territorium einer menschlichen Gemeinschaft ist im allgemeinen in Unterterritorien geteilt, von denen jedes eine besondere wirtschaftliche oder kulturelle Bestimmung besitzt. Die Rolle der großen Ursprungssagen beruht auf der Bestimmung — am häufigsten in der Beschreibung der Wanderung der Gründungsahnen — der räumlichen Verkettung der Unterbereiche, die von einem Zentrum heiligen Charakters markiert sind. Die Darstellung des gemeinschaftlichen Territoriums mag aus sozialer Notwendigkeit feststehen, was man bestimmt nicht vom individuellen Bewußtsein sagen kann. Hier haben wir es mit dem universellen Phänomen der Magie zu tun.

Der Name Lévy-Bruhl wird in Frankreich stets mit der These verbunden, nach der der primitive Mensch die Möglichkeit der »Partizipation« zuließ, das heißt, er hielt es für möglich, daß zwei räumlich disjunkte Wesen das gleiche Sein konstituieren

könnten. Ein Zauberer kann zum Beispiel zur gleichen Zeit in seiner Hütte schlafen und eine weite Strecke davon entfernt ein jagender Tiger im Dschungel sein. Die früheren Anthropologen (angefangen bei Durkheim) neigten dazu, die Tragweite der These von Lévy-Bruhl zu unterschätzen. Ihr Hauptargument war linguistischer Art: man hat der Kopula »*ist*« ungehörigerweise dort eine Bedeutung der Mit-Wesenhaftigkeit (consubstantialité) zugeschrieben, wo es sich bei den Sprechern nur um eine einfache Prädikation handelte. Wenn der Bororo sagt, daß er ein Arara ist, ist es nicht erstaunlicher, als wenn er sagt, »der Himmel ist blau«, denn der Arara ist eines der Totemzeichen der Bororo-Gesellschaft. Es ist hier natürlich unmöglich, über Einzelheiten dieses Problems zu diskutieren; sagen wir einfacher, daß das vorhergehende »linguistische« Argument keine Auskunft über alle gut belegten Fälle zu geben vermag, die bei Beteiligten eine *somatische* Identifizierung zur Folge haben: wenn nach dem vorhergehenden Beispiel der Tiger von Jägern im Dschungel verletzt wird, weist der Zauberer-Mensch auch in seiner Hütte eine Wunde an der entsprechenden Stelle seines Körpers auf. Ein Glaube dieser Art rechtfertigt die Behauptung, nach der der Zauberer-Mensch und der Tiger ihre »somatischen lokalen Karten« identifiziert sehen, unabhängig davon, daß sich diese Karten auf Wesen beziehen, die mehrere Kilometer voneinander entfernt sind. In dieser Hinsicht kann man sagen, daß sich die magische Handlung im wesentlichen durch eine »Fernwirkung« vollzieht, die man als eine Modifikation der üblichen Topologie der Raum-Zeit interpretieren kann. Mit anderen Worten: die Verbindungen zwischen den lokalen Karten, welche den üblichen Raum definieren, müssen nicht festgelegt, sondern können nach dem Willen bestimmter Menschen, wie dem der Magier oder Zauberer, mittels spezifischer Verfahren (magische Rituelle, Opferungen, und so weiter) geändert werden. Außerdem wird die Topologie des Raumes nicht mehr für alle die gleiche sein, weil die Wahrnehmungserlebnisse eines Beobachters selbst durch magische Wirkung beeinflußt werden können.
Diese Auffassung einer flexiblen und individuellen Raum-Zeit, bei der diese nicht mehr der universelle, für alle Menschen gültige Rahmen ist, widerspricht eindeutig dem Grundpostulat der modernen Wissenschaft, nämlich dem der Existenz einer für alle

gültigen und isomorphen Raum-Zeit. Zweifellos wollte Lévy-Bruhl diesen wesentlichen Unterschied deuten, als er von einer »prälogischen Mentalität« sprach. Es ist eine unglückliche Vokabel, da die Logik im Prinzip nichts mit der Vorstellung des Raumes zu tun hat. Vielleicht war es in unserer begrifflichen Organisation der Wirklichkeit (der Organisation unseres semantischen Universums) unvermeidlich, daß die Unabhängigkeit und die Fixiertheit dieser universellen Basis, die den Raum ausmacht, nur *a posteriori* wiedererkannt werden kann. In der Tat stand der rein geometrisch unendlichen Erweiterung des Raumes die Existenz von morphologischen lokalen Ereignissen im Wege, von denen viele einen bedeutungsvollen und sogar entfremdenden Charakter hatten; obwohl diese gewichtigen Formen räumlich auseinander lagen, konnte man den Isomorphismus zwischen ihnen leicht als einen Kontakt in einer anderen Topologie als der üblichen Topologie des Raumes interpretieren, die mit der üblichen in Konflikt zu geraten droht. Gilbert Simondon hat eine ergreifende Beschreibung des magischen Denkens gegeben:

»Das magische Universum ist nach der primitivsten und prägnantesten Organisation strukturiert, nämlich der der ›Vernetzung‹ der Welt in privilegierte Orte und privilegierte Momente. Ein privilegierter Ort ist derjenige, der die Macht besitzt, die ganze Kraft und Wirksamkeit des ihm angrenzenden Bereichs in sich hineinzuziehen; er umfaßt und enthält die Kraft einer kompakten Masse der Wirklichkeit; er umfaßt und steuert sie, als wäre er ein hochgelegener Ort über einer tiefer liegenden Gegend. Die magische Welt besteht also aus einem Netz von Orten und Dingen, die ihre Macht besitzen und wiederum an andere, Macht ausstrahlende Dinge und Orte gebunden sind ...«[12].

Die Vision eines primitiv vernetzten Universums läßt aber das Dilemma der Thesen von Einstein und Mach, von denen weiter oben die Rede war, unberührt: Stammt die globale Struktur des Raumes von einer invarianten Anhäufung der Bereiche, die durch lokale Ereignisse erzeugt werden oder an diese gebunden sind — These von Mach — oder (Einsteinsche These) sind die lokalen Ereignisse reine »Epiphänomene« beziehungsweise Aus-

---

[12] Gilbert Simondon, Du mode d'existence des objets techniques, Paris: Aubier, 1969, 164.

drücke einer lokalen Spannung des als Substrat aller Dinge un-
differenzierten Äthers? Während die These von Mach an die
»magische« Vision des Universums geknüpft ist, in der die
formelle und qualitative Identität lokaler Ereignisse zum Nach-
teil ihrer räumlichen Entfernung betont wird, zeigt sich die
These von Einstein mit ihrem Anspruch auf Lokalität als eine
»wissenschaftliche« Einstellung par excellence. So stark auch
ursprünglich die Versuchung gewesen ist, die Analogie mit einer
Fernwirkung magischer Art zu erklären, sind die raum-zeitlichen Bindungen unseres makroskopischen Universums viel zu
evident, als daß man sich auf sie einlassen könnte. Auch in der
Magie ist sehr früh ein Verlangen nach Lokalität aufgekommen:
Wenn eine magische Formel auf ein weit entferntes Ziel wirken
kann, sollte sie um so mehr Wirkung auf ein nahes Ziel haben.
In seinen klassischen Abhandlungen über die Einwohner der Insel Trobriand erzählt Malinowski, nicht ohne Ironie, daß die
Christen, die in einer von den Ackerfeldern entfernten Kirche
um die »göttliche« Gunst für die Ernte beteten, ihren nicht be-
kehrten Mitbürgern als »Prälogiker à la Lévy-Bruhl« erschienen, denn diese praktizierten eine lokale Magie mit Formen und
Ritualen auf demselben Boden, in dem die Samen keimten. Die
Invarianz des Raums erscheint implizit in der Grammatik der
Verkehrssprachen: Die Unterscheidung von Substantiv und Ad-
jektiv, deren universelle Tragweite die meisten Linguisten anerkennen, wird grundsätzlich durch den asymmetrischen Charakter des Bindewortes *ist* widergespiegelt; wenn man sagen darf:
»Der Himmel ist blau«, darf man nicht sagen: »Das Blaue ist
der Himmel«. Auf diese Weise stellt sich heraus, daß »das
Blaue« eine Wesenheit abstrakter Art ist, die von einem erwei-
terten Objekt wie »der Himmel« ontologisch verschieden ist. Es
ist leicht einzusehen, wie dieser Zusammenbruch der primitiven
magischen Vernetzung sowie auch die Konstitution des Raumes
der Geometrie haben entstehen können. Die geradlinige Fortbe-
wegung, die durch die globale Ökonomie der Bewegung erzwun-
gen wird, ist dabei der wesentliche Faktor gewesen; beim Gehen
in eine Richtung ist es üblich, daß jeder Schritt so wie der vorangegangene vollzogen wird. Nur unter anormalen Bedingungen
wird die Relation zwischen Richtungen gebrochen (man denke
an die Definition der Brownschen Bewegung als *Gang eines be-*

trunkenen Seemanns). Dazu kommt die Auswirkung des Sprachgebrauchs und des begrifflichen Denkens[13]: Soweit die prägnanten Formen einen Namen erhalten haben, verlieren sie ihren entfremdenden Charakter. Die wesentliche Stufe in der Konstruktion des Euklidischen Raumes hat in der Möglichkeit bestanden, ein Bewegungsfeld zu unterteilen. Man stieß hierbei aber auf eine offensichtliche physiologische Unmöglichkeit. Die griechische Geometrie hat dieses Problem der Unterteilung einer Strecke in n gleich lange Teile mit der Entdeckung des Satzes von Thales gelöst: Parallelen in gleichen Abständen zueinander teilen zwei sich schneidende Geraden in proportionale Abschnitte auf (Abb. 1). Es handelt sich augenscheinlich um eine bemerkenswerte Synthese von einem Konstruktionsverfahren, dem eine Bewegung zugrundeliegt (das Aneinanderlegen von n gleich langen Abschnitten auf einer Hilfsgeraden AP), mit einem sich diesem anschließenden Verfahren, das offensichtlich sensoriell, »optisch« ist (die lineare Projektion dieser Strecke AP mit n gleichen Teilen auf der gegebenen Strecke AB). (Diese philosophisch interessante Konstruktion ist nicht zufällig von den Verfechtern der »modernen Mathematik« aus dem Schulunterricht eliminiert worden.)

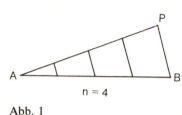

Abb. 1

Die Möglichkeit, den Raum unendlich teilen zu können, sollte kurz danach das abzählbare Unendliche rechtfertigen; das ist ohne Zweifel die Bedeutung des eleatischen Paradoxons von Achilles und der Schildkröte, bei dem eine endliche Strecke als Summe von unendlichen Teilstrecken abnehmender Größe erscheint. Bemerken wir übrigens, daß allein die Existenz der Quanten-Welt eine Herausforderung an die Dilatations-Invarianz der physikalischen Welt ist, denn die Objekte der Größenordnung 10^{-13} cm haben zum Beispiel Eigenschaften, die sehr verschieden sind von denen der makroskopischen Objekte. Die griechische Geometrie sollte später ein souveränes Beispiel wis-

---

[13] Vgl. hierzu René Thom, De l'icône au symbole, in: Cahiers nationaux de Symbolisme, Nr. 22—23, 1973, 85—106.

senschaftlichen Vorgehens bieten. Sie hatte eine nicht-lokale Operation (zum Beispiel die Ermittlung des Schnittpunktes zweier Geraden in einer Ebene) durch eine verbale Beschreibung zu ersetzen, deren formale Analyse ihre fast-Autonomie zeigen sollte, das heißt, wie sie von nicht-lokalen intuitiven Gedankengängen, die sie beschrieb, unabhängig gemacht werden konnte. In diesem Sinne kann man behaupten, daß, wenn man die räumliche nicht-lokale Intuition der Ebene (oder des Raumes) durch eine in einige literarische inhaltlose Symbole formalisierte Rede ersetzt, der axiomatische Gedankengang diese Lokalisierung des Trans-Lokalen realisiert, was die Eigentümlichkeit der Wissenschaft ist.

Die Menschen waren aber in der Lage, sich (lange vor der Entstehung der griechischen Geometrie) die relativ unumgänglichen Zwänge, die von der Geometrie und von der Mechanik unseres Umgebungsraumes bestimmt werden, schnell bewußt zu machen. Wenn die Raum-Zeit eine schwankende und plastische, ad libitum deformierbare Wesenheit wäre, bedürfte es nicht der besonderen Talente und Gaben der Magier, um diese Deformation zu realisieren. Allein die Tatsache, daß man es nötig hatte, daraus ein Alleinrecht der Spezialisten zu machen, zeigt doch, daß sich der durchschnittliche Mensch schon des außergewöhnlichen, sogar rein wunderbaren Charakters dieser Fernwirkung bewußt war. In der modernen Zeit könnte man sagen, daß sich die Idee einer relativ stabilen und regulierten Raum-Zeit (im Grundzustand, groundstate), die aber ausnahmsweise abweichende, »erregte« Formen annehmen kann, durchgesetzt hat. Zur Realisierung dieser Formen ist es notwendig, dem Raum eine zusätzliche »Energie«, Negentropie genannt, zuzuführen, die eine Vielzahl lokaler Schwankungen in eine erzwungene Richtung kanalisieren wird. Das ist der Sinn magischer Rituale und Prozesse, bei denen häufig lebende Tiere geopfert werden, als könnte die gewaltsame Zerstörung eines lebenden Organismus einen gewissen Inhalt von »Negentropie« freisetzen, welche der Priester zur Durchführung der gewünschten Raum-Zeit-Deformationen braucht. Man sieht, wie wenig sich der begriffliche Rahmen der Magie von dem der Wissenschaft unterscheidet. Weiß man zum Beispiel in der Theorie des Wasserstoffatoms nicht, daß sich das Energieniveau eines stationären Zu-

103

stands des Elektrons an der topologischen Komplexität der Elektronenwolke um den Kern messen läßt? Analog haben sich manche Quantentheoretiker wie Wheeler bemüht, die Quanteninvarianten in Begriffen der Raum-Zeit-Topologie zu interpretieren, und in der allgemeinen Relativitätstheorie läßt sich die Energiedichte des Universums als eine geometrische Krümmung auslegen.

Dennoch ist das Problem der historischen Beziehungen zwischen Wissenschaft und Magie nicht einfach; hier hat sich Durkheim wieder gegen Lévy-Bruhl gestellt. Nicht ohne Recht hat er behauptet, daß man in den Sprachen vieler primitiver Gesellschaften abstrakte Begriffe gefunden hat, wie das Mana bei der Urbevölkerung Ozeaniens, Wahonda bei den Sioux und Orenda bei den Indonesiern, in denen die Tatsache formuliert wurde, daß der Raum eine Kraft beziehungsweise Virtualitäten heiligen Charakters besitzt. Diese Idee sieht Durkheim als eine Vorwegnahme der modernen Auffassung von Kraft oder Energie an. Es scheint also keine besonders große Diskontinuität zwischen dem primitiven magischen und dem modernen wissenschaftlichen Denken zu geben. Doch gibt es nach meiner Meinung zwei recht wesentliche Unterschiede zwischen Wissenschaft und Magie. Erstens, zur sozialen Funktion: während die Magie darauf zielt, die individuellen und lokalen Probleme zu lösen, will die Wissenschaft universelle und zeitlose Wahrheiten ermitteln. Zweitens hat die Wissenschaft das Raum-Zeit-Gebilde als universellen Ort beziehungsweise Behälter eines jeden Experiments stabilisiert; von diesem Gesichtspunkt aus stellen die griechische Geometrie und der galileische »epistemologische Bruch« entscheidende Schritte dar. Die Wissenschaft bildet einen Gegenpol zur Magie durch ihren Anspruch auf Lokalität und ihre Ablehnung der Fernwirkung.

Vielleicht verdient vor allem dieser letzte Punkt einen Kommentar. Würde man nach den brillantesten wissenschaftlichen Erfolgen aller Zeiten fragen, würde man sofort die Newtonsche Gravitation und die Quantenmechanik nennen. Diese Theorien sind frappierenderweise nicht lokal. Dies ist für das Gesetz der Anziehung $F = k \, mm'/r^2$ von Newton, das ein Beispiel einer Magie liefert, völlig einleuchtend, wobei allerdings die Offenbarungen dieser Magie in strikter Weise erfaßt werden. Analog dazu führt

die Quantenmechanik — versucht man sie in Begriffen von versteckten Parametern klassisch zu formulieren — notwendigerweise Fernwirkungen mit höheren Geschwindigkeiten als der Lichtgeschwindigkeit (Satz von Bell) ein. Die großen praktischen Erfolge der Wissenschaft waren immer mit der Verwertung anscheinend nicht lokaler Wirkungen verknüpft. Der Elektromagnetismus gibt ein auffallendes Beispiel davon: die Coulombsche Wechselwirkung zwischen zwei elektrischen Ladungen, die Wirkung eines Magnets auf einen Strom sind augenscheinlich Fernwirkungen. Mit der allgemeinen Relativitätstheorie konnte Einstein die Gravitation »lokal machen«; Maxwell hat mit seinen Gleichungen den Elektromagnetismus lokalisiert. Wenn der moderne Wissenschaftler in den Augen des Laien dennoch ein Magier bleibt, so deswegen, weil er die Satelliten steuern und augenblicklich Botschaften und Bilder mittels Hertz'scher Wellen übertragen kann. Im Gegensatz dazu finden die lokalisierenden Theorien trotz ihres theoretischen Interesses keine praktische Anwendung an sich (man denke zum Beispiel an die allgemeine Relativität). Von diesem Gesichtspunkt aus gibt es in der Wissenschaft eine gewisse Antinomie zwischen »Praxis« und »Theorie«. Wenn die Wissenschaft eine Praxis zuläßt, dann geschieht es durch die Kontrolle scheinbar »magischer« nicht lokaler Elemente. Die Erläuterung durch lokalen Kontakt, wenn sie auch jede magische Erscheinung ausschaltet, bringt an sich keine neue Wirkungsmöglichkeiten. Die Katastrophentheorie selbst, als ausgezeichnete Antimagie, treibt das Prinzip der Lokalität zum Extrem; aus diesem Grunde bietet sie keinerlei neue praktische Möglichkeiten.
In seiner Beschreibung der magischen Welt hat G. Simondon die Raum-Zeit als vorgegeben dargestellt, als universelles Substrat der durch die »Knotenpunkte« definierten Vernetzung. Man kann sich aber fragen, ob nicht die Vernetzung die erste Gegebenheit ist, denn die globale Konstruktion der Raum-Zeit läßt sich nur durch einen Prozeß der Verkettung durchführen, der von jenen Räumen ausgeht, die von den den Zentralpunkten zugeordneten Sprengungsprozessen[14] erzeugt werden. Ich würde

---

[14] blow-up (engl.), éclatement (frz.), Aufblasen eines Punktes ist eine wichtige Operation in der algebraischen Geometrie (Bem. von K. Maurin).

gern den fundamentalen Archetyp des Raumbegriffes beziehungsweise das Urbild der Räumlichkeit in dem Bild eines Organisationszentrums sehen, das sich sternförmig in eine Konfiguration erstreckt, die wiederum einem ganzen Zuordnungsraum zugrundeliegt. Auf jeden Fall ist es verblüffend zu sehen, daß dieses Bild sowohl im Modell des *big bang* erscheint, das wir jetzt in der Kosmologie erhalten, als auch in dem Grundschema der Quantenmechanik, in dem das, was ursprünglich als Teilchen lokalisiert wurde, sich in der nicht relativistischen Schrödinger-Gleichung als Welle ausbreitet und in unmittelbarer Weise den ganzen Raum ausfüllt. Auch in der reinen Mathematik, in der algebraischen Topologie, sind die meisten Räume mit einem Bezugspunkt behaftet, der an alle Punkte des Raumes durch stetige Wege, wie in der Fibrationstheorie von J. P. Serre, gebunden ist. Man wird auch an das Schema der »sternförmigen (étoilée) Wölbung« denken, das in der algebraischen Geometrie praktiziert wird. Vielleicht liegt diesem Archetyp das Bild eines biologischen Verhaltens zugrunde: ein sich entwickelndes Embryo wird, sobald es ausgewachsen ist, seine gesamte Umgebung erforschen, um an jener Stelle das Ei zu legen, das seine Fortpflanzung ermöglichen wird. Man kann sich auch eine Änderung von Bewegungsfeldern und sinnlichen Abtastungen (explorations) vorstellen, wie beim Verhalten eines Jägers, der seine Beute verfolgt. Wie das auch sein mag: man sieht in der Quantenmechanik ein, daß die übliche Raum-Zeit nur noch als (zweifellos abweichender) Quotient der Räume W_i von großer Dimension erscheint, die der Sprengung eines Punktteilchens zugeordnet sind, wobei die Verkettung der Räume W_i durch eine neue Lokalisierung der Partikel definiert und erzeugt ist, welche wiederum im ursprünglichen Raum W durch ein lokales Optimierungsverfahren definiert wird[15]. Wenn das so wäre, sollte man auf die universelle Raum-Zeit verzichten, die nun nur noch

---

[15] In einer solchen Weltanschauung wäre das Vergehen der Zeit grundsätzlich irreversibel, da es aus stetigen Sprengungen von Teilchen zusammengesetzt wäre. Die formale Reversibilität der Quantenmechanik, ihr Hamiltonscher Charakter sind dann an die Erhaltung der Teilchenzahl und an die speziellen numerischen Eigenschaften des Optimierungsprinzips gebunden, das eine neue Lokalisierung als Funktion der alten bestimmt.

eine Art von *wishful thinking* ist. Mit der Unmöglichkeit aber, die Anschauungen zweier Beobachter miteinander zu vergleichen, würde jede Möglichkeit schwinden, unter Wissenschaftlern eine Übereinstimmung zu finden. Es könnte somit sein, daß das Quantenschema die äußerste Grenze einer wesentlich »geregelten« mitteilbaren Vision der Welt bedeutet, und daß jeder Versuch, darüber hinauszugehen, die Existenzmöglichkeit der Wissenschaft zerstört.

Jacek Komorowski

QUALITATIVE OR QUANTITATIVE?
A CATASTROPHE-THEORETICAL EXAMPLE
WITHIN PHYSICS

The term »catastrophe theory« embraces both a piece of mathematics and several aspects of its applications. As for mathematics, now it is mainly the theory of singularities of differentiable mappings, called shortly singularity theory, started in 50's by Whitney and then essentially developed mainly in two centers: Paris (Thom and coworkers) and Moscow (Arnold and coworkers). Contrary to the situation in the mathematical part of catastrophe theory, there are not too many principal contributors to its applications. Even more, there are only two of them: Thom and Zeeman. The papers of the later one fit to, or do not go far beyond, the paradigm of Modern Science. Probably, this is why it is much easier for the people philosophically living within the paradigm to criticize (honestly and dishonestly) Zeeman's contributions. On the other side, one has to admit that Thom presents a rather strange to Scientist point of view on the nature and, in particular, on the human being. Any criticism against Thom is much more difficult (to criticize does not mean to ignore) because it deserves an understanding of his point of view. It seems, that if a reasoning fits to our paradigm, whatever it is, then a failure in understanding of this reasoning, as a result of incompetence or insufficient efforts, assumes the shape of misunderstanding; while, in the case of an out-of-the-paradigm reasoning, an understanding as well as a misunderstanding are not easy to achieve.

In his proposals, Thom rehabilitates qualitative descriptions widely used in the pre-Scientific period and now — to be honest, sometimes with a feeling of lack of any alternative — practiced in Human Sciences. An effectiveness of such approach is often questioned: how a qualitative analysis can contribute to our quantitatively oriented attitude to the world? Firstly, this attitude is neither the only possible nor the only right one. Sec-

108

ondly, there is no principal contradiction between quantitative and qualitative points of view; playing with qualities we may get so much desired quantities. In the present talk I would like to provide two concrete examples in favour of this thesis. Both of them are connected with thermodynamics.

1. The critical isotherm, is it infinitesimally cubic or not?

The surface of states of an one-component thermodynamical system (e. g. water), in a neighbourhood of the critical point (v_c, t_c, p_c) has the form of the light- and dark-shaded surface shown in Fig. 1. The dark-shaded piece consists of metastable states: its lefthand part represents overheated liquid, while the

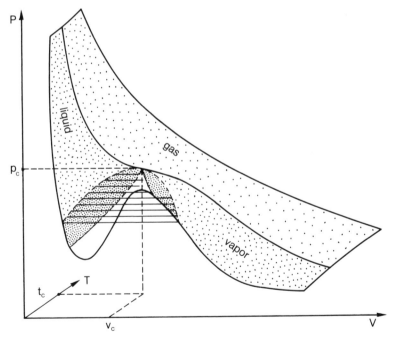

Fig. 1

right-hand one represents oversaturated vapor. Fig. 1 contains also a horizontally dashed surface which corresponds to the states of coexistence of the liquid and its vapor. So, we see that all near-critical thermodynamical states form a complicated variety with a boundary (maximal metastable states) and a branching line (where the vapor-liquid coexistence appears). But a physicist presented with this variety, has not a feeling of a messy situation. Usually, his clear outlook is influenced by the Van der Waals theory. This theory can be seen as the pair: Van der Waals' equation and the Maxwell convention.

The solutions of the equation form a smooth manifold (the Van der Waals surface) consisting of our light- and dark-shaded surface and the clear piece (neither shaded nor dashed) in the middle. This extra piece has no physical meaning and the Maxwell convention is a construction which, making use of this piece, leads to the horizontal coexistence processes. But this which make the physicist comfortable is, first of all, the Van der Waals surface; it provides a frame that brings experimental data together, it gives an impression of wholeness. However, it is stressed that the Van der Waals surface does not agree quantitatively with experiments.

One of such disagreements is connected with the critical isotherm which in the Van der Waals theory is infinitesimally cubic near the critical point. If we try to fit experimental data for the critical isothermal process by a function

$$P - p_c = const(V - v_c)^\delta,$$

we can get $\delta \neq 3$, for instance $\delta = 4.2$ [1].

Let us notice that there is a principal obstacle for finding the exponent δ of the power series expansion

$$P - p_c = const(V - v_c)^\delta + (\text{higher order terms in } (V - v_c)),$$

on the grounds of experimental data. In order to get this δ by the fitting procedure, we should have experimental points in any small neighbourhood of the volume v_c. Only then we can be sure of getting rid of the higher order terms. Of course, this is a nonrealistic requirement.

110

Is it possible to look in experiments for the exponent δ? Or, more precisely, does there exist a frame of seeing the phenomena (»pre-theory«) in which such a possibility occurs? The answer is positive and catastrophe theory is an example. But this statement deserves an explanation: 1° what we have in mind speaking here about catastrophe theory, and 2° how the above mentioned possibility of looking for the exponent δ is realized. A detailed answer to 1° can not be given within this short presentation. But the feature of catastrophe theory, which we find very essential for our ideas is the importance of stable objects. In the frame of catastrophe theory, they are distinguished as well on the mathematical as on the philosophical level. As for question 2°, we start with the point of view described at the beginning and consisting in the seeing of the experimental isotherms as originating from a Van-der-Waals-like surface. In other words, we look at the isotherms as parts of isothermal curves which are monotone for $T \geqslant t_c$ and possess two extrema (minimum and maximum) for $T < t_c$. So, our function $(V, T) \rightarrow P(V, T)$ looks near $V = v_c$ like

for $T > t_c$ for $T < t_c$

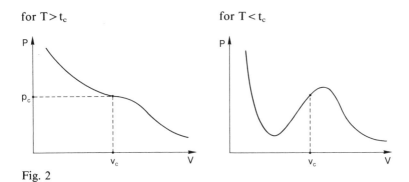

Fig. 2

Then the catastrophe theory tells that such a smooth function P, to be structurally stable, has to have the following form:

$$P(V, T) = a(V - v_c)^3 + b(T - t_c)(V - v_c) + p_c$$
$$+ \begin{pmatrix} \text{terms which are of order} \geqslant 2 \text{ in} \\ (T - t_c) \text{ or/and are of order} \geqslant 4 \text{ in } (V - v_c) \end{pmatrix}.$$

111

Hence for $T = t_c$ we have

$$P(V, T) - p_c = a(V - v_c)^3 + (\text{higher order terms in } (V - v_c)),$$

which leads to $\delta = 3$, i. e. to the infinitesimally cubic character of the critical isotherm.

2. A model (description) of the undercritical region

The above discussed exponent δ is not a unique infinitesimal characteristics of the surface of states, at the critical point. Another one, denoted β, concerns densities $\varrho_L(T)$ and $\varrho_G(T)$ of liquid and gas (vapor) coexisting at a temperature $T < t_c$, during a phase transition. Namely,

$$(1) \quad \varrho_L(T) - \varrho_G(T) = \text{const}(T - t_c)^\beta + \binom{\text{higher order}}{\text{terms in } (T - t_c)}.$$

The fitting of experimental data leads to values of the exponent β, close to ⅓[1]. Various theories give different β's; for instance, the Van der Waals theory gives $\beta = ½$.

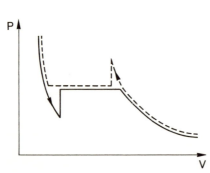

P

V

Fig. 3

As we see, the exponent β has to do only with the undercritical region. Here, we are going to present briefly such a description of that region, which, from the point of view of β, agrees with the experiments more than the other phenomenological theories.

In classical descriptions, the undercritical region is a halfplane $T < t_c$. Because

---

[1] Of course, we preserve all objections against fitting of experimental data as a way of inferring infinitesimal characteristics from experiments, which we have presented in the previous section; see also Remark on page 117.

of the overheating and oversaturation phenomena, the surface of states is not »univalued«. To make it »univalued«, we should separate the compression isothermal processes from the decompression ones. Therefore, in our description, we take the whole plane, say $W = L^2$, as a stage for undercritical processes. It is twice as big as in usual approaches; it consists of two half-planes glued along a line L (the future critical isotherm) and labelled with $\varepsilon = \pm 1$. Each of the half-planes is devoted to support different isothermal processes: one ($\varepsilon = -1$) for the compressions and the other ($\varepsilon = +1$) for decompressions. Then, we take such (curvelinear) coordinates x, y on W that the line L is invariant with respect to reflections: $(x, y) \in L \Rightarrow (-x, -y) \in L$.

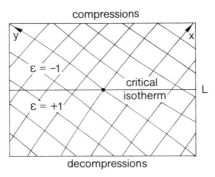

compressions

$\varepsilon = -1$

critical isotherm

$\varepsilon = +1$

L

decompressions

Fig. 4

Then a physical interpretation of the points of W is introduced by defining volume V and energy E as follows:

$$(2) \quad \begin{aligned} V(x, y) &= v_c + \varepsilon(x, y)\, x, \\ E(x, y) &= e_c + \varepsilon(x, y)\, y, \end{aligned}$$

where v_c and e_c are the critical volume and energy (respectively). The »function« ε is two-valued on L. Which of its values ± 1 should be taken depends on that whether we are interested in the critical isothermal decompression or the critical isothermal compression; both these processes are realized running

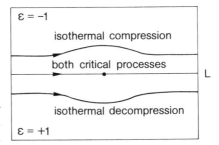

$\varepsilon = -1$

isothermal compression

both critical processes

L

isothermal decompression

$\varepsilon = +1$

Fig. 5

113

along L in the same direction but taking different values for ε; see Fig. 5.

Thermodynamics requires to deal with other (thermodynamic) functions. To this end we introduce pressure P and temperature T — two »functions« on W. The samely as V and E, they can not be functions on W, in the exact sense of the word; they have to be two-valued on L, which is a consequence of the above mentioned double role (decompression — compression) of L. But we postulate P and T to be of the form

$$(3) \quad \begin{aligned} P(x, y) &= p_c + \varepsilon(x, y)\, \eta(x, y), \\ T(x, y) &= t_c + \varepsilon(x, y)\, \xi(x, y), \end{aligned}$$

where η and ξ are smooth functions on W.

And now the singularity theory can appear on the stage. We are going to make few assumptions in »singularity-stability« terms, about the functions η and ξ, and as a result we shall get the form of these functions. The assumptions are related with physics. For η they are as follows:

a) Pressure, restricted to the critical isotherm L, is infinitesimally cubic at the critical point[2].

b) This cubicity is stable with respect to (small) smooth deformations of the critical isotherm L, which preserve the critical point.

c) The critical isobar $P = p_c$ (i. e. $\eta = 0$) is a smooth curve[3].

d) Property c) is stable with respect to (small) perturbations of η within the set of all smooth functions satisfying a) and b).

The assumptions for ξ are quite analogous:

a') Temperature, restricted to the critical isobar $P = p_c$, is infinitesimally cubic at the critical point.

b') This cubicity is stable with respect to (small) smooth deformations of the critical isobar $P = p_c$, which preserve the critical point.

c') The set $T = t_c$ (I. e. $\xi = 0$) is a smooth curve[3a] and it coincides with L.

---

[2] The reader should be careful while taking the reasoning of the previous section as a justification for this assumptions.

[3] + [3a] But not, for instance, the union of few such curves.

d′) Property c′) is stable with respect to (small) perturbations of ξ within the set of all smooth functions satisfying a′) and b′).

The strength of these assumptions manifests itself in the fact that then η and ξ must be of the hyperbolic umbilic type; for each of them there exist such (smooth) coordinates $u(x, y)$, $v(x, y)$ — on a neighbourhood in W, of the critical point — that it has the form $u(u^2 + v^2)$.

Thus, we have already four classical thermodynamical objects: V, E, P and T. Obviously, we should assume for them the Maxwell identity. Traditionally it is written as

$$\frac{\partial}{\partial V}\left(\frac{1}{T}\right)_E = \frac{\partial}{\partial E}\left(\frac{P}{T}\right)_V,\ ^4$$

which in our case means, more precisely, that

$$\frac{\partial}{\partial x}\frac{1}{T(x, y)} = \frac{\partial}{\partial y}\frac{P(x, y)}{T(x, y)}$$

everywhere where P and T are functions, i. e. for $(x, y) \notin L$. Otherwise, we would be accused of playing with four »thermodynamical« letters V, E, P, T instead of doing thermodynamics. We have to remember that the Maxwell identity is a direct consequence of the first law of thermodynamics.

In our model, the functions P and T play a similar role as the corresponding functions in the Van der Waals theory, i. e. they are non-monotonous with respect to the volume, and the phase transitions (horizontal in Fig. 1) have to be somehow imposed on them. In the Van der Waals model, it is done according to the Maxwell convention (construction). In the model presented here, we are not going to fix any such convention. We want to keep our description more flexible and open for further developments.

Speaking about further developments, we have in mind, first of all, a description of the very »catastrophic« phenomena of overheating of liquid and oversaturating of vapor. Just to this end we may need whole W, instead of a half-plane, as the stage for undercritical processes. Our P and T would be used as a skeleton

---

[4] The subscript E (resp. V) means that the differentiation is done along curves of constant energy (resp. volume).

for such constructions, similarly, as their analogs were used in the Maxwell construction; see Fig. 3. Hence, they do not depend as much on points (x, y) as on the pairs $(V(x, y), E(x, y))$ corresponding to these points. Therefore, by (2) and (3), we have to require the following antisymmetry of the functions η and ξ:

$$\eta(-x, -y) = -\eta(x, y),$$

$$\xi(-x, -y) = -\xi(x, y).$$

This property does not contradict the fact that η and ξ are of the hyperbolic umbilic type.

But how we introduce the phase transitions into our model? This is done in two steps:

I. We assume that there is given a curve

$$s \to (x(s), y(s))$$

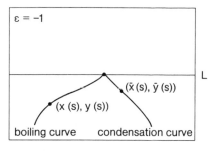

Fig. 6

on which boiling (vaporization) starts if we decompress the liquid in the conditions excluding metastable states (overheating), e. g. if the liquid is subjected to small shocks.

II. We postulate that if during an isothermal decompression the boiling starts at a point $(x(s), y(s))$ then it will finish (all the liquid will vaporize) at a point $(\bar{x}(s), \bar{y}(s))$ of the same pressure and temperature, i. e.

$$P(\bar{x}(s), \bar{y}(s)) = P(x(s), y(s)),$$

$$T(\bar{x}(s), \bar{y}(s)) = T(x(s), y(s)).$$

Therefore, we are interested in the curves

(4) $s \to (\bar{x}(s), \bar{y}(s)),$

where the boiling finishes or, which is the same in the case of a system subjected to small shocks, where condensation starts during the processes of compression. We can prove [2] the existence of such condensation curve (4) that

116

$$\lim_{s \to 0} \frac{\bar{x}(s) - x(s)}{x(s)} \neq 0.$$

Moreover, the existence of such condensation curve is stable with respect to small perturbations of the functions η, ξ and the boiling curve assumed in I. Then, by easy calculations, we obtain that any pair of the boiling and condensation curves as above leads to the exponent $\beta = \frac{1}{3}$.

Remark

In the previous section we have expressed doubts about correctness of finding critical exponents by the fitting of experimental data. Now, one may ask why we are happy that in our model we have achieved an agreement with the value of the exponent β, inferred from experiments by the fitting. Are we inconsequent? No, and there is a simple explanation of our seemingly different standpoints in the cases of exponents δ and β. The disagreement of $\delta = 3$ with $\delta = 4.2$ obtained by the fitting of experimental data, was attributed by us to the fact that the fitted experimental data were, probably, not sufficiently close to the critical point, i. e. they were outside of a neighbourhood in which the higher order terms could be neglected. While now, the agreement of our $\beta = \frac{1}{3}$ with the experimental ones $\beta \approx \frac{1}{3}$ encourages us to suppose that the higher order terms in expansion (1) are inessential in this neighbourhood of the critical point, which was taken by experimentalists for finding β by the fitting procedure.

References

[1] *Widom, B.* and *Rice, O. K.*, Critical isotherm and the equation of state of liquid-vapor systems, in: J. Chem. Phys., 23, 1955, 1250—1255.

[2] *Komorowski, J.*, Gas-liquid phase transitions and singularities, (to appear).

Krzysztof Maurin

MATHEMATIK ALS SPRACHE UND KUNST

Vorwort

Mathematik hat immer, das heißt seit ihrem Entstehen im Altertum, fasziniert: sie ist einerseits eine *exakte Wissenschaft*, Wissenschaft kat-exochen, und deswegen Ideal und Modell für andere Wissenschaften — Kant etwa:»... in jeder Wissenschaft ist genauso viel Wissenschaft, als es in ihr Mathematik gibt«. Zum zweiten ist Mathematik vielleicht die einzige *esoterische Wissenschaft:* wegen ihres Begriffreichtums ist sie schwer zu erlernen — René Thom:»... ich kenne nur eine einzige schwierige Wissenschaft — die Mathematik«. Das klingt merkwürdig im Munde eines der bedeutendsten Mathematiker unserer Zeit! Diese gänzliche Unverständlichkeit der Mathematik für Außenstehende ist nur mit der Unverständlichkeit einer fremden Sprache zu vergleichen:»Mathematik ist eine Sprache«. Ich vermute, daß die Abneigung gegenüber der Mathematik — paradoxerweise bei Sprachphilosophen und Denkern, die für uns besonders wichtig waren — zu einem großen Teil aus gänzlicher Unkenntnis dieser Wissenschaft stammt. Zum dritten hatten mathematische Konstruktionen und Theorien immer einen faszinierenden *ästhetischen* Eindruck gemacht:»Mathematik ist Kunst«.
Dieser Eindruck vertieft sich, wenn man die *Geschichte* der Mathematik studiert: große Mathematiker bezeugen, daß sie bei ihren größten Schöpfungen und Entdeckungen irgendwie erleuchtet, beschenkt, begnadet waren: um ihre Erlebnisse darzustellen, benutzten sie dieselben Worte wie große Künstler, Musiker und — Mystiker.
Aber diese Theorien, Begriffe und Ideen, zum Beispiel die Idee der Riemannschen Fläche, haben sich sehr langsam, oft durch Jahrzehnte, sogar Jahrhunderte entwickelt und wurden unter

großen Schmerzen geboren. Einzelne Forscher scheinen Organe der Menschheit zu sein, die wie große Dichter ihre (Mutter-) Sprache neubilden oder — vielleicht besser gesagt — deren sich eine Sprache als ihrer Organe bedient.

Die vorliegende Arbeit möchte ihren Titel »Mathematik als Sprache und Kunst« ganz ernst: im buchstäblichen Sinne verstehen; aber dazu mußte ich die neuere Sprachphilosophie zu Rate ziehen. Denn die Philosophie der Sprache nimmt jetzt, wie man in letzter Zeit oft bemerkt hat, die Rolle ein, die im 19. und Anfang des 20. Jahrhunderts Logik und Erkenntnistheorie beansprucht haben (Heidegger, Bollnow, Gadamer, Apel).

Wichtige Einsichten verdanke ich auch den evangelischen Theologen, vor allem Ernst Fuchs und der »Marburger Hermeneutik«, aber auch katholischen Denkern: vor allem R. Guardini, K. Rahner und R. Panikkar. Vieles, was diese Männer über Sprache im engeren Sinne sagten, paßt wort-wörtlich auf die Mathematik, obwohl die meisten von ihnen kein Interesse für unsere Wissenschaft zeigten.

Oft hatte ich bemerkt, daß das Verständnis des Wesens der Mathematik sehr erleichtert wird, wenn man für die Mathematik die für Kunst und Sprache so wichtige Kategorie des *Ereignisses* fruchtbar macht. Sie wurde für Kunst und Wirklichkeit besonders von Hans Blüher (»Achse der Natur«) und Gerhard Nebel (»Ereignis des Schönen«) hervorgehoben. Es scheint mir, daß das Ereignis eine *Begegnung* sei; aber Be-gegnung und Symbol liegen bereits sehr nahe beieinander. Das Symbolische wurde sehr subtil in mehreren Werken des leider vergessenen großen Paläontologen Edgar Daqué dargestellt; die Energetik des Symbols wurde ausdrucksvoll von Ernst Anrich beschrieben. Interessant ist, daß gerade Außenseiter der Wissenschaft und der Universitäts-Philosophie einen äußerst wichtigen Zugang zur Wirklichkeit anbahnten und ihn in sehr prägnantem, wunderbarem Deutsch dargestellt haben (Hamann, v. Baader, Blüher, Rosenstock-Huessy, H. v. Keyserling, A. Govinda …).

Der 2. Teil bildet einen integralen Teil unserer Arbeit. Am Beispiel der *Entwicklung der Idee des mathematischen Raumes* versucht er einige wichtige Schritte *der neueren globalen Geometrie und globaler Analyse* zu zeigen. Dieser Teil will natürlich keine Einführung in die globale Mathematik sein, obwohl er nur

Gymnasial-Mathematik voraussetzt! Aber man sollte über Dichtung und über Musik nicht ohne Illustration mit Gedichten und Musikstücken sprechen! Dabei schien mir, daß der Leser ohne allzu große Mühe und dabei mit großem Gewinn diese wunderbaren Bilder und Konstruktionen meditieren könnte. Hier eröffnen sich ganz unerwartete Parallelen und Analogien zu Platons Höhlen-Gleichnis — aber vielleicht »mußte es so sein«.

Zum Schluß möchte ich Georg Picht für die wunderbare Gastfreundschaft und unzählige liebe Gespräche herzlichst danken: das große Erlebnis, daß es in unserer angeblich so unphilosophischen Zeit tiefe Denker gibt, konnte nur durch persönlichen Kontakt erwachsen. Auch der F.E.St. und allen ihren Helfern, die meine Aufenthalte an dieser Stätte zu beglückenden Erlebnissen meines Lebens gemacht haben, sei an dieser Stelle in Verehrung gedankt.

Inhalt

Teil I

1. Sprache und Wirklichkeit 122
2. Wirklichkeit und Sprache (Korrelation: Welt — Person) . 127
3. Die Sprache des Menschengeschlechts 131
4. Wirklichkeit als Symbol 133
5. Mathematik als Schriftsprache. Einheit der Mathematik (Über mathematische Zeichen) 139
6. Kunst und Erkenntnis 144
7. Mathematik als Kunst 152
8. Geschichte der Mathematik und ihre Rolle für die moderne Mathematik. Kontakt mit den Meistern 154
9. Sein als Schaffen 156
10. Wahrheit als Begegnung 158

Teil II

Über die Entwicklung des mathematischen Raumbegriffes
Globale Analyse. Darstellungstheorie der Gruppen

1. Der gelebte Raum 170
2. Eulersche Charakteristik. Platonische Körper. Topologie . 174
3. Krümmung. Differentialgeometrie (Gauß. Poincaré. Weyl) . 183
4. B. Riemann. Differenzierbare Mannigfaltigkeiten. Der Riemannsche Raum 201
5. Die Idee der Riemannschen Fläche. Satz von Riemann-Roch. Uniformisierungstheorie 213
6. Symmetrie. Gruppendarstellungen. Harmonische Analyse . 224
7. Mathematik und Physik 231
8. Abschließende Bemerkungen. »Monadologie« von Erich Kähler 239
Literaturverzeichnis 240

1. »Ohne Wort keine Vernunft —
keine Welt.«

Hamann

2. »Wir können nichts anschauen,
wenn wir es nicht benennen.«

E. Rosenstock-Huessy

1. Sprache und Wirklichkeit

Der Mathematiker, als Mathematiker, ist ein sehr einsamer Mensch. Natürlich hat er Familie, Freunde, mit denen er Gemeinsamkeiten pflegt und deren Verständnis ihn beglückt; aber über seine Arbeit, über seine mathematischen Probleme, die den Hauptinhalt seines bewußten Lebens ausmachen, kann er mit niemandem sprechen. Ein Beispiel: Vor kurzer Zeit bin ich wieder in Berlin gewesen und habe mit meinem alten Bekannten — einem Pastor — gesprochen. Er fragte mich, woran ich arbeite, und wieder mußte ich eine ausweichende Antwort geben. Sollte ich diesem sympathischen Menschen die »Wahrheit« sagen, etwa: »Ich arbeite an der Anwendung von Darstellungen von Lieschen Gruppen auf automorphe Formen«? Das hätte Heiterkeit oder stilles Grauen erweckt. Eine gute Bekannte, eine Gastrologin, sagt zu mir, wenn sie traurig ist: »Erzähle mir, woran du arbeitest«. Dann sage ich ihr: »... an automorphen Formen«, und sie lacht herzlich ...
Zwei Tage später in demselben Berlin habe ich in einem Institut der Akademie der Wissenschaften den einzigen — weltbekannten — Spezialisten für Manichäische Texte besucht. Der junge sympathische Forscher hatte mir ein kostbares Stück der berühmten Turfan-Texte (Original!) — ein Fetzen Papier hinter einer Glasplatte in Mittel-Partischer Sprache — gezeigt. Er hatte mir diesen Text ins Deutsche übersetzt, und wir sprachen darüber zwei Stunden lang: es war faszinierend (für mich). Dieses Beispiel zeigt eindrücklich die Einsamkeit eines Mathematikers.

Es ist ähnlich wie in einer Stadt in einem fremden Lande, dessen Sprache man nicht beherrscht und dessen Bewohner nur ihre eigene Sprache sprechen: man ist einsam, amputiert, entwurzelt.

Aber ein Mathematiker ist ein Kosmopolit: er kann sich mit seinen japanischen, chinesischen, amerikanischen Kollegen stundenlang aufgeregt an der Schreibtafel unterhalten: es werden Formeln hingeschrieben, Beweisskizzen angedeutet, ohne eine andere Sprache als Mathematik zu benutzen: *Mathematik ist eine Sprache und eine Schrift.*

Man kann nicht sagen, was die Sprache sei; man kann nur ihre Funktion zeigen, ihre Rolle beschreiben, sie sprechen. In der landläufigen Vorstellung gilt die Sprache als eine Art von Mitteilung, sie dient zur Unterredung und Verabredung, zur Verständigung. »Aber die Sprache ist *nicht nur und nicht erstlich* ein lautlicher und schriftlicher Ausdruck dessen, was mitgeteilt werden soll. Sie befördert das Offenbare und Verdeckte als so Gemeintes nicht nur erst in Wörtern und Sätzen weiter, sondern die Sprache bringt das Seiende als ein Seiendes allererst ins Offene ... Indem die Sprache erstmals das Seiende nennt, bringt solches Nennen das Seiende erst zum Wort und zum Erscheinen. Dieses Nennen ernennt das Seiende erst zu seinem Sein aus diesem.«

Heidegger sagt hier etwas Unheimliches, etwa: *Ohne Sprache keine Wirklichkeit.* Um sich dieser ungeheuerlichen Behauptung zu nähern, die der sogenannte berühmte gesunde Menschenverstand nicht annehmen will und von der, wie ich oft mit Erstaunen bemerkte, nicht nur Physiker und andere Naturwissenschaftler, sondern auch die meisten Philosophen, die angeblich Heidegger kennen und akzeptieren, nichts wissen wollen, lassen wir Tatsachen sprechen.

Der berühmte Pädagoge Friedrich Fröbel (1782—1852) schreibt: »Jedes Ding wurde gleichsam für das Kind erst durch das Wort, *vor dem Wort war es für das Kind,* auch wenn das äußere Auge es wahrzunehmen schien, *gar nicht da; das Wort selbst schuf gleichsam die Sache erst für das Kind.*« Jeder von uns kann an sich selbst die folgende Erfahrung machen: eine Pflanze, deren Namen ich nicht weiß, bemerke ich kaum.

Die Bauern im Hochgebirge »sehen« keinen der Berge, der keinen Namen trägt. Als ich einem meiner Freunde von diesen Beobachtungen erzählte, war er hocherfreut und berichtete mir das folgende: Er ist ein leidenschaftlicher Blumensammler, und es interessieren ihn auch die volkstümlichen Namen von Blumen. Auf einer Alm in der Hohen Tatra fand er mehrere hohe Blumen (es war Akonit) und fragte den Bauern, der dort wohnte: »Wie nennt ihr diese Blume?«. Der Alte schaute verwundert (es war klar, daß er sie nie gesehen hatte, obwohl er sie tagtäglich vor Augen hatte!) und sagte: »Kwiotek« (das heißt »ein Blümlein«).

Eugen Rosenstock-Huessy bemerkt dazu: »Aber wir können nichts anschauen, wenn wir es nicht benennen ... Ein neu Erschautes wird erst im Akt der Benennung anschaulich. Alle Entdeckungen und Erfindungen bestehen darin, daß wir schließlich alle sehen, was einen zuerst so ergriff, daß er es benannte und uns eben dadurch seine Beachtung abzwang ... Das Nennen vollzieht erst die Anschauung. Eine Anschauung, die nicht zum Nennen vorstößt, ist nebelhaft und mag bestenfalls als Embryo gelten.« (Sprache, 702 f.) In demselben Sinn sagt Bollnow: »Das Wort ist nichts Nachträgliches, was zu einem schon vorher bestehenden Ding hinzukäme, sondern das Wort schafft erst das Ding.«

Auch die Sprachforschung bestätigt diese Behauptungen: Seit Wilhelm von Humboldt wissen wir, daß jede Sprache eine besondere *Weltsicht* bildet. Aber man muß weiter gehen: jede Sprache bildet eine besondere *Welt*, nicht nur ihre Sicht. Es entstehen — für verschiedene Sprachfamilien — sehr verschiedene Wirklichkeiten, in denen die Menschen leben und in die schon Kinder beim Sprachenerlernen hineinwachsen. Dafür einige Beispiele:

1. Bei den *Lappen* gibt es:
   20 Worte für Eis
   41 Worte für Schnee in allen Formen
   26 Verben für Gefrieren und Auftauen.
2. *Beduinen* haben über 1000 Worte für das Kamel.
3. Nordamerikanische *Indianer* haben für verschiedene Wolkenbildungen so viele Spezialausdrücke, daß diese »mit lexikalischem Bestand einer Kultursprache nicht wiederzugeben sind«.

Der geniale, früh gestorbene Benjamin Lee Whorf (der leider die 130 Jahre früher von W. v. Humboldt gewonnenen ähnlichen Einsichten nicht kannte!) schreibt, beeindruckt durch seine Studien über die Hopi-Sprache:

»Jede Sprache ist ein eigenes riesiges Struktursystem, in dem die Formen und Kategorien kulturell vorbestimmt sind, auf Grund deren der Einzelne sich nicht nur mitteilt, sondern auch die Natur aufgliedert, Phänomene und Zusammenhänge bemerkt, oder übersieht, sein Nachdenken kanalisiert und das Gehäuse seines Bewußtseins baut.«

Für Whorf ist die Grammatik vielleicht noch wichtiger als der Wortschatz. Er meint: »Oft sind Schemata der Satzstrukturen wichtiger als die Wörter.« Er meint, daß das, was wir »wissenschaftliches Denken« nennen, eine spezielle Entwicklung des westlichen indo-europäischen Sprachtypus sei. Für uns ist Whorfs Vermutung (er war ausgebildeter Chemiker) besonders interessant, daß moderne Physik mit der Einführung des Feldbegriffes bereits die Grenze dessen überschritten hätte, was sich mit den Mitteln indogermanisch geprägter Begrifflichkeit noch angemessen erfassen läßt.

Die Sprachforschung lehrt uns noch etwas anderes: Sprachen ändern sich im Laufe der Zeit. Da jede Sprache das Apriori bildet, in dem wir die Welt aufnehmen und bilden, bedeutet das nicht weniger, als daß dieses Apriori — im Gegensatz zu Kants Meinung — sich wandelt (Scheler, Bollnow): *das Ganze der Welt* — nicht nur des Weltverständnisses —, in der wir leben, *ist* bis in seinen Grund hinein *geschichtlich*. Hier möchte ich nochmals unterstreichen: Es ist nicht so, wie Ernst Cassirer meint, der, wie das nachfolgende Zitat beweist, leider in einen Objektivismus zurückfällt: »Der Mensch lebt so sehr in sprachlichen Formen in Kunstwerken …, daß er nichts erfahren oder erblicken kann, außer durch die Zwischenschaltung dieser künstlichen Medien.« Er meint: »Der Mensch habe nicht mehr wie das Tier einen unmittelbaren Zugang zur Wirklichkeit.« Wir wissen aber, daß es keine Wirklichkeit, keine Welt ohne Sprache, ohne symbolische Formen gibt. Wir werden darüber noch später reden.

Die Sprache bildet die Wirklichkeit noch auf eine andere Art, wie bereits das Alte Testament in mythischen Bildern andeutet: es ist die

Mächtigkeit der Sprache

Die Sprache ist nicht nur ein Organ, bei dem es dem Menschen freistünde, sich seiner zu bedienen oder nicht zu bedienen: *Sprache ist zugleich eine Macht, die den Menschen in Gewalt hat.* Man kennt — aus dem sogenannten primitiven Denken — die Überzeugung von der magischen Gewalt des Wortes:

a) Besitz des Namens hat schon eine Gewalt über seinen Träger.

b) Im kultischen Bereich, aber auch im zwischenmenschlichen Leben, kann das Aussprechen gewisser Worte (zum Beispiel: die Vergebung des Fluches) den Menschen befreien oder binden. Wir wissen, daß diese Wirkung bis zu einem gewissen Grade unauslöschbar ist, zum Beispiel eine Beleidigung (H. Lipps, »Potenz des Wortes«).

Das einmal Ausgesprochene *verändert* also die Wirklichkeit, und zwar in einer Weise, die nicht wieder rückgängig gemacht werden kann. Vielleicht liegt uns aus diesem Grunde so sehr daran, daß zum Beispiel die Liebe mit Worten wie »ich liebe Dich« besiegelt wird, und aus diesem selben Grunde stammt die Weigerung (von der anderen Seite), diese Worte auszusprechen. Es ist unserer Meinung nach hier mehr als Schüchternheit — eben die (oft unbewußte) Überzeugung von der *formenden* und nicht ganz rückgängig zu machenden Macht des Wortes.

Bollnow vermutet, daß diese Macht mit dem Verhältnis zwischen Form und Formlosigkeit zusammenhängt. Durch das Aussprechen wird die Wirklichkeit verändert und auch geschaffen. *Das Ausgesprochene löst sich aus dem diffusen Hintergrund heraus und wird jetzt erst eigentlich wirklich ... Es ist fest geworden und bleibt als solches bestehen.* — Vielleicht ist auch die *Schrift* eine Art von Formung, und die Dichtung (Mathematik) ist nicht nur ein Prozeß sondern auch zugleich eine Formung der Wirklichkeit dieses Prozesses.

Bedeutung der Dichter und der Kunst für die Weltwahrnehmung

Dichter (und Philosophen!) arbeiten an der Sprache; sie schaffen Worte, die dann in den allgemeinen Sprachgebrauch eingehen. Die Malerei, zum Beispiel die romantische Malerei, hat uns (und vielleicht überhaupt erst) die Natur sehen gelehrt: *wir sehen die Landschaft immer nur durch die Brille der Abbildungen* (Reisende photographieren immer dieselben Dinge, zum Beispiel: Heidelberger Schloß). *Wahrnehmung* (zum Beispiel von Plastik) *vollzieht sich in bestimmten vorgezeichneten Formen.* Oscar Wilde: »Nicht die Kunst ahmt die Natur nach, sondern *die Natur ahmt die Kunst nach*: vor den Impressionisten in London hätte es keinen Nebel gegeben, jetzt kann man sogar Asthma davon bekommen.« »Jeder Inhalt, *der* in der Kunst *in einer überzeugenden Weise* geformt ist, wird zum *Organ, durch das die Welt* gesehen wird.« (Bollnow) *Kunst und Sprache* (und Mathematik) nehmen die Welt wahr und *schaffen zugleich die Welt.* Bollnow: »*Nur durch das Geformte sehen wir das Ungeformte, nur durch die Leistung der Formung ist es für uns überhaupt faßbar.*« Wir werden in einem späteren Kapitel noch ausführlicher über Kunst schreiben; jetzt wollen wir uns der Polarität: *Selbst — Welt* zuwenden.

2. Wirklichkeit und Sprache

(Korrelation: Welt — Person)

> »Es ist nicht unsere Sache, die Welt zu erklären, sondern ihr Sinn zu verleihen.«
>
> Lama A. Govinda

> »Wo Bedeutung ist, da ist auch Sprache, und wo Sprache ist, da ist die Wirklichkeit.«
>
> Ernst Fuchs

Eine Schwierigkeit, die Relation Sprache — Welt richtig aufzufassen, ergibt sich aus einem falschen Verständnis des Begriffes »die Welt«. Meistens versteht man unter »Welt« die Gesamtsumme alles Seienden — sozusagen ihre »mengentheoretische Summe« — aber das ist ein unvollziehbarer Begriff. Wir können

hier die Polarität: Person/Selbst — Welt nicht ausführlich beschreiben, sondern beschränken uns auf einige wichtige Hinweise, die später noch weitergeführt werden (vgl. Kapitel 4 und 10). Wir empfehlen dem Leser das monumentale Werk von Paul Tillich »Systematische Theologie« (besonders Band 1). Die Korrelation Welt—Person hat Max Scheler sehr überzeugend in seinem Hauptwerk »Der Formalismus in der Ethik und die Materiale Wertethik«, 1916, dargelegt. Auf Schelers Ideen haben die bahnbrechenden Entdeckungen des Biologen Jacob von Uexküll (1892—1909; Begründer der Ethologie) über Umwelten von Tieren, die durch ihn und seine Schüler zu einer Umweltforschung und -Lehre ausgebildet wurden, großen Einfluß gehabt. Das ist bereits offensichtlich in Schelers klassischem Werk »Die Stellung des Menschen im Kosmos« (1927). Wir geben keine Definition von »Person« und »Welt« — was meiner Meinung nach unmöglich und sinnlos ist —, sondern versuchen, die Korrelation Person—Wirklichkeit ein wenig zu charakterisieren. Die Welt ist eine strukturierte Ganzheit. Zu dieser Strukturiertheit gehört, wie wir sahen, die Sprache, also Person. Über Personwerdung und Entpersonalisierung schreiben wir im Kapitel »Wahrheit als Begegnung«; hier möchten wir nur bemerken, daß Person nur gegenwärtig und lebendig ist, falls sie geliebt, gesehen, gehört wird. Weil eine Person ein »Bündel von Relationen« ist (Panikkar), endet Person nicht dort, wo ihr Leib seine Grenzen hat (zum Beispiel: Nägel). Diese Relationen durchschneiden sich in einem Zentrum, das Panikkar »Persönlichkeit«, ja sogar »Individualität« nennt. Ein Individuum kann egoistisch sein — Person nie! »Jede Person ist Gesellschaft.« Die menschliche Person ist ein »Teil« der Ganzheit in diesem Sinne, daß ihre »objektiven« Ideen, Überzeugungen und Taten einen integralen Teil der »objektiven« Welt bilden. Das Objektive existiert so weit, als es subjektiv, assimiliert, persönlich, inkarniert, wirklich subjektiviert wird. Andererseits existiert es — das Persönliche — nur so weit, als es objektiv realisiert, verwirklicht, praktiziert wird. Um diese zuerst vielleicht schockierende oder abstrakt scheinende Behauptung von Panikkar zu verdeutlichen, zitieren wir einen Mann, der intim mit indischer Kunst verbunden ist.
Lama Angarinda Govinda sagt folgendes:

»Denn was wir als Welt erleben, ist nicht eine feststehende gegebene Größe, eine außer uns bestehende und von uns unabhängige Wirklichkeit, sondern das Produkt unserer Sinneseindrücke und des sie vorbereitenden und interpretierenden Bewußtseins. Durch die Verwandlung des Bewußtseins *wird* auch *die* erlebte *Welt verwandelt.*
Der Weg zur Erlösung ist ... nicht ein Weg der Weltflucht, sondern der Weg zur Ganzheit.
Die einzige Welt (und die einzige Wirklichkeit), von der wir sprechen können, ist die *Welt unserer Erfahrung,* eine Welt, die bestimmt wird durch die Art unseres Bewußtseins und die Organe unserer Wahrnehmung. *Wir können also nur von einer subjektiven Welt reden* ... Damit wird in keiner Weise die Wirklichkeit der Welt in Frage gestellt — im Gegenteil — es besagt, daß die Welt nur im *Wirken* besteht, nicht im Sein, daß die Welt *dynamischen nicht gegenständlichen Charakter hat* ...
Die Erscheinungsformen unterliegen trotzdem nicht der Willkür des Beobachters sondern folgen den objektiv feststellbaren Gesetzen. Diese Gesetzmäßigkeit innerhalb subjektiver Bezugssysteme verleiht unserer jeweiligen Welt den objektiven, ›außer uns‹ bestehenden konstanten Charakter [vgl. »differenzierbare Mannigfaltigkeit«, »Tangentialvektor« und »G — Invarianz« im 2. Teil dieser Arbeit, K. M.]. Das Objektive *steht* also *nicht im Gegensatz* zum Subjektiven, sondern ist eine Eigenschaft des Subjekts, nämlich seine innere Gesetzmäßigkeit, die Stabilität seiner Relationen, aus denen sich das als außen und als ›Nicht-Ich‹ empfundene, sinnlich wahrnehmbare ›materielle‹ Objekt ergibt.
Von einer in *sich bestehenden objektiven Wirklichkeit zu reden, ist ein Widerspruch in sich selbst,* denn Wirken drückt bereits eine Relation aus — oder vielmehr eine unendliche Vielfalt von Relationsmöglichkeiten.
Die Postulierung des Seins oder Nichtseins kann nur auf ›an sich‹ bestehende Dinge oder Substanzen, ..., wie sie uns in abstrakten Begriffen vorgetäuscht wurden, angewandt werden, nicht aber auf Wirkliches, Wirkendes, dem auf einer unendlichen Vielfalt von Bezeichnungen Beruhenden. Kein Ding oder Wesen besteht ›an sich‹ oder ›für sich‹, sondern nur in Beziehung zu allen anderen Dingen, Erscheinungs- und Lebensformen, zu den bewußten und unbewußten Kräften des Universums. Begriffe wie ›Identität‹ und ›Nichtidentität‹ verlieren darum ihre Bedeutung ...
Da also Buddha den Substanzbegriff ablehnte, so konnte er da, wo er vom Materiellen oder vom Körperlichen sprach, dies eher im Sinne einer inneren oder äußeren Erscheinungsform desselben Vorgangs, der für ihn nur so weit von Interesse war, als er ins Gebiet unmittelbarer Erfahrung fiel und das lebendige Individuum, d. h. die Vorgänge des Bewußtseins betraf.«

Diese Wirklichkeit oder dieses Destillat der Wirklichkeit, das *invariant* für alle Menschen — auch primitivste — ist, könnten wir vielleicht als *physikalische und technische Wirklichkeit* charakterisieren. Maschinen sind invariante, vom Menschen herstellbare Prozesse. Beispiel: Um ein Auto zu bedienen, braucht man kein besonders tiefes Bewußtsein zu haben: es hängt nicht von der Moralität des Benutzers ab. Deswegen ist die physikalische Wirklichkeit:

1. so arm und abstrakt;
2. sie läßt sich technisch behandeln.

Daher die giftige Bemerkung von Hans Blüher und Max Scheler, daß die Naturwissenschaft »antichambriere bei der Technik«, das heißt, daß die Naturwissenschaft notwendigerweise in der Technik münde, weil bei der Geburt der modernen Wissenschaft die Technik Pate gestanden hatte. Jeder Physiker ist glücklich, wenn seine Theorie eine technische Anwendung findet, genauso wie sich jeder Mathematiker bestätigt fühlt, wenn ein von ihm gefundener Satz in einer physikalischen Theorie gebraucht wird. Über den Zusammenhang von Mathematik und Physik wird später mehr gesagt.

Kehren wir wieder zur Sprache zurück! Wir haben gesehen, daß wir keinen naiven, »voraussetzungslosen« Zugang zu den Dingen haben; mehr noch: was ein Ding sei, und daß es überhaupt diese Dinge »gibt«, verdankt man der besonderen Sprache. Die Sprache enthält darum »unbewußt« eine bestimmte Sinnauslegung, eine bestimmte Ontologie in sich: *Die Sprache ist hermeneutisch.*

Alle Wahrnehmung vollzieht sich in einer von uns verstandenen und gedeuteten Welt: man sieht nur das, was man weiß, was man erwartet. Beispiel: Bei einem Empfang »sah« ich einen mir wohl bekannten Menschen, aber mich quälte es: ich wußte, daß ich diesen Menschen mehrmals gesehen, gesprochen hatte. Plötzlich wußte ich, ich erinnerte mich an seinen Namen. Ich hatte diese Schwierigkeit, ihn wiederzuerkennen, zu sehen, weil ich ihn unter *diesen* Menschen nicht erwartet hatte. Es gibt kein Sehen oder Wahrnehmen ohne Verstehen. Es gibt aber kein Verstehen ohne die aktive Möglichkeit zur Sprache. Sprache ist nicht ohne weiteres auch Rede: *Sprache ist* primär *ein Zeigen* oder *sehen Lassen*, ein Bedeuten im aktiven Sinne. Ernst Fuchs bemerkt: »Wo Bedeutung ist, da ist auch Sprache, und wo

Sprache ist, da ist Wirklichkeit. Die Sprache gehört so eng zur Wirklichkeit, daß sie die Wirklichkeit sogar freigibt: *Die Sprache spricht die Wirklichkeit aus ... Die Wirklichkeit ist das Gesprochene der Sprache.*« Von hier können wir besser die Rolle der Mathematik und überhaupt der Theorie in den exakten Naturwissenschaften verstehen. Es entsteht die Frage nach der Wahrheit, was die Wahrheit einer Wirklichkeit bedeutet. Wir glauben, daß Ernst Fuchs — und hier sieht man, wie fruchtbar Heideggers Philosophie für die Theologie sein kann — diese Frage sehr schön beantwortet:

»In der Sprache wird der Wirklichkeit zu ihrer Wahrheit verholfen. Erst in der Sprache erscheint die Wahrheit der Wirklichkeit. Wirklichkeit ist nur Wirklichkeit in der Wahrheit der Sprache. Da Sprache vor der Wirklichkeit rangiert, weil sie der Wirklichkeit erst zu ihrer Wahrheit verhilft, dann werden auch die Gegenstände des Satzes allererst durch die Sprache und nur in dem Horizont der Sprache als *Wirklichkeit* konstituiert.«

3. Die Sprache des Menschengeschlechts

Empirisch gibt es unzählige Sprachen und Dialekte. Da aber die Sprachen ineinander übersetzt werden können, bedeutet es, daß in tieferem Sinne eine einzige Sprache webt, »die Sprache des Menschengeschlechtes«, wie Eugen Rosenstock-Huessy seine Gesammelten Aufsätze zum Sprachproblem genannt hat. Aus diesem ungewöhnlichen, leidenschaftlichen Werke führe ich einige Sätze an, um den Leser mit diesem viel zu wenig bekannten Denker bekanntzumachen. Es ist interessant zu wissen, daß Rosenstock-Huessy, Freund von Franz Rosenzweig, Victor von Weizsäcker, auch Lehrer und Freund von Graf Helmut James von Moltke (der von Freislers »Volksgericht« ermordet wurde) gewesen ist. Er hatte einige seiner wichtigsten Einsichten bereits vor dem Ersten Weltkrieg, im Jahre 1912 publiziert, also fünfundzwanzig Jahre vor den berühmten Abhandlungen von Heidegger. Aber lassen wir Eugen Rosenstock-Huessy selbst zu Worte kommen. Er spricht kritisch über Sprachforscher und ihre Theorien des Ursprungs der Sprache:

»Denn man fragte nicht nach dem Versiegen, dem Schweigen, der Unfähigkeit zu sprechen! Sondern man erklärte die Sprache als eine zusätzliche Leistung zum natürlichen Leben von uns Menschen. Der ›natürliche‹ Mensch habe eines Tages die Sprache erfunden. Vorher habe er auch bereits gelebt, nur eben ohne Sprache. Nun aber begann er ... die Dinge zu bezeichnen, um das auszudrücken, was er selbst dachte und denkt. Da ›der Mensch‹ schon da war, in den Gedanken der Sprachursprungserklärer, bevor er sprach, so wurde Sprache sein Mittel, seine Gedanken auszusprechen. Das also galt als der Ursprung der Sprache bei Aristoteles wie bei Thomas von Aquino! Aber die Sprachwissenschaft ist immer noch optimistisch und *redet vom Reden statt vom Hören*, vom *Begreifen statt vom Ergriffensein* ...

Die Sprache ist kein Werkzeug und kein Mittel. Sie ist ein Lebensvorgang, der uns in eine unsere, nämlich in die uns bestimmte Zeit versetzt und die uns an die zukommende Stelle weist ... Sprache schafft, weil sie uns ernennt, versetzt und zu Angehörigen bestellt ... Der Ursprung der Sprache erfolgt aus Gegenseitigkeit. Hätte das Kind nicht zurückgelächelt, hätte es nie sprechen, geschweige denken gelernt. Volle Sprache prägt ihren Sprecher, weil sie ihn ergreift. Schulsprache ergreift ihren Sprecher nicht, denn er soll nur begreifen.

Es gibt nur eine einzige Sprache des Menschengeschlechts vom ersten bis zum Jüngsten Tag.

Denken ist ein soziologischer und biologischer Vorgang ... Denken, Sprechen und Schreiben sind Geschöpfe und verhalten sich wie alle anderen Geschöpfe. Sie sind einmal nicht da gewesen. Sie wurden plötzlich erschaffen: sie entspringen wie eine Quelle. Sie haben eine Lebenserwartung. Sie können gemordet werden.

Definitionen sind Ergebnisse. Ein jeder Mensch feineren Verstehens weiß das instinktiv ...

Diejenigen, die auf der ersten Seite mit Definitionen beginnen, analysieren zuerst erstarrte Worte. Sie fangen dort an, wo der Prozeß des Lebens geendet hat. Erstarrte Sprache in ihrem Zustand abstrakter Wahrheit ist ein Leichnam, dessen Sektion durchaus nützlich sein kann. Aber dieses Sezieren weiß nicht vom Leben selbst. Das Leben erhält alle Vorgänge, die dem Tode vorangehen; daher ist das abstrakte Denken nicht der einzige Denkvorgang.

Sprache ist ein Prozeß, der klüger ist als der, der sie spricht. Der Stammbaum der Sprache *wächst von oben nach unten*, vom Himmel zur Erde ... Philosophisch gesehen ist die Sprache wie der Turmbau zu Babel, von unten nach oben aus tausend und abertausend Einzelsprachen der Stämme, Rassen und Nationen zusammengeschichtet. Und eine babylonische Sprachverwirrung ist die Folge. Wird aber die Wahrheit der Idee zugrunde gelegt, so hat diese Verwirrung eine Idee. Vom Himmel zu der Erde reicht die Jacobsleiter der Sprache, und Engel steigen unablässig auf ihr nieder. Sie legen dem Menschen SEIN Wort ins Herz. Auf halber Höhe bleibt das Wort dem Menschen überlassen. *Er übersetzt es nun in zahllose einzelne Sprachen, Formen und Typen, in Wissenschaft und Gesetzgebung und Dichtung.* Aber die Sprache der Kunst, Wissenschaft und Gesetzgebung veröden und zerfallen, wenn die Jacobsleiter in die Wolken verschwindet. Der Gegensatz der beiden Bäume, des von unten nach oben, des von oben nach unten wachsenden, ist der ewige Gegensatz zwischen Unglauben und Glauben. Gott will, daß wir die Dinge der Schöpfung nennen, daß wir sie bei ihrem Namen rufen, so wie er Adam bei seinem Namen gerufen hat und uns ruft. Der Mensch als Schaffender, der Liebe mit Liebe vergilt, tritt in sein Recht.«

Hier deutet Rosenstock-Huessy den Ursprungsort der Wissenschaft an. Um aber noch tiefer in das Wesen der Sprache einzudringen, und um das Verständnis der Mathematik als Kunst vorzubereiten, ist es notwendig, über einige Einsichten der Philosophie und der Theologie des Symbols zu berichten.

4. Wirklichkeit als Symbol

Edgar Daqué zu seinem
hundertsten Geburtstag

Man kann nicht über Sprache und Wirklichkeit schreiben, wenn man sich nicht auf die Symbole besinnt. Hier ist es notwendig, die Aufmerksamkeit auf das Geschehen Begegnung — Ereignis zu lenken. Symbol ist kein Zeichen, Symbol ist eine Begegnung. Man kann nicht abstrakt über Symbole sprechen: es hat nur Sinn, über *Symbol für mich* zu sprechen.
Beispiele: 1.»†« (Kreuz) — dieses Zeichen kann für einen Christen zum Symbol werden. Für einen Moslem ist es kein Symbol. Für einen Mathematiker kann es eine Abbildung (»Involution«) bedeuten:

$$A \to A^\dagger \;(\text{»adjungierter Operator«})$$

2. Ähnlich ✿ (»Stern«) — »Stern der Erlösung« (Titel des berühmten Buches von Franz Rosenzweig). Für einen Mathematiker bedeutet es meistens »Faltung«:

$$f \ast g\,(x) \;=\; \int f(x-y)\,g(y)\,dy.$$

133

Edgar Daqué, ein berühmter Paläontologe, aber Außenseiter der Universitätswissenschaft, hat den größten Teil seines schöpferischen Lebens dem tiefsten Eindringen in die Natur, dem »Leben als Symbol« gewidmet. Seine Erkenntnisse hat er in einer Reihe wunderbarer Bücher niedergelegt, die ihn nicht nur als großen Forscher, sondern auch als tiefen Mystiker und Philosophen, als vollen Menschen zeigen. Jetzt ist E. Daqué fast vergessen, seine Bücher — wenn man Glück hat — nur antiquarisch erreichbar. Es ist deshalb gut, ihn selbst zu Worte kommen zu lassen. Die folgenden Zitate entnehme ich dem Aufsatz »Natur und Idee« aus dem Buch »Natur und Erlösung«. Hier möchte ich der Tochter von Edgar Daqué für den Zugang zur Bibliothek ihres Vaters und für zahlreiche Gespräche herzlichst danken!

»Im Griechischen bedeutet *Symbolon* ein Geschehen, das begegnet, aber eben dadurch begegnet, daß es mit uns in einer Verbindung steht; daß es mit uns innerlich verbunden, verwunden, verwandt ist; daß es jenseitig mit uns zusammenhängt, auch wenn es uns hier nur von außen, scheinbar fremd entgegentrat. Es ist kein Begegnen schlechthin im Sinn einer Zufälligkeit, sondern ein schicksalshaft vorbestimmtes Begegnen. So erst wird das Begegnende zu einem Bedeutsamen: alles was uns begegnet, bedeutet etwas Entscheidendes und Jenseitiges. Aber indem es uns begegnet, wird es so, wie es uns in der Begegnung erscheint und als das, was es uns darin bedeutet, *jenseitig von uns mitbestimmt.* Wir rufen es mit hervor. Erst so wird das Erblicken auch zu einem wahren Erkennen. Das Wort ›Erkennen‹ tut sich auf einmal in seiner ganzen Tiefe auf: es ist ein Ur-kennen; wir kennen uns aus dem Uranfang, in dem wir vereinigt sind. Auch das lateinische und griechische Wort für Erkennen: con-noscere, gignoskein, gnosis, ebenso wie das hebräische jada enthält in sich den Sinn des Erzeugens, des Zusammengebärens und -geborenwerdens. Es ist gemeinsames lebendiges Hervorgerufenwerden aus dem Urgrund ...
... *Symbol* ist für also *jegliches Dasein,* jegliche Naturform, wenn sie trotz allem äußerlich Fremden und von uns Getrennten ... eben doch als ein innerlich Verwandtes, als ein mit uns ursprungshaft, überweltlich, daher jenseitig Zusammengehöriges erlebt wird; als etwas, mit dem wir überpersönlich verbunden sind, es irgendwie *miterzeugen in innerer Begegnung;* es mit zur Darstellung bringen, wenn *es erscheint;* ihm zum Erlebtwerden verhelfen, wodurch es erst *Sinn und Bedeutung erhält;* womit wir auch mit ›schuld‹ an seiner Art von Dasein und Sosein sind; mit schuld, daß es uns so oder so erscheint. Die Natur harrt sozusagen der Erkenntnis durch unseren Geist, indem sie zu einem lebendigen Begegnen mit uns und damit zu sich selber und *zu ihrer Bedeutung kommt.*«

Wir sehen, daß in einem solchen Erkennen jedes Ding, jede Naturerscheinung zu sprechen anfängt, ja zur Sprache wird. Hier bekommen wir auch Antwort auf die ewig wiederkehrende Frage, ob ein Mathematiker seine Sätze entdeckt oder schafft. Antwort: beides, weil hier der Gegensatz überbrückt wird: *Mathematik ist Symbol, ist Sprache.*

Edgar Daqué darf also sagen:

»Das hat stets innere lebendige Wirklichkeit, und in der Begegnung mit ihr stellt sich unser eigener Geist in seinem Wesen selber dar, er ›verrät‹ sich sozusagen vor sich selbst, also das, was er ist und west. Der Erkennende und nach Erkenntnis dürstende Mensch empfängt also aus der Art, *wie* er erkennt, einen Richterspruch über sich selbst. Darum ist das wahre wirkliche Dasein, *ist uns die ganze Natur* mit allen ihren Einzeldingen eben das, was unser Geist und Sinn, was unser Herz — mit einem Wort: was unser *innerer Mensch* selbst ist. Und insofern ist auch des Menschen Geist und Wesen Mittelpunkt der Welten, die er erlebt und die er überhaupt erfahren kann. Das ist die mythenhafte innere Einheit von Mensch und Kosmos, von Mensch und Natur. Wer die Dinge der Natur von innen her erlebt, wer den Innenraum des Daseins solcherweise betritt und die innere Bedeutung versteht, lebt durchaus in einer mythischen, in einer symbolischen Welt, und doch ist es die diesseitig-gegenständliche Welt.«

Wir werden diesen Faden später im Kapitel »Wahrheit als Begegnung« wieder aufnehmen. Hier möchten wir bemerken: wenn ein Mensch tief genug in die Wirklichkeit eindringt, muß seine Sprache mythisch, ja mystisch und religiös werden. Jetzt können wir verstehen, warum der katholische Priester, Theologe und Philosoph Raimundo Panikkar schreibt:

»Relation von Gott, Mensch, Kosmos ist weder eine Relation dreier Objekte (oder zweier, wenn wir den Menschen und Kosmos zu einem abstrakten Begriff ›Kreatur‹ verschmelzen) noch eine von drei Subjekten, noch vom Höchsten Subjekt mit einem oder zweien Objekten …: Weder gibt es keinen Gott unabhängig vom Menschen (außer nur in einem sehr eigentümlichen und abstrakten Denken, das von der Wirklichkeit abstrahiert), noch ist der Mensch unabhängig von Gott, und dasselbe betrifft die Welt.«

Vielleicht sollte man hier abbrechen, um diese wunderbare Charakterisierung des Symbol-Geschehens nicht zu verderben. Da man aber immer wieder eine Verwechslung von Symbol mit Zeichen, Metapher oder Allegorie antrifft — davon zeugen folgende Redensarten: »es ist *nur* symbolisch gemeint«, oder »es hat *nur* eine symbolische Bedeutung« und so weiter —, möchte ich hier unterstreichen: man kann nicht höher von einem Ding als symbolisch sprechen, und, wie Paul Tillich immer betont hat, über Gott kann man nicht anders als symbolisch reden.

Es ist kein Zufall, daß wir gerade katholischen Theologen sehr prägnante Charakterisierungen von Symbol verdanken. Vielleicht erleichtert die ständige Pflege des lebendigen Kultus den katholischen Priestern das Verständnis von Symbolen. Karl Rahner formuliert in seinem berühmten Aufsatz »Zur Theologie des Symbols« zwei Grundprinzipien einer Theologie des Symbols: »*Das Seiende ist von sich selbst her notwendig symbolisch, weil es sich notwendig ›ausdrückt‹, um sein eigenes Wesen zu finden.*« Der zweite Satz besagt genau das, was E. Daqué so eindrucksvoll beschwor: »*Das Symbol ist der zur Wesenskonstitution gehörende Selbstvollzug eines Seiendem im anderen.*« Das besagt, wie wir sahen, daß ein Wesen, ein Ding den anderen braucht, um vollständig zu sein, um volle Existenz zu erlangen, um von ihm erkannt und geliebt zu werden, um sich voll zu entwickeln, um selbst zu werden. Sonst ist dieses Wesen unvollständig, fragmentarisch. Der Mensch — jeder von uns — hat eine große Verantwortung gegenüber den Dingen und Wesen (ob lebendig oder unbelebt): sie wollen richtig, das heißt symbolisch erkannt sein. Sie sind potentiell Symbole ihrer selbst. Panikkar sagt das noch drastischer:

»Das Symbol ist weder ein Substitut für das ›Ding‹ noch ›das Ding in sich‹, es ist das Ding, so wie es erscheint, wie es sich ausdrückt, wie es sich manifestiert. Diese Manifestation … ist die echte Epiphanie des Dinges, so daß es außerhalb dieser Manifestation gar nichts gibt außer einer intellektuellen Hypothese:
›I am a symbol of that self which only in the symbol is and manifests itself … Being is the symbol of it-self, like the person is the symbol of the I. We can not catch any being if we do not grasp its symbol, or rather if we do not discover the symbol of that reality which discloses itself only in its own and proper symbol.‹ «

Mit Daqué können wir sagen, daß das Jenseitig-Urbildhafte (das zu jedem Ding gehört) gar nicht anders erscheinen und gesehen werden kann als in diesem Symbol, das dieses Ding selber nach außen ist.

Das gewaltigste symbolische Geschehen ist Sprache, jede Sprache. Sie wird von einer Gemeinschaft getragen und trägt diese Gemeinschaft, die sprechend und hörend die ungeheure Energie einer Sprache empfängt, weiterleitet, produziert, steuert. Sprache hat keinen Anfang (wie die Menschheit) und stirbt wahrscheinlich nicht gänzlich aus. Sogar die sogenannten toten Sprachen können wieder lebendig werden (zum Beispiel Hebräisch, vielleicht Latein), oder sie führen ein latentes Leben wie Samen, wartend auf günstige Situationen: Menschen, eine Kultur, die sie wieder pflegen werden und weiterentwickeln und sich von ihr bilden und formen lassen. Etwas Ähnliches haben wir mit der Mathematik erlebt: nach über siebenhundert Jahren konservierten Daseins in der Spätantike und im frühen Mittelalter begann sie zu blühen und zu sprießen.

Der Kult

Der moderne Mensch hat weitgehend den Zugang zum Kultus verloren. Die einzige Weise, wie er den Kultus, Ritus, (kultische) Opfer verstehen kann, ist, ihre symbolische Wirklichkeit — etwa in der oben versuchten Darstellung — begreifen zu lernen. Von einem Intellektuellen wird er sonst als finsterer Aberglaube, im besten Falle als eine unverbindliche ästhetische Angelegenheit abgetan.

Kultus ist die wunderbarste Darstellung, Verwirklichung der Symbolik des Seins. Wir haben gesehen, daß ein symbolloses Seiendes nicht existieren kann. Das Symbol macht die Existenz des Seienden aus. Ein Kultus — weil er ein symbolisches Geschehen ist — »rettet das Sosein der Dinge, ohne das Sein zu beeinträchtigen,« er verbindet die Welt *konstitutiv* mit ihrem Grund ... Das Symbol ist nämlich das, was Gott und die Welt gleichzeitig trennt und verbindet, das, was eine Unterscheidung, die sowohl scheidet wie eint, innerhalb des Seienden und sogar innerhalb der Gottheit ausdrückt.« (R. Panikkar)

Raymondo Panikkar, der dank seiner indisch-europäischen Abstammung wie kaum ein anderer berufen ist, uns das religiöskultische Leben Indiens zu eröffnen, schreibt in seinem fundamentalen Buch »Kultmysterien in Hinduismus und Christentum« (Alber, 1964) mit tiefstem Verständnis und ergreifender

Eindringlichkeit über diese beiden Hochreligionen; das Buch ist außerdem eine ungewöhnlich reiche Quelle und ein Führer durch die unübersehbare dazugehörige Literatur in europäischen und indischen Sprachen. Er schreibt etwa folgendes: Das Symbol ist für Indien die *eigen-* und einzigartige Existenzweise des Absoluten. Die Dinge sind Gottes Symbole, das heißt Gott selbst ist Epiphanie als ... Ding, denn das Ding ist nichts anderes als Gott in der »Gestalt« des jeweiligen Dinges. Diese Gestalt ist weder Sein noch Nichts, sie ist gerade Symbol. Religion ist keine rein individualistische Angelegenheit, sie beschränkt sich nicht nur auf den Menschen, sie geht den Kosmos und den Gott an. Der Kult hat, wie wir sahen, eine kosmische Dimension. Mensch und Kosmos gehören zusammen, und »die Religion, die den ganzen Menschen retten will, kann dies nicht unabhängig vom Heil und Kosmos tun. Der Mensch darf in der göttlichen Symphonie die Rückkehr aller Dinge nicht dissonieren — kein Häretiker sein. Er ist gerade ein Mitspielender, aber ohne das Echo des Weltalls wäre seine Stimme nicht hörbar, ja hätte er keine Stimme.«

Das *Opfer* kann ohne Symbol-Theorie (-Theologie) nicht verstanden werden. In Indien wird das GANZE als der ursprüngliche Mensch — »der Puruša« — besungen; es (er) ist identisch mit seiner Tätigkeit (s. das nachstehende Kapitel »Sein als Schaffen«). Diese Vitalität des Ganzen ist das Opfer: »Der Urmensch (die Person schlechthin) ist wahrhaftig das Opfer«, singt eine Upanisåd. Das kosmische Opfer ist das Opfer des Urmenschen, die Wiederherstellung der ursprünglichen Fülle des Menschen, die verloren gegangen beziehungsweise zerstückelt worden ist. Hier ist die Analogie, vielleicht Identität zum ADAM-KADMON der Kabbala erstaunlich — aber es könnte nicht anders sein! »Alles, was ist, ist durch das Opfer.« Das Werk des Menschen besteht darin, an diesem göttlichen Geschehen teilzunehmen, sich dem kosmischen Opfer anzuschließen und dadurch das ewige Leben zu erhalten. »Damit rettet sich nicht nur der Mensch, sondern das ganze Weltall bleibt erhalten und fährt fort, durch die treue Mitwirkung des Menschen, dieses kosmischen Priesters, in dessen Hände das Schicksal der Welten gelegt ist, zu existieren ... Es muß einen Mittler geben, der nicht nur gleichzeitig Gott und Mensch, sondern auch Opfer und Opfernder ist ... Durch dieses Opfer kehren die Welten und der Mensch nicht zu ihrem Ursprung zurück, sie entstehen dadurch überhaupt erst und werden dann erlöst — durch den, in dem alles seinen Bestand hat.«

5. Mathematik als Schriftsprache. Einheit der Mathematik. Über mathematische Zeichen

>»Es gibt nichts Einzelnes in der Sprache, jedes ihrer Elemente kündigt sich nur als Teil eines Ganzen an ... aber darf man sich die Sprache nicht als etwas fertig Gegebenes denken, da sonst ebensowenig zu begreifen wäre, wie der Mensch die gegebene verstehen und sich ihrer bedienen könnte. Sie geht notwendig aus ihm selbst hervor und gewiß auch nur nach und nach, aber so, daß ihr Organismus nicht zwar als eine tote Masse im Dunkel der Seele liegt, aber als Gesetz die Funktionen der Denkkraft bedingt und mithin das erste Wort schon die ganze Sprache antönt und voraussetzt.«
>
> Wilhelm von Humboldt (1822)
> »Über das vergleichende Sprachstudium«

Nicht alle Sprachen haben eine Schrift entwickelt oder angenommen. Aber vielleicht sind alle »Kultursprachen« Schriftsprachen — oder besser gesagt: Ohne eine Schrift ist es kaum möglich, eine hohe Kultur zu entwickeln. »Die Schrift ist ein kollektives Gedächtnis« — hat jemand gesagt. Ich würde es vorsichtiger formulieren: die Schrift ist ein Instrument, ein Organ des kollektiven Gedächtnisses. Hier begegnen wir aber einem merkwürdigen Geschehen: es gibt noch Schriften, die niemand lesen kann, die noch nicht entziffert sind. Sie sind wie eine tote Stadt, die wegen einer Katastrophe verlassen wurde. Es gibt noch Gebäude, die von niemandem bewohnt werden, Gärten, die verwildern … Eine tote Sprache, die kein Volk bewohnt, die jetzt keinem Volk mehr Wohnung ist …

Die Mathematik hat sehr spät begonnen, ihre Schrift zu schaffen (Buchstaben-Rechnung, Anfänge der Algebra um 1500). Der moderne Mathematiker dagegen benutzt hunderte, wenn nicht tausende von Zeichen, die oft, nicht präzise, »Symbole« genannt werden. Unter mathematischen Zeichen haben wir Buchstaben verschiedener Alphabete wie a, A, $\mathbb{R}$, α, A_0, dann aber kompliziertere wie H^p, H_p oder L_q^p. Man benutzt Integralzeichen $\int$, $\int_a$, $\int_\Omega f d\mu$, Differential-Zeichen df, eine Menge von Klammern $(\cdot, \,)$, $[\cdot, \, \cdot]$, $\{\cdot, \, \cdot\}$, Inklusionszeichen $A \subset B$, $a \in A$ usw.; dann sogenannte logische Zeichen $\wedge$, $\vee$ usw., Zeichen von algebraischen Operationen $+$, »$\cdot$«, $\oplus$, $\times$, $\otimes$, $\overset{\kappa}{\underset{i=1}{\oplus}}$, $\overset{\kappa}{\underset{i=1}{\otimes}}$ usw. Nach dem letzten Kriege wurde für Funktion/Abbildung das suggestive Zeichen eingeführt:

$$f \colon A \to B, \quad \text{oder} \quad A \overset{f}{\to} B,$$

und sogenannte Diagramme benutzt:

$$\cdots \to H^p(X) \overset{d}{\to} H^{p+1}(X) \overset{d}{\to} H^{p+2}(X) \overset{d}{\to} \cdots$$

Es werden kompliziertere Diagramme gebaut, die aus folgenden zusammengesetzt sind:

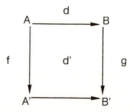

Man »rechnet« mit solchen Diagrammen: sie sind eine unschätzbare Gedächtnisstütze geworden; sie helfen aber oft, Beweise zu finden: man denkt mit ihnen, man spricht und liest sie!

140

Für einen Nichtmathematiker bedeuten sie gar nichts, in gewissen Fällen mögen sie einen ästhetischen Eindruck als eine Art Ornament bewirken.
Eine höchst wichtige Rolle spielen andere Diagramme (Zeichnungen) von Funktionen, Orbit-Diagramme usw., zum Beispiel:

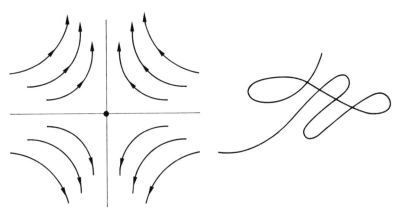

Sie unterstützen unsere Einbildungskraft: Geometer denken in Bildern und Gestalten! Einem Nichtmathematiker sagen diese Zeichen nichts, sie sind stumm. Der angehende Mathematiker muß sie jahrelang lernen wie jede andere Fremdsprache. Wir können uns vorstellen, daß es zu einer Katastrophe kommen könnte, die unsere Kultur ausmerzt. Dann wären alle mathematischen Bücher, Zeitschriften, Bibliothekspapiere schmutziges Papier, das zum Verheizen benutzbar wäre. Es kommt mir die gräßliche Vision von Aldous Huxleys Roman »Ape and Essence« in den Sinn. Aber man braucht nicht zur Phantasie der Dichter zu greifen: die jüngste Vergangenheit mit ihren Bücherverbrennungen, Einstampfen von hebräischen heiligen Büchern, die chinesische Kulturrevolution usw. sind beredte Beispiele. Mathematik sollte man zwar nicht mit ihren Produkten identifizieren, obwohl ihre Denkmäler von großer Wichtigkeit sind. Es entsteht aber eine Frage, die Hermann Weyl an Ortega y Gasset gestellt hat: wenn die spezifisch mathematische Begabung einige Generationen lang ausbliebe, wäre es nicht undenkbar, daß der komplizierte Bau der Mathematik und Physik verfiele und späteren Geschlechtern als skurrile Spekulation erschiene? Eine Vorbereitung von vielen Jahrhunderten war nötig, um das Instrument des Verstandes an die komplizierte Abstraktheit der Mathematik und Physik anzupassen. Irgendein Ereignis könnte eine so wunderbare menschliche Fähigkeit, die außerdem die Grundlage der zukünftigen Technik bildet, wieder verschütten. So etwa H. Weyl. Ich vermute, daß diese Fähigkeit vielleicht eine Metamorphose durchmachen und eine andere Begabung hervorbringen würde. Bekanntlich war das wunderbare Aufblühen der evangelischen Barockmusik eine Metamorphose, eine Antwort auf die vom Protestantismus verursachte Einschränkung des kultischen Lebens. Vielleicht ist die ungewöhnliche mathematische Begabung heutiger jüdischer Menschen eine Metamorphose des von Generationen gepflegten Talmud-Studiums? Vielleicht befruchten ausgestorbene Arten von Tieren auf geheimnisvolle Weise andere Arten oder uns Menschen?

Mathematik ist also eine Schriftsprache, von einigen Tausenden von Menschen gesprochen, geschrieben, gelesen, eine Schrift, die sich in den letzten Jahrzehnten rapide entwickelt hat, ohne die die heutige Mathematik nicht zu denken ist. Jetzt versteht man besser, was ich über die »Einsamkeit des Mathematikers« gesagt habe!

Zuletzt möchte ich fragen: sind mathematische Zeichen nur Zeichen, oder sind sie vielleicht sogar Symbole? Sie sind Zeichen, die gelesen werden, die der Verständigung und als Gedächtnisstütze dienen. Aber sie werden manchmal zu Symbolen: sie eröffnen neue Dimensionen der Wirklichkeit, sie helfen, eine Wirklichkeit mitzuschaffen.

Einheit der Mathematik

Bildet Mathematik eine Einheit? Es drängen sich zwei Probleme auf:

a) das Problem der »verschiedenen Mathematiken« (Spengler)
b) das Problem der getrennten Mathematik-Gebiete.

Bei der großen Stoffanhäufung in der modernen Mathematik entsteht das Problem der Spezialisierung und dadurch der Unverständlichkeit von Problemkreisen aus verschiedenen Gebieten: zum Beispiel Zahlentheorie und Differentialgeometrie. Haben wir es hier wieder mit verschiedenen Sprachen einer Sprachfamilie oder vielleicht mit verschiedenen Dialekten einer Sprache zu tun?

a) Mathematik bildet eine Einheit, sowohl in der Zeit als auch im »Raum«. Zwar ist der Charakter der antiken griechischen Mathematik ganz anders als der der Mathematik im 19. und 20. Jahrhundert. Aber ein heutiger Mathematiker kann sehr wohl die antiken Meister verstehen. Jede Epoche hat ihren eigenen Sprachstil; sie schreibt und spricht anders, aber es ist immer dieselbe lebendige Sprache.

b) Die Großen haben immer das ganze Gebiet der Mathematik überschaut. Vielleicht kann man einen kleinen Spezialisten mit einem primitiven Menschen vergleichen, der dreihundert Worte seiner Muttersprache benutzt. Er könnte (potentiell) seinen Wortschatz erweitern, wenn er dafür Interesse und Fleiß hätte. Genauso kann ein junger Zahlentheoretiker binnen eines Jahres Hauptprobleme der Differentialgeometrie begreifen. Das zeigt uns noch einmal, daß *Mathematik eine lebendige Sprache der ganzen Menschheit ist*. Der einzelne Mathematiker ist ihr Organ und ihr Gebilde, aber auch ihr Mitschöpfer.

Niemand kennt die ganze literarische Produktion seiner Muttersprache (seines Volkes). Es genügt, wenn er die Meisterwerke gelesen und erlebt hat. Die Situation ist in anderen Künsten und auch in der Mathematik ähnlich. Die Produktion ist zu groß, die meisten Werke (Gedichte, Romane, Novellen) sind wenig wert. Ein Kenner wird in kurzer Zeit sagen können, ob wir es mit etwas Bedeutendem zu tun haben. Ähnlich in der Mathematik. Aber auch hier ist es wie in jeder Kunstgattung: es gibt verschiedenen Geschmack, und darüber läßt sich nicht streiten. Man ist »taub« gegenüber der Schönheit und den Reizen einer mathematischen Theorie. Hier ist es genauso wie »im Leben«: ein junger Mensch ist plastisch, er bildet nach seinem Geschmack, ein alter ist meistens festgelegt: er bedauert die Fremdheit (oder »Entartung«) der modernen Kunst: »Die Mathematik meiner Jugend war schön und wunderbar, die heutige ist abstrakt, unverständlich, entgleist.«

Die moderne Mathematik macht keine Krisen durch: Zeichen ihrer Lebendigkeit und Gesundheit sind die vielen, schönen Pro-

143

bleme, die neu entstehen und allmählich gelöst werden. Ein Beweis dafür: alle vier Jahre werden mathematische Kongresse ab-
gehalten, bei denen immer zwei bis vier Medaillen an jüngere
Mathematiker (bis 40 Jahre) vergeben werden. Bis jetzt gab es
keinen Mangel an guten Kandidaten. Vielleicht war es nicht immer möglich, diese Höchst-Preise (bedeutender als der Nobel-
preis) ganz gerecht zu verteilen: vielleicht spielt auch in der Mathematik die Mode eine Rolle? Ja, es ist nicht schlecht mit der
modernen Mathematik bestellt!

6. Kunst und Erkenntnis

»Plastische Kunst macht das Unsicht-
bare sichtbar. Musik macht das Unhör-
bare hörbar.«

Paraphrase von P. Klee

»Kunst ist das Sich-ins-Werksetzen
von Wahrheit.«

M. Heidegger

»Erkennt, Freunde, was Bilder sind:
das Auftauchen an einem anderen
Ort.«

F. Marc

Kunst ist ein Erkenntnisorgan — und sie schafft eine Wirklichkeit. Oder — wenn man es anders sagen will — sie gibt einen
Zugang zu den Dimensionen der Wirklichkeit, die auf andere
Weise unzugänglich wären. Das ist so, weil Wirklichkeit nichts
Objektives, aber auch nichts Subjektives ist: sie geschieht, da sie
symbolisch ist. Sie ist Schöpfung, und der Mensch — besser gesagt: die Menschheit — ist ihr Mitschöpfer. Künstler, Mathematiker sind besondere Stellen, Orte, Organe der Menschheit, an
denen die Wirklichkeit brandet, an denen sie wird; aber Künstler gestalten diese Wirklichkeit mit, sie schöpfen Formen und
Gestalten, mittels deren die Wirklichkeit erst sichtbar wird. Ein
großer Maler sagte etwa: vielleicht bin ich nur näher dem Her-

144

zen der Natur. Kandinski: »Im Genius trifft ein Entdeckungsakt (vom Subjekt her) und ein Offenbarungsakt (vom Objekt her) zusammen und bringt jedesmal die durchaus neue Erkenntnis zum Aufleuchten.« Die Stromrichtung geht dabei allemal vom Objekt zum Subjekt, oder, wie G. Nebel es ausdrückt: Wirklichkeit ist Stromrichtung vom Außen nach Innen. Wahrheit—Wirklichkeit—Erkenntnis ist ein Ereignis. Die Großen, denen dieses Ereignis geschah, werden von ihm überwältigt. Es erforderte von ihnen nicht nur Offenheit, Mut, sich der Wucht dieses Ereignisses zu stellen. Es erforderte eine unwahrscheinliche Kraft, der Eingebung standzuhalten und nicht wahnsinnig zu werden. Das erinnert oft an die Propheten des Alten Testaments: wir wissen nicht, wie lange sie vorbereitet wurden, welche »Einweihung« nötig war, um das Instrument zu werden (»Harfe« — bei Rilke), das bei diesem Ereignis erklang. Wir Späteren, Nachfolger, Nach-Denker haben es leichter: viele Jahre, Jahrzehnte der Schule, des Studiums, unablässiger Konzentration. Das einmal Verstandene, Geschaute entfällt sonst — es wird nur im Durchlaufen des Weges wiedergewonnen und *neugeschaffen.*
Wir müssen den mathematischen Erkenntnisakt immer als etwas Dynamisches, Ereignishaftes verstehen, als eine Begegnung. Hier haben wir mehrere Zeugnisse und ausgezeichnete Darstellungen dieses Ereignisses bei Denkern, die über das »Ereignis des Schönen« berichteten. Was sie über Kunst und Musik schrieben, läßt sich wort-wörtlich auf das Ereignis: Mathematik anwenden. Eine Bemerkung: bei den meisten dieser Denker klingt ein Groll, ein Mißtrauen gegen Mathematik an: sie sehen, unberechtigterweise, einen Gegensatz zwischen Mathematik und Kunst, den es nicht gibt:

Mathematik ist eine Kunst

Kehren wir wieder zur Mathematik zurück. In der Natur wirken musikalische Kräfte, und sie sind prinzipiell hörbar. Das Ohr und die Musik sind kosmologische Organe für den Bau der Welt. Musik macht dieses Weltgefüge hörbar. »Hier wurzelt die große Macht der Musik über den Menschen, die durch sie über diesen Bau belehrt wird.« (Hans Blüher). Etwas Ähnliches sagt auch Victor Zuckerkandl: »... und die musikalische Erfahrung

145

wäre unter allen Erfahrungen dadurch ausgezeichnet, daß in ihr
der Symbolcharakter der Welt am durchsichtigsten sein würde,
... wir hören den Kern der Welt«. Musik ist also eine Quelle der
Welterkenntnis. Diejenigen, die vom Klingen der Sphären sprachen, vom Kosmos als einer musikalischen Ordnung redeten
(Pythagoras, Kepler, Goethe), haben es gewußt.
Samuel Alexander (berühmter englischer Arzt) schrieb vor mehr
als dreihundert Jahren: »Jede Melodie ist eine hieroglyphisch
verschattete Lehre von der ganzen Welt und Schöpfung Gottes.«
Schopenhauer: »... gesetzt es gelänge, eine vollkommen richtige, vollständige und in das Einzelne gehende Erklärung der Musik, also eine ausführliche Wiederholung dessen, was sie ausdrückt, in Begriffen zu geben, diese sofort auch eine genügende
Wiederholung und Erklärung der Welt in Begriffen, oder einer
solchen ganz gleichlautend, also die wahre Philosophie sein
würde.« Aber das ist eben nicht möglich: keine Sprache, keine
Kunst ist auswechselbar, jede von ihnen eröffnet ihre eigenen
Dimensionen der Welt, die der anderen unzugänglich sind.
Könnte man in Prosa das zu sehen bekommen, was Dichtung
gibt, würde es keine Poesie geben; könnte man ohne Mathematik genau dasselbe verständlich aussagen, würde es keine Mathematik geben; könnte man philosophisch zum Kern des Welt-
geschehens gelangen, wäre keine Musik nötig. Die Menschheit
hätte sie nicht gehabt.
Vielleicht wird daraus die ausgesprochene Feindschaft gegen
die Mathematik verständlich: man ist mathematisch unbegabt
oder zu faul, um Mathematik zu lernen, aber man möchte nicht
gestehen, daß man auf diese Weise für gewisse Farben der Welt
blind ist; deswegen bekämpft man die Mathematik oder brüstet
sich sogar, daß man »mathematisch unbegabt« ist. Viel seltener
sind Menschen stolz auf ihre Unmusikalität. Es erfordert wahrscheinlich viel mehr Aufwand, Mathematik zu genießen, als einen Genuß von Musik zu haben. »Moderne Musik« erfordert,
wie jede »moderne Kunst«, mehr Mühe vom Aufnehmenden,
und diese möchte man sich nicht kosten lassen. Vielleicht auch
deswegen die Ablehnung der modernen Kunst?

Schon der Symbolbegriff zwingt zur Frage: »Werden mathematische Theorien gefunden, werden sie entdeckt oder werden sie gemacht?« Beides: Theorien werden geschaffen, mitgeschaffen; sie sind nichts Fertiges, sie sind ein Ereignis, sie sind eine *Begegnung.*
Die Stromrichtung von außen nach innen (Objekt — Subjekt) wird durch folgende Worte charakterisiert: Einfall, Eingebung, Erleuchtung, Gnadengabe, Inspiration, Intuition, Schauen. Diese Worte betonen einmal mehr »Gehör« oder »Gesicht«, Charakter des Ereignisses. Die Bereitschaft des Schöpfers (und eigentlich jeder Mensch ist schöpferisch!) wird durch folgende Termini ausgedrückt: Ahnung, Anwandlung, Ausnutzung, Ergriffenheit, Führung, Leistung, »unbewußter Zwang«. Der Betreffende erinnert sich *später* an einen Entrückungszustand, eine Ekstase, einen Enthusiasmus (deutsch »Begeisterung«).
Ohne Eingebung keine Mathematik, keine Kunst, aber eine solche Eingebung ist meistens »nur« ein Keim, der nach langer Zeit fruchtbar wird, aber einer strengen Pflege bedarf. Nicht nur das Werk, auch der Schöpfer wird geboren — vielleicht spaltet nur unser unvollkommenes Auffassungsvermögen einen Prozeß, zerschneidet ein Wesen in zwei »Teile«: das Werk und den Schöpfer, das Bild und den Maler, das Gedicht und den Dichter, das Musikstück und den Komponisten.
Von großen Schöpfern (Künstlern, Mathematikern, Wissenschaftlern) berichten alle übereinstimmend, daß sie ohne Unterlaß von ihren Schöpfungen erfüllt und ergriffen waren. Über *Mozart:* »Er war in jeder Minute seines Daseins in der Phantasie musikalisch beschäftigt, selbst wenn er äußerlich banale Dinge aller Art betrieb. Er lebte fast immer im schöpferischen Zustand.« »... oft vergaß er nicht nur die Welt um sich sondern sank ganz entkräftet zurück und mußte zur Ruhe gebracht werden.« Von Dostojewski berichten seine Freunde, daß er mit Helden seiner geschriebenen und viel zahlreicheren *ungeschriebenen* Romane wie mit guten Bekannten verkehrte und stundenlang über ihre Schicksale, ihr »Leben« erzählen konnte. Nur ein Bruchteil davon wurde hingeschrieben und gedruckt (ewige

Geldnot des größten Romanciers war für uns eine glückliche Fügung).

Von Einstein erzählt sein Biograph, der Physiker Philip Frank: In seiner (Einsteins) Prager Zeit war Frank mit Einstein auf der berühmten »Karls-Brücke« verabredet. Aus irgendeinem Grunde hatte er sich sehr verspätet. Als er in Furcht und Zittern den Großen begrüßte und sich entschuldigt hatte, sagte Einstein etwa: »Aber Herr Kollege, ich habe so viel nachzudenken, ich kann warten.« Frank vergleicht Einsteins Gedankenwelt, sein Schaffen mit einem mächtigen Strom, dessen Fließen von einem kleinen Stein kaum merklich geändert wird.

Wir kommen zum Tragischen im Leben der Schöpfer: *Versagen der Eingebung (Schöpferkraft)*. Den allermeisten Großen war die reiche Eingebung nur wenige Jahre beschieden: Riemann begann ziemlich spät zu publizieren und starb kaum vierzigjährig, Galois, Abel, Eisenstein als Jünglinge. Andere, denen längeres Leben beschieden war, erlebten das Austrocknen des Improvisationsflusses (vgl. Einstein, Heisenberg, Hadamard, Hilbert, Weyl). Zwar blieben Technik und meisterhaftes Können (vgl. Picasso, Chagall), man *produzierte* gutes Handwerk, aber es war nicht das Eigentliche, »um das es sich handelte«. Es ist menschlich verständlich, daß man kaum aufhören kann zu produzieren; man will sich selbst nicht eingestehen, daß die Quelle versiegt sei. Warum das so ist, bleibt ein Geheimnis, ein Mysterium. Jede Psychologie des Schöpferischen kann — wenn überhaupt — nur notwendige und nie hinreichende Bedingungen für das Gelingen des Ereignisses aufstellen: also Fleiß, Konzentration, beim Mathematiker: wichtige Problematik, Offenheit für Grenzgebiete (zum Beispiel: theoretische Physik), Studium der Großen und — vielleicht das Wichtigste — *Kontakt mit dem Meister* (siehe Kapitel »Wahrheit als Begegnung«).

Eine der Schwierigkeiten, Mathematik als eine Art von Kunst zu verstehen, beruht auf einem Mißverständnis: der Wissenschaft ginge es ausschließlich ums Wahre, und Intellekt wäre ihr Hauptorgan — der Kunst gehe es um das Schöne, und Phantasie sei ihr Instrument. Schon der Gegensatz Phantasie — strenges Denken ist fatal. Hier möchte eine kleine Anekdote über Hilbert (einen der größten Mathematiker und Logiker aller Zeiten) uns eines besseren belehren: Als man Hilbert berichtete, einer seiner Schüler sei der Mathematik abtrünnig und Dichter geworden, da sagte er sinnend:»Ja, zum Mathematiker hatte er zu wenig Phantasie.« Wenn man phantastische Konstruktionen der Mathematik (zum Beispiel der Riemannschen Fläche einer algebraischen Funktion) betrachtet, sieht man, daß Hilbert nicht übertrieben hat.

Um einen der Kompetentesten der »anderen« Seite zu Worte kommen zu lassen, führen wir einen bahnbrechenden Kunstphilosophen, den lange Zeit vergessenen und wiederentdeckten Conrad Fiedler (1841—1895) an:

»Die Anfänge der Kunstgeschichte dürfen nur da gesucht werden, wo sich innerhalb der sogenannten Kunstübung ein *Streben nach Erkenntnis* und somit eigentliche künstlerische Tätigkeit zeigt. Es kann lange gemalt, gemeißelt, gedichtet, musiziert werden, ohne daß von Kunst im eigentlichen Sinne die Rede sein kann ... Eine Geschichte der Kunst im eigentlichen Sinne, daß heißt eine Geschichte der durch die Kunst vermittelten *Erkenntnis*, ist noch zu schreiben.« (Kursive von K. M.)

Wurde eine solche Kunstgeschichte in den letzten hundert Jahren nach Fiedler bereits geschrieben?

Wir möchten diesen Abschnitt mit Worten des früh verstorbenen Musikphilosophen V. Zuckerkandl abschließen:»Kunst nicht anders als Philosophie, nicht anders als Wissenschaft, nicht anders als jedes höhere Bestreben der Menschheit geht letzten Endes auf Erkenntnis, auf Wahrheit.«

Kunst und Natur

Es besteht ein oft anzutreffendes Vorurteil, daß Wissenschaft die Natur nur beschreibt, wie sie sei, und je besser sie sei, desto genauer gelinge diese Beschreibung. Ein ähnliches Mißverständnis spukt immer noch in der naiven Meinung, die Kunst solle »möglichst getreu die Natur wiedergeben«, oder in gedankenlosen Redensarten:»... daß auch der große Künstler die Natur nicht erreiche«. Aber gerade das Umgekehrte ist wahr: Fiedler:»Der Mensch lernt die Natur erst aus den Werken der Künstler kennen, und die Nichtübereinstimmung, die er zwischen Natur und Kunstwerk findet, beruht gemeiniglich auf dem unentwikkelten banalen Zustand seiner eigenen Naturanschauung.« (Schriften II, 98) Es ist höchst interessant, daß ein so gänzlich

149

anderer Mensch wie Oscar Wilde den ähnlichen Gedanken noch drastischer und paradoxer aussprach:»... Nicht Kunst ahmt die Natur, sondern die Natur ahmt die Kunst nach.«»... erst durch Werke von Impressionisten hatte man den Nebel in London gemerkt und auf so drastische Weise, daß man Asthma bekam«.

Bekanntlich erschlossen erst die Romantiker (Dichter und Maler) dem Westen die Pracht der Alpenwelt: früher sah man die Berge einfach nicht, obwohl man tagelang schwitzend durch sie wandern mußte:»Zweimal zog Luther durch die Schweiz, ohne die Alpen zu sehen.« (Arnold Lunn) Der große schwedische Theologe und Kirchenfürst Nathan Söderblom schreibt dazu in seinem wunderbaren Buch»Der lebendige Gott«:

»Geniale Männer sind dazu bestimmt, Deuter der Schöpfung zu sein ... Durch ihre Eingriffe, ihre Persönlichkeiten und ihre Schöpfungen helfen uns geniale Menschen, einen Sinn im Dasein zu ahnen oder zu sehen, und zwar nicht nur, nein, nicht einmal in erster Linie als Denker, sondern als Helden, Märtyrer, Propheten und Heilige, als *Künstler*, Erfinder oder *Dichter*. Ihre eigentümliche Ausrüstung weist so auf eine geheimnisvolle Verbindung mit der Schöpfung selbst hin.«

Der geniale Künstler öffnet uns nicht nur die Augen, er verändert die Natur, weil sie vor ihm entweder überhaupt nicht gesehen oder ganz anders perzipiert wurde.

So ist es auch mit dem Mathematiker, falls er ein Künstler ist — und jeder große Mathematiker ist ein Künstler: er schafft und eröffnet uns neue Welten, und er lehrt uns,»Altes« neu zu sehen: er deutet die Welt auf neue Weise.

Die Rolle der Schönheit in der Mathematik

Jeder wurde mindestens einmal (vielleicht in der Geometrie-Stunde) von der Schönheit einer mathematischen Konstruktion ergriffen. Das höchste Lob, das einem Mathematiker begegnen kann, ist, daß sein Satz, sein Beweis, seine Theorie schön seien. Jeder Mathematiker feilt an seinen Beweisen so lange, bis sie möglichst schön dastehen. Ein wichtiger Satz wird im Laufe der Zeit auf mehrere Weisen bewiesen. Der schönste, der meistens auch der einfachste ist, findet dann Eingang in Monographien und Lehrbücher. Die Lektüre eines wichtigen mathematischen

Textes bereitet einen hohen ästhetischen Genuß. Aber nicht nur ein Beweis kann schön sein. Eine große Theorie hat eine Architektur, eine Dynamik, eine Harmonie, die sie zum Kunstwerk machen.

Unter diesem Gesichtspunkt möge der Leser den 2. Teil dieser Arbeit lesen, zum Beispiel den Satz von Gauß-Bonnet als eine schöne Formel erleben, dann seinen Beweis mittels der wunderbaren Idee der Parallelverschiebung, dazu den Index-Satz von Poincaré-Hopf und dann den ganzen Komplex (als Theorie), diesen Zusammenhang von lokal und global, von »Dem Teil und dem Ganzen« auf sich wirken lassen. Die Gleichsetzung von schön und wahr findet auch in der Physik statt und findet ihre beredten Befürworter in den größten Physikern unseres Jahrhunderts: Einstein, Heisenberg, Dirac. Von der Ergriffenheit durch die vollendete Schönheit einer mathematischen Theorie (»Uniformisierungstheorie«, vgl. Teil 2) sprechen die hymnischen Zeilen des jungen Hermann Weyl aus dem Vorwort zu seinem Meisterstück »Idee der Riemannschen Fläche«:

»... die Idee der Riemannschen Fläche erheischt, wenn wir den rigorosen Forderungen der Moderne in bezug auf Exaktheit gerecht werden wollen, zu ihrer Darstellung eine Fülle von abstrakten und subtilen Begriffen und Überlegungen. Aber es gilt nur den Blick ein wenig zu schärfen, um zu erkennen, daß hier dieses ganze vielmaschige logische Gespinnst (in dem sich der Anfänger vielleicht verheddern wird) nicht das ist, worauf es im Grunde ankommt: es ist nur das *Netz*, mit dem wir die *eigentliche Idee*, die ihrem Wesen nach einfach und groß und göttlich ist, aus dem τόπος ἄτοπος, wie Plato sagt, — gleich einer Perle aus dem Meere — an die Oberfläche unserer Verstandeswelt heraufholen. Den Kern aber, den dieses Knüpfwerk von feinen und peinlichen Begriffen umhüllt, zu erfassen — das, was das Leben, den wahren Gehalt, den inneren Wert der Theorie ausmacht — dazu kann ein Buch (und kann selbst ein Lehrer) nur dürftige Fingerzeige geben; hier muß jeder einzelne von neuem für sich um das Verständnis ringen ... Wir betreten damit *den Tempel*, in welchem *die Gottheit* (wenn ich dieses Bildes mich bedienen darf) aus der irdischen Haft ihrer Einzelverwirklichungen sich selber zurückgegeben wird; in dem Symbol des *zweidimensionalen Nicht-Euklidischen Kristalls* ist sie, rein und befreit von allen Verdunklungen und Zufälligkeiten, erschaubar.«

7. Mathematik als Kunst

Lassen wir wieder Conrad Fiedler sprechen:

»So hat die Kunst nicht mit Gestalten zu tun, die sie *vor* ihrer Tätigkeit und unabhängig von derselben vorfindet, sondern Anfang und Ende ihrer Tätigkeit liegt in der Schaffung der Gestalten, die durch sie erst zum Dasein gelangen. Was sie schafft, *ist nicht* eine zweite Welt neben einer anderen, *die ohne sie existiert, sie bringt vielmehr überhaupt erst die Welt durch und für das künstlerische Bewußtsein hervor.* Und so hat sie es auch nicht mit einem Materiale zu tun, das schon irgendwie zum geistigen Besitz des Menschen geworden wäre; was schon irgendeinem geistigen Prozeß unterlegen hat, ist für sie verloren; *denn sie selbst ist ein Prozeß, durch den der geistige Besitz des Menschen unmittelbar bereichert wird*; das vom menschlichen Geist Unberührte ist es, was ihre Tätigkeit erregt, für das noch in keiner Weise für den menschlichen Geist existiert, schafft sie die Form, unter der es für den menschlichen Geist zum Dasein gelangt. Sie geht nicht vom Gedanken, vom geistigen Produkte aus, um zur Form, zur Gestalt hinabzusteigen, vielmehr *steigt sie vom Form- und Gestaltlosen* zur Form und Gestalt empor, und auf diesem Wege liegt ihre ganze Bedeutung. *Im Künstler gelangt ein eigentümliches Weltbewußtsein zur Entwickelung* ...
Nicht der Künstler bedarf der Natur, vielmehr bedarf die Natur des Künstlers. Nichts was die Natur ihm so gut wie jedem anderen bietet, weiß der Künstler nur anders als ein anderer zu verwerten, vielmehr gewinnt die Natur nach einer gewissen Richtung hin erst durch die Tätigkeit des Künstlers für diesen und für jeden, der ihm auf seinem Wege zu folgen vermag, ein reicheres und höheres Dasein. Indem der Künstler die Natur in einem gewissen Sinne zu erkennen, zu offenbaren scheint, erkennt und offenbart er nicht etwas, was unabhängig von seiner Tätigkeit *eine durchaus hervorbringende,* und unter *künstlerischer Produktion im allgemeinen kann nichts anderes verstanden werden, als die im menschlichen Bewußtsein und für dieselbe sich vollziehende Hervorbringung der Welt* ausschließlich in Rücksicht auf ihre sichtbare Erscheinung. Es entsteht ein künstlerisches Bewußtsein, indem alles, wodurch die Erscheinung dem Menschen bedeutend werden kann, zurücktritt vor dem, wodurch sie eine rein um ihrer selbst willen verfolgte anschauliche Auffassung werden kann.

Das geistige Leben des Künstlers besteht in der beständigen Hervorbringung dieses künstlerischen Bewußtseins. Dies ist die eigentliche künstlerische Tätigkeit, das eigentliche künstlerische Schaffen, von dem die Hervorbringung der Kunstwerke nur ein äußeres Resultat ist. Allenthalben, wo Menschen wohnen, tritt diese Tätigkeit auf. Sie ist eine notwendige Tätigkeit, nicht weil die Menschen der Wirkungen bedürften, die von den Resultaten desselben ausgehen, notwendig vielmehr, weil die Menschen die Kraft zu dieser Tätigkeit erhalten haben.«

Falls man bisher über Mathematik als Kunst (zum Beispiel: H. Hasse) geschrieben hatte, hatte man ihre *Produkte*: die mathematischen Werke ins Auge gefaßt und ihren künstlerischen (»harmonischen«) Bau, sozusagen ihre Architektur beschrieben und bewundert. Hier möchten wir, nach dem Vorbild von C. Fiedler, das Augenmerk auf das geistige Leben des Mathematikers richten; wir könnten wort-wörtlich wiederholen: Dieses Leben besteht in beständigem Hervorbringen des mathematischen Bewußtseins. Mathematik hat es *nicht* mit Gesetzen zu tun, die sie vor ihrer Tätigkeit und unabhängig von ihr vorfindet. *Sie schafft Gesetze*, die durch Mathematisieren erst zum Dasein gelangen. Mathematik bringt erst diese Welt durch und für das mathematische Bewußtsein hervor. Mathematik ist selbst ein Prozeß, durch den der geistige Besitz der Mathematik unmittelbar bereichert wird. Sie schafft! Für das, was für den Menschen noch nicht existiert, schafft sie die Form, unter der es für den menschlichen Geist erst zum Dasein gelangt.

Erst jetzt können wir vielleicht das Entstehen wunderbarer Kunstwerke und großer mathematischer Theorien begreifen. Man wird sie vergeblich »draußen« in der Welt suchen. Sie existieren nur, wenn sie von einem Mathematiker mit tiefem Verständnis vorgetragen oder nur gedacht und von Zuhörern oder Lesern mit Verständnis verfolgt werden; ebenso, wie erst der Vortrag eines musikalischen Werkes vor einem ergriffenen Auditorium dieses Werk zu seiner vollen Existenz bringt. Wir könnten das mathematische Werk als Prozeß sehr schematisch vielleicht so darstellen:

... → Empfangen/Intuition → Form- und Gestaltgebung → Niederschrift → Vortrag/Lesen, Hören → ...

(Vor »Empfangen« müßte noch »Arbeit der vorhergehenden Mathematikergenerationen, Lehrer usw.« stehen.)

Dieser mathematische Prozeß muß immer wieder von neuem hervorgebracht werden, vielleicht mit Modifikationen und Variationen, so wie eine Sprache (ein Gedicht) erst vollständig existiert, wenn sie gesprochen und *mit Verständnis* gehört werden.

Mathematische Energie wird weitergegeben: sie erregt — wie

153

ein Feld, wie ein Wellenfeld — immer neue mathematische Zentren, regt sie zu eigener Tätigkeit an (wie im Huyghenschen Prinzip!), wird von ihnen weitergegeben. Dieser Prozeß kann auch längere Zeit oder in weiten Bereichen stillstehen. Er geht nicht ganz verloren, sondern ist potentiell da. So wurde über siebenhundert Jahre, von der späten Antike bis etwa zum 13. Jahrhundert, Mathematik nur konserviert, aber nicht schöpferisch weiterentwickelt. Sie existierte in Latenz, wartete auf das Wehen des Geistes, der brausend die Geister ergriffe und zum schöpferischen Mathematisieren anrege ...

8. Geschichte der Mathematik und ihre Rolle für die moderne Mathematik. Kontakt mit den Meistern

> »Dem Vergangenen begegnen heißt: es gerade *nicht* als Vergangenes nehmen, wie es die Geisteswissenschaften tun, nicht als Totes und Abgetanes, sondern als Gelegenheit, ein Lebendiges zu berühren. Das Lebendige, das Ereignis ist jenseits der Weltgeschichte, Ursprung, aus dem das Geschehende und Vergehende geschieht und vergeht — der ewige Sinn der Historie ist, daß sie sich im metahistorischen Widerfahrnis aufhält ... Ein Buch über Platon reicht nur hin, wenn es keine Sekundär-Literatur ist, sondern wenn in ihm dasselbe Ereignis mächtig ist, das Platon in die Not und damit zu seinen Werken geführt hat.«
>
> G. Nebel, »Ereignis des Schönen«, 266

Mathematik ist ein Geschehen, sie geschieht und hat Geschichte. Seit etwa zwanzig Jahren erleben wir eine Renaissance des Interesses für die Geschichte der Mathematik: es gibt wichtige Zeitschriften für die Geschichte der Mathematik und interessante Monographien aus der Geschichte der Mathematik. Die Großen unserer Wissenschaft forschen in der Geschichte und geben »Gesammelte Abhandlungen« alter Meister heraus. Wie mir scheint, ist das Interesse für die Geschichte ihrer Wissenschaft unter den Mathematikern viel reger als unter ihren nächsten Verwandten, den Physikern. Warum das?

Im 2. Teil dieser Arbeit gebe ich einen kleinen Abriß der Entwicklung des Raumbegriffes in der Mathematik; er soll auch dem Nichtmathematiker zeigen, wie langsam und doch dramatisch sich die Geburt mathematischen Raumes ereignet hat und ereignet (wir sind sicher noch nicht am Ende — Geometrie ist eine sehr lebendige Wissenschaft!). Wir werden sehen, wie ganze Generationen von Mathematikern um den Begriff des topologischen Raumes, der Riemannschen Fläche, des Riemannschen Raumes, des Überlagerungsraumes, der Transformationsgruppe gerungen haben.

Das Studium der Klassiker (bei uns bedeutet »Klassiker« einen noch lebenden oder erst vor kurzem verstorbenen Meister) ist keine Neugierde; es bereichert und bewirkt Bewunderung für große Denker — hierin wieder ähnlich dem Studium der Philosophie-Geschichte, wobei jeder Philosoph mehr oder weniger Philosophie-Historiker ist. Aber bei uns Mathematikern ist es wieder anders: wir fragen weniger, »was sagte Riemann, was dachte Gauß?«, sondern »wie ist es in Wirklichkeit?« Hier gelten keine Autoritäten; es ist also ganz anders als zum Beispiel in der Theologie.

Warum haben Physiker ein anderes Verhältnis zur Geschichte? Dem Physiker erscheinen alte Theorien und Vorstellungen recht primitiv; »diese Leute wußten so wenig (im Vergleich zu uns)«. Man bewundert zwar den Mut eines Keplers, eines Newtons oder Faradays: »Mit solchen ›primitiven‹ Experimenten hatte man doch so imposante Gebäude geschaffen. Aber was kann man von Newton über Elementarteilchen lernen?«

Wie gesagt: in der Mathematik ist es anders. Es existieren uralte ungelöste Probleme, zum Beispiel das Fermat-Problem, die Riemannsche Hypothese, das Problem der Transzendenz der Eulerschen Konstante, zu deren Lösung man mächtige Kathedralen wunderbarer mathematischer Theorien erbaut hatte, die wieder eine Unmenge neuer Probleme, eine neue mathematische Wirklichkeit entstehen ließen.

Anders als in der Physik, wo man von einer Approximation an die Wahrheit spricht, sind alte Theorien *nicht* falsch. Wir sehen vielleicht die Wirklichkeit anders als die Alten, aber bestimmt nicht »besser«. Von Fortschritt kann man in der Mathematik vielleicht sprechen, aber in ganz anderem Sinne als in der Technik: vielleicht nur in dem Sinne, wie man in der Kunst von Fortschritt sprechen kann. Also sollte man lieber den Begriff »Fortschritt« in der Mathematik fallen lassen — er führt zu gar nichts.

9. Sein als Schaffen

»Sein ist Schaffen.«

O. Spann

Um dem Wesen des Schöpferischen näher zu kommen, haben wir zuerst seine hohen und höchsten Repräsentanten betrachtet: große Künstler und Forscher. Aber es sollte dadurch nicht der Eindruck entstehen, daß das Schöpferische sich im Schaffen großer Werke erschöpft.

Dazu ist es notwendig, den Begriff des starren, toten, mechanischen Seins aufzugeben, der uns seit Kindesbeinen eingehämmert wurde. »Sein ›ist‹ nicht, sondern schafft« sagt Othmar Spann. Wir haben dies bereits gesehen, als wir erkannten, daß erst das Sprechen die Dinge, die Wirklichkeit schafft (»ohne Sprache keine Wirklichkeit«). Ein anderes Beispiel aus dem täglichen Leben: Der Baumeister baut das Haus und »verläßt« es, aber — wie Spann sagt — er verläßt die Ziegelsteine, das Holz, Eisen; aber die Idee des Hauses wohnt weiter in ihm. Was für unser Ziel noch wichtiger ist: die Idee des Hauses wohnt weiter in seinen Bewohnern, die die Schöpfertat des Baumeisters in gewissem Sinne nachschöpfen müssen; denn wenn sie die Idee des Hauses verloren hätten, dann könnten sie nicht darin wohnen, es blieben nur Mörtel und Ziegelsteine, aber ein »Haus« wäre nicht mehr da. Das Haus wird also ständig von den Bewohnern geschaffen, ohne dieses ihr inneres Schöpfertum wäre es nicht mehr »da«. Dasselbe gilt auch für jeden Gebrauchsgegenstand, zum Beispiel eine Leiter. Es ist bekannt, daß bei gewissen Geisteskrankheiten der Kranke, obwohl physisch vollkommen gesund, eine Leiter nicht benutzen kann, weil er diesen angeblich »primitiven« Schöpfungsakt nachzuvollziehen nicht imstande ist. Mit Recht schreibt O. Spann: »Daraus folgt, daß das vom Schöpfer getrennte Geschöpf zugleich im Schöpfer verbleiben muß, wenn es nicht in ein Nichts hinabfallen soll.« Also muß zum Beispiel der Mensch die Idee der Leiter immer wieder denken, darf sie nicht verlieren, sonst fällt das Geschöpf (die »Leiter«) ins Nichts hinunter. Bei sogenannten geistigen Schöpfungen ist das fast selbstverständlich, zum Beispiel bei einem mathematischen Satz: falls er nicht bewiesen, gedacht wird, gibt es diesen Satz nicht, er verliert seine Wirklichkeit. Jedenfalls ist seine Wirklichkeit nur »potentiell«, verharrt in einem latenten Zustand, bis wieder jemand kommt, der diesen Satz beweist, ihn in eine große Ganzheit einer (mathematischen) Theorie eingliedert und ihm wieder die volle Existenz, die Taufrische des Seins gibt. Dieses Schöpferische des Seins muß man sich immer vergegenwärtigen, sonst fällt man in den philosophischen Schlummer des Objektivismus. Die Schwierigkeit dieses Seinsbegriffs (als creatio continua) liegt vielleicht darin, daß »wir gewohnt sind, uns das Sein als ein bestimmungsloses, unerfülltes, leeres vorzustellen ... als ob die Dinge ihr Sein dadurch erhielten, daß sie erstens Wesenheit haben, z. B.: als Stein oder Mensch; zweitens erst das ›Sein‹ zu ihnen hinzu käme ... Jedes Geschaffene ist auch sogleich schaffend.« (Spann).

Das hatte bereits Meister Ekkehart klar gesehen:

»Man darf nicht fälschlicherweise meinen, Gott habe die Kreaturen hervorgebracht oder geschaffen außer sich in irgendeiner unendlichen Leere: Nichts empfängt nichts und kann weder Subjekt noch Ziel noch Ende irgendeiner Tätigkeit sein ... Gott hat also alles erschaffen, nicht damit es außer oder neben oder getrennt von ihm stünde ... sondern er hat es aus dem Nichts gerufen, nämlich aus dem Nicht-Sein, das es *in ihm* finden, empfangen und haben sollte.«

Ohne Kategorien wie »Ereignis«, »Begegnung« können wir das Schöpferische des Seins kaum verstehend erleben. So wie für die Begegnungs-Philosophie Werke von F. Ebner, M. Buber u. a. fundamental waren, so hatte die Existentialphilosophie (vor allem K. Jaspers und M. Heidegger) das Ereignis, die Dynamik des Geschehens herausgearbeitet. Die vielleicht schönste, ergreifendste Beschreibung der Kategorie »Ereignis« finden wir im Werk von Gerhard Nebel, »Ereignis des Schönen«. Was Nebel als Ereignis charakterisiert, kann von einer etwas anderen Sicht als »Begegnung« beschrieben werden. In jeder Begegnung (das heißt in jeder wahren, das heißt existierenden, das heißt verändernden Begegnung) ereignet sich etwas; in jedem Ereignis begegnet uns etwas, besser: begegnen wir einem DU. Merkwürdig, daß wir bei Nebel, wie auch bei Blüher, kaum etwas über Symbol hören, obwohl in Begegnung ein Symbolsein geschieht. Wie wir gesehen haben, hat Wirklichkeit symbolischen Charakter, weil sie uns begegnet, weil sie sich ereignet. In verschiedenen Künsten, in der Mathematik erleben wir verschiedene Weisen des Begegnens. Wie Zuckerkandl meint, ist das Einzigartig-Auszeichnende der Musik, »... daß sie allein unter allem von außen her Begegnenden ein Nicht-Körperliches vor unsere Sinne bringt ... Unstoffliches existiert also nicht nur ›seelisch‹, begegnet nicht nur ›von innen her‹ ... Der Ort dieser ›Innenwelt‹ ist ebensogut außer mir wie in mir, das Innerweltliche erstreckt sich in ein ›Innen‹ und ein ›Außen‹.«

Zuckerkandl zeigt, daß Musik keine reine Zeitkunst sei (wie man früher immer behauptet hatte), sondern daß es einen Raum der Musikerfahrung gebe. Musik erschließt uns eine Daseinsweise von Räumlichkeit, zu der es außerhalb der Musik kaum direkten Zugang gibt (siehe Teil 2, verschiedene Arten von Räumlichkeit).

10. Wahrheit als Begegnung

Dem Andenken von Emil Brunner
zu seinem 90ten Geburtstag.

Wir haben bereits über die Kategorien: Symbol — Ereignis — Begegnung meditiert. Sie führen unausweichlich in die theologische Dimension, die Emil Brunner im Jahre 1938 mit einem treffenden Ausdruck »Wahrheit als Begegnung« nannte.

Die Begegnungsphilosophie wurde (unabhängig und fast gleichzeitig, wie oft bei großen Entdeckungen, wenn die Zeit dafür reif ist) von Ferdinand Ebner, Martin Buber, Eugen Rosenstock-Huessy, dann etwas später von den evangelischen Theologen E. Brunner und Friedrich Gogarten, wieder etwas später von großen katholischen Theologen wie Romano Guardini und Karl Rahner, weiter vertieft. In diesem Kapitel werde ich zu zeigen versuchen, daß auch die mathematische Wahrheit in großen Entdeckungen (Schöpfungen) eine Wahrheit als Begegnung ist (was Brunner leider nicht sehen konnte/wollte?). Um dieses wichtige Ereignis der Wahrheit als Begegnung dem Verständnis näher zu bringen, knüpfe ich an das jedem wohlbekannte und beglückende Erlebnis des echten Gespräches an. Ein wahres Gespräch ist ein Geschenk, eine Gabe, eine Gnade, die man zwar sehr leicht effektiv verhindern kann, die aber eine notwendige Vorbedingung hat: das Sich-Öffnen, Schaffen eines »leeren« Raumes, in den der andere eintreten kann, in dem er aufblühen kann und in dem er mit mir gemeinsam wachsen kann. Es scheint mir, daß diese Erfahrung eine kosmische Entsprechung in dem kabbalistischen Zim-Zum (I. Luria) hat: »bevor« Gott an das Schöpfungswerk geht, geht er in sich zurück, schafft einen leeren Raum, in dem er »dann« sein Schöpfungswort spricht: die Welt, die Schöpfung geschieht. Wir alle kennen solche begnadeten Menschen, deren Nähe wir suchen, weil wir bei ihnen und »in« ihnen in diesen heiligen Raum des »Zim-Zum« eintreten dürfen; wir erleben dann höchst wirklich, was Schöpfung bedeutet, weil wir in solchen Momenten tatsächlich neu geschaffen werden. Es scheint mir, daß vielleicht jedes sakramentale Geschehen eben dieser Quell-Punkt der Schöpfung ist, dieses »Zim-Zum«, in welchem das Wort der Schöpfung gesprochen wird. Hier sind Wort, Schöpfung, Wahrheit dasselbe, verschiedene Termini betonen nur verschiedene Seiten des Ereignisses.

Hier möchte ich an eine subtile, tiefe Betrachtung von O. F. Bollnow erinnern, die das Phänomen der Vereinsamung, ja des Erstickens beim Hingang eines nahen Menschen deutet: durch diesen Tod verlieren wir zuerst eben diesen Raum, den uns der lebendige Freund gewährt hatte: unsere Lebenswelt schrumpft gewaltig, wir können kaum atmen. Der Raum des »Zim-Zum« wurde uns teilweise genommen. Erst später — und dann wollen auch religiöse Bräuche uns diesen Raum wiederzugewinnen helfen (daher das Schauerliche und Deprimierende der säkularen Bestattungen) — wird uns (und vielleicht auch dem Toten) dieser heilige Raum der Begegnung auf neue Weise wiedergeschenkt.

Hier eröffnet sich uns von neuem die entscheidende Rolle der

Konzentration, Meditation, Kontemplation bei jeder Erkenntnisarbeit a) für den Erkennenden, b) für das zu Erkennende, das Erkannte. Meditation lockert unsere Abgeschlossenheit, unsere Verkrampfung und erlaubt den Dingen und Personen, in den Raum des Zim-Zum einzutreten. In diesem Geschehen werden sowohl Dinge als auch der Meditierend-Schauende verändert, sie bekommen neue Dimensionen, werden jung und taufrisch »wie am Ersten Tag«. Es ist verständlich, daß die »Kreatur« nach solcher Begegnung seufzt, daß Menschen beglückt und beschenkt werden.

In solchem Geschehen erreichen Dinge, Tiere, aber auch eine Landschaft ihre persönliche Dimension: sie fangen an zu sprechen, wir sprechen sie an, sie bedeuten etwas, sie werden Sprache. Von hier aus verstehen wir besser die Bedeutung der Kunst, die Bedeutung der Mathematik, die Bedeutung der Dichtung. Aus diesem Erlebnis stammen die wunderbaren Worte von Karl Rahner, der die bekannten Verse der IX. Elegie von Rilke, »... Sind wir vielleicht *hier* um zu sagen: Haus, Brücke, Brunnen, Tor, Krug, Obstbaum, Fenster höchstens: Säule, Turm ... aber zu *sagen*, versteh's o zu sagen so, wie selber die Dinge niemals innig meinten zu sein ...« folgendermaßen deutet:

»Es ereignet sich etwas nicht bloß deshalb, weil der Mensch als geistige Person die Wirklichkeit nur besitzt, indem er von ihr weiß. Nicht bloß der Wissende hat das Gewußte durch das Wort. Das Gewußte selbst ergreift den Wissenden — und Liebenden — durch das Wort. Durch das Wort rückt das Gewußte in den Daseinsraum des Menschen ein, und dieser Einzug ist eine *Erfüllung* der Wirklichkeit des Gewußten selbst.« — und weiter: »Denn die Wirklichkeit selbst ist, im Maße ihres Seins, Erkennen und Erkanntwerden in Einheit. Alle Wirklichkeiten seufzen nach ihrer Enthüllung. Sie selber wollen eintreten, wenn nicht als Erkennende, so doch mindestens als Erkannte in das Licht der Erkenntnis und der Liebe.
Sie selbst haben alle eine Dynamik, sich zu vollenden, indem sie erkannt werden. Sie selber wollen zu Wort kommen. Das Wort ist ihre Vollendung, in der sie dort hingelangen, wo alle Wirklichkeit, da aus dem ewigen Geist entsprungen, ihre letzte Heimat findet: in das Licht. Sind diese Wirklichkeiten Personen, so ereignet sich diese Vollendung im Austausch des Wortes der Liebe, die gegenseitig geschenkt wird. Sind es untergeistige Wirklichkeiten, dann geschieht ihre Erlösung darin, daß sie liebend gesagt werden von allen, die erkennen und lieben — nicht nur von Gott.«

Alles wird durch das Wort erlöst. Es ist die Vollkommenheit der Dinge. Das Wort ist ihr geistiger Leib, in dem sie selber erst in ihre eigene Vollendung kommen. Der Erkenntnis und der Liebe bedürftig, schmiegen sich die Dinge in ihrem geistigen Wort-Leib an das Herz der Erkennenden und Liebenden. Immer und überall ist das Wort das Sakrament, durch das sich die Wirklichkeiten dem Menschen mitteilen, um selber ihre Bestimmung zu finden. Von hier aus könnten wir uns vielleicht dem Verständnis der griechischen Götter nähern. Romano Guardini führt uns behutsam zu diesem Verständnis:

»Ein Beispiel: Wenn ich vor einem Baum stehe, kann ich fragen: was ist er wert? ..., Was werde ich durch seinen Verkauf verdienen? Das ist eine vernünftige Überlegung, wie Forstmann und Holzhändler sie immer machen ... In ihr denke ich an mich, an den Baum in Bezug auf mich. Ich kann ihn aber auch so betrachten, daß ich ihn zu verstehen suche, seinen Bau, sein Leben, sein Verhältnis zur Umwelt; daß ich seine Schönheit erfahre, die Eigenart dieses Gebildes da, das sich in die Erde festklammert, in die Höhe ragt, in den Raum hinausgreift, still bewegungslos und doch so lebendig ...
Wenn ich mich nun frage, was bei diesen beiden Betrachtungsweisen mit mir selbst vor sich gegangen sei, so konstatiere ich: im ersten Fall war ich immer bei mir, habe mich nie aus den Augen verloren, bin immer zu mir zurückgekehrt. Beim zweiten war ich von mir weg; eingegangen in das vor mir Stehende; hingegeben an sein Wesen, seine Schönheit, sein Geheimnis. Im zweiten Fall habe ich mich *vergessen*, bin vor mir weggegangen und *ein offener Raum ist entstanden*, in dem die Erscheinung des Baumes sich entfalten konnte. Das kann so stark gewesen sein, daß ich nachher richtig zu mir kommen mußte; dabei ist etwas mit mir vorgegangen. Ich bin irgendwie erquickt, gestärkt, bereichert worden ... ich war voller ich selbst.«

Es kann nach unserer Betrachtung kaum bezweifelt werden, daß in dieser Begegnung auch etwas mit dem Baum geschehen, daß auch der Baum bereichert worden ist (das wußten wohl noch die Scholastiker!). Aber lassen wir noch einmal Guardini das Wort:

»Denn in der Begegnung tritt nicht nur das Wesenhafte und Einmalige, sondern auch das *Geheimnis* hervor: Wie Sokrates und Phaidon am Illissos sitzen, und jener in der Ergriffenheit der Stunde über den Eros spricht, wird auf einmal die Platane, unter welcher sie sitzen, zur *Dryade*. Die Nymphe ist *keine allegorische Figur*, die zum Baum hinzukäme und ihn von außen her bereicherte; vielmehr die *Tatsache,* daß der Baum sich auf einmal aus dem Unnennbaren heraus erschließt und nun recht eigentlich er selbst ist. Er ist ein *wirklicher* Baum ... in diesem Augenblick wird er zum Geschenk. Er schenkt sich selbst. Es schenkt sich ihm ...« So weit Guardini.

Hier wird wieder deutlich, daß jedes Ding, das in den Begegnungsraum eintritt, eine neue Dimension gewinnt: die *religiöse;* es wird zum Geheimnis, wird heilig ... *wird wahr* ... Meister der Meditation wissen, daß die Begegnung nicht immer gelingt. Sie ist immer eine Gnade, kann durch Absicht zerstört werden. Andererseits muß man sich auf eine solche Begegnung irgendwie vorbereiten: sich offen halten, geduldig warten, heiter und dankbar warten ... Aber hier betreten wir wieder das Gebiet des Gebetes, der Meditation (vgl. dazu die schönen Bücher von Klemens Tilmann und die Festschrift für Pater Enomiya-Lassalle zum 80. Geburtstag, »Ungegenständliche Meditation«).
Wir sehen: wenn wir in die religiöse Dimension vorstoßen, wird die Sprache dichterisch, ja mystisch. (Daß es nicht anders sein kann, hat überzeugend Paul Tillich in seiner »Systematischen Theologie« dargelegt.) Vielleicht sollten wir hier den Mann zu Worte kommen lassen, der, wie kaum ein anderer in unserem Jahrhundert, die Religion der Griechen als lebendige Wirklichkeit erlebt hat und durch den wir in diese, angeblich ganz vergangene Welt eintreten dürfen: Walter F. Otto. Was er in seinem Aufsatz »Mythos und das Wort« sagt, vervollständigt und vertieft auf wunderbare Weise das, was wir über Sprache, Wirklichkeit, Kunst und Symbol geschrieben haben. Wir sehen deutlich, daß für W. F. Otto Wahrheit geschieht, daß für ihn nur die Wahrheit wichtig ist, die sich als Begegnung ereignet. Vielleicht können seine Ausführungen uns Heutigen helfen, den durch Jahrhunderte verschütteten Zugang zum Kultus wieder zu finden.

»›Mythos‹ bedeutet das Wirkliche und Tatsächliche im Wort. Mythos ist die Geschichte im Sinne des Geschehenen oder Geschehenden und Seinsmäßigen. Das ›Wort‹, das vom Wirklichen berichtet, oder etwas festsetzt, das eben durch diese Aussprache wirklich werden muß. Mythos ist gar nicht zu übersetzen (so wenig sich eine Plastik oder Musikwerk in unsere Sprache übersetzen läßt), und er ist weder richtig noch unrichtig ... Hier ist nicht mehr bloß ›Richtigkeit‹ sondern Wahrheit.

Wahr ist allein, was dem Menschen mit seinem Menschsein gegeben ist oder was ihn so ergreift, das ihn erst eigentlich zum Menschen macht; was sein Denken ... erst in Bewegung setzt, selbst aber nicht vom Denken geprüft, richtig oder unrichtig gefunden werden kann — also die Urerfahrung, die man auch Offenbarung nennen kann ... Denn ein eigentlicher Mythos ist gar nichts anderes als *offenbar gewordene* Urerfahrung, die auch das rationale Denken erst möglich macht.

Weil der Mythos immer das Ganze der Wirklichkeit (also das *Sein* im Gegensatz zu den *seienden* Dingen) erfaßt, spricht er zugleich auch das Ganze des Menschen, das Sein des Menschen an.

In einem höheren Sinne heißt ›Wahrheit‹ ein Wissen, das sich dem Zugriff des logischen Denkens und des Experimentierens entzieht und sich nur selbst offenbaren will. Dieses Wahre spricht sich selbst in Gestalten aus, sei es bildhaft oder — viel ursprünglicher — in der Lebensgestaltung. Es *kann* sich nicht nur, sondern es *muß* sich so aussprechen. Es gehört zum Wesen dieses Wahren, daß es schöpferisch ist, in der Gestalt sich darstellen *muß*. Dies ist sein untrügliches Kennzeichen. Der echte Mythos ist dynamisch — er *muß* sich offenbaren, indem er etwas hervorbringt: die Gestalt. Die Gestalt ist das Schöpferische in der Welt, weil sie selbst unmittelbar aus dem Ursprünglichen geboren ist.

Der Kultus ist ›Wiederholung‹, nicht ›Nachahmung‹; denn die dramatische Kulthandlung ist ... kein In-Erinnerung-Rufen, sondern das Urgeschehen selbst. Daher die feste Überzeugung, daß von ihr dieselben heilsamen Folgen ausgehen wie von dem mythischen Geschehen der Urzeit ... Der Mythos ist die Wahrheit ... die als Macht unmittelbar ins Leben eingreift ... und den ganzen Menschen ergreift und gestaltet.

Der Mythos als Urgeschehen verkörpert sich in einer regelmäßig wiederkehrenden *Handlung* — dem *Kultus* ... Die Kulthandlung bedeutet nicht, sie *ist* das *göttliche Geschehen selbst*.

Der Mythos mit seiner Urwahrheit wird zum Wort. Die Sprache in ihrer Ursprünglichkeit und Echtheit ist kein ›Mittel‹, etwas verständlich zu machen. Sie selbst ist die Wahrheit des Mythos. Richtiger: sie ist nichts anderes als die *offenbar gewordene Gestalt* der (mythischen) Wahrheit im *Wort.* Sie ist der Mythos.

Die Sprache ist ein Wunder, ... insofern jede Gestaltoffenbarung der Wahrheit ein *Wunder* ist ... Die Wahrheit wird dem Menschen also nicht durch eigenes Nachdenken offenbar, sie kann sich nur selbst offenbaren. Den Aufbau und die göttliche Tiefe der Welt ›rühmen‹ heißt aber das Sein in seiner Wesenhaftigkeit und Wunderwürdigkeit *zeigen* ... Und das bedeutet: das Sein in der *Gestalt* offenbaren, die zwar immer Erscheinung von etwas in bestimmter Weise Einzelnem ist, aber auf unsagbare Weise immer zugleich das ganze Sein in sich trägt, in einer Einzelerscheinung das ganze Sein offenbart. Das, nur das ist Gestalt im wahren Sinne — wie man aus allen echten Gestalten der hohen Kunst lernen (erfahren) kann.

Wir verstehen, daß die Geburt der Gottheit Muse, im griechischen Sinne, das Wunder der Geburt der Kunst bedeutet ... *Erfahrung* der Griechen drückt sich in der Überzeugung aus, daß beim Singen und Sagen der Mensch nicht eigentlich selbsttätig ist, sondern eine Gottheit, die *Muse*, ist es, die singt, während er ihr nur nachsingt ... Also nicht der Mensch ist es, der von sich aus *Worte* findet, um das Sein und sein Göttliches auszusagen: die Musen sind das göttliche Wunder, durch *das das Sein sich selbst ausspricht.*« So weit Walter F. Otto.

Es ist ergreifend zu sehen, wie so verschiedene Menschen, die sich kaum gekannt und die kaum ihre Schriften gelesen hatten, die vielleicht sogar einander feindlich gesinnt waren, um dieselbe Wirklichkeit ringen, oft fast gleiche Formulierungen finden, um dem in sie einbrechenden Sein Sprache zu verleihen. Man kann sich kaum des Eindrucks erwehren, daß diese Männer, wie alle großen Künstler und Mathematiker, Erkenntnisorgane der Menschheit und zugleich Sprecher der Wirklichkeit, der Ganzheit sind.

Wahrheit und Person

Die obigen Zitate zeigen beredt, daß Wahrheit, auch die Wahrheit der Dinge, ein Geschehen ist, daß Wahrheit als Begegnung geschichtlich ist, ein Prozeß, in dem das zu Erkennende sich auf den Erkennenden hinbewegt, ihn ergreift, um von ihm ergriffen zu werden. In diesem Prozeß gewinnt das Ding Eigenschaften einer Person: es fängt an zu sprechen, es sehnt sich, erkannt zu werden, es will ... Hier nähern wir uns dem ungeheuren Anspruch des Neues Testament, den auch Emil Brunner so ausdrücklich betonte: Wahrheit ist nicht nur geschichtlich, im tiefsten Sinne, *Wahrheit ist Person.* Um den Prozeßcharakter der Person herauszuarbeiten, wird es hier wieder gut sein, an jedem von uns bekannte Phänomene der Personwerdung und der Freundschaft anzuknüpfen. Der Mensch wird gerufen, und er antwortet: auch Verweigerung der Antwort ist ein Antworten! Jede Situation, in die wir geraten, in der wir sind, ist ein Anruf und verlangt eine Antwort von uns. Mein ganzes Leben ist ein Vernehmen — leider auch ein Überhören — dieses Rufes. Mein Personsein ist Antwortsein; ich werde immer mehr Person, vollständigere Person, je mehr ich auf dieses anrufende Wort eingehe, ihm antworte, das heißt, *je mehr ich verantwortlich bin.* Ich werde als Person geschaffen in jeder Personbegegnung, in jeder Weltbegegnung, und so bin ich gegenüber meinem Mitmenschen ein Mitschaffender. Wir wissen aus unserer Erfahrung, daß nicht jede zwischenmenschliche Relation in die Mitte, in das Zentrum der Ich-Du-Relation, zur existentiellen Begegnung vordringt. »Es gibt Entscheidungen und Erfahrungen, die mich stärker und unausweichlicher bei meinem Namen rufen ... und zur Ausprägung meines Personseins und -werdens beitragen.« (Schutz-Sarach)

Wie beginnt und wächst Freundschaft? Durch einen Zufall, in einer Gesellschaft, in einem Seminar, in einem Aufsatz oder in einem Buche treffe ich jemanden, der mich aufhorchen läßt. Sein Wort, seine Gesten, seine Haltung sprechen mich an; ich möchte ihn näher kennenlernen. Vielleicht begann es mit einem Lächeln, einem verständnisvollen Blick. Wir suchen gegenseitige Nähe, es wächst Zuneigung. Es geschehen wichtige Gespräche, vielleicht werden wichtige Briefe gewechselt. Der andere wird für mich zum Du. Mein Leben, unser Leben wird anders, wir werden Freunde. Aber Freundschaft braucht Bewährung, ist Bewährung. »Den wahren Freund lernt man in der Not kennen« sagt ein Sprichwort. Scheinbare Freundschaften, die eigentlich nur angenehme Bekanntschaften waren, zerstäuben in schweren Situationen, in Not. Freundschaft muß — wie jede Wahrheit —, wenn sie leben, wenn sie gedeihen soll, getan werden, sonst stirbt sie ab und wird zu totem Schein.

Diese Schöpfung-Ruf-Antwort-Relation hat vielleicht zuerst E. Brunner herausgearbeitet. Er nannte sie »responsorische«, das heißt antwortende Aktualität; sie konstituiert das Personsein. Man wird Person nur durch Person, nur durch persönliche Beziehungen. Um Person als einen Prozeß, als ein Werden, ein Leben besser zu sehen, ist es vielleicht gut, auf ein Geschehen aufmerksam zu werden, durch das jeder von seinem Personsein seine Wahrheit mindert.

Es geschieht oft — und jeder von uns weiß darum aus eigenster Erfahrung —, daß wir uns dem Anruf des Du versagen: ob aus Bequemlichkeit, aus Furcht, die sogenannte Unabhängigkeit zu verlieren, durch falsche Erziehung, einen Druck der Umgebung, durch eigenes Verschulden oder Krankheit. Man verschließt sich für andere. Unmerklich schrumpft die Welt zu Objekten, die zuerst nur auf ihre Brauchbarkeit für mich bewertet werden; wenn sie unbrauchbar sind, sind sie zuerst indifferent, später zusehends feindlich. Man fühlt sich unverstanden, mißverstanden, nicht geschätzt, ausgenutzt ... Das Tragische ist eben, daß es die andere Seite unseres »falschen Bewußtseins«, unserer egozentrischen Einstellung ist. Und was noch tragischer ist: die Welt wird wirklich feindlich, die Menschen fremd und aggressiv, denn: *wie der Mensch, so ist seine Welt.* Dieser Prozeß kann sich zu einer psychischen Krankheit steigern, und vielleicht sind viele Krankheiten ein Sein ohne personale Beziehungen? Vielleicht ist unsere technische Welt eine Welt der kranken Menschheit, die undankbar geworden ist?

Es scheint uns, daß echtes Personsein ohne Dankbarkeit, ohne Bewußtsein des Beschenktwerdens und Verbundenheit mit dem Ganzen unmöglich ist. Deswegen haben alle Religionen Dankbarkeit gepflegt und gelehrt; und in dieser Hinsicht sind wahres Christentum und lebendiger Buddhismus Religionen, die sich glücklich vervollständigen könnten: die eine, die Wahrheit als Person und die Sünde als Verlust wahrer Person versteht, die andere, die Sünde als den Zustand der Blindheit für die allseitige Verflochtenheit mit dem Ganzen, als Verlust des Ganzheitbezuges zu verstehen lehrt. Wie der große Buddhist Lama Govinda sagt: »Der Weg zur Erlösung ist nicht ein Weg der Weltflucht, sondern der Weg zur Ganzheit.«

Aber wie kann man auf diesem Weg zur Ganzheit finden? Darüber haben Mystiker aller Zeiten und große Pädagogen gelehrt und Zeugnis gegeben, als sie vom Pfad der Ehrfurcht sprachen.

Wahrheit und Ehrfurcht

Der Intellekt und der Intellektualist sind ehrfurchtslos. Ohne Ehrfurcht sind moderne Wissenschaft und Technik. Der Intellekt versteht nur auf eine einzige Weise: durch Reduktion auf das bereits Bekannte. Dies scheint so selbstverständlich, daß man Reduktionismus als einzige wissenschaftliche Methode anerkennt. Dies liegt auch in der klassisch-antiken Definition der Definition: »per genus proximum et differentiam specificam«.

Diese Art der Definition steht am Ende einer langen Entwicklung, wo wir es mit einem bereits Erstorbenen, nicht mehr Lebendigen zu tun haben. Aber in jeder schöpferischen Erkenntnis ist der Weg ein ganz anderer: er führt über Staunen, Ehrfurcht und Glauben zur Begegnung. Hermann Graf von Keyserling (dessen Bücher man heute nur mit großer Mühe antiquarisch erstehen kann) hat in seinem letzten, erst nach seinem Tode (26. 4. 1946) erschienenen, großartigen und furchtbaren Werk »Das Buch vom Ursprung« (1947) diesen Weg beschrieben. Ich führe einige Sätze aus dem letzten Kapitel »Das Wunder« an:

»Für den erlebenden Einzelnen gibt es nur ein Kriterium für Wahrheit: das unmittelbare, subjektiv jeden Zweifel ausschließende *Einleuchten*. Worauf es ankommt, ist, die Einstellung und Haltung des Staunenden wiederzuerlangen vor dem Wunder alles Wirklichen.
... Nur der Staunende ist so vollkommen offen, daß er alles an seinem Gegenstande bemerkt, daß ihm alles, auch das Geringste auffällt und bedeutsam scheint.
Jeder große *Naturforscher* war in erster Linie ein großer Stauner. Dem Ehrfürchtigen eignet die besondere Tugend, daß er das ihn Erstaunende nicht als Gegenstand, als Es, sondern als Du erlebt ... Der Zustand des Verehrens ist nun der positivste aller Zustände ... weil er derjenige *totaler Aufwärtsbewegung* ist.
Wissenschaft ist so vollkommen ehrfurchtlos, daß jede ihrer Erklärungen unter anderem eine glatte Unverschämtheit bedeutet. Jede entspricht psychologisch dem Geist des ›nichts-als‹, sonach dem Gegen-Geiste der Ehrfurcht.
Neuer Sinn schafft automatisch neue Tatsachen. Wirklich erkannt wird ein hoher Geist von dem allein, der sich ihm vorbehaltlos öffnet.
Mit Recht forderte jeder Religionsstifter Glauben, *bevor* dieser sich als berechtigt erwiesen hatte.
Der Mensch muß von innen heraus als Geist aktiv sein, um zu empfangen; andererseits muß die Seele ihm freiwillig von innen heraus entgegenkommen, um befruchtet zu werden. Alles Sinnfinden ist in Wahrheit ein Sinngeben, aber das höchste Geben gibt nicht den eigenen Sinn, sondern den des be-sinnten ›Anderen‹. Im gleichen Verstande ist alles Verstehen schöpferisches Tun, alles Nehmen ein Geben — daher die Schwierigkeit für die meisten, Geschenke anzunehmen ... Und genau wie Liebe Liebe beschwört, wobei jeder Pol gleich aktiv beteiligt ist, und Vertrauen Vertrauen schafft, Mut die Gefahr real entwirklicht und umgekehrt Feigheit real die Seele des Gegners stärkt.
Im Geistkosmos hängen alle geistbestimmten Menschen zusammen ...
Jeder von *Einem* erlebte Sinn findet in anderen Erlebenden ein *persönliches Echo*. Darum ist der Gedanke Eines allemal für alle gedacht,

167

darum ist, was einer tut, stellvertretend für alle getan ... Es handelt sich um unauflöslichen Zusammenhang. Wie eine *einmal* gemachte Erfahrung, eine *einmal* gefällte Entscheidung, ein *einmal* durchgekämpfter Kampf oder ein *einmal* tiefdurchlittenes Leid die Betreffenden oder Betroffenen für immer verwandelt, so wirkt das gleiche Einmalige auch im Menschheitskörper ...

Beispiel: Christus.

Heilige Männer haben ohne Zweifel durch ihr Gebet geheilt; und nicht zwar Gläubige allein — auch ganz Ungläubige und Ferne, welche nichts von ihrem Beten wußten.

Der Glaube, wo mächtig vorhanden, ist wirklich die ausschlaggebende Macht. Der Sinn, tief erfaßt, schafft wirklich allen Tatbestand. Chinas Weisheit: Wie die Menschen sind, so erscheint die Welt. Eine das Wunder verleugnende Welt wird real geistlos. Eine nur an Mechanik glaubende Welt wird zur Maschine. Der Mensch, der seinen Ursprung verleugnet, schnürt sich tatsächlich ab von ihm. Damit nur erweist sich die Freiheit als des Menschen erstes sowohl als letztes Wort.«

Diese Sätze von Keyserling flößen Hoffnung und Vertrauen ein, zeigen aber gleichzeitig die große Verantwortung jedes Menschen: Verantwortung für die Mitmenschen, für die, die verstorben sind und auch die, die noch geboren werden. Verantwortung nicht nur für die Zukunft, sondern auch für die Vergangenheit (G. Picht).

Hier muß ich an ein Gespräch denken, das wir in meinem Seminar in Warschau vor ein paar Jahren mit dem bedeutenden indischen Mathematiker Varadarajan (Professor in Los Angeles) hatten: Wir baten ihn um Rat in unserer mathematischen Arbeit. Unser Gast riet jedem von uns etwa folgendes:

»Suche Dir einen großen Meister, einen großen Mathematiker — es ist nicht so wichtig, ob er noch am Leben ist. Vertiefe Dich in sein Lebenswerk: studiere seine Abhandlungen und Bücher. Frage: was wollte er erreichen, was ist ihm darin gelungen und *was nicht?* Dann kann es geschehen, daß Du in ein Gespräch mit ihm gerätst, und vielleicht wird Dir gegeben, das weiterzuführen, was dem Meister nicht gelungen war ...«

Einen solchen Rat habe ich von keinem westlichen Mathematiker gehört, aber vielleicht tut mancher unbewußt instinktiv Ähnliches. Als ich den großen italienischen Mathematiker Aldo Andreotti in einem Gespräch mit Bewunderung fragte: »... wie sind Sie auf diese Arbeit von Adolf Hurwitz [gest. 1919] aus dem

Jahre 1898 gestoßen?«, antwortete er mir lächelnd: »Ich habe *alle* Abhandlungen von Hurwitz studiert!« Ein Meister-Schüler-Verhältnis ist wichtig für beide Seiten: einen jungen, begabten Menschen lehren, die Mathematiksprache zu sprechen, das gemeinsame Leben in der Welt der Ideen kann beglückend sein, auch für den alten Meister. Ergreifend und feinfühlend beschreibt W. Maak in seiner Gedenkrede auf Erich Hecke (1887 bis 1946), wie der alternde einsame Meister der Zahlentheorie durch den Kontakt mit dem Anfänger die zweite fruchtbare Schaffensperiode erleben durfte ...: »So erkannte ich dann, daß Hecke mich einige Zeit hatte auf seinen eigenen Wegen fortschreiten lassen, um mich an die Pforte jener unerforschten Wunderwelten zu führen, in die er mit mir zusammen einen Blick zu tun gedachte. Gemeinsam sahen wir dann in diese dunklen Geheimnisse.«

ÜBER DIE ENTWICKLUNG DES MATHEMATISCHEN RAUMBEGRIFFES. GLOBALE ANALYSE. DARSTELLUNGSTHEORIE DER GRUPPEN

»Bei oberflächlichem Blick auf die Mathematik mag man den Eindruck haben, sie sei das Ergebnis der getrennten persönlichen Bemühungen von vielen Gelehrten, die über Länder und Zeiten verstreut waren. Jedoch die innere Logik der mathematischen Entwicklung erinnert einen viel mehr an das Werk eines einzigen Intellektes, der seinen Gedanken systematisch und beständig entwickelt und dabei die Verschiedenheit menschlicher Individualitäten nur als Mittel benutzt. Gleichwie bei der Aufführung einer Symphonie durch ein Orchester das Thema von einem Instrument zum anderen hinüber geht, und wenn einer der Mitwirkenden mit einem Teil zu Ende ist, so folgt ein anderer mit fehlerfreier Genauigkeit.«

Igor R. Shafarewitsch
(Göttingen 1973; übs. v. C. L. Siegel)

Otto Friedrich Bollnow
in Verehrung und Dankbarkeit

1. Der gelebte Raum

»Der gelebte Raum hat augenblickliche oder überaugenblickliche seelische Wirklichkeit im lebendigen Subjekt. Er ist ebenso ›in ihm‹ wie es ›in ihm‹ ist, d. h. nicht nur der Mensch ist im Raum, sondern auch der Raum in ihm.«

Graf v. Dürckheim

In diesem II. Teil wollen wir uns vor allem mit wichtigen geometrischen Konstruktionen, Gestalten und Theorien beschäftigen. Dieses Kapitel möchte einen Übergang bilden oder erleichtern. Eines der Hauptanliegen dieser Arbeit ist es zu zeigen, daß Mathematik auch eine Geisteswissenschaft ist (H. Hasse), daß die so bequeme Aufteilung und Gegenüberstellung: hier Philosophie, Psychologie, ja Theologie, dort Mathematik und Mathematische Physik, der Wirklichkeit Gewalt antut. Ich bin mir im klaren, daß meine Vermittlungsversuche von »beiden Seiten« ungern gesehen werden ... In seiner so bedeutenden und verdienstvollen Monographie »Mensch und Raum« beschreibt zum Beispiel O. Bollnow auf seine berühmte, subtile, einfühlende Weise den gelebten, erlebten, den Raum des Menschen. Aber bereits gleich am Anfang fühlt er sich genötigt, einen ganzen Abschnitt — betitelt »Die Abhebung vom mathematischen Raum« — einzufügen, wo er seiner Meinung nach »entscheidende Eigenschaften des mathematischen Raumes« hervorhebt, zum Beispiel Homogenität, Isotropie. Aber die moderne Mathematik betrachtet seit über einhundertzwanzig Jahren inhomogene, nichtisotrope, gegliederte Räume, die noch viel reichere Strukturen und fast alle »Bestimmungen« haben, die Bollnow für den erlebten Raum reserviert hatte.

Der Raum der heutigen Physik (zum Beispiel der Gravitationstheorie Einsteins) und noch mehr Räume der heutigen globalen Differentialgeometrie sind kein Newtonscher Kasten, in dem sich physikalische Vorgänge abspielen. Wir werden später ein wenig über diese Räume erzählen, jetzt wenden wir uns dem *Gelebten Raum* zu. Für den alten, »traditionellen« (J. Evola) Menschen, aber auch in viel größerem Umfang, als wir uns gestehen möchten, ist der Raum ein Symbol: er ist keine Quantität, sondern *Qualität*. Er hat *magische* und *sakrale* Aspekte. Der Raum ist *lebendig*, mit jeder Art von Eigenschaft und Intensität gesättigt. In der Erfahrung dieser Menschen verschmilzt Raum mit dem »Lebensäther« — der »Akasha« der Inder, dem »Mana« der Polynesier — einer alles durchdringenden, mystischen Energie, die — wie es Evola und M. Eliade beschreiben — oft als Licht aufgefaßt wird, die verschiedene Regionen und Bezirke auf ganz verschiedene Weise tangiert, belebt, in Spannung versetzt. Dieser Raum steigert sich in gewissen Zeiten und »Orten« sogar zu persönlichen Wesenheiten: Göttern, Dämonen, Elementarwesen, die den Menschen ansprechen, bedrohen, beschützen. Es gibt im Altertum — aber in gewissem Grade auch heute (vgl. Sterne im Baedeker!) — die *heilige Geographie*: gewisse Bergesgipfel, unterirdische Höhlen, heilige Länder und Städte, Nabelpunkte der Erde (die ein lebendiges Wesen ist). Jede Richtung: Ost, West, oben, unten ... hat ihre eigene Valenz und Bedeutung. Wir sehen deutlich, daß dieser Raum mit dem modernen mathematisch-physikalischen Begriff eines Kraftfeldes, oder besser: eines Tensorfeldes, charakterisiert werden könnte. Wie wir heute wissen, war der Ort der Gründung jeder Stadt, jedes Tempels durch besondere, genau vorgeschriebene Prozeduren und Rituale bestimmt. Hier werden wir wieder notwendigerweise auf den *Kultus* geführt. Der Kult wird begangen zur Heimholung des »materiellen« Kosmos. Der Prozeß des Kultus durchdringt allmählich den ganzen Raum, den ganzen Kosmos, ihn schrittweise verwandelnd. Panikkar:

»Zu seiner sich der Fülle annähernden Bewegung bedarf der Kult räumlicher Kristallisationspunkte: des Altars, des Tempels, der heiligen Stätten, der Wallfahrtsorte, der Sonne, des Mondes, der Sterne ... Der Tempel ist der Treffpunkt zwischen Himmel und Erde, er hat in sich einen mittlerhaften und theandrischen (Gott-Menschen) Wert, weil sein Raum schon geheiligt, d. h. verwandelt ist. Als Urbild des endgültigen Zustandes ... verkörpert er schon auf Erden jenen Endstand und erlaubt damit dem Menschen ... vom Tempel aus, seine Aufgabe — den ganzen Kosmos in einen Tempel umzuwandeln — zu vollziehen.«

Hier müssen wir an die Vision des Himmlischen Jerusalem denken, an diese Vision, in der die Kirche, der Tempel nicht mehr nur ein Gebäude, sondern die ganze Welt umfangender und tragender mystischer Leib wird (vgl., was wir über Adam-Kadmon und Purusha geschrieben haben, oben, 138).

Der gelebte Raum

Seit der grundlegenden Habilitationsschrift von Karlfried von Dürckheim, »Untersuchungen zum gelebten Raum« (München 1932), wo zum ersten Mal über den »gelebten Raum« geschrieben wurde, und dem fast gleichzeitig erschienenen klassischen Werk von Eugén Minkowski, »Le temps vécu« (Paris 1933), wurde eine lange Reihe wichtiger psychologischer und philosophischer Untersuchungen zu diesem Thema veröffentlicht. Wir

172

erwähnen hier nur den Klassiker »Vom Sinn der Sinne« von Erwin Strauss (1936, ²1956) und die ungewöhnlich vielseitige, monumentale Monographie von Aleksander Gosztonyi, »Der Raum« (Alber, 1976), der wir die nachstehenden Bemerkungen und Zitate verdanken. Für den gelebten Raum sind nicht geographische Entfernungen charakteristisch: »Nähe« und »Ferne« bedeuten etwas ganz anderes, wie wir es besonders in der wechselnden Distanz zu einer Person erleben. Es wird der bedeutsame Unterschied zwischen dem »hellen« und dem »dunklen« oder »schwarzen« Raum bemerkt: Der »schwarze« Raum durchdringt den Menschen, er dringt in die Psyche (Minkowski). Er ist allseitig erfüllt, gestaltlos; er erlaubt, die Welt in ihren Hintergründen zu erleben, er ist seelisch aufgeladen, seine alles beseelende Energie schwingt und erzeugt eine Resonanz.

Der Raum ist also *gestimmt*, seine Stimmung ist weitgehend unabhängig von der augenblicklichen Eigenstimmung des Erlebenden (wie es Ludwig Klages betont). Der »physiognomisch erlebte Raum spricht den Erlebenden an« (v. Dürckheim). Der »*gestimmte Raum*« ist der konkrete, der *ursprüngliche* Raum, in dem der Mensch die Spannung zwischen seinem Ich und der Welt austrägt (Bollnow). Im gelebten Raum haben *Weite* und *Ferne* viel tiefere als nur geographische Bedeutung. Der »Ferne« entspricht die Grundhaltung *Sehnsucht*, der »Weite« — Entfaltung, Eroberungsdrang. Für die Dynamik und Gestimmtheit des Raumes sind Künstler, Dichter und Maler besonders empfindlich, hellhörig; sie sind für andere Menschen wirkliche Augenöffner (zum Beispiel van Gogh).

In den späten dreißiger Jahren hat Antoine de Saint-Exupery *das Wohnen* als Wesensbestimmung des Menschen erkannt: »Vor allem bin ich einer, der wohnt.« Philosophisch hat das vor allem der späte Heidegger entfaltet, wobei Haus und Wohnung eine metaphysische Bedeutung gewannen: zum Beispiel »Haus des Seins«, »Wohnen in der Sprache«.

Zum Schluß dieser kurzen Bemerkungen möchte ich auf die für einen Mathematiker besonders interessanten Untersuchungen von Kurt Levin über die Erfahrung von Wegen, die zum »hodologischen Raum« führen, verweisen. Dieser Begriff scheint mir in nahem Zusammenhang zu stehen mit der für die moderne

Geometrie äußerst wichtigen Struktur des Raumes, der von Henri Poincaré entdeckten *Fundamentalgruppe* π_1 (X) des Raumes X. Wir werden später über diese Konstruktion von Poincaré ausführlich berichten.

Wie schon dieser Überblick zeigt, ist das Wort »Raum« sehr modisch geworden. Man spricht von Räumen verschiedenster Art. Vielleicht sollte man, wenn man von den verschiedenen Räumen spricht, im Auge behalten, daß diese Sprechweise unsere Aufmerksamkeit lenken möchte auf verschiedene Aspekte, Dimensionen, Qualitäten *desselben einen* Raumes: des Kosmos; sie will *nicht* diese *eine* Menschenwelt in zahllose Schichten spalten und dissoziieren.

2. Eulersche Charakteristik. Platonische Körper. Topologie

> »It is a fact, however hard to accept, that Greek geometry — Greece's pride — was a geometry without *space*. Greek mathematics was a mathematics without space, all of it, but post-medieval mathematics was a mathematics with and by space from the very first. Mathematical space is a hallmark of analysis, and analysis was launched by it.
> (In the 16. century) ... mathematics began to absorb into its very texture conceptions which are *all and everything* of mathematics of today, but which had been quite *alien* to *Greek mathematics* even at its heigth (Archimedes). Such conceptions are *Space, Infinity, Function, Continouity, Real Numbers.*«
>
> S. Bochner (1978)

Wir wollen hier keine Geschichte der Mathematik schreiben, aber doch einige historische Bemerkungen machen. Anders als in anderen Wissenschaften, kann und darf man erst am Schluß über die Geschichte der Mathematik berichten: man muß zuerst alle subtilen Begriffsbildungen einführen, um verständlich über ihre Entwicklung sprechen zu können. Scheinbar brechen wir dieses Gesetz hier, wenn wir die tiefen und für die meisten provokativ klingenden Zitate von Salomon Bochner anführen. Wir benutzen in diesem Abschnitt nur die Schulmathematik. Bochner ist nicht nur ein großer Mathematiker (sowohl Analytiker als Geometer) — er ist ein tiefer Kenner der Geschichte der Mathematik und der Physik. Seine Bücher und Aufsätze (vor allem im »Dictionary of the History of Ideas«, New York 1973) sind das Beste, was seit Hermann Weyls berühmter »Philosophie der Mathematik und Naturwissenschaft« zu diesem Thema geschrieben wurde. Hier folgen einige Kommentare zu Bochners Zitaten: Die Griechen hatten einen Raum in der Physik, Kosmologie, aber keinen »Hintergrundraum« in der Mathematik, wo wir ihn vor allem erwartet hätten. Die Geometrie des Euklid besaß keine Kartesischen Räume $\mathbb{R}^2$ und $\mathbb{R}^3$ als selbständige Objekte ohne Figuren und Konfigurationen. Der sogenannte »Euklidische« dreidimensionale Raum entstand sehr langsam: zuerst als eine Vorahnung in Arbeiten von Cusanus (1401—1464), dem großen Theologen, Philosophen, Mathematiker und vor allem Kirchenfürsten. »Der Advent des mathematischen Raumes wurde in der Malerei des 15. Jahrhunderts angesagt: in der Arbeit von Alberti (1404—1472).« Bochner gibt einen einleuchtenden Grund, warum es in der griechischen Kunst keine Theorie der Perspektive gab (und geben konnte!): »Perspective, whatever it be experimentally and aesthetically, is mathematically a mapping of $\mathbb{R}^3$ into $\mathbb{R}^2$, and the Greeks, not having created these spaces could not create such a mapping either.« In diesem Zusammenhang muß man eins der größten wissenschaftlichen Genies aller Zeiten nennen: Johannes Kepler (27. 12. 1571—15. 11. 1630), der den »Hintergrundraum« explizit benutzt hatte: Die Planeten haben ihre Orbite in $\mathbb{R}^3$. In dem wunderbaren »Zweiten Keplerschen Gesetz« (dem »Flächensatz«) durchfegt der Radiusvektor gleiche Flächen in gleichen Zeiten — der Planetenorbit liegt also in einer Ebene in $\mathbb{R}^3$. Dieses Gesetz figuriert in Newtons »Principia« als Satz 1, obwohl Newton, der Keplers Bücher wohl gekannt hatte, Kepler nie erwähnt! (Geniale Männer sind merkwürdige Leute.) Fundamental war auch die von Kepler entwickelte Theorie der Kegelschnitte, wo ihre Brennpunkte eingeführt und in stetiger Weise ineinander transformiert wurden. Er führt auch unendlich ferne Punkte von $\mathbb{R}^3$ ein. Auch seine Methode zur Berechnung

175

von Volumina war für die Entwicklung der Integralrechnung von höchster Bedeutung.

Einen Beweis dafür, daß Kepler ein klares Bewußtsein von der Bedeutung des mathematischen Raumes in der Naturwissenschaft hatte, haben wir nicht nur in seinen »Planetengesetzen«, sondern auch in seiner »Astronomiae Pars Optica« (1604), der ersten Theorie der geometrischen Optik. Vor Kepler (und natürlich bei den Griechen) wurden die Lichtstrahlen zwischen dem Auge und dem gesehenen Gegenstand als Kegel dargestellt, die ihre Spitzen im Auge hatten. Kepler hat die ganze Situation umgekehrt: jeder Punkt des gesehenen Gegenstandes ist die Spitze eines Kegels, der seine Basis im Auge hat.

Bochner, wie viele Historiker der Mathematik vor ihm beunruhigt durch die Frage: »warum starb die wunderbare griechische Geometrie?«, findet eine interessante Antwort: »weil die Griechen keine mathematische Analyse gefunden haben!« Daß sie keine Analyse besaßen, ist eine erstaunliche Tatsache, und ohne Analyse mußte schließlich die Geometrie versiegen. Aber alle »warum-Fragen« in Kunst, Wissenschaft und Philosophie sind naiv. Wir brechen hier diesen historischen Exkurs ab und wenden uns wieder der Philosophie der Mathematik zu.

In diesem mathematischen Teil werden wir einige sehr interessante und äußerst wichtige geometrische Ideen und Konstruktionen entwickeln, die vor allem den so genannten »geometrischen« Charakter tragen. Wir werden immer tiefer in die Idee des mathematischen Raumes einzudringen versuchen. Der Raum erweist sich dabei als eine Matrix, als Schoß, der diese Formen und geometrischen Gebilde gebiert. Er ist das, was Gosztonyi im letzten Kapitel seines ausgezeichneten Buches — zwar in einem anderen Zusammenhang — den *Raum als Schoß* nennt. Dieser Raum (ähnlich wie der magische Raum) ist nichts Passives, sondern eine Wirkung, wirkende Wirklichkeit. Er regelt auch physikalische »Wirkungen«, und »erst dadurch übt er einen Einfluß auf die Verteilung und Gestaltung der Materie«. Um einen Raum, zum Beispiel den (dreidimensionalen) »Euklidischen« Raum kennenzulernen, genügt es daher nicht, die Axiome dieses Raumes oder sein kanonisches Modell zu kennen. Man muß Gebilde, die in ihm sein können, die in ihm entstehen, kennenlernen: also Kurven, Flächen, geometrische Körper, darüber hinaus die Gesetzmäßigkeiten, das heißt geometrische Sätze, die das »Verhalten« dieser Gebilde beschreiben, sie selbst klassifizieren usw. Außerdem müßte man wichtige Funktionen und Funktionenfamilien kennenlernen, die in diesem $\mathbb{R}^3$ und auf seinen Gebilden (zum Beispiel Flächen in $\mathbb{R}^3$) wachsen. Erst allmählich wird man auf diese Weise erleben können, daß »unser« dreidimensionaler Raum nichts Passives ist, daß er, trotz der sehr interessanten Beteuerungen von Gosztonyi, doch ein Schoß ist. Man ahnt dann, daß die Mathematik viel mehr vermag, als man ihr zumuten möchte, und daß ihr Reich der Formen gar nicht so weit (wenn überhaupt!) entfernt ist von den Formen, die durch besonders sensible Künstler wie Klee, Kandinsky, Javlensky, Mondrian, Ernst innerlich erschaut wurden und die »an der Quelle der Schöpfung liegen« (Gosztonyi).

Die Platonischen Körper und die Eulersche Zahl (Charakteristik)

Bekanntlich hatte Johannes Kepler in seinem berühmtesten Werk »Harmonices Mundi« (1619) die Platonischen Körper als Fundament und Inspiration betrachtet. Wir wenden uns jetzt diesem faszinierenden Thema zu, das seit dem Altertum bis auf den heutigen Tag immer wieder mathematische Ideen befruchtet hat.
Platonische Körper sind konvexe, reguläre Polyeder im $\mathbb{R}^3$. Bekanntlich kannte man im Altertum alle fünf. Bevor wir einen einfachen Beweis dafür, daß es nicht mehr als fünf geben kann, hinschreiben, geben wir eine kurze Erläuterung der *Konvexität*. Eine Figur F im $\mathbb{R}^3$ (oder im $\mathbb{R}^n$, oder allgemeiner in einem Vektorraum V) ist *konvex*, falls mit zweien ihrer Punkte x, y die ganze (gerade) Strecke $\overline{xy}$ mit Endpunkten x, y im F verläuft:

Als Sphäre S^2 bezeichnen wir die Menge aller Punkte in $\mathbb{R}^3$, die vom Nullpunkt die Entfernung $= 1$ haben:

$$S^2 = \{x \in \mathbb{R}^3 : \|x\| = 1\}.$$

Eine *Triangulierung* der Sphäre S^2 ist eine Zerlegung von S^2 in Dreiecke wie im nachstehenden Bilde:

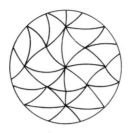

Den berühmten Eulerschen Polyedersatz können wir folgendermaßen formulieren:

Satz 1 (Eulersche Polyederformel): Es sei für eine beliebige Triangulierung von S^2

C_0: die Zahl von Ecken
C_1: die Zahl von Kanten
C_2: die Zahl von Dreiecken

dieser Triangulierung. Es sei

$$E(S^2) := C_0 - C_1 + C_2.$$

Dann ist für jede Triangulierung von S^2, $E(S^2) = 2$.

Da dieser Satz in der Schule (Gymnasium) bewiesen wird, übergehen wir hier seinen Beweis. Wir bemerken nur, daß man in der Schule statt von S^2 über ein konvexes Polyeder spricht. Aber jedes solches Polyeder kann zu S^2 topologisch deformiert werden, und da bei jeder solchen Deformation die Zahl $C_0 - C_1 + C_2$ nicht geändert wird, dürfen wir die obige Formulierung des Eulerschen Satzes annehmen. Insbesondere können alle regulären Polyeder topologisch auf S^2 abgebildet werden, und wir können die Eulersche Formel auf diese Figuren anwenden: Wir prüfen die Eulersche Formel zum Beispiel für das *Ikosaeder* $\{3, 5\}$:

$C_0 = 12$, $C_1 = 30$, $C_2 = 20$, daher
$E(\{3, 5\}) = 12 - 30 + 20 = 2.$

Für das Tetraeder $\{3, 3\}$ haben wir:

$C_0 = 4$, $C_1 = 6$, $C_2 = 4$,
$E(\{3, 3\}) = 4 - 6 + 4 = 2$.

Wir haben dabei die folgende Bezeichnung gewählt: $\{p, q\}$ bezeichnet ein reguläres konvexes Polyeder, dessen Seiten reguläre p-Ecke sind und in jeder Ecke q Seiten zusammenstoßen: Also

$\{4, 3\}$ ist Kubus, $\{5, 3\}$ — Dodekaeder (Pentagon-Dodekaeder), $\{3, 4\}$ — Oktaeder, $\{3, 5\}$ — Ikosaeder, $\{3, 3\}$ — Tetraeder

(vgl. die nächste Seite).

Korollar. Es gibt genau 5 (fünf) reguläre konvexe Polyeder: die Platonischen Körper!

Beweis. Es gilt natürlich für jedes $\{p, q\}$:

$$C_0 = \frac{p \cdot C_2}{q}, \quad C_1 = \frac{p \cdot C_2}{2}.$$

Durch Einsetzen in die Eulersche Formel — die auch für polyederale Zerlegungen von S^2 gilt — bekommt man:

$$2 = C_0 - C_1 + C_2 = \frac{p}{q} C_2 - \frac{p}{2} C_2 + C_2 = \left(\frac{p}{q} - \frac{p}{2} + 1 \right) C_2.$$

Daher: $p\,q = 2\,p + \left(2 - \dfrac{4}{C_2} \right) q$. Also $p\,q < 2\,p + 2\,q$; schließlich:

$$\frac{1}{2} < \frac{1}{p} + \frac{1}{q} \quad (x).$$

Da $p \geqslant 3$ (es gibt keine 2-Ecke!), kann (x) nur für die folgenden Paare gelten:

$\{3, 3\}$, $\{3, 4\}$, $\{4, 3\}$, $\{3, 5\}$, $\{5, 3\}$ (da bereits für $\{3, 6\}$
$\dfrac{1}{3} + \dfrac{1}{6} = \dfrac{3}{6} = \dfrac{1}{2}$, also (x) nicht erfüllt ist). q.e.d.

Bemerkung. Triangulierung, als eine Methode der Geodäsie, wurde 1615 von Snellius eingeführt. Sie war aber bereits viertausend Jahre früher von Babyloniern und Ägyptern zu Vermes-

Die regulären Polyeder

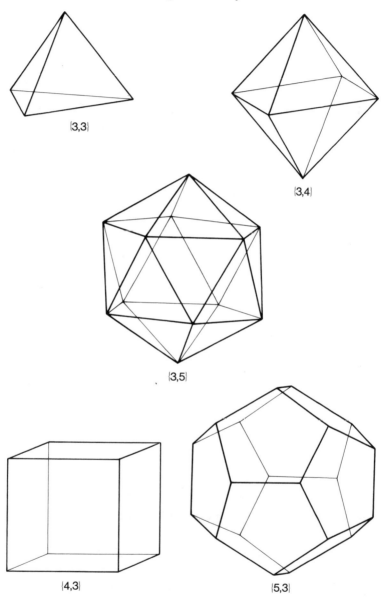

{3,3}

{3,4}

{3,5}

{4,3}

{5,3}

Name des Polyeders	Anzahl der				
	Art der begren- zenden Polygone	Ecken	Kan- ten	Flä- chen	in einer Ecke zusam- men- stoßenden Flächen
Tetraeder (Abb. {3, 3})	Dreieck	4	6	4	3
Oktaeder (Abb. {3, 4})	Dreieck	6	12	8	4
Ikosaeder (Abb. {3, 5})	Dreieck	12	30	20	5
Würfel (Hexaeder) (Abb. {4, 3})	Viereck	8	12	6	3
Dodekaeder (Abb. {5, 3})	Fünfeck	20	30	12	3

sungszwecken benutzt: man maß die Fläche von irregulären Feldern durch Zerlegung in Dreiecke.

Definition. Ein n-*Simplex* ist eine n-dimensionale Verallgemeinerung von Dreieck und Tetraeder. Beispiele:

n = 0   n = 1   n = 2   n = 3

Ein Simplizialkomplex:

ist ein Raum X und eine Zerlegung von X in eine endliche Anzahl von Simplexen der Dimension 0, 1, ..., n, so daß folgende Bedingungen erfüllt werden:
Falls zwei Simplexe gemeinsame Punkte haben, ist entweder der eine eine Seite des anderen, oder der Durchschnitt von ihnen ist eine gemeinsame Seite von beiden.
Wir können jetzt die Eulersche Zahl (Charakteristik) für beliebige n-dimensionale Simplizialkomplexe X definieren:

$$E(X) := \sum_{j=0}^{n} (-1)^j c_j,$$

c_j – die Anzahl der j-Simplexe in X.

181

Es entstehen natürliche *Fragen:*

a) Ist E(X) eine Eigenschaft des Raumes X?, das heißt, ist E(X) *unabhängig* von der Triangulierung von X?

b) Ist E(X) eine *topologische Invariante?*, das heißt: Es seien X, X̄ (kompakte) topologische Räume (Def. wird später gegeben!), und es sei f : X→X' eine topologische Abbildung (das heißt, f ist ein-eindeutig, f ist stetig, und die inverse Abbildung f^{-1} : X'→X ist auch stetig). Problem: E(X) = E(X')?

Antwort auf beide Fragen: Ja!

Der Leser kann ohne größere Mühe zeigen: es sei X' eine Unterteilung von X, dann ist E(X) = E(X').

Definition. Zwei Triangulierungen von X definieren dieselbe *kombinatorische Struktur*, falls sie eine gemeinsame Unterteilung besitzen.

Eine berühmte Frage (Vermutung) war die folgende:

Falls ein Raum eine kombinatorische Struktur erlaubt, hat er eine einzige (bis auf Isomorphie)?

Hauptvermutung (Poincaré) war die Behauptung, daß homeomorphe n-dimensionale Mannigfaltigkeiten kombinatorisch äquivalent sind. (Mannigfaltigkeiten werden später definiert.)

Geschichte der Hauptvermutung: Tibor Rado (1895—1965) bewies 1922 die Hauptvermutung für n = 2. Edvin Moisé (geb. 1918) hat ein entsprechendes Resultat 1952 bewiesen. Aber vor zehn Jahren (1969) haben R. C. Kirby (geb. 1938) und L. C. Siebenmann (geb. 1939) gezeigt, daß *für n ≥ 4* die Hauptvermutung *falsch* ist! Dieses Ereignis zeigt, daß geometrische Intuition für Dimensionen n = 2, 3 viel zuverlässiger ist als für n > 3.

Duale Platonische Körper sind die folgenden Paare:

{p, q} ↔ {q, p} also:
{3, 3} ↔ {3, 3} — (Tetraeder)
{3, 4} ↔ {4, 3} — (Oktaeder und Kubus)
{3, 5} ↔ {5, 3} — (Ikosaeder und Dodekaeder).

Die Platonischen Körper lassen sich alle in eine Kugel (Sphäre) einschreiben, und jedes dieser Polyeder führt zu einer endlichen Untergruppe der Drehungsgruppe O(3), bei der die Ecken des Polyeders ein System äquivalenter Punkte bilden (das Polyeder {p, q} ist invariant gegenüber dieser Gruppe $\Gamma_{\{p,q\}}$ — vgl. Kapitel 2.). Wenn wir nun in allen Ecken des Polyeders die Tangentialebenen an die (umgeschriebene) Sphäre legen, dann bilden diese Ebenen ein zweites reguläres Polyeder $\{q, p\}$, das bei den Bewegungen der Gruppe $\Gamma_{\{p,q\}}$ ebenfalls in sich selbst übergeht. Es gilt also $\Gamma_{\{p,q\}} = \Gamma_{\{q,p\}}$. Man zeigt leicht, daß die Tetraedergruppe eine Untergruppe der Oktaedergruppe und diese eine Untergruppe der Ikosaedergruppe ist:

$$\Gamma_{\{3,3\}} \subset \Gamma_{\{3,4\}} \subset \Gamma_{\{3,5\}} = \Gamma_{\{5,3\}}.$$

3. Krümmung. Differentialgeometrie
(Gauß. Poincaré. Weyl)

Ebene Kurven. Eine Kurve c im Raume $\mathbb{R}^3$ (oder $\mathbb{R}^n$) ist eine Abbildung c: $[a, b] \to \mathbb{R}^3$ (oder $\mathbb{R}^n$). Um Differentialgeometrie, zum Beispiel die Krümmungstheorie entwickeln zu können, muß man voraussetzen, daß die Kurve in jedem ihrer Punkte $x = x(t)$ eine Tangente besitzt (das heißt, *differenzierbar* sei); das bedeutet, daß

$$c(t) = \begin{pmatrix} c_1(t) \\ \vdots \\ c_n(t) \end{pmatrix}$$

und alle Komponenten $c_j(.)$ genügend viele Ableitungen dc/dt besitzen. Im Falle $n = 2$, das heißt im Falle $c(t) \varepsilon \mathbb{R}^2$, $t \varepsilon [a, b]$ spricht man von ebenen Kurven.

Krümmung von $c(.)$ im Punkte $x_0 = c(t_0)$ ist, ex definitione, die Zahl $k(t(t_0)) := \dfrac{1}{r}$, wo r der Radius des *Krümmungskreises* (auch Schmiegekreis genannt) im Punkte x_0 ist. Dieser Kreis ist die Grenze von Kreisen, die durch drei Punkte $x_0, x_1, x_2 \varepsilon c$ auf c bestimmt sind, wobei x_1, $x_2 \to x_0$ gegen x_0 streben. Man kann die Krümmung von c auch auf andere (von Gauß stammende) Weise bestimmen:

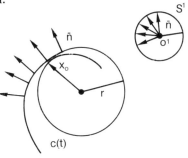

183

Das sphärische Bild (einer Kurve). Wir parametrisieren die Kurve auf *natürliche* Weise, das heißt, der Parameter t bedeutet jetzt die *Länge* des Bogens der Kurve c. Dann ist die Krümmung

(3.1) $|k(t)| = \|\ddot{c}(t)\|$, wo $\ddot{c}(t) = \dfrac{d^2c}{dt^2}$ (»Beschleunigung«).

Die dritte Methode stammt von Carl Friedrich Gauß (30. 4. 1777 bis 23. 2. 1855), einem der größten (für Viele ist er der Größte!) Mathematiker aller Zeiten: Man trägt Normaleneinheitsvektoren (das heißt senkrechte Vektoren an c) in Punkten eines Bogens der Kurve c, von einem festen Punkte (etwa 0) aus, ab. Die »Spitzen« dieser Vektoren beschreiben also einen Bogen des Einheitskreises S^1. Die Länge dieses Bogens c S^1 kann man »*curvatura integra*« des Kurvenbogens von c nennen.

Die eben beschriebene Abbildung $G : c \rightarrow S^1$ wird die Gauß-Abbildung (oder sphärische Abbildung) genannt. Wenn wir die Länge eines Bogens l mit $|l|$ bezeichnen, dann ist $|G\,c\,([\alpha, \beta])|$ die *curvatura integra* (Gesamtkrümmung) des Bogens c $([\alpha, \beta]) \subset$ c.

Die Grenze: $\quad \underset{\alpha \rightarrow \beta}{\lim} \dfrac{|G\,c\,([\alpha, \beta])|}{|c\,([\alpha, \beta])|} = k(c(\beta))$ (3.2)

ist eben die Krümmung von c im Punkte c(β), β ε [0, |l|].

Beispiele:

1. Es sei jetzt c (.) ein Geradenstück; dann ist das Gaußsche Bild *ein* Punkt: die Gesamtkrümmung ist also = 0, die Krümmung in jedem Punkte von c ist = 0.

2. c ist ein Kreis $x^2 + y^2 = r^2$

$|l| = \varphi \cdot r, |G\,l| = \varphi$

curvatura integra des Bogens l vom Winkel φ

$= |l| = \varphi$; daher $K = \dfrac{\varphi}{\varphi \cdot r} = \dfrac{1}{r}$.

Da man *orientierte* Kurven betrachtet, ersieht man, daß Krümmung beliebigen Vorzeichens sein kann.
Krümmung von Flächen hatte man bereits vor Gauß untersucht: zum Beispiel Leonard Euler (1707—1783), Dupin u. a. Es sei F ein(e) Fläche(nstück) in $\mathbb{R}^3$, das heißt $F : U \to \mathbb{R}^3$ ist eine Abbildung einer offenen Menge $U \subset \mathbb{R}^2$ (zum Beispiel eines Kreises) in $\mathbb{R}^2$ in den Raum $\mathbb{R}^3$. Es sei $x = F(t_1, t_2)$ ein Punkt in der Fläche, und ñ sei die Einheitsnormale an F im Punkte x. Jede Ebene E durch ñ schneidet die Fläche F längs der Kurve c_E, die die Krümmung k_E hat. Es wurde bewiesen, daß die Krümmung k_E (die sogenannte Schnittkrümmung) als Funktion des Win-

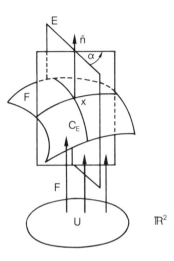

kels α, um den man die Schnittebene E dreht, $k_E(\alpha)$, zwei Extremalwerte k_1 und k_2 — die Hauptkrümmungen — besitzt, und es gilt der folgende *Satz (von Euler):*

$$k_E(\alpha) = k_1 \cos^2 \alpha + k_2 \sin^2 \alpha, \quad \alpha \, \varepsilon \, [0, 2\pi]$$

Bemerkung: Man muß nicht voraussetzen, daß $x \, \varepsilon \, F$ kein *Nabelpunkt* sei: das heißt, daß $k_E(.) \neq$ const (nicht konstant sei). Die Sphäre S^2 besteht aus lauter Nabelpunkten! Eine interessante Charakterisierung der Situation stammt von Dupin: Man trägt für jeden Normalenschnitt $c_E(\alpha)$ vom 0-Punkt den˙ Wert $|k_E(\alpha)|^{-1/2}$ ab, so bekommt man Kurven (in $\mathbb{R}^2$), die die (einzelnen) Flächenpunkte charakterisieren: die Dupinschen Indikatrizen. Man beweist leicht, daß die Dupinsche Indikatrix ein Kegelschnitt (beziehungsweise ein Parallelenpaar) ist. Man bekommt auf diese Weise die folgende *Klassifikation* von Flächenpunkten:

1° Elliptischer Punkt: $k_1 \cdot k_2 > 0$
Hauptkrümmungen besitzen
gleiche Vorzeichen.

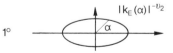

185

2° Hyperbolischer Punkt:
$k_1 \cdot k_2 < 0$
3° Parabolischer Punkt:
$k_1 \cdot k_2 = 0$

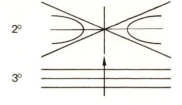

Auf der Zeichnung rechts sind entsprechende Indikatrizes gezeichnet.

Bemerkung. Im Fall 2° sind auch die assympotischen Richtungen angedeutet.

Beispiele: 1° Ellipsoid

$K = k_1 \cdot k_2 > 0$

3° Zylinder $k_1 = 0$, $k_2 > 0$
$K = k_1 \cdot k_2 = 0$

2° Hyperboloid
$K = k_1 \cdot k_2 < 0$

Die Funktion auf der Fläche F

$F \ni x \to K(x) := k_1(x)\,k_2(x)$ wird *Gaußsche Krümmung* (in x),

(3.3) $H(x) := \dfrac{1}{2}(k_1(x) + k_2(x))$ wird *mittlere Krümmung* genannt.

Obwohl die Gaußsche Krümmung bereits Euler bekannt war, hat erst Gauß ihre fundamentale Bedeutung erkannt und in seinem Buche »Disquisitiones super superficies curvas« (1817) untersucht. Dieses berühmte Werk von Gauß bedeutet den Beginn der *inneren Differentialgeometrie* der Flächen. Wir geben jetzt zwei weitere Definitionen von K. Die erste stammt von Gauß und wurde mit Hilfe der *sphärischen Abbildung* gewonnen.

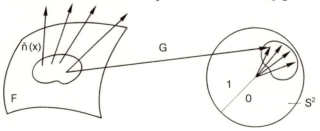

Gauß-Abbildung. G: F→S² wird genau so wie für Kurven in ℝ² definiert: in jedem Punkte x ∈ F nehmen wir den Normaleneinheitsvektor ñ(x) und tragen vom Punkte 0 ab G(x):=ñ(α) ∈ S².
Das Bild von F ist ein Gebiet von S², und der Flächeninhalt |G(F)| des Bildes von F wird *curvatura integra* von F genannt.

Definition (3.4). $K(x) := \lim_{U \to x} \frac{|G(U)|}{|U|}$, wo die Gebiete U gegen den Punkt x konvergieren.

Theorema Egregium (Gauß). Die Gaußsche Krümmung ist biegungsinvariant, das heißt, sie wird bei Biegung von F erhalten.

Bemerkung. Dies ist eine sehr merkwürdige Tatsache: es bedeutet die Geburt der inneren Flächentheorie! K(.) war auf »äußere« Weise definiert: mit Hilfe von Normalenvektoren, also durch Vektoren, die der Fläche F *nicht* angehören. Die Verwunderung und der Enthusiasmus bei der Entdeckung dieser unerwarteten Eigenschaft der Krümmung K, die Gauß ergriffen hatten, drückt eben der Name »egregium« aus, den Gauß seinem Satze gegeben hatte. Wir werden später präzisieren, wie man analytisch innere Eigenschaften von Flächen charakterisieren kann. Vorläufig möchten wir gewisse Intuitionen und Ideen nur andeuten.

Man kann aber die Gaußsche Krümmung noch auf dritte Art definieren — und diese Definition ist vielleicht die beste, weil sie nur mit inneren Eigenschaften arbeitet und uns auf diese Weise die Theorema egregium wie »von selbst« in den Schoß fällt. Die Idee stammt wahrscheinlich von H. Weyl, und sie beruht auf der Idee der *Parallelverschiebung* eines Vektors längs einer Kurve. Es sei c: [0,1]→F eine Kurve auf der Fläche F. Tangenti-

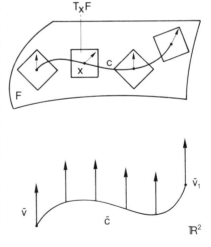

187

alebenen T_xF an F in Punkten $x = c(t) \in F$ haben nichts Gemeinsames. Es entsteht die Frage, was es bedeuten sollte, daß ein Vektor $v \in T_{c(0)}F$ längs c parallel verschoben sei? Levi-Civita hatte die folgende, sehr natürliche Idee: jedermann weiß, was parallel längs einer Kurve $\bar{c}$ in $\mathbb{R}^2$ bedeutet! Man nimmt jetzt eine Torse (abwickelbare Fläche), die längs c die Fläche berührt — etwa: die Envelope einer tangentialen Geradenschar an F längs c. Dann wickelt diese Torse auf die Ebene $\mathbb{R}^2$. Die Kurve c geht über in die ebene Kurve $\bar{c}$, der Vektor v in den Vektor $\bar{v}$. Jetzt verschiebt man $\bar{v}$ längs $\bar{c}$ parallel und bekommt den Vektor $\bar{v}_1$. Schließlich wickelt man die Torse auf F zurück, dabei geht $\bar{v}_1$ in einen (tangentiellen) Vektor v_1 über; dieser Vektor v_1 ist *ex definitione* der längs c parallel verschobene Vektor v.

Bemerkung. Diese Idee hatten bereits sechzig Jahre früher die Physiker Thompson und Tits in ihrem berühmten Lehrbuche durchgeführt. Sie wurde vergessen. Levi-Civita hatte sie wiederentdeckt, auf beliebige Unterräume von $\mathbb{R}^n$ verallgemeinert, *den analytischen Ausdruck gefunden* und auf die Differentiation von Tensorfeldern angewandt. Hermann Weyl hatte etwas später die Konstruktion von Levi-Civita vereinfacht, invariant gemacht und auf beliebige differenzierbare Mannigfaltigkeiten übertragen, und auf diese Weise wurde er zum Begründer einer allgemeinen Theorie des sogenannten *linearen Zusammenhangs* und der von ihm so genannten *reinen Infinitesimalgeometrie.* Wir werden diese Entwicklung bald genauer beschreiben. Hier wollen wir nur Haupteigenschaften der Levi-Civita-Verschiebung zusammenstellen:

1° Die Länge $\|v\|$ des Vektors bleibt erhalten;
2° Der Winkel (allgemeiner: das Skalarprodukt $(v|w)$) zweier Vektoren bleibt erhalten;
3° Der Tangentialvektor einer Geodätischen (das heißt der kürzesten Verbindungslinie) verschiebt sich parallel.

Diese Eigenschaft ist für Geodätische charakteristisch: das heißt, die Geodätische ist auch die *geradeste* Linie. Alle diese Eigenschaften folgen leicht aus der analytischen Definition der Parallelverschiebung:

Kovariante Ableitung. Es sei F: $U \to \mathbb{R}^3$ eine Fläche und $c = Fu$ eine Kurve auf F; es sei V:$[0,1] \to \mathbb{R}^3$ ein tangentielles Vektorfeld

188

längs c, das heißt $V(t) \in T_{c(t)} F$. Unter der kovarianten Ableitung $\dfrac{DV(t)}{dt}$ versteht man den Vektor

(3.5) $\quad p\,r_t \cdot \dfrac{dV(t)}{dt}$, wobei $p\,r_t : T_{c(t)}^{\mathbb{R}^3} \to T_{u(t)} F$

die Orthogonalprojektion längs des Normalenvektors zu F im Punkte c(t) ist. V beschreibt die Parallelverschiebung längs c, wenn $DV(t)/dt \equiv 0$.

Bemerkung. Diese Definition stammt von H. Weyl und Hessenberg (1917); (3.5) kann auch so formuliert werden:

(3.5′) $\quad \dfrac{dV}{dt} = \lambda \bar{n}$, wo $\bar{n}$ die Normale zu F in c(t) ist.

Parallelverschiebung längs eines geodätischen Dreiecks. Wir betrachten zuerst ein sphärisches Dreieck und ein sphärisches k-Eck (auf einer Sphäre vom Radius r) mit Außenwinkeln $\varphi_1, \varphi_2, \ldots, \varphi_k$. Aus der Schule oder durch einfache Überlegung (vgl. die Zeichnung!) bekommt man die hübsche Formel für den Inhalt des sphärischen k-Ecks

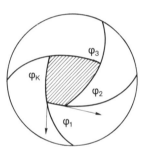

(x) $\quad \sigma = \left(2\pi - \sum\limits_{j=1}^{k} \varphi_j \right) r^2$, daher für Einheitssphäre

(3.6) $\quad \sigma = 2\pi - (\varphi_1 + \ldots \varphi_k)$.

Beweis. Die Oberfläche der Sphäre ist

(xx) $\quad 4\pi r^2 = 2\sigma + \sum\limits_{j=1}^{k} 2\varphi_j r^2$, daher (x).

Bemerkung. Der Inhalt des sphärischen 2-Seits vom Öffnungswinkel φ_j ist gleich $2\varphi_j r^2$; daher (xx), denn neben dem k-Eck muß noch sein Spiegelbild auf der anderen Seite der Kugel berücksichtigt werden; q.e.d.

Daraus folgt der wichtige

Satz. Es sei ein Vektor w längs eines sphärischen k-Ecks E_k mit

Außenwinkeln $\varphi_1, \ldots, \varphi_k$ auf der Sphäre S^2 (Radius $r = 1$!) parallel verschoben. Dann wird dieser Vektor um den Winkel

$$(3.7) \quad \Delta\varphi = 2\pi - \sum_{j=1}^{k} \varphi_j \; (= |E_k| = \text{Oberfläche von } E_k) \text{ gedreht.}$$

Daraus folgt der wichtige
Korollar. (Satz von Gauß)
Es sei ein geodätisches k-Eck E_k auf einer Fläche F.

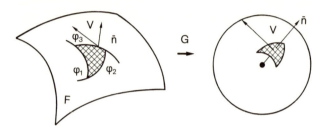

Dann ist die

$$(3.8) \quad \boxed{\text{curvatura integra von } E_k = 2\pi - \varphi_1 - \varphi_2 - \cdots - \varphi_k .}$$

Insbesondere für das geodätische Dreieck mit *inneren* Winkeln $\alpha_1, \alpha_2, \alpha_3$; da $\varphi_j = \pi - \alpha_j$, haben wir:

$$(3.8') \quad \boxed{\text{curvatura integra } (E_3) = \alpha_1 + \alpha_2 + \alpha_3 - \pi}$$

Formel von Gauß

Beweis. Durch Approximation mit geodätischen Vielecken kann man die Formel (3.7) auf beliebige geschlossene Kurven übertragen: *Ein Vektor dreht sich bei der Parallelverschiebung längs einer einfachen geschlossenen Kurve c auf S^2 um den Winkel I:*

$$(3.9) \quad \Delta\varphi(U) = \text{Flächeninhalt des von c begrenzten Gebietes U.}$$

Aus (3.4) — der Definition der Gauß-Krümmung — und (3.9) folgt die 3. Charakterisierung der Gaußschen Krümmung

$$(3.10) \quad K(x) = \lim_{U \to x} \frac{\Delta\varphi}{|U|}, \text{ wobei } \Delta\varphi \text{ den Winkel bedeutet, um}$$

den sich ein Vektor bei Parallelverschiebung längs $c = \partial U$ — des Randes von U dreht.

190

Beweis von (3.9). Wir haben (3.9) nur für ein Gebiet U der Einheitssphäre S^2 bewiesen. Es sei jetzt U ein Flächenstück, das von der Kurve c berandet wird. Der Beweis von (3.9) ist erbracht, sobald wir gezeigt haben, daß der Winkel $\Delta\varphi(U)$ gleich ist dem Winkel, um den sich ein Vektor bei Parallelverschiebung längs $G \circ c$ — dem Rande des Bildes $G(U) \subset S^2$ (bei sphärischer, Gaußscher Abbildung $G: F \to S^2$) dreht. Aber das ist einleuchtend: Ein Tangentialvektor V in $x \in c(t) \in F$, da er orthogonal zu $\tilde{n}(x)$ ist, kann auch als tangential zu S^2 im Punkte $G(x)$ betrachtet werden. Aus der Definition (3.5') der Parallelverschiebung folgt, daß die obige Konstruktion zur Parallelverschiebung von V längs $G \circ c$ — des Randes von $G(U)$ — führt (vgl. die Fig.) q.e.d.

Aus der Additivität der Funktion

$U \to \Delta\varphi(U)$:

$\Delta\varphi(U_1 \cup U_2) = \Delta\varphi(U_1) +$
$\Delta\varphi(U_2)$ (wo $U_1 \cap U_2 = \emptyset$ und
U_1, U_2 eine Zerlegung des
Gebietes $U \subset F$ ist), (3.9)
und (3.10), folgt der wichtige
Satz (von Gauß)

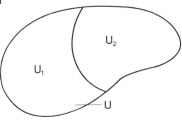

(3.11) (curvatura integra) $(U) = \int\limits_{U} K(x)\,d|U(x)| = \Delta\varphi(U)$.

Bemerkung. Von Gauß stammt natürlich (nur) die erste Gleichung: Gauß hatte die Parallelverschiebung noch nicht gekannt.

Jetzt können wir den schönsten Satz dieses Kapitels beweisen:
Satz von Gauß-Bonnet-van Dyck. Es sei X eine geschlossene glatte Fläche (in $\mathbb{R}^3$), und es bedeute $E(X)$ die Eulersche Zahl von X. Dann

curv. int. $(X) = \int\limits_{X} K(x)\,d|X(x)| = 2\pi E(X)$. (G.B.)

Beweis. Wir zerlegen X in geodätische Dreicke. Weil die Winkel der Dreicke (dieser Triangulierung) in einem Punkt sich zu 2π addieren und zwischen der Zahl c_2 von Dreiecken und der Zahl c_1 der Seiten die Relation

191

(x) $3c_2 = 2c_1$ gilt,
bekommen wir

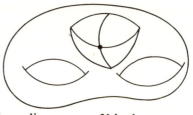

aus (3.8'), (3.11) und (x),
wenn c_0 die Zahl der
0-Simplexe (der Ecken) der Triangulierung von X bedeutet,

$$\int_X K = 2\pi c_0 - \pi c_2 = 2\pi c_0 - 2\pi c_1 + 2\pi c_1 - \pi c_2$$
$$= 2\pi c_0 - 2\pi c_1 + 3\pi c_2 - \pi c_2$$
$$= 2\pi(c_0 - c_1 + c_2) = 2\pi E(X). \quad \text{q.e.d.}$$

Bemerkung. Gauß hatte den Satz für das geodätische Dreieck bewiesen, also nur die Formel (3.8'):

$$\int_\Delta K = \alpha_1 + \alpha_2 + \alpha_3 - \pi,$$

und ihn »Theorema elegantissimum« genannt (1821), O. Bonnet den Satz für berandete Flächen (1848). Die vorliegende globale Fassung stammt von Walter van Dyck (einem Schüler von F. Klein) ~ 1909.

Eulersche Zahl und das Geschlecht einer Fläche

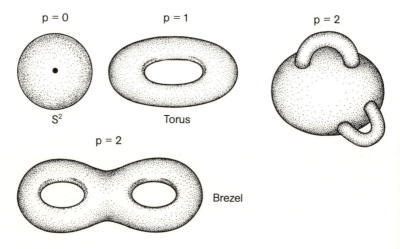

192

Man kann eine geschlossene Fläche mit p Löchern topologisch mit einer Sphäre mit p Henkeln identifizieren. Es ist nicht schwierig, die folgende *Formel* zu beweisen:

$$(3.13) \quad 2(1-p) = E(X) = \frac{1}{2\pi} \int_X K \cdot$$

Da $E(X)$ eine topologische Invariante ist, ist die Zahl p — *das Geschlecht* (oder genus) von X — auch eine topologische Invariante: (X homeomorph zu X') $\Rightarrow$ (genus von X = genus von X'). Man kann zeigen, daß das Geschlecht (also auch die Eulersche Zahl) im wesentlichen die einzige topologische Invariante ist. Deswegen kommt $E(X)$ in allen globalen Sätzen aus der Analyse und globaler Differentialgeometrie vor. Hier möchten wir zeigen, wie das Lokale mit dem Globalen eng verflochten ist.

3.14 Korollar. Es sei X eine glatte orientierbare kompakte Fläche, deren Gaußsche Krümmung $K > 0$. Dann ist X eine (topologische) Sphäre S^2.

Beweis. Aus (3.13) folgt, daß $2(1-p) > 0$; da p eine nichtnegative ganze Zahl (oder 0) ist, bedeutet das, daß

$$p = 0, \text{ d. h. X homeomorph } S^2 \text{ ist.} \quad \text{q.e.d.}$$

Wir haben hier vom Lokalen auf das Globale geschlossen, ein Beispiel des Zusammenspiels zwischen *dem Teil und dem Ganzen*.

Warum ist der Satz von Gauß-Bonnet so erstaunlich? Weil die rechte Seite, $E(X)$, eine topologische Invariante ist und die linke Seite

$$\int_X K(x) d|X|$$

aus lokalen Dingen $K(x) d|X|$ zusammengesetzt ist.
Für weitere Anwendungen wird die Formel

$$(3.9) \quad \Delta \varphi(U) = |U|$$

von größter Wichtigkeit. Ihre beiden Seiten sind invariant bei den Verbiegungen, also ist auch $\Delta \varphi / |U|$ biegungsinvariant, also

193

auch der Grenzwert

$$K(x) = \lim_{U \to x} \frac{\Delta\varphi}{|U|}.$$

Auf diesem Wege hatten wir auf natürliche Weise das *Theorema egregium:* Die Gaußsche Krümmung K(.) ist eine Biegungsinvariante, gehört also der inneren Differentialgeometrie der Flächen an.

Notwendigkeit der inneren Differentialgeometrie

Wie wir wissen, hatte man bereits vor Gauß (zum Beispiel Euler) differentialgeometrisch Flächen in $\mathbb{R}^3$ untersucht, aber erst Gauß hatte klar die Notwendigkeit der Erforschung von »inneren«, das heißt von der Einbettung unabhängigen Eigenschaften von 2-dimensionalen Objekten eingesehen.

Definition. Eine *Einbettung* i:X→Y des Raumes (zum Beispiel Fläche) in den Raum Y ist eine umkehrbare (das heißt ein-eindeutige) Abbildung von X in Y, wobei sowohl i als auch die inverse Abbildung i^{-1}:i(X)→X stetig und differenzierbar (das heißt »glatt«) sind.

Isotopie nennt man eine (glatte) Familie von Einbettungen

$$i_t:X \to Y, \ t \in [0,1].$$

Wenn wir nicht von einer Fläche X im $\mathbb{R}^3$ sprechen, so denken wir unwillkürlich an eine konkrete Einbettung von X, das heißt an das Paar (X,i), wo i:X→$\mathbb{R}$ eine Einbettung von X in $\mathbb{R}^3$ ist.

Hier einige Beispiele:

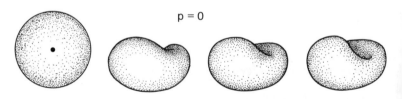

p = 0

Es sind 4 verschiedene Einbettungen von S^2 in $\mathbb{R}^3$, die doch isotop sind. Dagegen sind unten

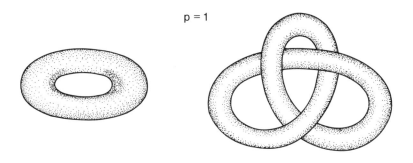

p = 1

nichtisotope Einbettungen (»desselben«) Torus in $\mathbb{R}^3$.

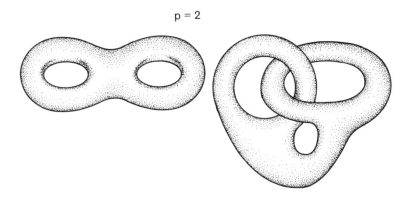

p = 2

Nichtisotope Einbettungen von »derselben« Brezel (genus = 2).

Bevor wir präzise die hier benutzten Begriffe von »glatt«, »tangential«, »orientiert« beschreiben werden, wollen wir zu einem höchstwichtigen, aus der Physik stammenden Begriff des *Vektorfeldes* übergehen.

Vektorfelder auf Flächen. Poincaré

Der Begriff des Vektorfeldes stammt aus der Mechanik-Hydrodynamik: man weiß, was das Geschwindigkeitsfeld einer Flüssigkeit, zum Beispiel eines Flusses, ist.

195

Beispiel 1. Die Sphäre S^2 wird um ihre Nord-Süd-Achse gedreht: Das Geschwindigkeitsfeld

$$V: S^2 \to TS^2$$
$$x \to V(x) \in T_x S^2$$

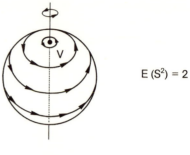

E (S^2) = 2

hat 2 Singularitäten (singuläre Punkte), wo die Geschwindigkeit $= 0$: im Nord- und Südpol.

Beispiel 2. Das Gradientenfeld der Höhe auf S^2 hat wieder *zwei* singuläre Punkte: den Nord- und Südpol; weil die Höhe (-Funktion) dort relative Extrema hat.

E (S^2) = 2

Dagegen zeigt das nachstehende Beispiel ein Vektorfeld ohne Singularitäten:

Beispiel 3. Geschwindigkeitsfeld auf einem Torus $\mathbb{T}^2$: ein Torus wird um seine Achse gedreht.

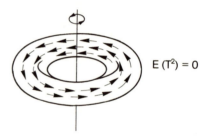

E (T^2) = 0

Henri Poincaré, der größte französische Mathematiker und ein großer Physiker, hatte einen wunderschönen Satz bewiesen: er hatte entdeckt, daß Singularitäten (auf geschlossenen Flächen) von Vektorfeldern etwas mit der Topologie, genauer, mit der Eulerschen Zahl E(X) der Fläche F (wie unsere Beispiele auch zeigen) zu tun haben. Um das einzusehen, führte er den wichtigen Begriff des *Indexes eines Vektorfeldes* ein. Ein Vektorfeld V auf einer Fläche X hat eine Singularität in $x_0 \in X$, wenn $V(x_0) = 0$.

Wir definieren zuerst den Index für ein Vektorfeld in einem Gebiet der Ebene $\mathbb{R}^2$. Grob gesagt, der Index $I_V(c)$ des Vektorfeldes V in bezug auf eine geschlossene Kurve $c: [0,1] \to \mathbb{R}^2$ ist die Zahl, die angibt, wieviel mal bei dem Umlauf auf c das Feld V sich dreht, bis es zu seiner Anfangslage zurückkehrt.

196

Definition. Es sei $e \in \mathbb{R}^2$ ein Vektor in $\mathbb{R}^2$, es bezeichne $\varphi(t)$ den Winkel zwischen e und dem Vektor $V(c(t))$, wobei $c(o) = c(1)$, das heißt, c ist geschlossen!

$$I_V(c) := \frac{1}{2\pi} \int_0^1 \frac{d\varphi}{dt} dt \left(= \frac{1}{2\pi} (\varphi(1) - \varphi(0)) \right).$$

Da sowohl c als auch $V(.)$ stetig sind, haben wir den folgenden einfachen

Satz. 1° $I_V(c)$ hängt stetig sowohl von der Kurve c als auch vom Vektorfeld ab.

2° Falls c keine Singularität des Feldes V umschließt, dann ist $I_V(c) = 0$.

3° Index $I_V(c)$ ist konstant sowohl bei:
   a) stetiger Deformation von c
   b) stetiger Deformation des Vektorfeldes V.

Beweis. Da $I_V(c) \in \mathbb{Z}$, das heißt ganzzahlig und stetig ist, muß es lokal konstant sein.

Jetzt geben wir einige Beispiele und später eine wichtige Anwendung: einen Beweis des Fundamentalsatzes der Algebra.

Beispiele:

Sattelpunkt

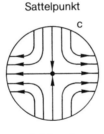

Affensattel

| $I_v = 1$ | $I_v(c) = -1$ | $I_v(c) = -2$ |

Eine komplexe Funktion f, zum Beispiel ein Polynom

(x) $f(z) := z^n + a_{n-1}z^{n-1} + \ldots + a_1 z + a_0$

definiert ein Vektorfeld $\mathbb{R}^2 \ni z \to V(z) := f(z) \in \mathbb{R}^2 = \mathbb{C}$ auf der komplexen Ebene $\mathbb{R}^2 = \mathbb{C}$.

Wenn man die Eulersche Darstellung der komplexen Zahlen benutzt $z = r e^{i\varphi}$, $r = |z|$, $\varphi \in [0, 2\pi]$, dann hat man $z^n = r^n e^{in\varphi}$.

Es ist klar, daß $z=0$ der singuläre Punkt des Vektorfeldes $z \to z^n$ ist und daß

$I_{z^n}(c) = n$ für beliebigen Kreis c und den Nullpunkt.

Wenn wir jetzt einen so großen Kreis c_R nehmen, daß auf ihm $|z^n| > |a_{n-1} z^{n-1} + \ldots + a_0|$,
dann sehen wir, daß

$I_f(c_R) = n$, das heißt, das Vektorfeld $f(.)$, definiert durch das Polynom n-ten Grades, hat in bezug auf einen genügend großen Kreis c_R den Index $= n$; das bedeutet, daß das Polynom (x) innerhalb des Kreises c_R n-mal verschwindet. Wir haben also den

Fundamentalsatz der Algebra. Jedes Polynom mit (komplexen) Koeffizienten n-ten Grades besitzt genau n Wurzeln.

Bemerkung. Dieser Satz wurde zuerst von Gauß bewiesen. Er hatte insgesamt 8 Beweise dieses Satzes gegeben. Alle Beweise benutzen topologisch-analytische Mittel, wie auch der hier angedeutete Beweis.

Jetzt formulieren wir den berühmten

Index-Satz von Poincaré. Es sei X eine glatte orientierbare geschlossene Fläche, und es sei V ein glattes Vektorfeld auf X. Dann ist die Indexsumme des Vektorfeldes V gleich der Eulerschen Charakteristik von X:

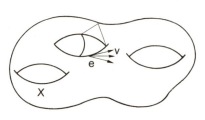

$$\sum_{x \in X} I_V(x) = E(X)$$

$$= \frac{1}{2\pi} \text{ curv. integra (X).}$$

Dabei bedeutet $I_V(x) := I_V(c)$, wo c eine geschlossene Kurve um den Punkt x bedeutet.

Bemerkung. Da X kompakt (das heißt, geschlossen) ist, besitzt das Feld X nur *endlich* viele Singularitäten

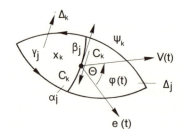

198

$x_1, \ldots, x_k$, und die Summe läuft nur über diese Punkte, weil, wie wir wissen, I_V in nicht-singulären Punkten verschwindet. Die Definition von $I_V(x_0)$ als $I_V(c)$, wo c nur den einzigen singulären Punkt x_0 umläuft, ist korrekt, weil $I_V(c)$ von der Wahl der geschlossenen Kurve c nicht abhängt, soweit c *keine* weiteren singulären Punkte von V umfaßt. Die Definition von $I_V(c)$ lautet wie für Kurven c in $\mathbb{R}^2$, nur nimmt man statt des festen Vektors e den aus ihm durch Parallelverschiebung längs c entstehenden Vektor $e(t)$.

Beweis des Poincaré-Satzes. Wir nehmen den Levi-Civita-Zusammenhang auf X. Wir zerlegen X in geodätische Dreiecke. Wir betrachten zwei benachbarte Dreiecke Δ_j und Δ_k, die die gemeinsame Seite $c_j = -c_k$ haben. (Sie werden in verschiedenen Richtungen umlaufen, deswegen $c_j = -c_k$!) Wir nehmen einen Vektor e und verschieben ihn parallel um das Dreieck Δ_k (resp. Δ_j); es sei $e(t)$ der so verschobene Vektor; er bildet mit $V(t) \equiv V(c_j(t))$ den Winkel $\varphi(t)$. Es sei $\Theta \equiv \Theta_j$ der Winkel zwischen $V(t)$ und $c_j(t)$ — dem tangentialen Vektor zur Seite c_j — und φ_j der Winkel zwischen $e(t)$ und $c_j(t)$ — vgl. die Fig. Es sei x_j ein singulärer Punkt des Vektorfeldes V, das im geodätischen Dreieck Δ_j mit dem Rand c_j liegt. Aus den Definitionen haben wir, wenn wir $\varphi = \varphi_j$ und $\psi = \psi_j$ setzen,

$$2\pi\, I_V(x_j) = \int_0^1 \varphi_j'(t)\, dt = \int_0^1 \psi_j'(t)\, dt + \int_0^1 \theta_j'(t)\, dt$$

$$= (\alpha_j + \beta_j + \gamma_j - \pi) + \int_0^1 \Theta_j'(t)\, dt$$

(vgl. die Formel (3.8′)). Jetzt summieren wir über alle Dreiecke $\Delta_1, \ldots, \Delta_N$ der (geodätischen) Triangulierung von X und bekommen

$$2\pi \sum_{x \in X} I_V(x) = 2\pi \sum_{j=1}^N I_V(x_j) = 2\pi E(X) + \sum_{j=1}^N \int_0^1 \theta_j'(t)\, dt\,.$$

Aber die letzte Summe verschwindet, weil für angrenzende Seiten $\Theta_j'(t) = -\Theta_k'(t)$. Daher

(P) $\quad \sum_{x \in X} I_V(x) = E(X)$.   q.e.d.

Die Poincaré-Formel (P) ist *sehr merkwürdig:* auf der rechten Seite haben wir eine topologische Invariante, die dazu vom Vektorfeld V unabhängig ist. Daher *ist die Index-Summe für alle Vektorfelder gleich.* Diese ist gleich der Eulerschen Zahl E(X) der Fläche X; wir können sie also durch eine geschickte Wahl des Vektorfeldes bestimmen.

Beispiele. Unsere Beispiele von Vektorfeldern auf S^2 zeigen, daß $E(S^2) = 2$, weil die Indexsumme des betreffenden Feldes $1 + 1 = 2$. Für den Torus $\mathbb{T}^2$ haben wir ein Vektorfeld *ohne* Singularitäten gefunden. Also $E(\mathbb{T}^2) = 0 = 2(1-p)$, das heißt $p = 1$, wie zu erwarten war.

Ein schönes Beispiel verdanken wir Brieskorn:

Beispiel: Wir betrachten die nicht-kanonische Einbettung der Sphäre S^2 in $\mathbb{R}^3$, V = Gradient der Höhe = grad h

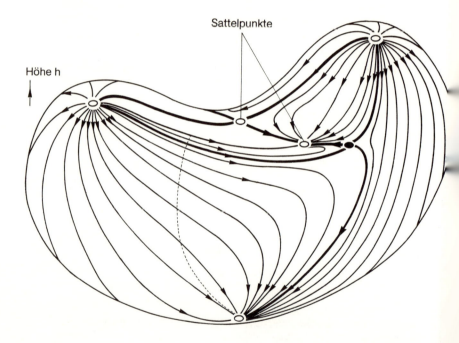

Die Höhe hat hier 2 relative Maxima und 2 relative Minima. Jeder dieser singulären Punkte hat Index = 1. Daher Summe ihrer

Indices $=4$. Aber $E(S^2)=2$; aus dem Poincaré-Satz folgt, daß es singuläre Punkte mit negativen Indices geben muß. Tatsächlich gibt es 2 Sattelpunkte, und diese haben, wie wir wissen (vgl. die Beispiele), Index $=-1$. Daher haben wir $4-1-1=2$.

4. Bernhard Riemann. Differenzierbare Mannigfaltigkeiten. Der Riemannsche Raum

Ableitung. Differential

Es seien E und F Vektorräume $E=\mathbb{R}^m$, $F=\mathbb{R}^n$ (oder, allgemeiner, Banach-Räume, das heißt normierte vollständige Vektorräume). Es bezeichne $\|e\|: E \to \mathbb{R}$ die Norm, das heißt, $\|e\|$ ist die Länge des Vektors e.
Newton und Leibniz haben die Ableitung und das Differential eingeführt, um den Begriff der Geschwindigkeit

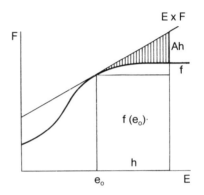

resp. der Berührung präzise zu fassen.
Definition. Es sei $f: E \to F$, man sagt, die Abbildung ist im Punkte $e_0 \in E$ differenzierbar, falls es eine lineare Abbildung $A: E \to F$ gibt, daß für jedes $h \in E$

(4.1) $f(e_0+h)=f(e_0)+A \cdot h + 0(e_0, h)$,

wobei $\dfrac{\|0(e,h)\|}{\|h\|} \to 0$ bei $\|h\| \to 0$ (vgl. Abbildung oben).

Die lineare Abbildung $A: E \to F$ heißt die Ableitung von f im Punkte e_0, und sie wird mit $T_e f$ oder $\dfrac{df(e_0)}{de}$ oder $f'(e_0)$ oder $\dot{f}(e_0)$ oder $df(e_0)$, $d_{e_0} f$ bezeichnet.
Die Definitionsgleichung (4.1) besagt, daß man eine *differenzierbare* Abbildung *gut* mit einer *linearen* Abbildung approximieren kann.

201

Bemerkung. Der Begriff einer Funktion ist sehr spät entstanden: Anfänge finden sich bei Leibniz, der in seiner »Monadologie« die äußerst fruchtbare Idee der *Repräsentation* oder der *Darstellung* erfaßt hat. Präzise wurde der Begriff einer Funktion erst von B. Riemann (1826—1866), dem größten Mathematiker aller Zeiten, erfaßt. Definieren kann man »die Funktion« nicht, weil jede solche »Definition« zirkelhaft ist: zum Beispiel Funktion als gewisse Untermenge: $f \subset E \times F$ des Kartesischen Produktes (vgl. Fig.), aber da $E \times F =$ die Menge aller geordneten Paare (e, h), wo $e \in E$, $h \in F$ ist, und ein geordnetes Paar (e, h) eben eine Abbildung — also eine Funktion — ist, ist diese Definition ein *circulus vitiosus*. Hier sehen wir, daß man den allerwichtigsten Begriff der Mathematik nicht definieren kann, und trotzdem (oder vielleicht auch deswegen) ist diese Wissenschaft ungemein reichhaltig und fruchtbar. *Mathematik ist keine deduktive Wissenschaft!*

Falls die Ableitung f′ wieder differenzierbar ist, sagt man, daß f zweimal differenzierbar ist. Wenn Ableitungen beliebig hoher Ordnung vorhanden sind, sagt man, daß »f beliebig oft differenzierbar« sei oder daß »f *glatt* ist«. Von Riemann stammt im Wesentlichen eine der schönsten, wichtigsten und fruchtbarsten Ideen der ganzen Mathematik — die der *differenzierbaren Mannigfaltigkeit.*

Mannigfaltigkeiten.
Es sei X eine Menge, die lokal dem Raum $\mathbb{R}^n$ isomorph ist, das heißt, es gibt eine solche Überdeckung von X mit Mengen O_i, $i \in I$, und eine Familie von eindeutigen Abbildungen $\varphi_i : O_i \to U_i$, $i \in I$, wo U_i offene Mengen in $\mathbb{R}^n$ sind.

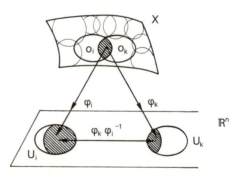

Man verlangt, daß X ein topologischer Raum sei (die Definition des topologischen Raumes geben wir später, sie wurde erst sechzig Jahre *nach* Riemann von Weyl und F. Hausdorff gegeben!) und daß alle φ_i stetig seien. Die Abbildungen (O_i, φ_i) heißen

Karten, und die Familie $(O_i, \varphi_i)_{i \in I}$ ein *Atlas*. Das Tripel (Triplet) $(X, \mathbb{R}^n, (O_i, \varphi_i)_i)$ heißt die *topologische Mannigfaltigkeit* und $\mathbb{R}^n$ ihr Modell. Die Mannigfaltigkeit ist *differenzierbar* (oder glatt): falls $O_i \cap O_k \neq \emptyset$, dann ist $\varphi_k \varphi_i^{-1}$ differenzierbar (glatt). Solche Karten heißen dann »differenzierbar« und der betreffende Atlas differenzierbar. Es entsteht gleich die natürliche Frage: Es sei (O, φ) eine weitere Karte; wann kann sie (zu dem bereits vorhandenen Atlas) »zugelassen« werden? Dann, wenn alle $\varphi_i \varphi^{-1}$, $i \in I$ differenzierbar sind. Es existiert also ein *maximaler Atlas* der (topologischen) Mannigfaltigkeit, und jeder Atlas kann zum maximalen Atlas vervollständigt werden. Jetzt können wir »kurz« definieren:

Definition. Der maximale Atlas $(O_j, \varphi_j)_{j \in J}$ einer Mannigfaltigkeit X (die als Modell $\mathbb{R}^n$ hat) heißt *differenzierbare Struktur* von X. Das Paar $(X, (O_j, \varphi_j)_{j \in J})$, wo (O_j, φ_j) — differenzierbare Struktur von X ist, heißt *differenzierbare Mannigfaltigkeit*.

Bemerkung. Der Begriff der differenzierbaren Mannigfaltigkeit ist äußerst schwierig. Die vorliegende Definition wurde erst in den dreißiger Jahren von H. Whitney gegeben. Der Vorläufer war Hermann Weyl (1911). Die Karte (O_j, φ_j) wird auch lokales Koordinatensystem genannt, weil durch $\varphi : O \to U \subset \mathbb{R}^n$ jedem Punkte x von X ein n-Tupel $\varphi(x) = (\varphi^1(x), \dots, \varphi^n(x)) \in \mathbb{R}^n$ von reellen Zahlen »den Koordinaten von x« zugeordnet wird. Man kann auch sagen: eine Umgebung $O \subset X$ wird von einer Umgebung $U \subset \mathbb{R}^n$ parametrisiert.

Warnung. Man verwechselt oft eine Basis $(e_1, \dots, e_n)$ eines n-dimensionalen Raumes W mit einem Koordinatensystem: Diese Basis definiert eine globale Karte (W, φ) des Raumes W in folgender Weise:
$$x = \xi^1 e_1 + \xi^2 e_2 + \cdots \xi^n e_n, \quad \text{wo} \quad \xi^1, \dots, \xi^n \in \mathbb{R}.$$ Wir definieren $W \ni x \to \varphi(x) := (\xi^1, \dots, \xi^n) \in \mathbb{R}^n$. Die Zahlen $\xi^1, \dots, \xi^n$ sind Koordinaten des Punktes x in der Basis $(e_1, \dots e_n)$ von W. Wir »verlieren« so viel Zeit für die Definition der differenzierbaren n-dimensionalen Mannigfaltigkeit aus mindestens drei Gründen:

1° Sie ist für Mathematik und Physik (aber auch für andere Wissenschaften) äußerst wichtig;
2° sie ist schwer;
3° sie ist, wie wir zu zeigen hoffen, von *philosophischer* Relevanz.

ad 1°: Sie wird heute in der ganzen Mathematik und in vielen Gebieten der Physik benutzt (zum Beispiel Mechanik, Relativitätstheorie ...).

ad 2°: Keine Kommentare, außer dem folgenden trostreichen: Hermann Weyl schreibt:»Die Einführung von Zahlen als Koordinaten ist ein Gewaltakt gewesen.« Differenzierbare Mannigfaltigkeit ist ein Raum mit relativen Koordinaten (maximaler Atlas); das wird von H. Weyl *»Relativitätsprinzip«* genannt. Der größte lebende Geometer, der Chinese Shing-Shen Chern (Prof. in Berkeley, U.S.A.), schreibt:»If you find it difficult to accept general coordinates, you will be in good company. It took Einstein 7 years to pass from his special relativity in 1908 to his general relativity in 1915. He explained the long delay in the following words: ›The main reason lies in the following fact, that it is not so easy to free one self from the idea that coordinates must have an immediate metrical meaning‹.«

Riemannsche Struktur. Aber es ist noch nicht genug: Riemann machte gleichzeitig den nächsten großen Schritt: er führte die »Metrik« in die differenzierbare Mannigfaltigkeit $(X, (O_j, \varphi_j)_{j \in J})$ ein. Was bedeutet das? Der Raum $\mathbb{R}^n$, der als Modell für X dient, besitzt das Skalarprodukt: eine quadratische Form $(\cdot \mid \cdot)$

$$(v, w) \rightarrow (v \mid w) =: g(v, w) = v_1 w_1 + \cdots + v_n w_n,$$

falls $v = (v_1, \ldots v_n)$, $w = (w_1, \ldots, w_n)$. Mit Hilfe dieser Form $(\cdot \mid \cdot)$ kann man die Länge (auch Norm genannt) des Vektors v wie folgt definieren:

$\|v\| = (v \mid v)^{1/2}$. Auch cosinus des Winkels Θ zwischen den Vektoren v und w wird definiert

$$\cos\Theta := \frac{(v \mid w)}{\|v\| \cdot \|w\|}.$$

Definition. Ein Vektorraum E mit einem Skalarprodukt

$g(\cdot, \cdot) = (\cdot \mid \cdot)$ ausgestattet, heißt ein *Euklidischer Raum.*

Ein Riemannscher Raum X der Dimension n ist eine differenzierbare Mannigfaltigkeit (mit Modell $\mathbb{R}^n$), dessen jeder Tangentialraum $T_x X$ im $x \in X$ euklidisch ist, das heißt, wir haben eine

Familie $X \ni x \to g_x(\cdot, \cdot)$ von Skalarprodukten, die dazu differenzierbar ist. Die Familie $TX = (T_xX)_{x \in X}$ von allen Tangentialräumen des Raumes X heißt *Tangentialbündel* von X; es ist eine $(n+n)$-dimensionale Mannigfaltigkeit, die eine differenzierbare Struktur besitzt. Der Riemannsche Raum X ist also ein Wesen mit sehr reicher Struktur:

1° Er ist ein topologischer Raum;
2° er ist eine topologische Mannigfaltigkeit;
3° er besitzt eine differenzierbare Struktur;
4° sein Tangentialbündel TX hat eine Riemann-Struktur $(g_x)_{x \in X}$.

Bernhard Riemann hatte bereits diese vier Strukturen wohl erkannt. Natürlich gab es damals keine allgemeine Topologie, und die differenzierbare Struktur wurde erst viel später scharf definiert. Kein Wunder, daß das Verständnis dieser schönen und so reichen Struktur immer noch auf große Schwierigkeiten stößt.

Bemerkung. Wir haben noch zwei wichtige Begriffsbildungen:

1° den Tangentialraum $T_{x_0}x_0 \in X$
2° die differenzierbare Abbildung $f : X \to Y$

einer differenzierbaren Mannigfaltigkeit in eine Mannigfaltigkeit Y nicht scharf definiert. Um den Vortrag nicht allzu sehr mit Definitionen zu belasten, geben wir diese später. *Axiomatische Definition* steht immer am Ende einer langen Entwicklung. Wir geben hier als *Beispiel* eine Definition des *Vektorraumes*, die erst in diesem Jahrhundert von Hermann Weyl in seinem Buche »Raum — Zeit — Materie« *explicite* gegeben worden war. Diese Definition war fast sechzig Jahre früher von Hermann Grassmann in seiner »Ausdehnungslehre« *implicite* enthalten.

Kurz gesagt, diese Axiomatik schält das Wesentliche des $\mathbb{R}^n$-Raumes heraus: Vektoren sind Elemente einer Menge: V — die »Vektorraum« genannt wird. Es hat also keinen Sinn, über einen Vektor ohne den ihn enthaltenden Vektorraum zu sprechen. Vektoren kann man

1° *addieren:* $v_1 + v_2 \in V$, falls $v_1, v_2 \in V$,

und in bezug auf Addition ist V eine kommutative Gruppe: $v_1 + v_2 = v_2 + v_1$; es gibt einen Nullvektor 0, wobei $v - v = 0$, für alle $v \in V$.

Aber Vektoren kann man

2° mit (reellen) Zahlen *multiplizieren:*
$a\, v \in V$, für jedes $v \in V$ und $a \in \mathbb{R}$.

Diese Multiplikation hat »natürliche« Eigenschaften:

$a(v_1 + v_2) = a\, v_1 + a\, v_2$, $(a + b)\, v = a\, v + b\, v$,
für beliebige $a, b \in \mathbb{R}$. $0 \cdot v = 0$ (Nullvektor).

Wenn man auch komplexe Zahlen zuläßt, dann spricht man vom *komplexen* Vektorraum. Jeder komplexe Vektorraum ist natürlich auch ein reeller Vektorraum, aber nicht umgekehrt.

Dimension eines Vektorraumes. Ein Vektorraum braucht nicht von endlicher Dimension zu sein, das heißt, es gibt Vektorräume, die keine *endliche* Basis $e_1, \ldots, e_n \in V$ haben. Wenn eine solche Basis existiert, das heißt, wenn man jeden Vektor $v \in V$ auf eine einzige Weise als »lineare Kombination«

$v = v^1 e_1 + \cdots v^n e_n$, wo $v^j \in \mathbb{R}$, darstellen kann, dann sagt man, V hat die Dimension: $\dim_{\mathbb{R}} V = n$.

Beispiel 1. Ein 2-dimensionaler Vektorraum hat eine Basis aus 2 Vektoren $\{e_1, e_2\}$. $\mathbb{R}^2$ hat eine Basis $e_1 = (1, 0)$, $e_2 = (0, 1)$.

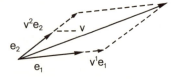

Beispiel 2. Die Menge der Polynome P_n des n-ten Grades $v = a_n x^n + \cdots + a_1 x + a_0$, wo die Koeffizienten $a_0, \ldots, a_n \in \mathbb{C}$ komplex sind, ist ein komplexer Raum von Dimension $n + 1$, weil die $n + 1$ Vektoren:

$e_1 = 1$, $e_2 = x$, ..., $e_{n+1} = x^n$ eine Basis bilden: $\dim_{\mathbb{C}} P_n = n + 1$.

Dieses Beispiel zeigt, daß auch *unendlich dimensionale* Vektorräume im »täglichen« Leben vorkommen: zum Beispiel die Menge *aller* Polynome, das heißt, von Polynomen beliebigen Grades. *Funktionenräume* waren eben erste Beispiele unendlich-dimensionaler Räume, zum Beispiel die Menge $C([0, 1])$ *aller* stetigen Funktionen auf dem Raume $[0, 1]$ — dem Intervall. Diese geometrische Sprechweise ermöglichte eine schnelle Ent-

wicklung der Analyse und half einem großen Gebiet der modernen Mathematik, der sogenannten *Funktionalanalyse,* zum Entstehen (Hilbert, Banach, E. Schmidt ...).
Man sollte aber nicht glauben, daß die Aufstellung von Axiomen sehr tief in das Wesen eines mathematischen Objektes dringt. Der Leser kann leicht beweisen, daß jeder n-dimensionale Vektorraum V dem Kartesischen Raume $\mathbb{R}^n$ isomorph ist: Man nimmt eine (beliebige) Basis $e_1, \ldots, e_n$ von V und definiert eine Karte

$$\varphi : V \to \mathbb{R}^n$$
$$\varphi(\cdot v) = (v^1, \ldots, v^n) \in \mathbb{R}^n, \text{ wobei}$$
$$v = v^1 e_1 + \cdots + v^n e_n.$$

Die Karte φ gibt einen Isomorphismus der beiden Räume V und $\mathbb{R}^n$. Aber wir wissen, daß die Definition des Raumes $\mathbb{R}^3$ nur einen Anfang der Geometrie und der Differentialgeometrie des 3-dimensionalen Raumes bildet. Dieser Raum ist ein Schoß, der einen ungeheuren Reichtum von Formen (Kurven, Flächen, Konfigurationen ...) gebiert. Es entsteht eine natürliche Frage: Wir haben in einem Raume V zwei Basen $\{e_1, \ldots, e_n\}$ und $\{\bar{e}_1, \ldots, \bar{e}_n\}$. Wann stellen zwei Systeme $(v_1, \ldots, v_n)$ und $(\bar{v}_1, \ldots, \bar{v}_n)$ von reellen Zahlen *denselben* Vektor v dar? Die Antwort ist einfach: Es sei

$$v = \sum_j \bar{v}^j \bar{e}_j = \sum_\nu v^\nu e_\nu, \text{ da } \bar{e}_j = \sum_\nu a_j^\nu e_\nu, \text{ haben wir}$$
$$\sum_j \bar{v}^j \sum_\nu a_j^\nu e_\nu = \sum_\nu v^\nu e_\nu, \text{ also}$$
$$(x) \quad v^\nu = \sum_j a_j^\nu \bar{v}^j.$$

Es gibt also einen Isomorphismus $A = (a_k^i)$ des Raumes $\mathbb{R}^n$ auf sich $A : \mathbb{R}^n \to \mathbb{R}^n$. (Solche lineare Abbildung A heißt eine *Matrix* (a_k^i) mit n Zeilen und n Spalten, kurz: eine nxn-Matrix.)
Wir haben also Folgendes bewiesen: zwei n-Tupel $(v^1, \ldots, v^n)$, $(\bar{v}^1, \ldots, \bar{v}^n)$ stellen denselben Vektor des Raumes V dar, dann und nur dann, wenn es eine (umkehrbare) nxn-Matrix (a_j^i) gibt, daß (x) gilt. Anders gewendet: Wir sagen, daß $(v^1, \ldots, v^n)$ und $(\bar{v}^1, \ldots, \bar{v}^n)$ äquivalent sind, wenn es eine Matrix (a_j^i) gibt, daß (x) gilt. Ein Vektor ist (ex definitione!) eine Äquivalenzklasse von Elementen von $\mathbb{R}^n$.

Elemente *einer* Äquivalenzklasse sind also verschiedene Repräsentanten desselben »Dinges« — nämlich *des* Vektors v; oder: ein n-Tupel $(v^1, \ldots, v^n)$ ist eine »Erscheinung« des »Dinges« v für das »Subjekt« — das Koordinatensystem $(e_1, \ldots, e_n)$. Wie H. Weyl schön sagt: »Ding, Subjekt und Erscheinung gehören alle der gleichen von objektiven Beziehungen durchwalteten Erscheinungswelt an.« An diesem einfachen und recht primitiven Beispiel sehen wir deutlich, daß Ich (Person) und Welt korrelativ aufeinander bezogen sind. Verschiedene Iche erleben verschiedene Welten, »objektiv« ist, was invariant in bezug auf eine Gruppe von Transformationen ist; in unserem Beispiel invariant auf die Gruppe aller linearen Transformationen $GL(n, \mathbb{R})$ der invertierbaren nxn-Matrizen.

Was wir getan haben, erinnert an das *Platonische Höhlengleichnis:* von der Welt der Erscheinungen (Elemente von $\mathbb{R}^n$) sind wir zum abstrakten Vektorraum V aufgestiegen. Die Ideen: »abstrakte Vektoren« werden mit Hilfe von Koordinatensystemen (Karten, Basen), als n-Tupel reeller Zahlen realisiert, dargestellt.

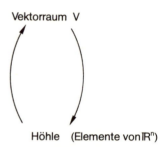

Vektorraum V

Höhle   (Elemente von $\mathbb{R}^n$)

Tangentialvektoren. Es sollte uns jetzt nicht wundern, daß Tangentialvektoren im Punkte $x \in X$, das heißt Elemente des Tangentialraumes $T_x X$, folgendermaßen definiert werden:

Es sei $(X, (\varphi_i)_{i \in I}, \mathbb{R}^n)$ eine n-dimensionale differenzierbare Mannigfaltigkeit, wobei $(\varphi_i)_{i \in I}$ der Atlas dieser Mannigfaltigkeit sei.

Zwei Tripel (x, φ_i, v), $(x, \varphi_j, \bar{v})$, wo $v, \bar{v} \in \mathbb{R}^n$ und $x \in O_i \cap O_j \neq \emptyset$ sind äquivalent, wenn

$$v = d_x(\varphi_i \circ \varphi_j^{-1}) \, \bar{v}.$$

Äquivalenzklasse solcher Objekte heißt Tangentialvektor im Punkte x.

Wir sehen, daß dieser Begriff nicht viel komplizierter ist als derjenige eines Vektors: als lineare Abbildungen A werden Differentiale $d_x(\varphi_i \circ \varphi_j^{-1})$ genommen.

Wir können jetzt eine differenzierbare Mannigfaltigkeit $(X, (\varphi_i)_{i \in I}, \mathbb{R}^n)$ als Modell der »objektiven Welt« betrachten:
Die Karten φ_i, $i \in I$ sind Sprachen, die einen Teil der Wirklichkeit X erzeugen, erkennen. Zwei Sprachen φ_i, φ_j, die einen Teilbereich $O_i \cap O_j$ beschreiben, sind in-

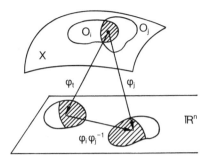

einander *übersetzbar* (oder intersubjektiv), falls $\varphi_i \varphi_j^{-1}$ differenzierbar ist. Nur diese Eigenschaften der Wirklichkeit X sind »objektiv«, die sich mit Hilfe der zugelassenen Karten beschreiben lassen, zum Beispiel Tangential-Raum $T_x X$ und Tangentialvektoren $v \in T_x X$. Es entsteht die Frage: Es gibt Sprachen, die nicht ineinander übersetzbar sind, zum Beispiel Malerei und Musik. Kann man auch hier ein Modell in der Mathematik finden? Ja: diese Sprachen gehören verschiedenen Atlanten, verschiedenen differenzierbaren Strukturen auf X an. Vielleicht beschreiben sie verschiedene Untermannigfaltigkeiten von X, als Mannigfaltigkeiten verschiedener Dimensionen? Diese Bemerkungen möchten zeigen, daß die Korrelation: Sprache — Wirklichkeit sich immer wieder in der Mathematik widerspiegelt.
Reine Infinitesimalgeometrie (H. Weyl). Wir haben angedeutet, was man unter Parallelverschiebung eines Vektors längs einer Kurve $c : [0, 1] \to X$ einer differenzierbaren Mannigfaltigkeit zu verstehen hat. Hermann Weyl hatte kurz nach Entstehung der allgemeinen Relativitätstheorie (1917) entdeckt, daß man, um von einer Krümmung des Raumes X zu sprechen, keine Riemannsche Metrik braucht. Es ist notwendig ein *linearer Zusammenhang* auf X. Wir wissen, daß Tangentialräume $T_x X$, $T_y X$ in verschiedenen Punkten x, y zwar isomorph sind, aber sonst in keinem Zusammenhang stehen. Ein linearer Zusammenhang P ist eine Abbildung, die jeder Kurve c auf X einen Isomorphismus $P(c) : T_{c(0)} X \to T_{c(1)} X$ der Tangentialräume in Endpunkten $c(0)$, $c(1)$ der Kurve c zuordnet. P soll dabei gewissen natürlichen Bedingungen genügen, zum Beispiel: wenn wir Teilbogen c_1, c_2 der Kurve c haben, dann ist $P(c) = P(c_2) \circ P(c_1)$.

209

Falls $c'(t) := c(1-t)$, das heißt c' die in Gegenrichtung verlaufende Kurve bedeutet, dann $P(c') = P(c)^{-1}$.

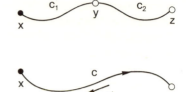

Wir sehen, daß linearer Zusammenhang eine ganz neue Struktur auf der Mannigfaltigkeit X ist. Erst diese Struktur erlaubt, sinnvoll von der Geschwindigkeit und Beschleunigung auf einer Kurve c in X zu sprechen: Wenn wir ein Vektorfeld V auf c haben, dann wird die kovariante Ableitung

$$\frac{DV}{dt}(x) \quad \text{als} \quad \lim_{t \to 0} \frac{P(c(t)) \, V(c(0)) - V(c(t))}{t} \quad \text{definiert,}$$

wobei $x = c(0)$.

$P(c(\cdot))$ wird auch Parallelverschiebung längs der Kurve c genannt. Sie wird durch eine Differentialgleichung von folgender Art definiert:

$$(xx) \quad \frac{Dv^i}{dt} := \frac{dv^i}{dt} - \sum_{k,l=1}^{n} A^i_{kl}(c(t)) \frac{dc^k}{dt} v^l, \quad i = 1, 2, \ldots, n_i.$$

A^i_{kl} werden Komponenten des linearen Zusammenhangs genannt. Aus der Theorie der Differentialgleichungen folgt, daß (xx) einen Isomorphismus der Tangentialräume definiert. Nimmt man als das Vektorfeld $V = (v^1, \ldots, v^n)$, die »Geschwindigkeit« $\left(\frac{dc^1}{dt}, \ldots \frac{dc^n}{dt}\right)$ der Kurve $c(t) = (c^1(t), \ldots, c^n(t))$, so nennt man $\left(D\frac{dc^i}{dt}\right)/dt$ die Beschleunigung der Kurve c. Geodätische Linien sind solche Kurven, deren Beschleunigung verschwindet, das heißt, die Differentialgleichung geodätischer Linien ist

$$(G) \quad \frac{d^2 c^i}{dt^2} - \sum_{k,l=1}^{n} A^i_{kl}(c(t)) \frac{dc^k}{dt} \frac{dc^l}{dt} = 0, \quad i = 1, \ldots, n.$$

Es sind also Kurven, deren Tangentialvektor (dc^i/dt) immer parallel bleibt: es sind also »geradeste« Linien. Man zeigt leicht, daß — wie zu erwarten war — im Euklidischen Raum $\mathbb{R}^n$ mit

210

dem gewöhnlichen linearen Zusammenhang $A^i_{kl} \equiv 0$ die Geodätischen also der Gleichung

$$(G_1) \quad \frac{d^2 c^i}{dt^2} = 0, \quad i = 1, \ldots, n$$

genügen. Integration von (G_1) gibt augenblicklich als Gleichung
Geodätische in $\mathbb{R}^n$:

$$c^i(t) = a^i t + b^i, \quad i = 1, \ldots, n.$$

Es sind tatsächlich gerade Linien.

Im Riemannschen Raum (X, g) gibt es eine ausgezeichnete Parallelverschiebung: Koeffizienten des betreffenden linearen Zusammenhanges werden durch die Riemannsche Metrik $(g_{ik}(\,\cdot\,))$
bestimmt (vgl. Schlußbemerkungen). Es ist eben die berühmte,
vorher erwähnte Parallelverschiebung von Levi-Civita. Diese
Parallelverschiebung hat noch eine (zusätzliche) wichtige Eigenschaft: ihre Geodätischen sind (lokal) kürzeste Linien.

Beispiel 1. Auf der Sphäre S^2 mit der kanonischen Riemannschen Metrik sind Großkreise (einzige) Geodätische.

Beispiel 2. Es sei H, die obere
Halbebene von $\mathbb{R}^2$
$H = \{(x, y) \in \mathbb{R}^2 : y > 0\}$. Die
Riemann-Metrik auf H
wurde von Poincaré auf fol-
gende Weise eingeführt:

$$g_{11} = g_{22} = \frac{1}{y^2}, \quad g_{12} = g_{21} = 0.$$

Das Differential ds_H der Länge auf H hat also die Form

$$ds_H = \sqrt{\frac{dx^2 + dy^2}{y^2}}.$$

Man rechnet nach, daß geodätische Linien die Geraden
$y = \text{const}$, und Halbkreise, die die y-Achse orthogonal schneiden, sind. Die Poincaré-Metrik ds_H ist ganz anders als die Euklidische: Man sieht, daß die Entfernung eines Punktes (x, y) von
der Geraden $y = 0$ (die zum Raume H *nicht* gehört) unendlich ist.
Das 5. Euklidische Axiom ist nicht erfüllt: durch einen Punkt P,

211

der auf einer Geraden 1 *nicht* liegt, gehen unendlich viele Geraden, die 1 nicht schneiden. Wir haben es also mit einer nichteuklidischen »Ebene« zu tun, wo die Bolyai-Lobečewski-Geometrie gilt.

Man kann zeigen, daß der Raum H eine konstante, negative (Gaußsche) Krümmung $K_H = -4$ hat; diese »Ebene« ist also *nicht* »flach«. Es entstand die Frage, ob man H in den 3-dimensionalen Euklidischen Raum $\mathbb{R}^3$ einbetten kann. Die negative Antwort wurde 1900 durch D. Hilbert gegeben: es ist unmöglich, die Poincaré-Ebene H *isometrisch* in $\mathbb{R}^3$ einzubetten.

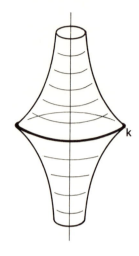

Man könnte meinen, daß die Pseudosphäre (vgl. Fig.): eine Drehfläche, die man bekommt, wenn man die Tractrix dreht, eine Fläche mit derselben Metrik wie H ist, die doch in $\mathbb{R}^3$ isometrisch eingebettet ist. Aber die Pseudosphäre hat Singularitäten: den Kreis k, wo die Fläche nicht glatt, das heißt nicht differenzierbar ist.

Es entstand das schwierige Problem, ob man einen Riemannschen Raum als eine n-dimensionale Fläche in einem hochdimensionalen Euklidischen Raum $\mathbb{R}^m$ betrachten kann. Die positive Antwort wurde erst nach achtzig Jahren durch John Nash 1954/55 gegeben: dazu braucht man $m \geqslant \frac{3}{2}n^3 + 7n^2 + \frac{11}{2}n$.

Dieses wunderbare Ergebnis hat eine tiefe philosophische Bedeutung.

Schlußbemerkung. Man zeigt, daß die Koeffizienten A_{ij}^k des Levi-Civita-Zusammenhangs sich durch die Koeffizienten g_{ik} der Riemannschen Metrik folgendermaßen bestimmen:

$$A_{ij}^k = \frac{1}{2} \sum_{l=1}^{n} g^{kl} \left(\frac{\partial g_{li}}{\partial x^j} + \frac{\partial g_{lj}}{\partial x^i} - \frac{\partial g_{ij}}{\partial x^l} \right),$$

wobei (g^{kl}) die inverse Matrix zu (g_{ij}) ist.

5. Die Idee der Riemannschen Fläche. Satz von Riemann-Roch. Uniformisierungstheorie

Wir kommen jetzt zu den vielleicht tiefsten, schönsten und lebendigsten Ideen der Mathematik, die durch den bedeutendsten Mathematiker aller Zeiten, Bernhard Riemann, konzipiert und durch die größten Mathematiker des 19. und 20. Jahrhunderts weiterentwickelt wurden.

Die Geschichte begann mit scheinbar sehr prosaischen Bemühungen in der Integralrechnung: der Berechnung von sogenannten *elliptischen Integralen*

$$F(x) = \int_a^x \frac{dt}{\sqrt{at^3 + bt^2 + ct + d}}.$$

Elliptische Integrale wurden zuerst von L. Euler, Gauß und Legendre erforscht. Aber erst die große Idee von Nils-Hendrik Abel (1827—29), Integrale auf der komplexen Ebene $\mathbb{C}$ zu untersuchen und die Umkehrfunktion F^{-1} von F zu betrachten, führte die Theorie auf ein ganz neues Niveau. Abel entdeckte (und ein Jahr später C. G. Jacobi), daß die Funktion $\Theta = F^{-1}(\cdot)$ *zwei* komplexe Perioden hat, das heißt, es gibt zwei komplexe Zahlen $\omega_1, \omega_2 \in \mathbb{C}$, so daß $\Theta(z + k\omega_1 + l\omega_2) = \Theta(z)$, für beliebiges z und beliebige ganze Zahlen $k, l \in \mathbb{Z}$. Abel bewies andere grundlegende Sätze über elliptische Funktionen. Bald nach Abels Tod hatte Jacobi diese Theorie verlassen. (Galois' Untersuchungen blieben Jahrzehnte unbekannt.)
Integrand eines elliptischen Integrals $x \to (ax^3 + bx^2 + cx + d)^{-1/2}$ ist eine algebraische Funktion, das heißt, genügt einer algebraischen Gleichung

$$R(z, w) = w^n + a_1(z) w^{n-1} + \cdots + a_n(z) = 0$$

mit rationellen Koeffizienten $a_1(\cdot), \ldots, a_n(\cdot)$.
Die geniale Idee von Riemann war — um die Mehrdeutigkeit zu vermeiden —, Funktionen auf Flächen zu betrachten, die der Ebene $\mathbb{C}$ oder der Sphäre S^2 überlagert sind. Um diese unerwartete Wendung zu begreifen, müssen wir einige Begriffe der komplexen Analysis, das heißt der Analyse auf Gebieten von $\mathbb{C}$ und

allgemeiner auf komplexen Mannigfaltigkeiten X (mit Modell
ℂ) entwickeln. Schon Augustin Cauchy wußte, daß komplexe Differenzierbarkeit einer komplexwertigen Funktion f:O→ℂ (wo O ⊂ ℂ), das
heißt die Existenz der Ableitung

$$O \ni z \to f'(z) := \lim_{h \to 0} \frac{f(z+h) - f(z)}{h},$$

die stetig ist, unvergleichlich weiter tragende Konsequenzen als
reelle Differenzierbarkeit hat. Um diese Eigenschaft hervorzuheben, spricht man von *holomorphen*, von stetig-komplex differenzierbaren Funktionen. Wir werden die Menge der Holomorphen in O ⊂ ℂ Funktionen mit A(O) bezeichnen. Eine kom-
plexwertige Funktion f:O→ℂ kann als ein Vektorfeld auf O betrachtet werden. Wenn man den reellen und den imaginären Teil
von f trennt:

$$f = u + iv, \text{ wo } u(z), v(z) \in \mathbb{R}, z \in O,$$

und z = x + iy schreibt, dann kann man zeigen, daß »holomorph« folgendes bedeutet: Die Funktionen u, v genügen den
»Cauchy-Riemann«-Gleichungen

$$(C\text{-}R) \quad \frac{\partial u}{\partial x} = \frac{\partial v}{\partial y}, \quad \frac{\partial v}{\partial x} = -\frac{\partial u}{\partial y}.$$

Daraus folgt, daß u und v der Laplace-Gleichung genügen

$$(5.1) \quad \Delta u := \frac{\partial^2 u}{\partial x^2} + \frac{\partial u}{\partial y^2} = 0, \quad \Delta v = 0.$$

Funktionen, die Lösungen der Laplace-Gleichung sind, heißen
harmonische Funktionen, und sie haben viele schöne Eigenschaften: sie genügen dem Maximum-Prinzip: Eine nichtkon-
stante harmonische Funktion in O nimmt kein Maximum (und
Minimum) an. Eine auf ganzer Ebene $\mathbb{R}^2$ beschränkte harmonische Funktion ist eine Konstante. Harmonische Funktionen sind
analytisch, das heißt, sie lassen sich in Potenzreihen entwickeln.
Daraus folgen entsprechende Sätze für holomorphe Funktionen:

214

(5.2) *Maximum-Prinzip.* ($f \in A(O)$, und $|f(z_0)| \geqslant |f(z)|$ für ein z_0 und alle $z \in O$) ($f = $ const).

Holomorphe Funktionen sind analytisch, das heißt

$$(5.3) \quad (f \in A(O)) \Rightarrow \left(f(z) = \sum_{k=\cdot}^{\infty} a_k z^k \right).$$

Aus diesem Satz folgt der sehr merkwürdige

(5.4) *Identitätssatz.* Es seien f, $g \in A(O)$ und $f(z) = g(z)$ in einem beliebig kleinen Kreis um z_0 (vgl. Abb. rechts), dann sind beide Funktionen auf ganzem O identisch: $f(z) = g(z)$ für alle $z \in O$.

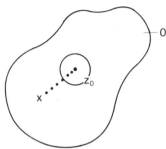

Bemerkung. Es genügt, vorauszusetzen, daß f und g auf einer ganzen z_0 konvergierenden Punktfolge

$z_k \to z_0$ gleich sind: $f(z_k) = g(z_k)$, $k = 1, 2, \ldots$, dann: $f = g$.

Der Identitätssatz zeigt, daß die holomorphe Funktion ein »Organismus« ist: sie ist eine Ganzheit, die man nicht lokal ändern kann, ohne sie gleichzeitig global abzuändern. Deswegen ist die Theorie der holomorphen Funktionen eines der schönsten Gebiete der Mathematik.

Aus dem Identitätssatz folgt weiter, daß singuläre Punkte von f, das heißt Stellen, wo f nicht differenzierbar ist, isoliert sind: sie haben keinen Häufungspunkt. Riemann hatte entdeckt, daß Singularitäten äußerst wichtig sind: *Wenn man Singularitäten einer Funktion kennt, dann kennt man diese Funktion wohl!* Funktionen, die nur Pole als Singularitäten besitzen, heißen »meromorph«. Meromorphe Funktionen in O werden mit $M(O)$ bezeichnet.

Beispiele: 1. Funktionen $\sin z$, $\cos z$, e^z, Polynome sind holomorph.

2. Funktionen $\dfrac{1}{z}$, rationelle Funktionen, das heißt Quotienten

von Polynomen: $\dfrac{a_0 + a_1 z + \cdots + a_k z^k}{b_0 + b_1 z + \cdots + b_n z^n}$ und allgemeiner: Quotienten von holomorphen Funktionen $\dfrac{f}{g}$ sind *meromorph.*

Man kann meromorphe Funktionen auch eleganter charakterisieren: Als Riemannsche Sphäre $\mathbb{P}(\cong S^2)$ bezeichnet man die komplexe Mannigfaltigkeit, die man durch Zufügung des »unendlich fernen Punktes« ∞ zu $\mathbb{C}$ bekommt (vgl. Abbildung rechts). $\mathbb{P}$ bekommt man durch stereographische Projektion: der Sphäre auf

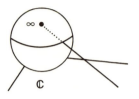

die Ebene $\mathbb{C}$. Man bekommt auf diese Weise die ein-eindeutige Abbildung von $S^2 - \{\text{Nordpol}\}$ auf $\mathbb{C}$. Dem Nordpol ordnet man den Punkt $\{\infty\}$ zu. Da S^2 kompakt ist, ist auch $\mathbb{P}$ kompakt, was von großem Vorteil ist: auf $\mathbb{P}$ gibt es nur konstante holomorphe Funktionen, was aus dem Maximum-Prinzip folgt.

Definition. $(f \in M(O)) \Leftrightarrow (f$ ist eine holomorphe Abbildung von O in $\mathbb{P})$. $M(O)$ — meromorphe Funktionen auf O. Dabei sind Pole von f diejenigen Punkte, die in den $\{\infty\}$ abgebildet werden.

Die Riemannsche Fläche ist eine 2-dimensionale, zusammenhängende holomorphe Mannigfaltigkeit X. »Zusammenhängend« bedeutet, daß man zwei beliebige Punkte von X durch eine Kurve verbinden kann. »Holomorph« bedeutet, daß der Atlas $(\varphi_i)_{i \in I}$ von X nur aus solchen Karten besteht, die holomorph verträglich sind, das heißt, falls $O_i \cap O_j \neq \emptyset$, dann ist $\varphi_i \circ \varphi_j^{-1}$ holomorph. Da aus »holomorph« »differenzierbar« folgt, aber nicht umgekehrt, ist jede holomorphe Mannigfaltigkeit auch differenzierbar, aber nicht umgekehrt.

Meromorphe Funktionen auf einer Riemannschen Fläche X sind holomorphe Abbildungen von X in $\mathbb{P}$.

Beispiele Riemannscher Flächen. $\mathbb{C}$, $\mathbb{P}(\cong S^2)$, jede offene zusammenhängende Menge von $\mathbb{C}$ also

H — die obere Halbebene

$\mathbb{D} = \{z \in \mathbb{C} : |z| < 1\}$ — der Einheitskreis.

Komplexe Tori. Es seien $\omega_1, \omega_2 \in \mathbb{C}$, eine reelle Basis von $\mathbb{R}^2 = \mathbb{C}$. Es sei $\Gamma(\omega_1, \omega_2) := \mathbb{Z}\omega_1 + \mathbb{Z}\omega_2 = \{k\omega_1 + l\omega_2 : k, l \in \mathbb{Z}\}$.

Zwei komplexe Zahlen z_1, z_2 heißen Γ-äquivalent, falls $z_1 - z_2 \in \Gamma(\omega_1, \omega_2)$. Klassen von Γ-äquivalenten Punkten von $\mathbb{C}$ bilden einen Torus $\mathbb{T}(\omega_1, \omega_2)$. Man sieht leicht, daß $\mathbb{P}$, S, $\mathbb{T}$ kompakt sind.

H und $\mathbb{D}$ sind biholomorph; in der Tat:

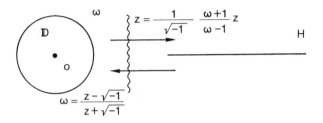

sind gesuchte biholomorphe Abbildungen.

Funktionenkeime. Analytische Fortsetzung
(Carl Weierstraß)

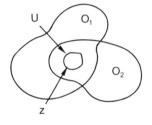

Der Identitätssatz legt die folgende Begriffsbildung nahe: Es seien f, g zwei holomorphe Funktionen

$$f : O_1 \to \mathbb{C}, \ g : O_2 \to \mathbb{C}$$

und es sei $z \in O_1 \cap O_2$ (vgl. Abb.). Wenn es eine solche Umgebung $U \subset O_1 \cap O_2$ von z gibt, daß $f = g$ auf U, dann sagt man: »f und g haben denselben *Keim* in z«, und man schreibt $f_{\bar{z}} g$; $\bar{z}$ ist eine Äquivalenz-Relation, und man kann die Äquivalenzklasse in bezug auf die Relation nehmen. Sie wird der holomorphe *Funktionenkeim* von f genannt und mit f_z oder $[f]_z$ bezeichnet. Dieser Begriff stammt von Weierstraß, der den Keim f_z »Funktionselement von f« genannt hatte und durch eine Potenzreihe

$$\sum_{n=0}^{\infty} a_n (\zeta - z)^n \quad \text{realisiert dachte.}$$

217

Von Weierstraß stammt auch der äußerst wichtige Begriff der *analytischen Fortsetzung*: Es sei in einer Umgebung $U_0 \subset O$ des Punktes z_0 eine holomorphe Funktion f_0 (oder der Funktionskeim f_{z_0}) gegeben. Es sei $z \in O$ und c eine Kurve, die z_0 mit z verbindet, das heißt $c : [0, 1] \to O$ und $c(o) = z_0$, $c(1) = z$. Es kann passieren, daß wir eine Kette offener Gebiete

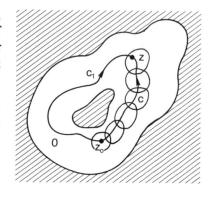

$U_0, U_1, \ldots, U_k \ni z$ haben, die die Kurve c überdecken (vgl. Abb.) und eine Folge von holomorphen Funktionen $f_j \in A(U_j)$, $j = 1, \ldots, k$, so daß auf $U_{j-1} \cap U_j$ die Funktionen f_{j-1} und f_j gleich sind. Aus dem Identitätssatz folgt, daß es eine holomorphe Funktion F auf der Summe $U_0 \cup U_1 \cup U_2 \cup \ldots \cup U_k$ gibt, so daß die Einschränkung $F \mid U_j = f_j$, $j = 1, \ldots, k$ (das heißt $F(t) \equiv f_j(t)$ für $t \in U_j$). Wenn wir es mit solcher Situation zu tun haben, dann sagt man, »f_0 wurde durch eine analytische Fortsetzung längs c bis zum Punkte z fortgesetzt«, oder schöner: »der holomorphe Keim f_{z_0} wurde längs der Kurve c bis nach z analytisch fortgesetzt«. Es entsteht eine Frage: »Wenn wir einen *anderen* Weg (Kurve) c_1 (in O) von z_0 bis z nehmen und den Keim f_{z_0} analytisch bis z fortsetzen, bekommen wir denselben Keim in z?« Die Antwort gab Weierstraß in dem berühmten *Monodromiesatz* (von Weierstraß). Wenn man die Kurve c innerhalb von O in die Kurve c_1 stetig deformieren kann, dann bekommt man durch beide analytische Fortsetzungen denselben Keim in z (vgl. Abbildung rechts).

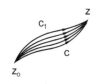

Mit anderen Worten, wenn man die geschlossene Kurve $c \cup c_1^{-1}$ innerhalb von O zu dem Punkt zusammenziehen kann, dann ist die analytische Fortsetzung eindeutig. Anderenfalls kann es wohl passieren, daß man auf verschiedenen Wegen zu verschiedenen Funktionskeimen gelangt (vgl. Abbildung und das nachfolgende Beispiel).

218

Beispiel. Komplexer Logarithmus
wird folgendermaßen definiert:

$$\log z := \int_{z_0}^{z} \frac{d\zeta}{\zeta},$$

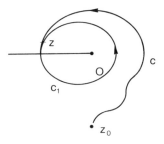

wobei wir längs einer Kurve c von
z_0 bis z integrieren. Wir müssen
nur den Nullpunkt $z=0$ meiden,
weil dort der Integrand $1/\zeta$ unend-
lich (daß heißt singulär) wird. Der Leser wird sich leicht überzeugen, daß, wenn wir über eine geschlossene Kurve, die 0 im
Inneren enthält, integrieren, das Integral *nicht* verschwindet,
sondern ein Vielfaches von $2\pi\sqrt{-1}$ ist.
Wir bekommen also durch analytische Fortsetzungen eine unendlich vieldeutige »Funktion«

$$\log z = \log z + k\,2\pi i, \ k \in \mathbb{Z}.$$

Jetzt hatte Riemann eine großartige Idee: Er nahm alle Funktionskeime, die sich auf allen möglichen Wegen in der Ebene $\mathbb{C}$
aus dem Keim f_{z_0} durch analytische Fortsetzungen gewinnen lassen. Mit anderen Worten: er ließ den Keim f_{z_0} holomorph wachsen und zeigte, daß alle diese Keime sich zu einer Riemannschen Fläche $X = X(f_{z_0})$ organisieren lassen und zu einer holomorphen Funktion $F : X \to \mathbb{C}$ auf dieser Fläche führen.
Wir haben ein Quadrupel $(X, p, \mathbb{P}, F)$, das folgendermaßen definiert ist:

1° X ist die Menge aller Fortsetzungen des Keimes f_{z_0},
2° $p : X \to \mathbb{P}$ ordnet einem Keim f_z in $z \in \mathbb{P}$ den Punkt z zu,
    das heißt $p(f_z) := z$.
3° $F(f_z) := f(z)$, wo f ein Repräsentant des Keimes f_z ist.

Definition. $(X, p, \mathbb{P}, F)$ heißt die *maximale analytische Fortsetzung des Keimes* f_{z_0}.
Bemerkung. Die Idee der maximalen Fortsetzung stammt von
Riemann, aber die Präzisierung dieser schwer verstehbaren Idee
stammt vom jungen Hermann Weyl (1913). Wir könnten den

oben konstruierten Überlagerungsraum $p:X \to \mathbb{P}$ etwas eleganter beschreiben: Wir bilden die Menge $A_{\mathbb{P}}$ aller holomorphen Funktionskeime über $\mathbb{P}$; dieser Raum ist sehr groß: er zerfällt in sehr viele zusammenhängende Untermengen — jede von ihnen ist eine Riemannsche Fläche. Es sei $\varphi \in A_{\mathbb{P}}$ der Keim f_{z_0}. X ist die zusammenhängende Untermenge von $A_{\mathbb{P}}$, die den Keim φ enthält.

Man kann dieselbe Konstruktion für meromorphe Funktionskeime wiederholen, die (statt auf der Riemann-Sphäre $\mathbb{P}$) auf einer beliebigen Riemannschen Fläche M wachsen.
Der Begriff des Überlagerungsraumes $p:X \to M$ stammt von Hermann Amandus Schwarz (etwa 1870); er wurde weiter von Klein, Poincaré, Koebe, Weyl ... entwickelt und in dem klassischen Werk von H. Weyl: »Idee der Riemannschen Fläche« (1913) kodifiziert.
Es ist höchst interessant, daß die Axiomatik des topologischen Raumes, die von Felix Hausdorff 1914 gegeben wurde, auf den von H. Weyl entwickelten Ideen fußt.
Universelle Überlagerungsfläche. Jede Riemannsche Fläche Y besitzt viele Überlagerungsflächen (vgl. obige Konstruktion). Unter ihnen ist die »stärkste« $\tilde{p}:\tilde{Y} \to Y$, die alle anderen überlagert. Man kann zeigen (vgl. Maurin (2) oder Forster), daß diese Riemannsche Fläche $\tilde{Y}$ *einfach* zusammenhängend ist, daß sie also keine Löcher besitzt: präziser gesagt, jede geschlossene Kurve auf $\tilde{Y}$ läßt sich stetig zu einem Punkt deformieren (zusammenziehen). Hier einige

Beispiele: 1. Der Einheitskreis $S^1 = \{z \in \mathbb{C} : |z| x = 1\}$ hat als universellen Überlagerungsraum die Gerade: reelle Achse $\mathbb{R}$.

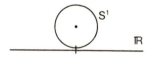

2. Ein komplexer Torus $\mathbb{T}$ besitzt als Überlagerungsfläche die komplexe Ebene $\mathbb{C}$; da $\mathbb{C}$ einfach zusammenhängend ist, ist $p:\mathbb{C} \to \mathbb{T}$ universelle Überlagerung von $\mathbb{T}$.
Einer der wichtigsten Sätze der komplexen Analyse ist der von Riemann geahnte, aber erst fünfzig Jahre später von Paul Koebe und Henri Poincaré bewiesene
Uniformisierungssatz (Koebe-Poincaré 1907). Jede Riemannsche Fläche X hat eine universelle Überlagerungsfläche $p:\tilde{X} \to X$, wobei $\tilde{X}$ entweder

1° $\mathbb{P}\,(\cong S^2)$ — »elliptischer Fall«

2° oder $\tilde{X} = \mathbb{C}$ — der »parabolische Fall«

3° oder $\tilde{X} = H$ (Poincaré-Halbebene) — der »hyperbolische Fall«

sein kann.

Bemerkung. Das bedeutet, daß die *einfach* zusammenhängende Riemannsche Fläche nur $\mathbb{P}$, $\mathbb{C}$ oder $H\,(\cong \mathbb{D})$ sein kann. *Riemannsche Flächen sind meistens von hyperbolischem Typus,* das heißt, ihre universelle Überlagerungsfläche in die obere Halbebene H (oder der Einheitskreis $\mathbb{D}$). Wie wir wissen, sind H oder $\mathbb{D}$ Modelle der nicht-Euklidischen Geometrie. Hier haben wir einen tiefen und unerwarteten Zusammenhang zwischen komplexer Analyse und nicht-Euklidischer Geometrie. Der zweite Teil der Uniformierungstheorie besagt, wie man von der universellen Überlagerungsfläche $p : \tilde{X} \to X$ wieder X bekommt. Dazu muß man den Begriff der Gruppe von Decktransformationen von $p : \tilde{X} \to X$ bilden. Es sei Γ die Gruppe aller holomorphen Selbstabbildungen γ von $\tilde{X}$, die jede Fiber $p^{-1}(x)$, $x \in X$ in sich überführen, das heißt

gilt. Diese Gruppe wird mit Deck $(\tilde{X} \xrightarrow{P} X)$, oder einfacher, mit Deck $(\tilde{X}/X)$ bezeichnet. Poincaré hatte ihr Bildungsgesetz gefunden: er zeigte, daß die Gruppen Deck $(\tilde{X} \xrightarrow{P} X)$ und $\pi_1(X)$ isomorph sind. Dabei wird die von ihm entdeckte Gruppe $\pi_1(X)$ — die »*Fundamentalgruppe von X*« genannt — folgendermaßen konstruiert:

Man nimmt einen beliebigen (festen) Punkt $x_0 \in X$ und teilt alle geschlossenen Kurven $c : [0, 1] \to X$, die Anfangs- und Endpunkt x_0 haben, in Klassen ein. Zu derselben Klasse gehören Kurven c_1, c_2, die sich ineinander stetig deformieren lassen (wie man heute sagt: die homotop sind). Man zeigt leicht, daß diese Äquivalenzklassen (in natürlicher Weise) eine Gruppe, eben die Fundamentalgruppe $\pi_1(X)$ von X bilden. Es gilt der

Satz (von Poincaré). Die Gruppen Deck $(\tilde{X} \xrightarrow{P} X)$ und $\pi_1(X)$ sind isomorph, das heißt, es gibt eine topologische Abbildung von Deck $(\tilde{X} \xrightarrow{P} X)$ auf $\pi_1(X)$.

Zwei Punkte $\tilde{x}_1$ und $\tilde{x}_2$ von $\tilde{X}$ heißen Γ-äquivalent, wenn es eine Decktransformation $\gamma \in \Gamma$ gibt, daß $\gamma \tilde{x}_1 = \tilde{x}_2$. Geometrisch formuliert: beide Punkte $\tilde{x}_1, \tilde{x}_2$ liegen auf demselben Γ-Orbit. Die Menge dieser Orbite (oder Γ-Äquivalenzklassen) wird mit $\tilde{X}/\Gamma$ bezeichnet (und Quotientenraum genannt).
Der 2. Teil der Uniformisierungstheorie ist der
Satz (Koebe-Poincaré). Die Riemannsche Fläche X ist biholomorph dem Raume $\tilde{X}/\Gamma$, das heißt

$$X \cong \tilde{X}/\Gamma.$$

Bemerkung. Da — wie man beweisen kann — jede Riemannsche Fläche vom Geschlecht g > 1 hyperbolisch ist und die Gruppe $\Gamma \equiv$ Deck $(\tilde{X} \xrightarrow{P} X)$ diskret ist, verstehen wir den poetischen, vorher zitierten Ausspruch von Hermann Weyl:»Die Riemannsche Fläche ist ein nicht-Euklidischer Kristall«.
Kehren wir jetzt zum Ausgangspunkt der grandiosen Theorie von Riemann zurück: zu den algebraischen Funktionen. Riemann erkannte, daß zu jeder algebraischen Funktion f eine *kompakte*, oder, wie man auch sagt, eine geschlossene Riemannsche Fläche X(f) gehört. Aber auch das Umgekehrte ist wahr: es gilt der schöne
Satz (von Riemann). Eine Funktion f ist algebraisch dann und nur dann, wenn ihre Riemannsche Fläche X(f) geschlossen (das heißt kompakt) ist.
Bemerkung. Algebraische Geometer nennen kompakte Riemannsche Flächen »algebraische Kurven« — der Satz von Riemann erklärt diese, auf den ersten Blick kuriose, Bezeichnung.
Wir schließen diesen Bericht über die Riemannsche Funktionentheorie mit dem vielleicht wichtigsten Satz der ganzen Mathematik:
Der Riemann-Rochsche Satz (R-R). Dieser Satz ist bestimmt der wichtigste Satz der globalen Analyse. Er erinnert sehr an den Gauß-Bonnet-Satz der globalen Differentialgeometrie. Zuerst müssen wir meromorphe Differentialformen, oder, wie man frü-

222

her sagte, meromorphe Differentiale auf einer kompakten Riemannschen Fläche X definieren:

Es sind Differentiale auf X, die sich lokal als $hOdz$, wo $hO \in M(O)$, darstellen lassen. Falls hO holomorph ist, nennt man $hOdz$ *Abelsches Differential 1. Gattung.*

Das Problem von Riemann-Roch ist, die Dimensionen von Räumen meromorpher Funktionen und Differentialen auf einer geschlossenen Fläche X zu bestimmen.

Divisoren. Es seien $a_1, a_2, \ldots, a_r$ und $b_1, \ldots, b_s$ Punkte auf X. Ein *Divisor* auf X ist eine formelle lineare Kombination

$$D = m_1 a_1 + \cdots + m_r a_r - n_1 b_1 - n_2 b_2 - \cdots - n_s b_s,$$

wo alle m_j, n_j nichtnegative ganze Zahlen sind.

Man nennt die Zahl

$$m_1 + \cdots + m_r - n_1 - \cdots - n_s = :\mathrm{Grad}(D).$$

Es ist klar, daß der Grad eines Divisors eine topologische Invariante ist (er hängt nicht von der Lage der Punkte $a_1, \ldots, a_r, b_1, \ldots, b_s$ ab!). Wir bilden jetzt zwei komplexe Vektorräume, und zwar:

$H^0(X, D) = \{f \in M(X) : f$ hat *höchstens* einen Pol der Ordnung m_j in a_j — und keine anderen Pole, und f hat *mindestens* eine Nullstelle der n_k-ten Ordnung an der Stelle $b_k\}$. Ähnlich definieren wir den Raum $H^1(X, D) = \{$der Vektorraum meromorpher Differentiale auf X, mit Polen höchstens m_j-ter Ordnung in a_j, und Nullstellen mindestens n_k-ter Ordnung an der Stelle $b_k\}$. Man beweist, daß diese Räume endlich-dimensional sind, und falls g das Geschlecht von X ist, gilt der *Satz von Riemann-Roch:*

(R-R) $$\boxed{\dim_{\mathbb{C}} H^0(X, D) - \dim_{\mathbb{C}} H^1(X, D) = \mathrm{Grad}(D) + 1 - p.}$$

Korollar. Es sei $D = 0$. Das heißt, $H^0(X, 0)$ ist der Raum holomorpher Funktionen auf X (meromorphe Funktionen ohne Pole!). Ähnlich ist $H^1(X, 0)$ der Raum holomorpher Differentiale. Da X kompakt ist, wissen wir, daß einzig holomorphe Funktionen auf X konstant sind, also $\dim_{\mathbb{C}} H^0(X, 0) = 1$. Da der Grad des Null-Divisors 0 ist, haben wir aus (R-R)

$1 - \dim_{\mathbb{C}} H^1(X, 0) = 0 + 1 - p$. Also ist *das Geschlecht p einer kompakten Riemannschen Fläche X gleich der Zahl der linear unabhängigen* Abelschen Differentialen 1. Gattung auf X, also eine topologische Invariante. Man könnte also auf analytische Weise das Geschlecht von X definieren.

Bemerkung. Die Formel von Riemann-Roch könnte man auch folgendermaßen schreiben:

$$(R\text{–}R) \quad \dim_{\mathbb{C}} H^0(X, D) - \dim_{\mathbb{C}} H^1(X, D) - \operatorname{Grad} D = \frac{1}{2} E(X).$$

Wir sind also wieder zu der Eulerschen Charakteristik $E(X)$ der Fläche zurückgekehrt. Unser langer Weg hat sich geschlossen, aber wir sind hoffentlich nicht dieselben geblieben: wir sind vielen außerordentlichen Phänomenen begegnet.

6. Symmetrie. Gruppendarstellungen. Harmonische Analyse

> Am Anfang war die Symmetrie
>
> W. Heisenberg

Der Mensch ist für Symmetrien sehr empfindlich, und noch empfindlicher für jede Symmetrieverletzung. Man kann den Symmetriebegriff streng erst mit Hilfe von Transformationsgruppen erfassen: Wir haben einen (mathematischen) Raum X und betrachten alle Selbstabbildungen dieses Raumes. Sie bilden eine Gruppe Aut(X) — die Automorphismengruppe des Raumes X.

Wie wir bereits wissen, ist ein geometrischer Raum X eine Punktmenge, die mit mehreren Strukturen ausgestattet ist, zum Beispiel mit einer Metrik d. Dann versteht man unter Aut(X, d) die Gruppe von Isometrien des metrischen Raumes (X, d). Man betrachtet oft nicht die ganze Gruppe Aut(X), sondern eine Untergruppe von ihr, zum Beispiel die endliche Gruppe der Drehungen des Kartesischen Raumes $\mathbb{R}^3$, die einen Platonischen Körper (zum Beispiel Tetraeder {3, 3}) in sich überführen. Wir bekommen dann die sogenannte »Tetraedergruppe«.

Wir sagen, daß eine Figur $F \subset \mathbb{R}^3$ symmetrisch in bezug auf eine Untergruppe G_F von Aut($\mathbb{R}^3$) ist, falls jede Selbstabbildung $g \in G_F$ die Figur F in sich abbildet. Man sagt dann auch, daß G_F die Symmetriegruppe von F ist. Je größer die Gruppe G_F ist, das heißt, je mehr Symmetrien die Figur F hat, desto symmetrischer ist sie. Die Sphäre S^2 hat sehr viele Symmetrien: ihre Symmetriegruppe G_{S^2} enthält *alle* Drehungen $0(3)$ des Raumes $\mathbb{R}^3$ (und Spiegelungen dazu). Deswegen wurde die Sphäre S^2 immer als etwas Vollkommenes betrachtet.

Viele der wichtigsten Aufgaben der Mathematik, aber auch der Physik könnte man folgendermaßen formulieren: *Bestimme alle Automorphismen eines mathematischen (physikalischen) Objektes.* Bei vielen wichtigen Objekten ist diese Aufgabe unendlich: Die Symmetriegruppe dieses Objektes ist unendlich. In der Geschichte der Mathematik hat es sich so glücklich gefügt, daß die erste Untersuchung dieser Art: die berühmte *»Galois-Theorie«*, auf eine endliche Symmetrie-Gruppe führt: die sogenannte »Galoisgruppe« einer algebraischen Gleichung

$$(x) \quad f(x) = a_n x^n + a_{n-1} x^{n-1} + \cdots + a_1 x + a_0$$

(die Koeffizienten $a_0, \ldots a_n$ sind rational).
Hier ist der »Raum« X die Menge der n Wurzeln $z_1, \ldots, z_n$ der Gleichung (x). Diese Theorie hatte Evarist Galois (1811–1832) seinem Freund in einem Abschiedsbrief am Vorabend seines durch ein törichtes Duell verursachten Todes geschrieben.
Hermann Weyl sagte öfters mit Nachdruck: »Ich wage die Behauptung, daß dieser Brief, auf die Originalität und Tiefe der darin niedergelegten Ideen hin beurteilt, das inhaltsreichste Stück Literatur ist, das wir besitzen.« Weyl dachte hier *nicht nur* an die mathematische Literatur! Kein Wunder, daß der Brief des 21jährigen Jünglings während vieler Jahrzehnte ein Buch mit sieben Siegeln blieb.
Aber auch für die Physik sind, wie das Zitat von Werner Heisenberg zeigt, Symmetriegruppen von physikalischen Systemen von fundamentaler Bedeutung. Zum Schluß dieses Absatzes möchte ich den Leser auf ein Kunstwerk hinweisen: das kleine Buch des alten Hermann Weyl: »Symmetrie«, in dem der große Meister der Mathematik und Physik seine Erfahrung und seine Weisheit

einem breiten Publikum schenken wollte. Dieses Büchlein schließt mit folgenden Worten:

»Symmetrie ist ein vielumfassender Gegenstand, bedeutungsvoll in der Kunst und in der Natur. Ihre Wurzeln liegen in der Mathematik, und man könnte kaum ein besseres Beispiel finden, um daran das Wirken des mathematischen Geistes zu führen. Ich hoffe, ich habe nicht ganz versagt, Sie einen Einblick in die mannigfaltigen Verzweigungen dieses Gegenstandes tun zu lassen und Sie die Stufenleiter von anschaulichen Vorstellungen zu abstrakten Ideen hinaufzuführen.«

(Das war etwa ein Jahr vor seinem Tode geschrieben!)

Darstellungen (Repräsentationen)

Von Leibniz stammt die Idee der Repräsentation oder Darstellung, aus der sich der Begriff der Funktion oder Abbildung entwickelt hatte. In der Mathematik wurde der Begriff der Darstellung einer (endlichen) Gruppe von F. G. Frobenius (1898) entdeckt, entwickelt und untersucht. Das führte zum Begriff des Homomorphismus oder Darstellung beliebiger mathematischer Strukturen einer Gruppe, eines Ringes, einer Algebra ... Wir erläutern diesen Begriff an zwei wichtigen *Beispielen:*
Es sei G eine Gruppe, zum Beispiel Drehungsgruppe des 3-dimensionalen Raumes dl. $G = 0(3)$ die Menge der reellen 3×3 Matrizen $g \in 0(3)$, wobei

(x) $(g \cdot x | g \cdot y) = (x | y)$, für beliebige $x \cdot y \in \mathbb{R}^3$,

$(\cdot | \cdot)$ bedeutet das Skalarprodukt im $\mathbb{R}^3$. Aus (x) folgt, daß die inverse Matrix g^{-1} auch orthogonal ist, das heißt, das Skalarprodukt invariant läßt. Die Drehungsgruppe wieder ist ein Beispiel des ungemein wichtigen, mathematischen Objektes der *Transformationsgruppe:*
Wir haben eine Mannigfaltigkeit (allgemeiner — eine Menge) X, und es interessiert uns die Menge $G \subset \text{Aut}(X)$ von invertierbaren Abbildungen von X auf X, $U_g : X \to X$, wobei U_g auch ein Element von G ist. Statt U_g schreibt man oft $g \cdot x$. Es gelten natürlich für G alle Gruppen-Axiome! Man sagt, daß die Gruppe G auf der Menge X *wirkt.*
Beispiel 1. Jede Gruppe G wirkt auf sich selbst:
$U_g(g_1) := g g_1, g, g_1 \in G.$

Beispiel 2. Wenn die Menge X endlich ist $X = \{x_1, x_2, \ldots, x_n\}$, dann spricht man statt von Transformationen von *Permutationen,* und $\text{Aut}(\{x_1, \ldots x_n\})$ nennt man symmetrische Gruppe Σ_n; sie hat n! Elemente. In der Geometrie ist X eine differenzierbare Mannigfaltigkeit, und man verlangt meistens, daß die Transformationsgruppe (U, X) differenzierbar wirkt, das heißt, daß alle Transformationen beliebig oft differenzierbar sind. Bei komplexen (analytischen) Mannigfaltigkeiten verlangt man meistens, daß die Transformationen biholomorphe (bianalytische) Abbildungen seien.

Wir haben es im Kapitel 2.2. mit endlichen Untergruppen der Drehungsgruppe $0(3)$ von $\mathbb{R}^3$ (oder der Einheitssphäre S^2) zu tun gehabt. Die fünf Untergruppen $\Gamma_{\{k, p\}} \subset 0(3)$ waren die Drehungen, die den Platonischen Körper $\{k, p\}$ in sich überführen: es sind die sogenannten Tetraeder-, Dodekaedergruppen usw.

Hier haben wir (wieder) ein Beispiel einer *diskreten* Untergruppe der *kompakten* Gruppe $0(3)$. Man sagt, daß die Transformationsgruppe G *transitiv* auf X wirkt, wenn es zu beliebigen zwei Punkten $x, y \in X$ eine Abbildung $g \in G$ gibt, daß $g \cdot x = y$. Man sagt, daß G *frei* (oder ohne Fixpunkte) auf X wirkt, wenn

$$(g \cdot x = x, \text{ für alle } g \in G) \Rightarrow (g = 1_G).$$

Ein Paar (G, X), wo G transitiv auf X wirkt, nennt man den homogenen (oder Kleinschen) Raum (G, X).

Beispiele:

1. Die Drehungsgruppe $0(3)$ hat (nur) einen einzigen Fixpunkt $x = 0 = (0, 0, 0)$, daher ist $(0(3), \mathbb{R}^3)$ kein Kleinscher Raum. Dafür ist $(0(3), S^2)$ ein homogener Raum, weil $0(3)$ transitiv und frei auf der S^2 wirkt.

2. Es sei E_3 die Gruppe von Euklidischen Bewegungen von $\mathbb{R}^3$, das heißt von Zusammensetzungen von Drehungen und Verschiebungen; dann ist $(E_3, \mathbb{R}^3)$ ein homogener Raum.

3. Natürlich ist jede Gruppe G in natürlicher Weise ein homogener Raum (G, G), wenn man die Wirkung wie früher als links-Multiplikation nimmt.

3.1. Der Kartesische Raum $\mathbb{R}^3$ (als Abelsche Gruppe von verschiedenen Verschiebungen betrachtet) ist also ein homogener Raum.

Diese Beispiele zeigen ausdrücklich, daß der homogene Raum ein Paar (G, X) und nicht die Mannigfaltigkeit X ist: wenn wir verschiedene Transformationsgruppen G_1, G_2 von X nehmen, bekommen wir verschiedene homogene Räume $(G_1, X) \neq (G_2, X)$, zum Beispiel $(E_3, \mathbb{R}^3) \neq (\mathbb{R}^3, \mathbb{R}^3)$.

4. In der Relativitätstheorie spielt die fundamentale Rolle der Minkowskische Raum $M_4(\mathbb{R}^4, < \cdot, \cdot >)$; er ist der 4-dimensionale reelle Raum mit der quadratischen Form:

$$\langle x, x \rangle := x_1^2 - x_2^2 - x_3^2 - x_4^2, \; x = (x_1, \ldots, x_4).$$

Die *homogene Lorentz-Gruppe* $L = 0(1, 3)$ ist die Menge von linearen Abbildungen von $\mathbb{R}^4$, die die quadratische »Minkowski-Metrik« $\langle \cdot, \cdot \rangle$ invariant lassen.

5. Poincaré-Gruppe P_4 (oder inhomogene Lorentz-Gruppe) ist die Gruppe von Minkowski-Bewegungen, das heißt von Superpositionen von Elementen

$\Lambda \in 0(1, 3)$ und Verschiebungen $a \in \mathbb{R}^4$, das heißt
$(\Lambda, a)(x) = \Lambda \cdot x + a.$

Wieder ist (P_4, M_4) ein homogener Raum. Die Lorentzgruppe $0(1, 3)$ ist viel komplizierter als die orthogonale Gruppe $0(4)$: die letzte ist, wie man leicht sieht, kompakt, weil die 4×4-orthogonalen Matrizen eine beschränkte und abgeschlossene Untermenge von $\mathbb{R}^{4^2}$ bilden — der Menge aller 4×4 reellen Matrizen. Dagegen ist die Lorentzgruppe $0(1, 3)$ nicht kompakt, aber lokalkompakt: das heißt, jeder Punkt Λ_0 von $0(1, 3)$ hat eine kompakte Umgebung.

Auch die Bewegungsgruppe E_3 ist lokal-kompakt, aber nicht kompakt, weil der Raum $\mathbb{R}^3$ — lokal kompakt, aber nicht kompakt ist.

6. In der Theorie der Überlagerungsräume der Riemannschen Fläche X haben wir äußerst wichtige diskrete Transformationsgruppen kennengelernt: die Gruppe $\Gamma = \text{Deck}\,(\tilde{X}/X)$ der Decktransformationen des Überlagerungsraumes $p : \bar{X} \to X$. Im Falle des universellen Überlagerungsraumes $\tilde{X} \to X$ darf man Deck $(\tilde{X}/X)$ mit der Fundamentalgruppe $\pi_1(X)$ des Raumes X identifizieren. Diese Automorphismengruppe des Überlagerungsraumes $\tilde{p} : \tilde{X} \to X$ wirkt transitiv und ohne Fixpunkte auf jeder Faser $\tilde{p}^{-1}(x)$, x beliebiger Punkt von X.

Nach diesen vielen Beispielen sind wir genügend vorbereitet, den wichtigsten Begriff der Darstellung einer (»abstrakten«) Gruppe G zu geben.

Definition. Es sei G eine Gruppe, das Paar (U, X) heißt eine Darstellung von G im Raum X, falls $1^0(U, X)$ eine Transformationsgruppe von X ist, $2^0 G \ni g \to U_g \in U$ ein Homomorphismus ist, das heißt

für alle $g_1, g_2 \in G$, $U_{g_1 g_2} = U_{g_1} \cdot U_{g_2}$, $U_{g-1} = (U_g)^{-1}$.

Bemerkung. Meistens ist X ein Vektorraum, und U_g sind lineare Automorphismen von X. In den meisten Anwendungen ist X ein endlich dimensionaler Raum $\mathbb{R}^n$ oder ein Hilbert-Raum H. In diesem letzten Falle werden untersucht *unitäre Darstellungen* von G, das heißt alle U_g sind unitäre Abbildungen des Hilbertschen Raumes $(H, (\cdot \mid \cdot))$.

Beispiel. Das wichtigste Beispiel einer unitären Darstellung einer Gruppe G ist das folgende:
es sei ein Riemannscher Raum (zum Beispiel ein $\mathbb{R}^3$ oder eine kompakte Riemannsche Fläche X) mit dem Volumenelement $d\mu$. Es sei (G, X) eine Transformations-Gruppe von X, die das Maß μ invariant läßt. Wir betrachten den Raum $L^2(X, \mu)$ aller komplexen Funktionen f auf X, für welche

$$(f \mid f) := \int f(x) \, \overline{f(x)} \, d\mu(x) < \infty.$$

Jede Abbildung $g : X \to X$ aus G induziert die Abbildung

$$U_g : L^2(X, \mu) \to L^2(X, \mu)$$

folgendermaßen: $(U_g f)(x) := f(g \cdot x)$. Da aber

$$\begin{aligned}
(U_g f_1 \mid U_g f_2) &= \int f_1(g \cdot x) \, \overline{f_2(g \cdot x)} \, d\mu(x) \\
&= \int f_1(x) \, \overline{f_2(x)} \, d\mu(g^{-1} \cdot x) \\
&= (f_1 \mid f_2); \text{ das bedeutet also:}
\end{aligned}$$

alle U_g sind unitär, und wir haben eine unitäre Darstellung der Transformationsgruppe (G, X) im Hilbertschen Raume $L^2(X, \mu) =: H$. Die obige Darstellung heißt *regulär*.
Ein äußerst wichtiger Spezialfall ist das folgende
Beispiel 1. $X = S^2$ mit dem (Drehungs-)invarianten Maß μ. Es sei $G = 0(3)$ die Gruppe der Drehungen (von $\mathbb{R}^3$). Der Hilbert-

Raum $L^2(S^2, \mu)$ ist unendlich dimensional, er enthält alle stetigen Funktionen auf der Sphäre S^2.

Beispiel 2. $X = \mathbb{R}^3$ mit dem Euklidischen — das heißt, mit dem Bewegungs-invarianten — Maß $d\mu = dx_1 dx_2 dx_3 = : d^3 x$. $H = L^2(\mathbb{R}^3, \mu)$ ist wieder unendlich dimensional.

In der Physik (also auch in der Mathematik) betrachtet man außer (Skalern) Funktionen auf $\mathbb{R}^3$ oder $\mathbb{R}^4$ oder anderen Mannigfaltigkeiten X auch Vektorfelder oder Tensorfelder (vgl. Kapitel 2.5). Es sind interessante Felder, die sich in bestimmter Weise transformieren. Diese Tensorfelder bilden höchst interessante Beispiele von Darstellungen einer Gruppe G.

Um ein Parade-*Beispiel* anzuführen, betrachten wir den Laplace-Operator Δ auf der Einheitssphäre S^2. Wir wissen, daß Δ Drehungs-invariant ist, das heißt (x) $L_g \Delta f = \Delta L_g f$, für jede Drehung $g \in 0(3)$

$$L_g f(x) := f(g \cdot x), \; x \in S^2.$$

Aus (x) folgt, daß der Raum $H^0(S)$ von harmonischen Funktionen (auch sphärische Funktionen genannt, engl.: spherical harmonics), das heißt von Lösungen der Laplace-Gleichung $\Delta f = 0$, einen unitären Darstellungsraum der Drehungsgruppe $G = 0(3)$ bildet. In der Tat: Es sei $f \in H^0(S^2)$, dann $L_g f \in H^0(S^2)$:

$$\Delta(L_g f) = L_g \Delta f = L_g 0 = 0.$$

Wir haben also eine unitäre Darstellung $(L, H^0(S^2))$ der Drehungsgruppe $G = 0(3)$ im Raume von harmonischen Funktionen $H^0(S^2)$ auf S^2. Man kann den wichtigen Satz beweisen:

Satz (Cartan—Weyl). Der Raum $H^0(S^2)$ ist ein *minimaler* invarianter Unterraum der unitären Darstellung $(L, L^2(S^2, \mu))$.

Definition. Eine (unitäre) Darstellung (U, H) der Gruppe G im (Hilbertschen) Raume H ist *irreduzibel,* falls es in H keinen in bezug auf U invarianteren echten Unterraum gibt.

Das wichtigste Problem der Gruppentheorie ist, irreduzible Darstellungen einer Gruppe G zu bestimmen, zu klassifizieren und eine beliebige, zum Beispiel reguläre Darstellung in die Summe von irreduziblen Darstellungen zu zerlegen. Dieses Programm wurde von Hermann Weyl für kompakte Gruppen durchgeführt. Harmonische Funktionen bilden also ein wichtiges Beispiel irreduzibler Darstellung. Das ist vielleicht der wichtigste Grund für

230

das Interesse an harmonischen Funktionen in der Physik und in der Mathematik.

Eine Zerlegung eines unitären Darstellungsraumes (U, H) in irreduzible Bestandteile nennt man, seit H. Weyl, *seine harmonische Analyse.* Der Grund dieser Terminologie ist etwa der folgende: Irreduzible Darstellungen der Translationsgruppe (L, $\mathbb{R}$) des eindimensionalen Raumes sind 1-dimensional:

$$H_\lambda := \{a\,e^{2\pi i\lambda x}, \text{wo } a \in \mathbb{C}\}, \lambda \in \mathbb{R}.$$

Die Exponentialfunktionen $x \to e^{2\pi i\lambda x}$ sind die »harmonischen« oder »einfachen Schwingungen«. Die harmonische Analyse des Hilbertschen Raumes $H = L^2(\mathbb{R})$ oder einer beliebigen Funktion $f \in H$ ist die Zerlegung von H in harmonische Schwingungen $H_\lambda, \lambda \in \mathbb{R}$, das heißt in die irreduziblen Darstellungen der Gruppe

$$L_g x := x + g, g \in \mathbb{R} \text{ der Translationen } L_g \text{ der reellen Achse.}$$

Die harmonische Analyse ist heute vielleicht der wichtigste Teil der ganzen Mathematik. Sie durchdringt alle Gebiete der Mathematik und der Physik. Eugen Wigner hatte 1939 eine höchst wichtige Entdeckung gemacht: Elementarteilchen seien irreduzible Darstellungen der Poincaré-Gruppe. Hier sehen wir wieder einen überraschenden Zusammenhang von Physik und Mathematik. Die Wignersche Arbeit war der Ausgangspunkt einer Flut von tiefen Untersuchungen nicht nur in der Physik: sie begründete einen der lebendigsten Zweige der heutigen Mathematik: die Darstellungstheorie nicht-kompakter Gruppen.

7. Mathematik und Physik

> Ein Physiker benutzt die Mathematik, die er kennt.

Auf vorstehenden Seiten wurde öfter auf intime Beziehungen von Mathematik und Physik hingewiesen: große Mathematiker waren meistens bedeutende Physiker und Astronomen — große Physiker haben die Mathematik unendlich bereichert. Es ist nicht möglich, die enge Verflochtenheit der beiden großen Wissenschaften in Vergangenheit und Gegenwart zu übersehen. *Mathematik ist nicht nur ein Instrument der Physik, sie ist ihre Sprache.* In den letzten Jahrzehnten war die Personalunion zwischen Physik und Mathematik oft zerrissen, aber in den letzten Jahren scheint die Kluft bereits vielfach überbrückt zu sein. Davon zeugen Namen bedeutender Vertreter beider Wissenschaften.

Da ich vor zwei Jahren einen Aufsatz »Mathematik als Sprache der Physik« publiziert habe, möchte ich hier die Argumente für obige These nicht wiederholen. Als schlagenden Beweis möchte ich nur wieder mathematische Strukturen der Physik tabellarisch zusammenstellen:

Mathematische Strukturen der Physik

Es ist immer gut — obwohl manchmal schmerzhaft — die Fakten (Tat-Sachen) sprechen zu lassen. Vor anderthalb Jahren wurde dem Verfasser die Aufgabe gestellt, ein »Trend Paper« zum Thema »The interface between physics and mathematics at university level« für die »International Conference on Physics Education« (Edinburgh 1975) zu schreiben. Er hat sich zum Teil dieser Aufgabe entledigt, indem er mathematische Strukturen in verschiedenen Teilen der Physik aufspürte und sie in einer Tabelle zusammenstellte. Damit aber diese nachstehende Tabelle lesbar würde, schien es ratsam, die mathematischen Strukturen zu gruppieren und zu numerieren.

Mathematische Strukturen (der Physik)

A. Algebraische Strukturen

1. Gruppen	10. Multilineare Abbildungen
2. Ringe	11. Graduierte Algebren
3. Körper	12. Tensoralgebren
4. Algebren	13. Graßmann-Algebren
5. (Homo-)Morphismen	14. Determinanten
6. Vektorräume (V.R.)	15. Clifford-Algebren
7. Lineare Abbildungen (Matrizen)	16. Spinoren
8. Dualität von V. R.	17. Lie-Algebren
9. Tensorprodukte	18. Graduierte Gruppen

232

B. Topologische Strukturen

19. Topologische Räume	23. Topologische Produkte
19'. Metrische Räume	24. Topologien in Abbildungsräumen
20. Stetigkeit (Halbstetigkeit)	men
20'. Gleichgradige Stetigkeit	25. Zusammenhang
21. Garben	26. Überlagungsräume
22. Lokalkompakte und parakompakte Räume	26'. Faserbündel

C. Algebraische und topologische Strukturen

27. Topologische Vektorräume	37. Topologische Gruppen
28. Konvexität	38. Überlagerungsgruppen
29. Lokalkonvexe Räume	39. Homogene Räume
30. Topologischer Dualraum eines Vektorraumes, Schwache Topologie	40. Topologische Transformationsgruppen
31. Extremalpunkte konvexer Mengen (Krein-Milman)	41. Kleinsche Räume
32. Kompakte (vollstetige) Abb.	42. Topologische Algebren
33. Normierte und Banach-Räume	43. Banach-Algebren
34. Hilbert-Räume	44. C*-Algebren
35. Hilbert-Schmidt-Abbildungen	45. Algebren der Operatoren im Hilbert-Raum (v. Neumann-Algebren)
36. Topolog. Tensorprodukte (Nuklearität)	

D. Borelsche Strukturen. Meßbarkeit. Integrierbarkeit

46. σ-Algebren	53. L^p-Räume (L^1, L^2, L^∞-Räume)
47. Borel-Mengen	
48. Meßbare Abbildungen	54. Vektorielle Masse (Bochnersches Integral)
49. Ergodizität (Mischen)	
50. Daniell-Stone Integral	55. Wiener-Integral
51. Radonsches Integral	56. Feynman-Integral
52. Integrierbare Funktionen (Mengen)	57. Direkte Integrale

E. Differenzierbare Strukturen

58. Differential (Ableitung) einer Abb.	61. Implizite Funktionen
59. Differenzierbare Abbildungen	62. Kritische Punkte (Morse-Theorie)
60. Analytische (holomorphe) Abbild.	63. Differentialoperatoren
	64. Differenzierbare Mannigfaltigkeiten (Banach-modelliert)

233

65. Differentialformen (Pfaffsche F.)
66. Tensorfelder (Tensor-Dichten)
67. Integration von Differentialformen (Stokes-Poincaré)
68. Linearer Zusammenhang (Kovariante Ableitung)
69. Komplexe Mannigfaltigkeiten

F. Differenzierbare und topologische (metrische) und algebraische Strukturen

70. Finslersche Räume
71. Riemannsche Räume (auch ∞-Dimensionale)
72. Riemannscher (Levi-Civita) Zusammenhang
73. Lie-Gruppen (und -Algebren)
74. Differenzierbare Faserbündel
75. Differenzierbare Vektorbündel (Reduktion d. Strukturgruppe)
76. Zusammenhänge in Vektorbündeln (Zusammenhangsform)
77. Krümmung und Torsion (d. Zusammenhangs)
78. Harmonische Formen
79. de Rham-Kohomologie (Charakteristische Klasse)
80. Spin-Strukturen
81. Elliptische Komplexe
82. Räume von differenzierbaren Funktionen
83. Sobolev-Räume
84. Distributionen von Schwartz
85. Kerne (Greensche Funktionen)
86. Symplektische Strukturen (starke und schwache)
87. Hamiltonsche Systeme
88. Lagrangesche Systeme

G. Spektral-Theorie — Gruppendarstellungen

89. Spektrum eines Operators
90. Spektrum einer C*-Algebra
91. Spektralmaße
92. Zerlegung in ein direktes Integral
93. Charakter-Gruppe einer Abelschen l.c. Gruppe (Dualität)
94. Positivdefinite Funktionen (u. Kerne)
95. Zerlegung einer unitären Darstellung in irreduzible (Faktor-) Darstellungen
96. Fourier-Stieltjes-Laplace Transformationen (Melin Tr.)
97. Fourier-Transformation eines Maßes (Distribution)

H. Wahrscheinlichkeit — Stochastizität

98. Wahrscheinlichkeitsraum
99. Unabhängigkeit
100. Entropie (Information)
101. Stochastische Prozesse
102. Markowsche Prozesse
103. Brownsche Bewegung

Tabelle

I Analytische Dynamik	Symplektische Mannigfaltigkeiten. Hamilton-sche- und Lagrangesche Systeme. Integralinvarianten. Gewöhnliche Differentialgleichungen. Variationsrechnung (einfacher Integrale). Hamilton-Jacobi Theorie. Theorie dynamischer Systeme. Lineare Zusammenhänge. Quadratische Formen. 58—68, 70, 71, 78, 1, 10, 14, 51, 48
II Hydrodynamik (Mechanik der Kontinua)	Partielle Differentialgleichungen (elliptische →Statik; hyperbolische →Dynamik) Variationsrechnung (mehrfache Integrale) Noethersche Sätze. Integralgleichungen. Harmonische Formen (alg. Potentialtheorie). Vektorbündel. Tensorenanalysis. ∞-dimensionale Mannigfaltigkeiten. Schwachsymplektische Strukturen. ∞-dimensionale Liegruppen. 1—18, 19—28, 46—53, 70—80, 82—92
III Gravitation. Allgemeine Relativitäts-Theorie	Alle Strukturen von II. Spinstrukturen. Globale Analysis
IV Elektrodynamik. Optik	Differentialformen. Harmonische Formen. Integralgleichungen — Elliptische Gleichungen. Hyperbolische Gleichungssysteme. Pseudodifferentialoperatoren. Variationsrechnung. ∞-dimensionale Hamiltonsche Systeme. Katastrophentheorie. Lagrangesche Mannigfaltigkeiten. 1—15, 46—53, 70—88, 96
V Quantenmechanik	Spektraltheorie. Fouriertransformation. Geometrische Quantisierung. Feynman-Integrale. Gruppendarstellungen. Imprimitivitätssysteme. Cliffordalgebren. Spinoren. Lokalkonvexe Räume. Extremalpunkte. Gelfand-Theorie. C*-Algebren. 1—40, 44—57, 89—97

Tabelle (Fortsetzung)

VI Quantenfeldtheo- rie. Elementar- teilchen	Alle Strukturen von V. v. Neumann-Algebren. Vektorielle Distributionen. Störungstheorie. Theorie Markowscher Felder (Euklidische Feldtheorie). ∞-dimensionale Cliffordalgebren. Mehrere komplexe Veränderliche. Hyperfunktionen. n-dimensionale Residuen.
VII Thermodynamik. Statistische Physik	Wahrscheinlichkeitstheorie. Parabolische Gleichungen. Allgemeine Integrationstheorie. Integralgleichungen. Wiener-Integrale und andere funktionale Integrale. Differentialformen. Stochastische Prozesse (Markow —, Brown(Wiener)-Prozesse). Ergodentheorie. C*-Algebren (C.C.R.) Störungstheorie. Einparametrige Gruppen von Operatoren. Formeln vom Trotter-Typus. 1—15, 27—45, 46—56, 98—102
VIII Plasmaphysik	Der ganze Apparat der Statistischen Physik (in VII). Nichtlineare Integrodifferentialgleichungen. Gewöhnliche und partielle Differentialgleichungen.
IX Festkörperphysik	Strukturen der Quantenmechanik (in V). Direkte Methoden der Variationsrechnung. Theorie d. Boltzmanngleichung. Gruppendarstellungen (endliche Gruppen). Theorie der Gitter. Θ-Funktionen. Quadratische Formen (Kleine Schwingungen).

Eine triviale Bemerkung: Selbstredend benutzen I-IX unablässig spezielle Funktionen, mathematische Statistik, numerische Methoden, Computer und in steigendem Maße Optimierung und Spieltheorie.

Die vorstehende Tabelle ist natürlich sehr fragmentarisch und — wie jede Tabelle — schematisch. Aber sogar diese sehr unvollständige Liste mathematischer Strukturen der Physik wird den Mathematiker überraschen (meistens angenehm: man freut sich, wenn man sieht, daß »man nützlich ist«). Bei vielen Physikern wird sie dagegen vielleicht unangenehme Gefühle erwecken: »Ist es wirklich notwendig, soviel Mathematik zu können?

Ich bin doch ein (sehr guter) theoretischer Physiker und kenne nur etwa 25% dieser Strukturen!« Dazu einige Worte zur Erläuterung dieser Tabelle: Der Physiker benutzt oft mathematische Strukturen unbewußt: Sie sind ihm so ins Blut übergegangen, daß er gar nicht merkt, daß er »in Prosa spricht« (Molière). Nehmen wir zum Beispiel die erste Zeile unserer Tabelle, »Analytische Dynamik«. Erst sehr spät (Ende des 19. Jahrhunderts) wurde von Poincaré bemerkt, daß schon bei den einfachsten mechanischen Problemen der Phasenraum eines Systems von n Freiheitsgraden kein $\mathbb{R}^{2n}$-Raum, sondern eine 2n-dimensionale (differenzierbare) Mannigfaltigkeit: eben T*(M), das Kotangentenbündel einer n-dimensionalen Mannigfaltigkeit M (des Konfigurationsraumes) ist. Diese tiefe, heute uns selbstverständlich scheinende Bemerkung (alles, was uns geläufig, was uns gewohnt ist, scheint uns klar, selbstverständlich-»trivial«) machte Poincaré in seiner berühmten Himmelsmechanik, »Méthodes Nouvelles de la Mécanique Céleste«. In diesem monumentalen Werk rief Poincaré viele ganz neue mathematische Theorien ins Leben, u. a. die Theorie der dynamischen Systeme, die sogenannte qualitative (topologische) Theorie der Differentialgleichungen, algebraische Topologie, etc. Er bemerkte, daß man, um Hamiltonsche Mechanik treiben zu können, eine symplektische Struktur haben muß, die im Falle des Phasenraumes T* (M) die wohlbekannte 2-Form $\Sigma\,dq_i \wedge dp_i$ ist (in der älteren Literatur »Bilineare Kovariante« genannt). Zu dieser Zeit, und zum großen Teil bei der Beschäftigung mit den Problemen der Dynamik, haben E. Cartan, Poincaré und S. Lie die Theorien der Differentialformen und Integralinvarianten geschaffen. Wie gesagt, die Theorie der kanonischen Transformationen (von Lie u. a.) ist jetzt für Physiker etwas ganz Selbstverständliches, aber man weiß jetzt, daß man, um darüber sprechen zu können, eine symplektische Struktur braucht, und kanonische Transformationen sind eben Abbildungen, die diese Struktur invariant lassen.

Physik als Quelle und Ursprung mathematischer Theorien

Kehren wir wieder zu unserer Tabelle zurück: Wenn wir sie »von rechts nach links« lesen, werden wir viele Gebiete, Teile und Theorien der Mathematik sehen, die ihre Entstehung der

Physik verdanken. Stellen wir eine sehr fragmentarische Liste zusammen: Ganz grob gesagt fast die ganze mathematische Analyse (also der Löwenanteil der Mathematik!) verdankt ihre Entstehung der physikalischen Problematik, und zwar Differential- und Integralrechnung (Newtonsche Mechanik), gewöhnliche Differentialgleichungen (Punktmechanik), Partielle Differentialgleichungen (Mechanik der Kontinua, Elektrizität und Magnetismus, Klassische Feldtheorie), Variationsrechnung einfacher Integrale (Punktdynamik und geometrische Optik), Variationsrechnung mehrfacher Integrale (Mechanik der Kontinua und »klassische« Feldtheorie), Integralgleichungen (Elektrostatik, Gravitation), Potentialtheorie (Elektrostatik, Gravitation), Dynamische Systeme (Himmelsmechanik), Ergodentheorie (Kinetische Gastheorie), Stochastische Prozesse, Wienersche Integrale (Brownsche Bewegung), Weiterentwicklung der Spektraltheorie, Abstrakter Hilbertscher Raum, Störungsrechnung, Feynman-Integrale, C*-Algebra, v. Neumannsche Algebren (Quantentheorie), Darstellung nichtkompakter Liescher Gruppen, ∞-dimensionale induzierte Darstellungen, Imprimitivitätssysteme (Elementarteilchen), viele Teile der Differentialgeometrie (Allgemeine Relativitätstheorie), Katastrophentheorie (Phasenübergänge, Geometrische Optik (Kaustiken), Linguistik, Embryologie), Fourieroperatoren (Geometrische Optik, Wellenmechanik), Geometrische Quantisierung (Quantentheorie).

Die oben zusammengestellten Fakten zeigen beredsam, daß Mathematik und Physik *nicht im hierarchischen Verhältnis stehen:* Mathematik ist nicht »fundamentaler« als Physik: sie ist ihre Sprache. Es drängt sich eine Frage auf: ist Mathematik auch die Sprache der Biologie? Trotz vielversprechender Ansätze der »Katastrophentheorie« von René Thom kann man diese Frage, meiner Meinung nach, *nicht* bejahen: Biologie lebt frisch und fröhlich praktisch ohne Mathematik (Statistik kann man zur Auswertung von Messungen und Fragebögen jeder Art benutzen!). Liegt das vielleicht daran, daß man in den Wissenschaften vom Leben kaum über eine Theorie im Sinne von Physik oder Astronomie sprechen kann?

8. Abschließende Bemerkungen. »Monadologie« von Erich Kähler

> »Die Mathematik ist ein Organ der Erkenntnis und eine unendliche Verfeinerung der Sprache. Sie erhebt sich aus der gewöhnlichen Sprache und Vorstellungswelt wie eine Pflanze aus dem Erdreich und ihre Wurzeln sind Zahlen und einfache räumliche Vorstellungen. Wir wissen nicht, welcher Inhalt die Mathematik als die ihm allein angemessene Sprache verlangt, wir können nicht ahnen, in welche Ferne und Tiefe dieses geistige Auge Mathematik den Menschen noch blicken läßt.«
>
> E. Kähler (1941)

Unsere Abhandlung kann als Kommentar und Versuch angesehen werden, diese wunderbare Einsicht von Erich Kähler verständlich und überzeugend zu machen. Ich gestehe, daß für mich zwei Aussagen: die von E. Wigner über Mathematik als Sprache der Physik und der oben zitierte Artikel von Kähler, »Über die Beziehungen der Mathematik zu Astronomie und Physik«, den Impuls bildeten, über Mathematik in der hier vorgelegten Weise nachzudenken. Persönliche Kontakte mit dem großen Mathematiker Erich Kähler und Versuche, seine »Monadologie« zu verstehen, sind für mich eine neue Quelle des Enthusiasmus für die Mathematik geworden. Ich bin sicher, daß E. Kähler der mutigste und tiefste Philosoph der Mathematik nach dem II. Weltkrieg ist. Seine Philosophie wird von seinen Kollegen kaum verstanden und beachtet. Für einen Nichtmathematiker ist seine »Monadologie« (Hamburg 1978) ein Buch mit sieben Siegeln. Vielleicht können die nachstehenden Bemerkungen den Zugang zu dieser merkwürdigen Philosophie und Theologie erleichtern.

Wir haben gesehen, daß es ohne Sprache keine Wirklichkeit gibt, daß die »objektive Welt«, die Welt ohne Menschen ein Produkt der furchtbaren Abstraktion ist. Sprache, Dichtung, Musik, bildende Künste sind Erkenntnisorgane der Menschheit. Auch Mathematik ist eine Menschheitssprache und Kunst. Die bildenden Künste, die Natur sind nichtversiegende Quellen von

239

Symbolen. Nur durch Symbole erkennen und empfangen wir Wirklichkeit. Bisher wurden mathematische Begriffe und Konstruktionen nur als Sprache der Physik für die Erkenntnis der physischen Welt benutzt. Um einen tieferen Einblick in die Welt, in die Gottheit zu gewinnen, benutzte man bisher Bilder und Symbole aus der lebendigen und leblosen Natur und aus der Welt des Menschen: Wasser, Berg, Quelle, Hirte, Vater, Mutter, Kind, Rose, Perle, Tor, Garten ... Wir fragen: Warum sollte man die alte Tradition der Griechen, für die Zahlen, reguläre Polyeder und Sphären hohe Symbole gewesen waren, nicht wieder aufleben lassen? Warum sollten die wunderbaren Konstruktionen der Riemannschen Funktionentheorie und Geometrie, warum sollten die Gruppen, Körper und algebraischen Mannigfaltigkeiten keinen neuen Zugang — und vielleicht den einzigartigen Zugang — zu den Geheimnissen der Welt eröffnen? Warum sollten Modulfunktionen und ihre wunderbare Transformationstheorie keine theologischen Symbole sein? Deswegen nur, weil sie schwer verständlich sind? Mystiker aller Zeiten und Kulturen haben keine Mühe gescheut, der Einheit von Gott, Welt und Mensch innezuwerden. Die »Monadologie« von Erich Kähler ist seit Pythagoras und Cusanus der erste ernste Versuch, Mathematik als Bereicherung der Sprache der Theologie und Philosophie ernst zu nehmen. Sein Buch ist asketisch streng — eigentlich ein Meditationsbuch. Kähler macht es seinen wenigen Lesern nicht leicht:
»Dagegen wird die in der Mathematik entwickelte Zeichen-Sprache als eine Schrift von unvergleichlicher Feinheit und Ausdrucksfähigkeit in vollem Umfange übernommen. Möge sie in dieser Verwendung ebensowenig stören wie die Notenschrift bei der Mitteilung musikalischer Ideen.«

Literaturverzeichnis

Blüher, H., Traktat über die Heilkunde, Stuttgart: Klett, 1950.
—, Achse der Natur, Stuttgart: Klett, 1952.
Bollnow, O., Sprache und Erziehung, Stuttgart: Kohlhammer, 1966.
Daqué, E., Urwelt, Sage und Menschheit, München: Oldenbourg, 1928.

—, Leben als Symbol, München: Oldenbourg, 1928.
—, Natur und Erlösung, München: Oldenbourg, 1933.
Fiedler, C., Schriften über Kunst, Köln: DuMont, 1977.
Forster, O., Riemannsche Flächen, Berlin: Springer, 1977.
Fuchs, E., Glaube und Erfahrung, Tübingen: Mohr (Siebeck), 1965.
—, Hermeneutik, Tübingen: Mohr (Siebeck), 1970.
Gosztonyi, A., Der Raum, Freiburg/München: Alber, 1976.
Govinda, A., in: Antwort der Religionen, hrsg. von Suzesny, Reinbek: Rowohlt, 1971.
—, Mandala, Zürich: Origo, 1973.
Heisenberg, W., Der Teil und das Ganze, München: Piper, 1969.
Keyserling, H., Das Buch vom Ursprung, München: Roland, 1947.
Kähler, E., Monadologie, Hamburg 1979 (Privatdruck).
Maurin, K., Analysis, Vol. II, Warschau-Dodrecht 1980.
Nebel, G., Das Ereignis des Schönen, Stuttgart: Klett, 1953.
Panikkar, R., Kultmysterium in Hinduismus und Christentum, Freiburg/München: Alber, 1964.
—, Worship and Secular Man, London 1973.
Rahner, K., Schriften zur Theologie, IV u. V, Köln: Benziger, 1964.
Rosenstock-Huessy, E., Die Sprache des Menschengeschlechts, Heidelberg: L. Schneider, 1964.
Weyl, H., Symmetrie, Basel/Stuttgart: Birkhäuser, 1955 (engl. Orig. 1952).
—, Philosophie der Mathematik und Naturwissenschaft, [3]München: Leibniz-Verlag, 1966.
—, Die Idee der Riemannschen Fläche, [5]Darmstadt 1974.
Whorf, B. L., Sprache, Denken, Wirklichkeit, Reinbek: Rowohlt, 1978.

II. Theologische Aspekte

CHRISTIAN LINK

SCHWIERIGKEITEN DES »KOSMOLOGISCHEN« REDENS VON GOTT

Die umstrittene Erfahrungsgrundlage theologischer Aussagen

Wer oder was Gott ist und ob *überhaupt* ein Gott ist — das entscheidet sich für den heute fragenden Menschen daran, *wo* Gott anzutreffen ist[1]. Wollte man die Antwort bündig formulieren, die das zeitgenössische Bewußtsein auf diese Frage zu geben weiß, so könnte man sie als eine Art Travestie auf die Gewißheit des 139. Psalms niederschreiben: Stiege ich hinauf in den Himmel, so bist du *nicht* dort; schlüge ich mein Lager in der Unterwelt auf, — auch da bist du *nicht*. Nähme ich Flügel der Morgenröte und ließe mich nieder zuäußerst am Meer, so würde auch dort deine Hand mich *nicht* greifen, und deine Rechte *nicht* fassen. Eine moderne Erfahrung? Nein! »Siehe ich gehe nach Osten — da ist er nicht; nach Westen — ich gewahre ihn nicht; nach Norden suche ich — ich schaue ihn nicht; biege um nach Süden — ich sehe ihn nicht.« Das sind Worte, die das Alte Testament uns überliefert (Hi 23,8 f.). Die *Erfahrung* der Entzogenheit Gottes gehört ins Bekenntnis zu Gott. Modern ist die *Interpretation* dieser Erfahrung, ihre Steigerung zu der Behauptung einer generellen Abwesenheit Gottes. Doch auch Interpretationen haben ihren Erfahrungshintergrund, sind Ausdruck eines gelingenden oder scheiternden Umgangs mit dem angeeigneten Sachverhalt.

I. Die kosmologische Kritik Gottes

Die *Situation* der Frage nach Gott hat sich gründlich verändert. Sie scheint heute außerhalb der Reichweite biblischer Erfahrun-

---

[1] So Jüngel (1977), 63.

gen zu liegen. Helmut Schelsky hat sie folgendermaßen beschrieben: »Diese technische Welt ist in ihrem Wesen Konstruktion, und zwar die des Menschen selbst ... Gott schuf Erde, Wasser, Bäume, Tiere, also die Natur, aber der Mensch schuf Eisenbahnen und Asphaltstraßen, Flugzeuge und Rundfunk.«[2] In der Welt der Asphaltstraßen und Flugzeuge lebt er seitdem, hier macht er seine Erfahrungen, und das sind bestürzend andere Erfahrungen als die des biblischen Menschen. In seiner Welt, der Welt der »zweiten Schöpfung« kommt ein Gott nicht mehr vor. Hier erfährt er allein sich selbst als Urheber seiner Realität, freilich auch als Ursprung seiner Leiden. In dieser Welt läßt sich vielleicht noch glauben, doch nur mit schlechtem Gewissen. Denn der Glaube fühlt, daß ihn ein »empirisch« begründetes Wissen bedrängt, daß seinen Worten keine greifbare Erfahrung entspricht. Glaube und Wissen sind in einen unüberbrückbaren Zwiespalt auseinandergebrochen. Vor dem Spruch der »intellektuellen Redlichkeit« scheint nur eine atheistische Wissenschaft Bestand zu haben; denn die Instanz, an die sie appelliert und bei der Gehör zu finden sie sicher sein kann, ist das *Gewissen der Tatsachen*, die man messen, berechnen und nachprüfen kann. Das Dilemma ist unausweichlich: »Wo kommt die Wissenschaft hin, welche zuläßt, daß ein Gott zwischen unsere Experimente fährt, welche ein abweichendes Experiment als gottbefohlen hinnimmt? Wo aber kommt der religiöse Mensch hin, der in dem Augenblick, da er sein Laboratorium betritt, mit Hut und Stock auch seinen Gott an den Nagel hängt?«[3] Dieses Dilemma hat in der modernen sprachanalytischen Religionsphilosophie einen besonders zugespitzten Ausdruck gefunden: Das Wort »Gott« ist in einer Reihe mit anderen philosophischen Begriffen der metaphysischen Tradition zu einer sinnlosen Vokabel erklärt worden. A. Flew hat diese Sinnlosigkeitsthese in seiner zu einer gewissen Berühmtheit gelangten Gärtnerparabel illustriert. Zwar sind deren Argumente weder neu noch ein Zeugnis intellektueller Schärfe, doch verraten sie, wo die Gottesfrage für das moderne Bewußtsein ihre unvermutete Problematisierung erfahren hat. Zwei Forscher, so die Parabel,

---

[2] Schelsky (1965), 446.
[3] V. v. Weizsäcker (⁶1963), 26.

stoßen im Urwald auf eine blumenbewachsene Lichtung. Der eine schließt auf das Dasein eines Gärtners, der die Blumen pflegt, der andere schließt einen solchen Eingriff kategorisch aus. Sie kommen überein, die Streitfrage empirisch — durch raffinierte technische Nachweismethoden — zu prüfen. Umsonst. Der vermutete Gärtner zeigt sich nicht. Die Behauptung des ersten verflüchtigt sich — folgerichtig — schrittweise zu der Annahme eines körperlosen unsichtbaren, unhörbaren Wesens, das sich um die geliebten Blumen kümmert, woraufhin Flew den skeptischen Kontrahenten zuletzt entwaffnend fragen läßt: »Wie unterscheidet sich denn das, was du einen unsichtbaren, unkörperlichen, ewig unfaßbaren Gärtner nennst, von einem imaginären oder überhaupt keinem Gärtner?«[4]
Hier wird der Sinnanspruch religiöser Aussagen zurückgewiesen, sofern dieser Anspruch im Gewand kosmologischer Thesen — der Behauptung einer göttlichen Lenkung der Welt oder eines göttlichen Eingriffs in ihre Geschichte — erhoben wird. Es läßt sich, so das kritische Argument, nicht mehr sagen, was die Behauptung eines lebendig wirksamen Gottes im Munde des Glaubenden meint. Sie stirbt wie der imaginäre Gärtner der Parabel »den Tod von tausend Einschränkungen«. Das Kriterium, das hier zum Richter über religiöse Aussagen berufen wird, tritt damit scharf ans Licht: Der Sinn einer Aussage wird durch das bestimmt, was sie auf eine empirisch nachprüfbare Weise verneint. »Wenn sie nichts verneint« — das ist die Situation des Forschers, der sich auf die These eines körperlosen Wesens zurückzieht — »kann sie auch nichts Positives behaupten«.[5]
Es ist die zuletzt von Karl Popper formulierte Falsifikationsforderung, die das kosmologische Reden von Gott in seine heute offenkundig gewordene Krise geführt hat. Nur solche Aussagen sind als wahr anzuerkennen, aus denen sich keine Feststellungen über Beobachtbares ableiten lassen, die anderen Beobachtungsaussagen widersprechen. Es müssen also, soll ein Satz als wahr gelten können, auch jene Fälle angebbar sein, in denen sein Aussagesinn *nicht* bewahrheitet werden kann[6]. Diese nega-

---

[4] Flew (1950/51), zit. nach Hofmeister (1978), 255.
[5] Just (1975), 86.
[6] Popper (1966), 32; vgl. Hofmeister (1978), 71 f.

tive Bewährung aber bleiben religiöse Aussagen über Gottes *All-macht* oder Gottes grenzen*lose* Liebe schuldig. Sie sind — auf diesen einen Punkt konzentriert sich die neuzeitliche kosmologische Kritik — nicht überprüfbar[7]. Wenngleich diese Kritik von der problematischen Annahme lebt, daß sinnvolle Rede auf eine bestimmte Idee von Wissenschaftlichkeit und die ihr entsprechende Methode zu reduzieren sei — das abgewiesene »Metaphysische« wird hier von vorneherein als eine nicht-räumliche, nicht-zeitliche Realität angesetzt, das heißt in einer Weise von der Differenz sinnlich—übersinnlich her verstanden, die schon Hegel als Gespenstermetaphysik mit Recht lächerlich gemacht hat[8] — so enthält sie doch eine unbestreitbare particula veri, die das theologische Nachdenken herausfordert. Das Bekenntnis zu Gott als dem Schöpfer von Himmel und Erde »bleibt leer«, so hat W. Pannenberg die Herausforderung angenommen, »solange nicht mit guten Gründen behauptet werden kann, daß die Natur, mit der sich der Naturwissenschaftler befaßt, etwas mit diesem Gott zu tun habe«[9]. Es wäre jedenfalls ein desperater Ausweg, wollte die Theologie die scheinbar unüberwindbare Kluft zwischen Wissenschaft und Glaube theoretisch bestätigen, etwa so, daß sie die *Existenz* zum Feld des christlichen Glaubens, die *Natur* zum Feld der exakten Wissenschaft erklärte. Eine solche Trennung von Kosmologie und Existenzverständnis, die etwa der »existentialen« Interpretation Rudolf Bultmanns zugrundeliegt, hat der Popper-Schüler Hans Albert mit Recht »eine durch und durch künstliche Operation« genannt[10]. Es ist in der Tat nicht zu sehen, welchen Sinn die theologische Rede von der »Bedeutsamkeit« des Heilsge-

---

[7] Ähnlich unumwunden erklärt Ayer (1970), 154: »Der Begriff einer Person ..., deren wesentliche Attribute nicht empirisch sind, ist überhaupt kein vernünftiger Begriff. Wir mögen ein Wort haben, das so verwendet wird, als ob es diese ›Person‹ bezeichnete; solange aber die Sätze, in denen es vorkommt, nicht empirisch verifizierbare Positionen ausdrücken, kann man nicht sagen, daß es irgend etwas bezeichne. Und das ist der Fall mit dem Wort ›Gott‹ in der Anwendung, in der es sich auf einen transzendenten Gegenstand beziehen soll.«
[8] Vgl. Heintel (1972), 278.
[9] Pannenberg (1970), 35.
[10] Albert ([2]1963), 112.

schehens für den *Menschen* haben sollte, wenn dieses Geschehen »keinerlei *kosmologische* Bedeutung in Anspruch nehmen« dürfte[11]. Eine ganz andere Frage ist es, ob man von dieser Kritik zu der generellen Vermutung fortschreiten darf, daß der biblische Gott »in *keiner* unter kritischen Gesichtspunkten überhaupt noch in Betracht kommenden theoretischen Konzeption eine Rolle spielt«, die den Glauben an ihn »akzeptabel« erscheinen lassen würde[12]. Denn jede Antwort, die hier gegeben werden kann, hängt von der Einschätzung der »theoretischen Konzeptionen« ab, die diese Vermutung tragen. Sie hängt von dem Urteil über die Idee der Kritik ab, die ihr zugrundeliegt, und somit zuletzt von dem Urteil über den wissenschaftlichen Begriff der Erfahrung, dem das moderne, theoretisch entworfene Weltbild seine Festigkeit und Macht verdankt.

Noch einmal neu zu stellen ist darum die durch die neuzeitliche Kritik verschärfte Frage, was die Theologie mit der Annahme der *Existenz* Gottes eigentlich meint, und welches der ausweisbare Sinn dieser Annahme im Horizont gegenwärtiger Welterfahrung ist. Zur Bewältigung dieser Aufgabe bieten sich zwei alternative Möglichkeiten an: die Aufnahme des biblischen Gottes unter die Hypothesen des wissenschaftlichen Denkens[13] *oder* aber der Versuch einer Überwindung und Kritik des *theoretischen* Rahmens des gegenwärtigen wissenschaftlichen Naturverständnisses, in welchem die Rede von Gott offenbar funktionslos geworden ist. Wenn hier der zweite Weg beschritten wird, so deshalb, weil die kosmologische Kritik Gottes von Voraussetzungen lebt, deren Recht — unbeschadet ihrer erfolgreichen Anwendung — geprüft werden muß, will sich die Theologie nicht auf den gleichen Boden wie ihre Gegner stellen, das heißt mit ihren Antwortversuchen in die Lage geraten, der Wissenschaft — wie Kant von der Philosophie seiner Zeit spöttisch bemerkte — nur die Schleppe nachzutragen, also ihren eigenen Wahrheitsanspruch zu suspendieren.

---

[11] Ebd., 112.
[12] Ebd., 117.
[13] Diesen Weg hat etwa Pannenberg (1973) beschritten: »Die Wahrheit der christlichen Überlieferung kann in einer wissenschaftlich verfahrenden Theologie nur als Hypothese fungieren.« (261) Einen ähnlichen Anspruch vertritt Peukert (1978).

Die kosmologische Kritik verdankt ihre Durchschlagskraft einer Form der Welterfahrung, die erst in der neuzeitlichen Wissenschaft zum Zuge gekommen ist. Diese Entwicklung hat ihre Geschichte und ihren Hintergrund, die oft beschrieben worden sind. In den Wissenschaften, vor allem den Naturwissenschaften, bietet sich seit Jahrhunderten eine Weise der Weltbewältigung an, die ohne Gott auskommt. Das Vordringen dieser Wissenschaft bekam dadurch antireligiöse Züge, daß die Kirchen es mißtrauisch behinderten. Versteht man die Naturwissenschaft als Instrument der Weltbeherrschung, so scheint der Gegensatz vordergründig zu sein. Der Gott entsprechende Mensch ist zur Weltherrschaft beauftragt. Aber die spezifisch neuzeitliche *Einstellung* des wissenschaftlichen Bewußtseins hat einen Siegeszug der Naturwissenschaft zur Folge gehabt, der den Anspruch zu rechtfertigen schien, als ginge von der naturwissenschaftlichen Welterklärung ein Anspruch auf unbegrenzte Totalität hinsichtlich der Deutung von Welt aus. So sind die negativen Folgen für die Denkmöglichkeit Gottes und die Rede von ihm als Schöpfer, Erhalter und Lenker der Welt mit dem Hinweis auf den zur Weltherrschaft bestimmten Menschen noch keineswegs weggeräumt. Die biblisch sich verantwortende Rede von Gott bekommt sie zu spüren. Der Zweifel ist zum ständigen Gesprächspartner des Glaubens geworden.

Läßt sich dieser Zweifel zum Anwalt der Erfahrung, der sogenannten exakten Empirie machen? Kann in seinem Namen ein begründeter Sinnanspruch nur für solche Sätze behauptet werden, die sich in der Art empirischer Forschung bewahrheiten, »verifizieren« lassen? Er müßte sich selbst mißverstehen, ließe er sich auf diese Weise besiegen! Man braucht nicht erst daran zu erinnern, daß die Philosophie seit Platon das empirisch gewonnene Verstandeswissen in einer Weise begrenzt hat, die auch für andere Sinnansprüche (zum Beispiel der Kunst oder des Mythos) die Möglichkeit eines prüfenden Verstehens offenhält. Zum Problem wird hier schon die Frage, was denn »Verifikation« heißen soll. Mißt man diese Forderung an der Kantischen Einsicht, daß Erfahrung immer nur unter *Bedingungen* gelingt, dann formuliert jedenfalls der Anspruch des logischen Empirismus, Aussagen dadurch zu verifizieren, daß man sie auf »unwiderlegliche« Beobachtungen — sogenannte Protokoll- oder Basissätze — zurückführt, eine *falsche* Forderung. Denn jede Beobachtung impliziert schon eine Art von Theorie, und jede sprachliche Beschreibung einer Erfahrung ist schon eine Interpretation[14]. Ein Problem ist also nicht erst der vielbeklagte Umstand, daß der Begriff der Erfahrung zu den »unaufgeklärtesten« Begriffen gehört, die wir besitzen[15], sondern die Tatsache, daß er dieser Forderung zufolge an ein bestimmtes Verständnis von *Wahrheit* gebunden wird, das heißt im Dienst einer schon vorhandenen Wahrheitstheorie steht. Als Wahrheit nämlich gilt dem Empirismus von jeher die Übereinstimmung von Aussage und Sachverhalt, die und so wie sie in der logischen Form des Urteils aufgewiesen wird. Das Problem des kosmologischen Redens von Gott nimmt daher zuletzt die Gestalt der Frage an, ob es möglich und zulässig ist, die Wahrheit dieses Gottes in der logischen Form des *Urteils* auszusagen.

Auch wer diese Möglichkeit bestreitet, hat das Problem der Erfahrung nicht hinter sich. Denn wenn sich die empiristische Vorstellung von Gott als einem »trivialen« Geheimnis, »hinter« das man wie hinter einen Vorhang kommen kann[16], mit Gründen abweisen läßt, und wenn diese Gründe nicht nichts, sondern etwas benennen, so müssen auch sie einer Erfahrung entspringen — einer Erfahrung, die wir *an* beziehungsweise *mit* der »Wirklichkeit« machen, und von der einstweilen nur dies zu vermuten ist, daß sie sich die »Welt«, den Bereich der Natur, auf eine andere Weise erscheinen läßt als die »exakte« Empirie. Diesen Sachverhalt versucht die *hermeneutische Maxime* zu formulieren, die den folgenden Überlegungen zugrundeliegt: *Gegen Theorien läßt sich streiten, gegen Erfahrungen nicht.* Jeder Theorie überlegen ist die Erfahrung, sofern sie in ihrem eigentümlich produktiven Sinn zum Zuge kommt, uns für die Begegnung mit »Wirklichkeit« zu öffnen und dadurch jeden Vorbegriff von der

---

[14] Die Beschreibung eines Tisches als »rot« setzt beispielsweise den Begriff der Farbe bereits voraus. Heute neigt man daher der Auffassung zu, daß Theorien niemals nur aufgrund von Fakten sondern erst durch weitere interpretative Theorien überprüft werden können.
[15] Vgl. Gadamer (²1965), 329.
[16] Dazu s. Heintel (1972), 279.

Sache zu korrigieren[17]. In solcher Erfahrung hat das theologische Reden von Gott seinen Grund.

Gerade diese Erfahrung läßt sich indessen nicht umstandslos freilegen. Sie scheint heute zu den verlorenen Erfahrungen zu gehören. Verlorene Erfahrungen aber lassen sich niemandem andemonstrieren. Eins allerdings läßt sich tun, und hier wird die theologische Arbeit beginnen müssen: Man kann nach der *Wahrheit* des ehedem Erfahrenen fragen und nach den Gründen ihres heute offenkundigen Verlusts. Denn es genügt nicht, der Rationalität eines bestimmten Wissenschaftsanspruches »Gott« rein negativ als das Irrationale gegenüberzustellen. Soll vielmehr die Rede von Gott für uns einen Sinn gewinnen, so müssen wir — mit Erich Heintel geredet — Gott als »bestimmtes Irrationales, das heißt im Verhältnis zu bestimmter Rationalität« denken[18]. Wir werden darum zunächst nach den Erfahrungen fragen, die das Denken in und mit der Geschichte der neuzeitlichen Rationalität gemacht hat, und werden darin unsere eigene Situation ernst nehmen. Denn alles theologische Verstehen vollzieht sich heute in dem Licht — oder soll man sagen: in dem Dunkel? — wissenschaftlicher Welterfahrung. »Wer nicht in vollem Bewußtsein den Weg durch diese Erfahrung gegangen ist, ... dem fehlt die Voraussetzung zum Verständnis dessen, wovon beispielsweise die Schöpfungsberichte am Anfang der Bibel handeln«[19]. Zu den bestürzenden und bis heute kaum aufgearbeiteten Erfahrungen dieses Weges gehört die Erkenntnis, die sich in dem Satz ausspricht: »Gott ist tot«. Sie lebt fort in der skeptischen Frage des zeitgenössischen Bewußtseins: Wieso soll Gott der Schöpfer der Welt sein, wenn wir alles auch selbst machen können?

---

[17] In diesem Sinne hat bereits Hegel dasjenige, was Erfahrung genannt zu werden verdient, als eine »dialektische Bewegung« beschrieben, die das erfahrende Bewußtsein »sowohl an seinem Wissen wie an seinem Gegenstand ausübt, insofern ihm der *neue wahre* Gegenstand daraus *entspringt*«, Phänomenologie des Geistes, hrsg. v. J. Hoffmeister, [6]1952, 73.

[18] Heintel (1972), 279.

[19] Timm (1968), 110.

II. Die Erfahrung des »Todes« Gottes (Hegel)

In bewußtem Gegensatz zu der aufgeklärten Gewißheit Descartes', der in der Naturgesetzlichkeit der Welt einen schlüssigen Beweis für die Präsenz und Wirksamkeit Gottes meinte finden zu können[20], hat Pascal zu Beginn des naturwissenschaftlichen Zeitalters folgende Sätze notiert: »Die Natur bietet mir nichts, das nicht Anlaß zu Zweifel und Unruhe wäre. Wenn ich nichts in ihr sähe, das auf eine Gottheit hinweist, würde ich mich für die Leugnung entscheiden; wenn ich überall die Spuren des Schöpfers sähe, würde ich freudig im Glauben ruhen. Da ich aber zuviel sehe, um zu leugnen, und zu wenig, um sicher zu sein, bin ich in einem beklagenswerten Zustand.«[21] Die Welt gibt auf die Frage des Menschen nach Gott keine eindeutige Antwort. Sie läßt ihn mit seiner Frage aber auch nicht einfach allein. Was in ihr zu sehen ist, rechtfertigt zwar nicht die These einer vollkommenen Abwesenheit Gottes, läßt aber erst recht nicht auf eine manifeste Gegenwart dieses Gottes schließen. Das Verlangen des Menschen nach »Glück«, modern formuliert: seine Erwartung eines durchgängig verstehbaren Sinnes der Welt, bewegt sich in einer »völlig leeren«, einer ausgebrannten Spur. So hat sich für Pascal die Erfahrung mit einer durchgängig mathematisch beschreibbaren Welt — ihr entspricht die Erfahrung der Vereinzelung und Ortlosigkeit des Individuums — zuletzt in die Erkenntnis zusammengezogen: »Die Natur ist so, daß sie überall auf einen *verlorenen Gott* hinweist, sowohl im Menschen wie außerhalb des Menschen.«[22] Natürliche Theologie findet im Universum physikalischer Objekte nur einen negativen Anknüpfungspunkt: die Erfahrung des Verlusts Gottes. Sie scheitert mit ihrem Versuch, Gott als das Selbstverständliche zu denken.

---

[20] »Ich lasse in meiner Physik nicht an bestimmte metaphysische Fragen rühren, insbesondere nicht daran, daß die mathematischen Wahrheiten, die Sie ›ewig‹ nennen, von Gott begründet sind und ganz und gar von ihm abhängen ...«, Brief an Mersenne vom 15. April 1630, Werke, I, 145.
[21] Pascal, Pensées, Fr. 229.
[22] Pensées, Fr. 441.

Pascal hat mit diesen Sätzen eine Erfahrung vorweggenommen, deren Tragweite erst zwei Jahrhunderte später ihren begrifflich klaren Ausdruck gefunden hat — im Wort vom »Tode Gottes«[23]. Denn das Wort »Gott selbst ist tot« ist weder eine Formel des Unglaubens, noch beschreibt es den Zustand, daß an den Gott der biblischen Offenbarung nicht mehr geglaubt wird. Es zielt auf die vorgängige Bedingung von beidem: Es benennt den wirklichen Verlust Gottes in den Verhältnissen der aufgeklärten Welt als ein wirkliches Ereignis in unserer wirklichen Geschichte. Es bindet das Bewußtsein, daß der Glaube seinen welthaft-wahren Inhalt verloren hat, an das Bildungsgesetz der neuzeitlichen Wissenschaft und an die ihr entsprechenden Formen der Produktion. So drängt sich die Frage auf, ob die Theologie nicht dadurch in ihre heute offenkundigen Aporien hineingeraten ist, daß sie sich unkritisch den wissenschaftlichen Vorstellungen ihrer Zeit überließ, ohne zu bedenken, welches Verständnis von »Gott« und »Welt« sie damit übernahm, und ob sie vielleicht gerade dadurch die »Wirklichkeit«, von der die biblischen Texte mit unbefangener Selbstverständlichkeit reden, zwangsläufig aus den Augen verlieren mußte.

Wie ist das zu verstehen? Hegel hat den Verlust Gottes als eine notwendige Folge neuzeitlich erfahrener »Entfremdung« begriffen und ihm die Formation des »unglücklichen« Bewußtseins zugeordnet. Er hat das Zeitalter der aufgeklärten Wissenschaft insgesamt unter das Zeichen des »absoluten Leidens« gerückt, und in diesem Leiden — das ist der theologisch neue Akzent — den »Charfreitag, der sonst historisch war« noch einmal, jetzt freilich als universales Schicksal, über die Menschheit hereinbrechen sehen. Das »absolute« Leiden entspringt der hoffnungslosen Entzweiung des Menschen mit der ihm vorgegebenen Wirklichkeit im ganzen. Es ist die Folge seiner grundlegend veränderten *Stellung* zur Welt: Der Zwang, nur durch Arbeit die eigene Identität zu gewinnen, hält unaufhörlich das Gefühl eines Mangels wach und mit ihm das Bewußtsein unaufhebbarer Fremdheit. Dieses Bewußtsein treibt ihn unweigerlich über die

---

[23] Seine klassische Formulierung hat dieses Wort bei Hegel, Glauben und Wissen, Jubiläums-Ausgabe, Bd. 1, 443, gefunden und danach bei Nietzsche, Fröhliche Wissenschaft, Aphorismus Nr. 125.

von ihm erarbeitete Welt hinaus und nötigt ihm — darin besteht sein »Unglück« — den Gedanken eines »jenseitigen« Gottes auf, eines Gottes, den man »hinter« dem Vorhang suchen muß, und den man leugnet, wenn man ihn dort nicht findet. So ist die Welt des Glaubens mitsamt ihren Inhalten nur noch der »unwirkliche« Widerschein dessen, was die Menschen in der Welt des aufgeklärten Wissens entbehren. Sie ist mit der Realität der neuzeitlichen Gesellschaft nicht mehr vermittelt. Ihr Gott ist aus der Welt der Wirklichkeit förmlich herausgedrängt, und so bleibt seine Wahrheit für das Wissen ein unverbindliches leeres »Jenseits«. Gott ist in der Welt des Wissens heimatlos geworden. Sein »Tod« markiert die Abspaltung des Glaubens von der Welterfahrung.

Die religionskritische Spitze dieser Analyse braucht uns nicht zu beschäftigen. Entscheidend ist allein, daß Hegel die *Möglichkeit* aller künftigen Religionskritik aus einem realgeschichtlichen Vorgang ableitet, der sich parallel zur Entwicklung der modernen Wissenschaft vollzogen hat. Denn das von ihm namhaft gemachte absolute Leiden — wir erfahren es gegenwärtig als »ökologische Krise« — ist die unmittelbare Konsequenz des neuzeitlichen Realitätsprinzips und der durch es erzwungenen Objektgestalt der Welt. Das unglückliche Bewußtsein hat seine realen Wurzeln in dem Verlust einer »Wirklichkeit«, die im Horizont bloßer Objektivität dem Menschen entzogen bleibt. Theologisch gesprochen: die Voraussetzung, unter der allein Gott in der Welt als gegenwärtig wirksam erfahren werden, unter der er, wie Hegel sagt, das Weltliche »immanent durchdringen« kann, ist in der Welt des absoluten Leidens nicht mehr erfüllt. Der Boden, auf dem seine Wahrheit sich realisieren, »Fleisch« werden will, ist durch die Festigkeit und Macht des »Bestehens« einer objektiven Welt — durch die »unüberwindliche Macht der bürgerlichen Ordnung«[24] — buchstäblich zugeschüttet. Die Welt ist »für sich schon fertig«[25]. Sie hat aufgehört, sich als *Schöpfung* zu verstehen, die für die Erscheinung der Wahrheit Gottes trans-

---

[24] Hegel, Vorlesungen über die Ästhetik I, Jubiläums-Ausgabe, Bd. 12, 163.
[25] Ebd., 248.

parent wäre. So bedeutet die Welt der neuzeitlichen Produktion das Ende von Philosophie und Religion. Denn mit dem Verlust »wahrer Selbständigkeit« hat der Mensch die Möglichkeit der Wahrheit selbst verloren. Was ist an die Stelle des »verlorenen« Gottes getreten? Hegels Antwort lautet: der Garant der »allgemeinen Macht der Wirklichkeit«, der »Herr der Welt«[26], also diejenige Gestalt, die die Philosophiegeschichte als »Gott der Metaphysik« zu bezeichnen pflegt, weil sie das Gesetz verkörpert und trägt, nach dem sich die Welt in ihrer immanenten Notwendigkeit bewegt. Dieser jede Abwesenheit ausschließende, schlechthin präsente Gott hält das Selbstbewußtsein der emanzipierten Subjekte gefangen. Er ist Spitze und Abschluß der Welt des aufgeklärten Wissens und begründet erst eigentlich die »unüberwindliche Macht« der Objektivität, gegen die der Einzelne nicht mehr »ankommen« kann[27]. Man wird daher, um die Pointe dieser Darstellung zu verstehen, den geschilderten Vorgang in umgekehrter Richtung lesen müssen und sagen: Daß Gott auf die Seite der aufgeklärten *Vernunft* tritt, sei es als der beweisbare Grund begrifflicher Notwendigkeit, sei es als Ideal und Tugendlehrer der Menschheit: darin liegt sein »Tod« beschlossen. Hegel hat das neuzeitliche Gottesbild bei dessen systematischer Funktion behaftet, das mit sich *selbst* anfangende (cartesische) Denken zu begründen, es zu befähigen, sich »zur beherrschenden Einheit über die unendlich feindselige Natur« zu erheben[28]. In dieser Erhebung ist der prinzipielle Bruch mit der Welt als einer dem Menschen zugewandten *Schöpfung* proklamiert und vollzogen: Es gibt keinerlei *Inhalte* mehr, auf die dieses Denken Rücksicht zu nehmen, geschweige denn, die es als Bedingung seiner Möglichkeit anzuerkennen hätte. Vielmehr eröffnet es die Möglichkeit eines Weltentwurfs, der die Not der Gegenwart *technisch* — durch die Beherrschung der zum *Objekt* gewordenen Welt — meistert; doch bezahlt es dafür mit der zunehmenden Entfremdung von dem, worüber es Macht ausübt. Es verliert die Möglichkeit, die

---

[26] Phänomenologie des Geistes, a.a.O., 345.
[27] Vorlesungen über die Ästhetik, a.a.O., 264, 266.
[28] Hegels Theologische Jugendschriften, hrsg. v. H. Nohl, 246.

Welt anders zu erfahren als so, wie sie in dem künstlichen Spiegel seiner Begriffe erscheint. Die Welt wird zu einer Projektion des ego-cogito.

Umgekehrt ist die Notwendigkeit des Begriffs, der sich das »Ganze des Lebens« unterwirft, der Spiegel einer genau angebbaren Not des menschlichen Daseins: seiner gewaltsamen Trennung von der Welt und Natur im Ganzen. Die Einheit von Welt und Ich ist zerbrochen. Sie *kann* nur künstlich (technisch-praktisch) wiederhergestellt werden, nämlich durch die Einheit des Begriffs, die sich in den mannigfachen Formen menschlicher Weltbeherrschung realisiert, und eben diese Einheit ist es, die — so Hegel — den aufgeklärten Subjekten die Gottheit repräsentiert. Gott unter der Bestimmung innerweltlicher Notwendigkeit zu denken, heißt also — mit der hier fälligen Konsequenz formuliert — sein Dasein an die Gesetze menschlichen Erkennens und menschlicher Produktion zu binden und es dadurch faktisch zu erübrigen. Denn im Horizont dieser Notwendigkeit kann Gott nur in der Verlängerung dessen gesucht und gefunden werden, was das Denken von sich selbst her schon weiß.

Hegels Wort »Gott selbst ist tot« benennt das Schicksal, das *Gott* auf dem Boden der metaphysischen Selbstauslegung des Menschen erfährt, als Abbild und Folge des Schicksals, das die *Menschheit* unter der Herrschaft des Begriffs sich selbst bereitet. Der tödliche Schlag gegen Gott besteht ja gerade darin, daß Gott in den Dienst der Sicherung *menschlicher* Herrschaft über die Natur gestellt und in solchem Dienst zum Begriff, zu einem beweisbaren »ens necessarium« menschlichen Denkens herabgewürdigt wird. Ist damit auf der einen Seite seine Wirklichkeit prinzipiell bestreitbar geworden, da sie in dem »ungeheuren Feld der Objektivität« keinen Raum mehr hat, so ist doch auf der anderen Seite der Mensch gerade nicht an die Stelle Gottes getreten. Er hat sich in der Welt des »Empirischen« eingerichtet und dadurch den Ort verschüttet, an dem Gott für ihn einst lebendig und wirklich war.

Man kann das Ergebnis dieser kritischen Bestandsaufnahme als einen nachdrücklichen Hinweis auf das alttestamentliche *Bilderverbot* interpretieren, an dem sich alles theologische Reden von Gott messen lassen muß: Es ist der Gott, den der Mensch nach seinem eigenen Bild, nach den Bedürfnissen *seines* Denkens erschuf, der die Theologie in ihr neuzeitliches Dilemma geführt hat. Sie muß, um dem Glauben Raum zu schaffen, nun notgedrungen Gott aus der beherrschbar gewordenen Sphäre der sinnlichen Realität in das »ganz Leere« des Übersinnlichen verweisen, das heißt, das von der objektiven Wissenschaft eroberte Terrain Zug um Zug räumen. Der Mensch hat Gott die *Welt* als den Ort seiner Manifestation streitig gemacht, indem er sie — als Folge seiner »wissenschaftlichen«, objektivierenden Auslegung — dort verleugnete, wo Gott in ihrer Mitte im »Fleisch« erschien. Gott ist aus der Sphäre der Natur herausgedrängt und — von jeder Möglichkeit innerweltlicher Erfahrung einmal abgeschnitten — zu einem prinzipiell unerkennbaren Gott geworden. Das aber bedeutet das Ende eines positiven Bezogenseins der Menschen auf ihn.

Gegen ein naheliegendes Mißverständnis ist diese Interpretation ausdrücklich zu schützen: Die objektive Wissenschaft ist nicht »falsch«. Der Theologe hat keinen Anlaß, sie zu verteufeln und das Rad der geschichtlichen Entwicklung rückwärts zu drehen. Sie betrachtet ihren Gegenstand unter einer *bestimmten* Perspektive; sie bekommt einen wirklichen Aspekt des wirklichen Gegenstandes zu Gesicht. Insofern ist ihre Erkenntnis für jedermann, der sich die Dinge unter dieser Perspektive erscheinen läßt, nachprüfbar richtig. Eine ganz andere Frage ist es — *hier* wird man die verborgene Pointe der Hegelschen Kritik suchen müssen —, ob sich unter dieser Perspektive die Wahrheit zeigen kann, nach der die *Theologie* fragt und fragen muß, oder ob gerade sie in dem toten Winkel liegt, den keine der neuzeitlichen Wissenschaften unter der ihr eigenen Blickrichtung zu Gesicht bekommt. Dann wäre die Situation der Wissenschaft durch den ihr selbst verborgenen Widerspruch zwischen der unbezweifelbaren *Richtigkeit* ihrer Erkenntnisse und der von ihr in Anspruch genommenen *Wahrheit* gekennzeichnet. Diese durch die Erfahrung ihrer eigenen Geschichte nahegelegte Vermutung wird die Theologie äußerstenfalls zu einem kritischen Partner der Wissenschaft machen. Sie kann um ihrer eigenen Wahrheit willen das »wissenschaftliche« Wahrheitsbewußtsein nicht als normativ akzeptieren.

Es ist lehrreich, dieses grundsätzliche Problem in einem zweiten

Schritt dort zu erörtern, wo der neuzeitliche Wissenschaftsbegriff seine strengste Fassung erhalten hat: im Rückgang auf Kant.

III. Der wissenschaftliche Erfahrungsbegriff (Kant)

Nahezu alle Schwierigkeiten, in die sich eine kosmologisch argumentierende Theologie verstrickt hat, haben ihre Wurzel in dem Versuch, Gottes Präsenz und Wirksamkeit in den Grenzen zu interpretieren, die ihr durch den Natur- und Erfahrungsbegriff der wissenschaftlichen Tradition ein für allemal abgesteckt zu sein schienen. Die Frage, ob Gott so etwas sei wie der Inbegriff der Naturgesetze, ist ein Echo alter Verlegenheiten. Denn was ist ein Naturgesetz? Es ist die Formel, unter der wir Beobachtungen zu einer einsichtigen *Regel* verknüpfen. Solche Regeln brauchen wir, um uns in der Vielfalt der Erscheinungen zurechtzufinden und unsere Welt als einen verstehbar gegliederten Kosmos zu begreifen. Wir machen von derlei Regeln bereits Gebrauch, wenn wir von Erfahrungen reden, die einem anderen »mitteilbar« sind. Denn mitteilbar ist Erfahrung offenbar nur, weil der andere die Regeln, unter denen sie zustande gekommen ist, immer schon kennt, und deshalb — was an sich keineswegs selbstverständlich ist — meine Erfahrung »versteht«. Diese Regeln, auf denen der Begriff des neuzeitlichen Naturgesetzes beruht, sind nach Kant ursprüngliche Handlungen des Denkens. Sie sind nicht an der Natur, sondern an der Konstitution des denkenden Menschen abgelesen. Sie befähigen den Verstand, die Erscheinungen der Natur so vor sich hinzustellen, daß sie sich eindeutig erkennen und bestimmen lassen. Sie liefern die Kategorien der *objektiven* Erfahrung.

Fragt man im Sinne der philosophischen Tradition, was gegeben sein muß, damit solche Erfahrung möglich sein kann, so lautet die von Kant formulierte Antwort: Es sind bestimmte Formen der *Anschauung* (Raum und Zeit), die gewährleisten, daß mir *überhaupt* Gegenstände gegeben, und bestimmte Formen der *Vorstellung* (Kategorien und Begriffe), die gewährleisten, daß mir Gegenstände in der *bestimmten* Weise gegeben sind, die wir konventionell Erfahrung nennen. Diese Antwort trägt dem Tatbestand Rechnung, daß Erfahrung immer schon *Interpretation* ist, daß ihre originäre Leistung in einer sinnvollen *Deutung* der Sachverhalte besteht. Fragt man weiter, worauf Möglichkeit und Recht einer solchen Deutung beruhen, so wird man auf die klassische Wahrheitsdefinition verwiesen, derzufolge Wahrheit in der »Übereinstimmung« zwischen der Form meines Denkens (intellectus) und der Form des Sachverhalts (res) besteht. Nun ist »Übereinstimmung« ein Reflexionsbegriff. Er setzt mögliche Nicht-Übereinstimmung voraus, geht also davon aus, daß Wahrheit in einem symmetrischen Verhältnis zu möglicher Falschheit (»Irrtum«) steht. Er besagt, daß Wahrheit der Überprüfung fähig und bedürftig ist. Erst die durch den Zweifel gegangene, »reflektierte« Wahrheit bedarf solcher Prüfung. Nur sie kann durch Übereinstimmung definiert und auf diese hin überprüft werden.

Selbstverständlich sind diese Voraussetzungen nicht. Man kann das schon durch den Hinweis plausibel machen, daß fraglich gewordene Wahrheit nur mit Hilfe nicht fraglich gewordener (»unzweifelhafter«) Wahrheit überprüft werden kann. Unser reflektiertes Reden von Wahrheit und die ihm entsprechende Erfahrung setzen einen unreflektierten Umgang mit Wahrheit voraus, ja scheinen notwendigerweise von ihm herzukommen. Diese Herkunft ist in der griechischen Bestimmung der Wahrheit als *Unverborgenheit* (ἀλήθεια) zum Ausdruck gebracht, die noch das Neue Testament, insbesondere den Argumentationsstil des Johannes-Evangeliums, prägt und eine offenkundig andere *Stellung* des Menschen zur Welt anzeigt. Denn »Unverborgenheit« ist keine Definition der Wahrheit, auch kein Oberbegriff, unter den dann einzelne Wahrheiten fallen könnten. Sie bezeichnet vielmehr das »simple Faktum, daß wir Wahrheit nur überprüfen können, weil wir immer schon in ihr leben«[29]. Sie umreißt den Horizont, in dem so etwas wie eine Wahrheitstheorie allererst möglich wird.

Das Problem des *neuzeitlichen* Erfahrungsbegriffs und der in seinen Grenzen feststellbaren Wahrheit manifestiert sich demnach in der besonderen *Einstellung,* in welcher die Welt als ein natur-

---

[29] C. F. vonWeizsäcker, Notiz über Wahrheitstheorien, unveröffentlichtes Manuskript.

gesetzlich geordneter Kosmos erscheinen kann, das heißt in dem Reflexionsstandpunkt des »theoretischen« Verhaltens. Dabei verstehe ich unter *Reflexion* das spezifisch menschliche Vermögen, sich zu distanzieren, aus der Unmittelbarkeit des bloß Gegebenen herauszutreten. Diese Distanz brauchen wir, um »Welt« zu erkennen und zu »haben«, statt in ihr wie in einer Hülse verschlossen zu sein. Die Reflexion bezieht den Sachverhalt, auf den sie sich richtet, auf einen Standort zurück, der ex *definitione* *nicht* der Ort der verhandelten Sache ist. Denn »Übereinstimmung« läßt sich nur prüfen, wenn man von Nicht-Übereinstimmung ausgeht. Kritisch formuliert: Sie rechnet den Erkennenden bewußtermaßen *nicht* in den Horizont der Wahrheit ein, nach der sie fragt. Vielmehr erfaßt sie den fraglichen Sachverhalt unter der bestimmten Perspektive, die ihr durch den geschichtlichen beziehungsweise gesellschaftlichen Ort des Erkennenden — durch das Fundament der Logik oder bestimmter anerkannter Dialogregeln — vorgezeichnet ist. Sie erfaßt ihn in einem *anthropozentrischen* Horizont. Die Erfahrung, die ihr entspricht, läßt sich den Sachverhalt unter Bedingungen erscheinen, die unaufhebbar Bedingungen der Subjektivität des Menschen sind. So gleicht sie nach dem bekannten Diktum Kants dem »bestallten Richter«, der die Zeugen nötigt, nur auf Fragen zu antworten, die *er* ihnen stellt[30].

Der Vorgang der *objektiven* Erfahrung besteht sonach darin, daß ich einen Sachverhalt vor mich hinstelle (lateinisch: objicere) und ihn wie den Gegenstand einer Photographie identifiziere. Die Form der *Vorstellung*, die vorstellende Vergegenwärtigung, liegt also nicht nur der Erinnerung an Vergangenes, sondern gleichermaßen der Auffassung von Gegenwärtigem zugrunde. Das aber bedeutet, daß wir als Erkennende von der Natur selbst wie von einem bloß erinnerten Sachverhalt abgeschnitten sind. Wir erkennen lediglich ihr Bild. Diese philosophische Vorentscheidung, die den empirischen Wissenschaften kaum noch bewußt ist — sie geht auf die cartesische Trennung von res cogitans und res extensa zurück — wird die Theologie nicht hoch genug veranschlagen können. Sie besagt — zugespitzt ausgedrückt —, daß die wissenschaftliche Vernunft sich durch die

---

[30] Kant, Kritik der reinen Vernunft, Ausg. B (1787), XIII.

Negation der Natur konstituiert. Sie steht außerhalb des Bereichs, den die biblische Tradition als den Ort der Wirksamkeit Gottes beschreibt.

Die Konsequenzen, die sich aus dieser Bewußtseinsstellung ergeben, hat bereits Kant mit rückhaltloser Offenheit ausgesprochen. Er erklärt die Annahme, daß Gott sich in den der Vernunft zugänglichen Gesetzen und Ordnungen der Welt manifestiere, rundweg für eine »vermessene« Unterstellung des Denkens. »Von der Art sind die meisten Urteile, wodurch man die göttliche Weisheit zu erheben vorgibt, indem man ihr in den Werken der Schöpfung und Erhaltung Absichten unterlegt, die eigentlich der eigenen Weisheit des Vernünftlers Ehre machen sollen.«[31] Hält sich die Vernunft an das, was sie weiß und wissen kann, so wird sie in dem ihr erkennbaren Grund der Welt tatsächlich nur die eigene Absicht wiedererkennen, das heißt den Begriff der *Zweckmäßigkeit*, den sie selbst ihr »unterlegt« hat, um gegen den Anschein einer blinden Zufälligkeit die Vorstellung eines Naturgesetzes denken zu können. Dieser Gedanke der Zweckmäßigkeit nötigt sie zwar zur Anerkennung des Ursprungs der Welt »von einem außer der Welt existierenden ... verständigen Wesen«[32]. Die Teleologie findet ihre Vollendung allein in einer Theologie. Wie aber ist es um die Beweiskraft dieses Arguments bestellt? »Was beweiset nun aber am Ende auch die allervollständigste Teleologie? Beweist sie etwa, daß ein solches verständiges Wesen da sei? Nein, nichts weiter, als daß wir uns nach der Beschaffenheit unserer Erkenntnisvermögen ... schlechterdings keinen Begriff von der Möglichkeit einer solchen Welt machen können, als so, daß wir uns eine absichtlich-wirkende oberste Ursache derselben denken (!) ... Also können wir über den Satz: ob ein nach Absichten handelndes Wesen als Welturssache ... dem ... Naturzwecke ... zum Grunde liege, objektiv gar nicht, weder bejahend, noch verneinend, urteilen.«[33] Bewiesen also wird hierdurch lediglich, daß die Gesetzgebung der Vernunft, ihre Vernünftigkeit, ohne das Postulat eines »verständigen« Gottes gar nicht gedacht werden kann. Im letz-

---

[31] Kant, Kritik der Urteilskraft, Ausg. B (1793), 308.
[32] Ebd., 335.
[33] Ebd., 335f., 338.

ten, unfaßbaren Hintergrund der Welt trifft das neuzeitliche Denken allein auf sich selbst. Es wird mit seinem eigenen Bild von Gott konfrontiert.

Kehrt man die hier gewählte Blickrichtung um, so heißt das: Die sogenannten *Naturgesetze* sind von der Vernunft entworfene und darum prinzipiell überholbare Beschreibungsmodelle der Wirklichkeit. Was wir mit ihrer Hilfe erkennen, ist das *Bild* der Welt, das und so wie es auf dem Projektionsschirm unseres Bewußtseins erscheint. Ist es, wie Kant wohl wußte, bereits eine Überforderung, aus ihnen Schlüsse über die wahre Gestalt und Ordnung der *Welt* abzuleiten, so erst recht, ihnen die Beweislast für das Dasein *Gottes* aufzubürden.

Was ist aus dieser Kritik zu lernen? Man kann den unstrittig wichtigsten Punkt im Sinne Kants so formulieren: Eine Wissenschaft, die den Namen »Theologie« verdient, muß mehr sein als ein bloßer Reflex der Selbstauslegung des Menschen. Was aber folgt aus dieser Einsicht? Sofern das Verfahren der neuzeitlichen Naturwissenschaft tatsächlich zutreffend durch den Satz Kants beschrieben wird, »daß die Vernunft nur das einsieht, was sie selbst nach ihrem eigenen Entwurfe hervorbringt«[34]; sofern wir also in der Naturgesetzlichkeit der Welt tatsächlich nur die Regeln wiederfinden, die wir zuvor der Natur »unterlegt« haben, ist die Trennung der Theologie von dem methodischen Weg der empirischen Wissenschaften die allein redliche Konsequenz. Denn die von der Tradition uns bereitgestellten begrifflichen Mittel zeigen uns »Gott« und »Welt« nur im Spiegel des von den Sachen selbst getrennten Bewußtseins, sie zeigen uns nur ihr »Bild«. Mit Carl Friedrich von Weizsäckers Feststellung dürfte hier in der Tat das letzte Wort zur Sache gesagt sein: »Heutige Naturwissenschaftler können sich unter einer religiösen Deutung der Naturgesetze höchstens eine hinzugebrachte Privatmeinung des eigenen Denkens vorstellen ... ohne jeden logisch zwingenden Zusammenhang mit dem Begriff des Naturgesetzes selbst.«[35] Das logische *Subjekt* dieser Gesetze, das der Natur gegenüberstehende erkennende Ich des Physikers — das ist es, was Kant in seiner Kritik der Aufklärung gerade den Theologen zu

---

[34] Kant, Kritik der reinen Vernunft, B XIII.
[35] C. F. v. Weizsäcker (1964), 128.

bedenken gibt — gleicht dem Scheinwerfer, der nur das als Sein gelten läßt, was er selbst beleuchtet.

Diese philosophische Kritik ist, soweit ich sehe, allein von der *Dialektischen Theologie* wirklich ernst genommen worden. So anstößig uns heute der Satz erscheinen mag, der sich noch in Karl Barths Vorwort zur Schöpfungslehre der Kirchlichen Dogmatik findet:»Die Naturwissenschaft hat freien Raum jenseits dessen, was die Theologie als Werk des Schöpfers zu beschreiben hat. Und die Theologie darf und muß sich da frei bewegen, wo eine Naturwissenschaft, die nur das ... ist, ihre gegebene Grenze hat«[36]; so sehr wir das Fehlen des Themas »Schöpfung« als das eigentliche Defizit der frühen Dialektischen Theologie empfinden: der zitierte Satz ist — weil auf der Höhe der Einsicht in das *Methodenproblem* der Naturwissenschaft formuliert — den zeitgenössischen Versuchen, das Weltbild der Physik theologisch zu interpretieren, turmhoch überlegen. Er trägt der Kant'schen Erkenntnis Rechnung, daß die Auslegung der Natur im Horizont begrifflicher formulierbarer Gesetze nicht *mehr* sein kann als ein in bestimmten Grenzen mögliches und zulässiges Vorstellungsbild des menschlichen Verstandes, daß aber die legitimen Grenzen dieser Interpretation überschritten werden, sobald man auf dieser Basis zu Aussagen über Gott fortschreitet. Denn der so herbeizitierte »Gott« könnte »nie grundsätzlich mehr und etwa anderes sein als ein Spiegelbild dessen, was der Mensch selbst ... ist und hat«[37]. Barths Kritik an den ihm bekannten Spielarten »natürlicher Theologie« ist schon aus diesen, rein philosophischen Erwägungen grundsätzlich im Recht. Man kann ihr eine zusätzliche Pointe geben und — wiederum gestützt auf Kant — sagen: Der eigentliche Mangel der dort unternommenen Versuche besteht darin, daß sie von der Natur theologisch rein gar nichts zu sagen wußten. Sie waren durchweg nur mit dem Subjekt des *Menschen* und mit dessen *Vorstellungen* von der Natur beschäftigt.

---

[36] K. Barth, Kirchliche Dogmatik III/1, II.
[37] K. Barth, Kirchliche Dogmatik I/2, 345.

IV. Die Eigenart biblischer Welterfahrung

Es gelingt nicht, die biblische Rede von Gott im Horizont wissenschaftlicher Welterfahrung zu verifizieren. Das hat die Geschichte des Wortes vom »Tode Gottes« von Pascal bis zu Nietzsche und nicht zuletzt die zeitgenössische analytische Religionsphilosophie eindrucksvoll bestätigt. So ist das Ergebnis des bisher durchlaufenen Weges negativ: Die Übereinstimmung von Gegenstand und Begriff, auf der nach der hier maßgeblichen Tradition des Denkens jegliche Wahrheit der Erkenntnis beruht, dient zum Nachweis dafür, daß wir von Gott, so wie er wahrhaft ist, nichts wissen können. Die Theologie wird spätestens durch das abgebrochene Gespräch mit der Philosophie auf die Schwierigkeit gestoßen, daß im Horizont des Denkens, das sie mit der Wissenschaft teilt, der Wirklichkeit ihres Gottes keine greifbare Erfahrung entspricht.

Die Aufgabe des »kosmologischen« Redens von Gott ist damit keineswegs erledigt. Sie bleibt uns — angefangen von Psalm 19 bis hin zu dem bekannten Logion von den »Lilien auf dem Felde« (Mt 6, 28 f.) — durch eine breit bezeugte biblische Tradition gestellt. Die Theologie könnte nur zu ihrem Schaden an der hier zu Wort kommenden Aussage menschlicher Welterfahrung vorbeigehen. Will sie diese Aussage jedoch interpretieren, ohne in die Argumentationsfiguren zurückzufallen, die ihr seit Kant verboten sein sollten, dann wird sie — mancher heute gängiger Lösungsangebote zum Trotz — nicht hinter Barth zurück, sondern über ihn hinaus gehen müssen, etwa im Sinne jener späten brieflichen Äußerung: »... ich würde wohl gerne zugeben, daß die *Natur* objektiv einen — von uns Menschen übersehenen oder mißverstandenen — Gottesbeweis führt, würde aber nicht wagen, dasselbe von der (alten oder modernen) Natur*wissenschaft* zu behaupten«[38]. Wer dazu bereit ist, sieht sich indessen methodischen Problemen konfrontiert, die die Theologie noch kaum zur Kenntnis genommen hat, denen sie sich aber, will sie vor weiteren Trugschlüssen bewahrt bleiben, wird stellen müssen. Diese Schwierigkeiten haben ihre gemeinsame Wurzel in dem

---

[38] Brief an Carl Zuckmayer vom 7. 5. 1968, in: Karl Barth, Briefe 1961 bis 1968, 473.

Unvermögen, die Erfahrungen auch nur zu benennen, die die biblische Überlieferung in scheinbar großer Unbefangenheit von Gottes Wirksamkeit in der Welt reden ließ. Das wissenschaftliche Zeitalter hat sich den Weg nicht nur zu den *Inhalten* dieser Erfahrung sondern zu der *Möglichkeit* solcher Erfahrung selbst methodisch abgeschnitten. Wir haben nicht die Augen, die wir haben müßten, um zu sehen, was etwa der 104. Psalm gesehen hat. Wir sprechen nicht die Sprache, die wir sprechen müßten, um die Worte des 139. Psalms oder der Bergpredigt (Mt 6, 25—34) zu verstehen und nicht nur nachzureden. Formuliert man diesen Mangel auf der Ebene der Kantischen Theorie, so läßt sich wenigstens die Bedingung angeben, unter der ein anderer Zugang zur Welt denkbar wäre: Es müßte die methodische *Einstellung*, die dem wissenschaftlichen Erfahrungsbegriff zugrunde liegt, die Weltstellung des *neuzeitlichen* Subjekts, durchbrochen werden. Von der Voraussetzung, daß das erkennende Ich als »bestallter Richter« der Natur gegenüberstehe und befugt sei, sie vor das Tribunal seiner Kategorien und Begriffe zu zitieren (Subjekt-Objekt-Trennung), gälte es Abschied zu nehmen. Nun ist auch dies eine Weisheit, die heute schon in allen Gassen läuft. Doch täusche man sich nicht über den Preis, den dieser Abschied verlangt: Ihn zu vollziehen hieße, die Existenz schlechthin unwandelbarer Prinzipien (zeitloser Naturgesetze) zu bestreiten, hieße sich der Frage zu stellen, ob der Standort der Logik, das Fundament aller Wissenschaft, tatsächlich so absolut ist, wie er erscheint, oder ob auch er auf einen historisch beziehungsweise naturgeschichtlich bedingten Horizont bezogen ist, von dem man dann wieder fragen kann und muß, wie er sich zur Natur und zum geschichtlich existierenden Menschen selbst verhält[39].

---

[39] Eine Theologie, die sich diesen heute noch unabsehbaren Aufgaben und Problemen öffnet, hätte ihren wissenschaftlichen Gesprächspartner dort zu suchen, wo ihn Karl Barth nicht fand und zu seiner Zeit auch nicht finden konnte: bei den wenigen, die die Krise des neuzeitlichen Naturbegriffs bewußt durchlaufen haben. So würde sie — und das ist nicht die schlechteste Art, auf die gegenwärtigen Herausforderungen zu antworten — im Blick auf ihre eigenen drängenden Aufgaben ein Stück glaubwürdiger Solidarität einüben, und das könnte ihr zugleich die Augen für ihre eigene Grundlagenkrise öffnen.

Hier ist nicht der Ort, dieser Frage nachzugehen. Im Anschluß an frühere Überlegungen[40] sei vielmehr versucht, den offenkundig sehr anderen Weg *biblischer* Welterfahrung ein Stück weit nachzuzeichnen. Es scheint die Eigenart dieser Erfahrung zu sein, daß sie sich überhaupt nicht als Selbstleistung der Subjektivität verständlich machen läßt. Man kann nicht einmal sagen, daß sie als ein bewußt intendierter Akt vom »Subjekt« ausginge. Vielmehr liegt die Initiative ganz beim »Objekt«, verstanden als dem Inbegriff der »Dinge« in der Welt. Hier scheint sich ein elementarer Sachverhalt zu melden: Wir können nur deshalb Erfahrung von »Welt« verstehen und »machen«, weil wir selbst Teil der Welt *sind*, mit unserem Wahrnehmen und Erkennen ihr zugehören. Beschreibt man diese Zugehörigkeit im Bilde des Spiels, das den Spielenden mit einem Bereich bestimmter Regeln und Verhaltensweisen zur Einheit einer Wirklichkeit zusammenschließt, so läßt sich der entscheidende Punkt präzisieren: Dieses Spiel ist, anders als Wittgensteins berühmt gewordene »Sprachspiele«, nicht aus der Hermeneutik des *menschlichen* Daseins zu erklären, das sich spielend zur Welt verhielte. Es ist das Spiel der *Welt*, das seinen Lauf nimmt, gleichgültig, ob Menschen da sind, die sich an ihm beteiligen. Das alttestamentliche Wort von der anfänglich vor Jahwe »spielenden« *Weisheit* (Sprüche 8, 30f.) hat diese Differenz unübertroffen zum Ausdruck gebracht[41]. Nicht weil der *Mensch* dieses Spiel inszeniert und dessen Regeln bestimmt, sondern weil er selbst Welt »ist« und die auf der Straße, »auf den Höhen am Wege« rufende Weisheit ihn in ihr Spielen hineinzieht (Sprüche 8, 1ff.), gibt es auch auf seiner Seite ein Spiel, in dem er erfahrend aufgeht. Seine Erfahrung lebt davon, daß sich die *Welt* gerade nicht durch einen kategorialen Schnitt von seiner eigenen Wirklichkeit trennen läßt. Darum kann sie sich hier gar nicht »dogmatisch« in einem *Begriff* vollenden. Sie lebt davon, daß er »mitspielt«. Mitspielen aber heißt »dabei sein«, heißt, in den Horizont von Bedingungen und Regeln eintreten, die nicht ich der Welt, sondern die die Welt mir aufnötigt.

---

[40] Link, Die Erfahrung der Welt als Schöpfung, in: M. v. Rad (1974), 81ff.; ders. (1976), 319ff.
[41] Vgl. G. v. Rad (1970), 195ff.

So kehrt sich die Stellung des Bewußtseins zur Welt — gemessen an dem Beweisanspruch der Theorie — um. Das Bewußtsein ist nicht a priori jenes erkennende Ich, dessen Denken mit einem Sachverhalt »übereinstimmen« könnte, wird es doch erst dadurch konstituiert, daß es sich wahrnehmend in der Welt bewegt und in der »Berührung« mit den Dingen sich selbst erfährt. Aus diesem Grund können Erfahrungen, wie man eigentlich immer gewußt hat, nicht »falsch« sein. Sie sind in einem Sinne wahr, der von der Logik, der Theorie, gar nicht erreicht wird. Ihre Wahrheit hat den Sinn griechischer Unverborgenheit. Über sie wird nicht im Urteil entschieden. Ihre Erkenntnis scheint keine Frage der Logik zu sein.

Öffnet man sich dieser Form der Erfahrung, so tritt die Eigenart des *Gegenstandsfeldes* ans Licht, von dem die Theologie zu reden hat, selbst wenn sie dazu Maßstäbe braucht, die wissenschaftsimmanent nicht zu entdecken sind. Noch einmal im Bilde gesprochen: Unsere Augen erfassen nur, was sich im Licht zeigt. Töne, Gefühle oder Kräfte können wir nicht sehen. Das ist kein Unvermögen des Auges, sondern seine wesensmäßige Begrenzung. Und doch sind diese Phänomene nicht deshalb nichtig, weil sie außerhalb des Feldes der Optik liegen. Auf analoge Weise redet die biblische Tradition von Phänomenen, die gleichsam hinter den Horizont unseres Denkens zurückverweisen: von »Segen«, von »Liebe« oder von »Gnade«. Es läßt sich weder nach den Gebrauchsregeln der Sprache, die diese Ausdrücke verwendet, noch nach den restriktiven Regeln der Logik sagen, was diese Worte bedeuten. »Sie bezeichnen weder eine Substanz, noch sind sie mögliche Prädikate einer Substanz. Sie lassen sich auch nicht durch die Verbindung von logischen Aussageformen darstellen ... Wie über unser Gesichtsfeld Licht oder Schatten streichen können, deren Herkunft uns unsichtbar bleibt, so streicht hier über das Feld unserer zeitlichen Erfahrung, was unserem Denken unzugänglich ist.«[42] Was sich hier zeigt und den Horizont des begrifflichen Redens sprengt, ist die Welt in ihrer von der biblischen Tradition wahrgenommenen Eigenart als *Schöpfung* Gottes.

So wenig das Sein Gottes menschlicher Erfahrung schlechthin

---

[42] Picht, in: Picht/Rudolph (1977), 24.

entzogen ist, so wenig kann es — darauf wollen diese Andeutungen aufmerksam machen — in der Art eines empirisch aufweisbaren (»verifizierbaren«) Daseins zur Gewißheit gebracht werden, — aus demselben Grunde freilich auch nicht durch dessen bloße Negation. Zwar sagt Bonhoeffer mit Recht, daß Gottes Wirklichkeit sich »nicht anders« erschließt, »als indem sie mich ganz in die Weltwirklichkeit hineinstellt«[43]. Es ist unvermeidlich, im Horizont unserer Anschauungen und Begriffe von Gott so zu reden, wie wir auch sonst von Gegenständen menschlicher Erkenntnis reden. Darum muß die Theologie Aussagen über die Welt machen. Aber sie kann dies nicht so tun, daß ihre Aussagen über Gegenstände mit ihrem Reden von Gott zusammenfallen[44]. Gott ist weder mit einer bestimmten Region der Wirklichkeit noch mit einem Standpunkt »über« oder »jenseits« aller Wirklichkeit gleichzusetzen.

Diese eigentümliche Schwierigkeit des »kosmologischen« Redens von Gott ist bereits an der *Struktur* biblischer Aussage abzulesen. Es ist der *un*begrenzte Geltungsbereich, der theologische Sätze von empirisch prüfbaren Sachaussagen unterscheidet. Das gilt zunächst in einem »räumlichen« Sinn: Die Liebe, die *allen* Menschen gilt (Joh 3, 16) und sich durch das Leiden eines einzigen nicht widerlegen läßt, entzieht sich der Logik und dem Gewissen der Tatsachen. Das gilt erst recht im Blick auf die *Zeit*struktur dieser Sätze. Zu der Eigenart des biblischen Redens von Gott gehört dessen *zeitliche* Unabgeschlossenheit, ja Unabschließbarkeit. Dem Perfectum historicum vergewissernder Rückschau entspricht — im Modus der Erwartung und Hoffnung — das Futurum propheticum geschichtlicher Vorausschau. Sachgemäß von Gott reden, heißt das unüberhörbar »Neue« (Jes 43, 18 f.; 2. Kor 5, 17) *als* Neues zur Sprache bringen, als ein solches, das von jedem abgeschlossen vorliegenden Sachverhalt »immer nur ... abgehoben« werden kann[45]. Aus dieser Unabgegoltenheit, richtiger: aus dieser Zukunftsbezogenheit resultieren die spezifischen Schwierigkeiten, die sich der Verifikation theologischer Sätze in den Weg stellen. Denn ein Satz, dessen Prädi-

---

[43] Bonhoeffer ([4]1958), 60.
[44] Vgl. Sauter (1973), 262.
[45] G. Sauter (1973), 253.

kat dem Subjekt nicht eindeutig nach dem Unterschied der Zeit zugeordnet werden kann, dessen Prädikat keine eindeutig bestimmbare Zeitstelle (»immer«, »in drei Tagen«, ...) hat, entzieht sich den Regeln der Logik. Er kann in keiner der uns geläufigen Bedeutungen des Wortes »wahr« oder »falsch« sein. Gerade der Versuch, Tatsachen zu seiner Bewahrheitung anzugeben, müßte die Eigenart des theologischen Prädikates, seine zeitliche »Offenheit«, unweigerlich zerstören.

Begegnet die Zeit hier in einer anderen Qualität als in der Welt der Tatsachen, mit denen wir »rechnen«, die wir bearbeiten, messen und kontrollieren können? Ist sie mehr als der leere Maßstab aufweisbarer Ereignisketten? Hat in der Erfahrung solcher Zeit, die sich als das »Neue« dem Menschen ansagt, das theologische »Selbstzeugnis« (Gerhard von Rad) der Welt seinen Grund?

V. Der Erfahrungshorizont der kosmologischen Frage nach Gott

Die durch Kepler, Newton und Leibniz repräsentierte Tradition ging davon aus, daß der Gott der Bibel in der Ordnung des Kosmos sichtbar auf den Plan tritt, sich in der Naturgesetzlichkeit der Welt auf eine Weise offenbart, die der Erkenntnis dieser Gesetze den theologischen Rang eines Nachbuchstabierens und Lesens der verborgenen Gedanken Gottes gibt. Offenbarwerden heißt hier — das entspricht durchaus christlicher Überlieferung — in die Gegenwart treten. Was freilich in diesem Offenbarwerden in die Gegenwart tritt, ist an dem Begriff des Naturgesetzes als einer unverbrüchlichen Ordnung abgelesen: es ist das der Zeit Enthobene, Ewige, das, was in Zukunft sein wird, wie es vordem war, weil es immer ist: das Sein. Gott wird mit dem Sein der griechischen Metaphysik identifiziert; er wird — das liegt im Begriff des Naturgesetzes beschlossen — in den Zirkel beweisbarer Notwendigkeit hineingezogen. Er verliert seine Freiheit gegenüber der Welt. Denn als der in der Ordnung des Kosmos sich manifestierende Gott bindet er seine Wahrheit an die Epiphanie der *ewigen* Gegenwart, die nach griechischer Überlieferung das Wahrsein jener Gesetze ausmacht. Jede »Abwesenheit«, jede Durchbrechung der »unverbrüchlichen« Ordnung, muß nach der Logik dieses Denkens das Dasein Gottes grundsätzlich in Frage stellen. Das Problem der Theodizee ist in seiner neuzeitlich gestellten Schärfe der sprechendste Beweis für die Macht und für das Beharrungsvermögen des griechischen Weltentwurfs in Theologie *und* Naturwissenschaft.

Von einer Theologie, die im Horizont kosmologischer Anfragen und Kritik verantwortlich von Gott reden will, wird man erwarten dürfen, daß sie ihr Verständnis von »Welt« und »Natur« theologisch, im Gespräch mit der biblischen Überlieferung, einführt und begründet. Doch kennt gerade das Alte Testament weder den griechischen Begriff des »Kosmos« noch den neuzeitlichen Begriff der »Natur«. Selbst der dogmatische Begriff einer »Schöpfung«, die Gott zweifelsfrei bezeugt, geht erheblich über das hinaus, was die biblischen Texte selbst sagen wollen und können. Wir sind darauf angewiesen, den Sachverhalt, den diese Begriffe meinen, aus den Erfahrungen gleichsam zu rekonstruieren, die jenen Texten zugrundeliegen. Diese Erfahrungen treffen in auffallendem Gegensatz zur Theologie der Griechen in der Erkenntnis der *Verborgenheit* Gottes zusammen. Ihre Verborgenheit unterscheidet die Gegenwart des biblischen Gottes von der griechisch verstandenen Epiphanie. Gott geht, indem er in die Gegenwart der Welt eintritt, nicht auf in dem in ihr realisierten, zur Erscheinung gebrachten Sein, sondern steht auch als der in ihr Gegenwärtige *jenseits* ihres Seins. Seine Gegenwart ist nur aussagbar, wenn man ihre *Differenz* zu den Formen der Gegenwärtigkeit festhält, in denen die in Gesetzen geordnete und gefaßte Welt sich bewegt.

Damit ist die Frage nach dem kosmologischen Aspekt des Redens von Gott in einer Bestimmtheit gestellt, die den Gegensatz zu der »natürlichen« Theologie eines Kepler präzise zu formulieren erlaubt. Das Zeitalter der Metaphysik hat die Frage nach Gott dadurch zu beantworten versucht, daß es das Denken auf einen »letzten Grund« all dessen, was ist, zurückzuführen suchte. Dieser Grund war das »absolute Sein«, das, um alles Seiende tragen zu können, selbst als gegenwärtig seiend gedacht werden mußte[46]. Pascals Protest gegen den »Gott der Geome-

---

[46] Vgl. G. Picht (1977), 512.

trie«[47], der für den »naturgesetzlichen« Lauf der Welt und für die Folgen des menschlichen Umgangs mit einer naturgesetzlich verstandenen Ordnung der Dinge verantwortlich zu machen wäre, hat die Unangemessenheit dieses Gottesbildes zum ersten Mal ausgesprochen. Erst wenn man auf die Perspektive verzichtet, die die Welt von einem letzten Grund her erkennen und das so Erkannte meint »setzen« zu können; erst wenn man in der Haltung des 104. Psalms »wartend« (V. 27) und dankend erfährt, daß Dasein und Leben von uns niemals »gesetzt« und als »Gesetztes« festgehalten werden können, tritt man in den Erfahrungsraum des biblischen Denkens ein.

Die Verborgenheit Gottes *ist* eine Erfahrung, die das Denken an und mit der Welt gemacht hat. Gerhard von Rad hat die Aufmerksamkeit auf ein in den alttestamentlichen Texten breit belegtes theologisches Selbstzeugnis der Welt gelenkt, dem diese Erfahrung entspringt, und sich nicht gescheut, nachgerade von einer »religiösen Provokation des Menschen durch die Welt«[48] zu sprechen: »Die Schöpfung — der Überzeugung waren die Lehrer — hat für den Menschen eine Aussage ... Ja, sie entläßt sogar Wahrheit! Es ist durchaus nicht unmöglich, in ihren Spuren zu lesen.«[49] Dieses Selbstzeugnis haftet zwar an der erkennbaren Ordnung der Welt, läßt sich aber — und das ist entscheidend — auf keine Weise als Resultat von Schlußfolgerungen verständlich machen, die der Intellekt aus der natürlichen Ausstattung der Welt ziehen könnte. In ihm meldet sich die Phänomenalität der Welt, also der Grund ihrer (auch rationalen) Erscheinungsform, zu Wort, ja, sie wird als »Geheimnis« der Welt nun selber zum Phänomen. Eben darin erfuhr die hebräische Weisheit die verborgene Präsenz Gottes. Sie erfuhr die Welt als Darstellungsraum seiner Wahrheit. Wie ist das zu verstehen?

Das Verborgene scheint zwar immer ein Gegenwärtiges zu sein, aber ein solches, das sich dadurch zu entziehen sucht, daß es beständig »hinter« einem ist. Es verweigert sich dem Zugriff unserer Begriffe, ohne darum aufzuhören, uns in solchem Entzug zugleich an sich zu ziehen. Von der Idee einer beständigen, »ewi-

---

[47] Pascal, Pensées, Fr. 556.
[48] G. von Rad (1970), 204.
[49] Ebd., 384.

gen« Gegenwart, die nichts als gegenwärtig und darum selbstverständlich ist, läßt sein Geheimnis sich gar nicht begreifen. Es scheint in einer anderen, dem entgegengesetzten zeitlichen Verfassung seinen Grund zu haben. Was bedeutet das für das Verständnis der Welt, an der dieses Geheimnis zu Tage tritt? Der Erfahrungshorizont, in dem das Alte Testament das Thema der Schöpfung entfaltet, ist der Horizont der Sorge des in seiner Welt bedrohten Menschen. Dessen Sorge aber gilt niemals dem, was immer schon ist; sie greift in eine noch »offene«, ungewisse Zukunft aus und schlägt von dort auf die Gegenwart zurück. Was hier zur Sprache kommt, ist »eigentlich von der Gegenwart her gedacht«[50]. Nicht die Herkunft der Welt — der Zwang des Denkens, ein Weltbild nach rückwärts hin abzuschließen — ist das ursprüngliche Motiv der biblischen Schöpfungsberichte, sondern die Frage nach ihrer Zukunft, nach der durchaus nicht selbstverständlichen Dauer und Verläßlichkeit ihrer tragenden Ordnungen. Der 104. Psalm hat die »theologische« Erfahrung elementar formuliert, die hinter dieser Frage steht und sich als eine Art Schlüsselerfahrung des »kosmologischen« Redens von Gott zu erkennen gibt:

> Wenn du dein Angesicht verbirgst,
> so erschrecken sie;
> nimmst du ihren Odem hin,
> so verscheiden sie
> und werden wieder zu Staub. (Psalm 104, 27)

Interpretiert man sie in der Sprache und auf dem Hintergrund der abendländischen Tradition, so fällt in der Tat zunächst der tiefgreifende Gegensatz zu der uns geläufigen Vorstellung des Zeitgefüges der Welt auf: Vergangenheit und Zukunft bilden keine Einheit. Beide »Dimensionen« der Zeit brechen vielmehr in der Erfahrung auseinander, daß sich das Zukünftige auf keine Weise als Konsequenz des Vergangenen einstellt. Es scheint unfaßbar zu sein, wie man das Vergangene als das Nichtmehrseiende und das Zukünftige als das Nochnichtseiende vom Sein des *Jetzt* her begründen soll, wie es *griechischem* Denken entspricht[51]. Die Idee einer gleichmäßig verfließenden

---

50 Westermann (1974), 802.
51 Vgl. Gadamer (1969), 18.

Zeit, die im Jetzt der Gegenwärtigkeit ihr einziges Sein hat und darum einen qualitativen Unterschied zwischen Vergangenheit und Zukunft nicht kennt, ist dem *hebräischen* Denken unvorstellbar. Hier zerfällt, was als Zeit erfahren wird, in das »Vergangene«, auf das der Mensch dankbar zurückblickt, und in das »Neue«, das er von Gott erwartet (Jes 43, 18 f.). Von ihren biblischen Ursprüngen her ist Schöpfung — so verstanden — in einem radikalen Sinne *creatio ex nihilo*: die zunichte gemachte Möglichkeit, daß die Welt »wieder zu Staub werden«, daß sie, was an sich wohl denkbar wäre, keine *Zukunft* haben könnte.

Erfahrung der Schöpfung, Wahrnehmung der verborgenen Präsenz Gottes, bedeutet also allemal eine Überholung der eigenen Gegenwart. Sie ist der Eintritt in den Horizont einer Zukunft, die sich aus der immanenten Logik des Vergangenen nicht ableiten läßt, und ist insofern durch Luthers Formel des »extra se esse« prägnant beschrieben[52]. Diese Zukunft, auf die alles Geschaffene »wartet« (Psalm 104, 27), die sich ihm »alle Morgen neu« (Klagelieder 3, 23) öffnet, hat mit dem Zeitbegriff der Wissenschaft nichts zu tun. Daß sie *nicht* als das fungiert, was Beobachtung und Messung von Bewegungsabläufen ermöglicht, unterscheidet sie strikt von dem Zeitparameter der neuzeitlichen Physik, der als leere Zeit allem, was ›in ihr‹ ist, immer schon vorausgeht und gerade so die Verknüpfung vergangener und zukünftiger Ereignisse allererst nach dem Schema der *Kausalität* denkbar macht. Sie steht uns nicht, wie die »physikalische« Zeit, in beharrlicher Präsenz zur Verfügung, so daß wir über sie disponieren könnten. Aus diesem Grund muß sie freilich ebenso scharf von der Idee einer *ursprünglichen* Zeitlichkeit abgehoben werden, derzufolge das menschliche Dasein — nach der Analyse Heideggers — in der angestrengten Bewegung der *Sorge* Zukunft »ekstatisch« als seinen eigenen (notwendigerweise endlichen) Entwurf hervorbringt[53].

Daß gerade Heidegger in seiner Analytik des Daseins einen wesentlichen Aspekt menschlicher Zeiterfahrung sehr genau trifft, läßt sich gar nicht bestreiten. Das biblische Zeitverständnis un-

---

[52] Jüngel (1972), bes. 224 f., hat dies überzeugend begründet.
[53] Heidegger (1927), 323–331.

terscheidet sich keineswegs durch eine größere Nähe zu menschlichem Zeiterleben, sondern durch seinen anderen Ausgangspunkt. Es zielt auf die vorgängige Bedingung solchen Erlebens. Philosophisch gesprochen: Es sucht den »Horizont« der Zeit nicht aus dem Selbst des Daseins, sondern aus dem »Da« der Welt zu begreifen[54]. Daß jedes Ding unter dem Himmel »seine« Zeit hat (Prediger 3); daß wir Zeit erfahren, wenn sich Weinen in Lachen verwandelt (Vers 4), wenn das Pflanzen aufhört und das Ausreißen beginnt (Vers 3), ist der ursprünglichste Ausdruck dieser veränderten Sicht. Die Zeiterfahrung, die hier gemacht wird, ist das *Anderswerden;* sie ist — mit Gadamer gesprochen — durch den »Charakter des Übergangs« bestimmt[55]. Nicht die Veränderung an einem bleibenden Substrat, nicht ein Jetzt, das Vergangenes und Kommendes einsichtig miteinander verbindet, sondern die Unmittelbarkeit des Andersgewordenseins, das scheinbar unableitbare »Neue«, läßt Zeit in Erscheinung treten, bringt Zeit zur Erfahrung.

Daß die Welt in diesem prägnanten Sinne Zeit »hat« und nicht vergeblich »wartet«, Zeit, die weder ihrer immanenten Bewegung entspringt, noch sich durch ihre Sorge herbeizwingen läßt (Mt 6, 25 ff.), ist die fundamentale Erfahrung, die sich in der Erkenntnis der Welt als »Schöpfung« ausspricht[56]. Thesenhaft formuliert: Gibt die biblische Tradition die Welt als Schöpfung zu verstehen, so lehrt sie deren eigenste Wahrheit in jener Zukunft zu erkennen, aus der sich die Gegenwart Tag für Tag erneuert. Gott ermöglicht die Weltlichkeit der Welt nicht, indem er wie der aristotelische »erste Beweger« bloße, immer schon vorhandene Möglichkeit in die Form der Wirklichkeit überführt, also

---

[54] Man kann immerhin mit Gadamer (1969), 24, fragen, ob dies nicht auch die verborgene Absicht Heideggers gewesen ist.
[55] Gadamer (1969), 31.
[56] In einem durchaus folgerichtigen Schritt hat daher der zweite Jesaja die Schöpfung mit dem Bereich der Geschichte verklammert: die Radikalität, mit der das schöpferische Tun Gottes an die Forderung des Abschieds vom Alten gebunden wird, das dem »Neuen« weichen muß (Jes 43, 18 f.); die Koinzidenz, in der hier Schöpfung und *Erlösung* nahezu als *ein* Akt göttlichen Handelns anschaubar werden, ist die äußerste Zuspitzung, die das Verständnis der Welt als Schöpfung von diesen Voraussetzungen her bekommen konnte.

das ewig latente Noch-Nicht der Welt nach dem Schema von Ursache und Wirkung schrittweise ans Licht bringt, sondern indem er — gleichsam senkrecht zu allem Bewirken — die Möglichkeiten schafft, das heißt »ex nihilo« auf die Welt zukommen läßt, an deren Verwirklichung ihre geschichtliche Zukunft hängt. Als Schöpfung ist die Welt daher nichts im Sinne der philosophischen Tradition Aufweisbares, nichts Vorhandenes: nicht der abgeschlossen vorliegende Kosmos der Physik, sondern die offene Fülle der Möglichkeiten, die sich aus der verborgenen Zukunft Gottes bestimmt. Schöpfung ist — bereits im Alten Testament — ein »eschatologischer« Begriff[57].

Man kann diese These durch die exegetische Beobachtung stützen, daß die Wahrnehmung der Welt als Schöpfung weniger an dem rationalen Aspekt ihrer zweckmäßigen Ordnung, als an dem ästhetischen Aspekt ihrer augenfälligen Schönheit hängt, einer Schönheit, die Psalm 19, 1 oder Mt 6, 29 durch den eschatologischen, auf Gott selbst zurückweisenden Begriff der »Herrlichkeit« zum Ausdruck gebracht wird[58]. Selbst ihre durch den Menschen verursachte Entstellung zu einer Welt des »absoluten Leidens« (Hegel) vermag diesen implizit eschatologischen Charakter nicht zu widerlegen, ist doch das »ängstliche Seufzen der Kreatur« (Römer 8, 19 ff.) nur ein Beweis dessen, daß sie im Entzug dieser »Herrlichkeit« lebt, auf deren Offenbarwerden sie wartet. Luther hat in seiner Genesis-Vorlesung (1535—1545) das Leiden der Kreatur, ihr Warten auf die endzeitliche Erlösung, nachgerade zum hermeneutischen Schlüssel seiner Auslegung gemacht: »Wir sprechen aber von diesen Gütern [sc. der geschaffenen Welt] wie von einem verlorenen Schatz und seufzen mit Recht nach jenem Tag, an dem das alles wiederhergestellt sein wird. Dennoch ist es nützlich, sowohl der Güter zu gedenken, die wir verloren haben, als auch der Übel, ... in welchen wir jammervoll leben, um erweckt zu werden zu jener Erwartung der Erlösung unserer Leiber, von welcher der Apostel Römer 8 redet. Denn was unsere Seele betrifft, so sind wir durch Christus befreit und halten an dieser Befreiung im Glauben fest, bis sie offenbar wird.«[59]

---

[57] So mit einer allerdings unzureichenden Begründung bereits Köhler (1935), 71.
[58] Vgl. Link (1979), bes. 407 ff.
[59] Luther, WA 42, 80. 35–40.

VI. Der zeitliche Sinn des biblischen Redens von Gott

Der Versuch zu *denken*, was wir als Zeit *erfahren*, ist der Versuch, die *Einheit* der Zeit in der Differenz ihrer *Modi* zu denken. Wo immer dieser Versuch erfolgreich unternommen worden ist — in der griechischen Deutung der Zeit als Abbild der »in Einem verharrenden« Lebenszeit des Kosmos (Platon, Tim. 37 D) oder in Husserls Phänomenologie des Zeitbewußtseins —, da hat man die Einheit der Zeit von der *Gegenwart* her verstanden. Darum kann sich die elementare Erfahrung, die sich in der biblischen Überlieferung Bahn bricht — die Erfahrung, daß die Gegenwart, in welcher die Zeit erscheint, gerade das Nicht-Selbstverständliche ist — unter der Vorherrschaft des »europäischen« Denkens nicht melden. Sie ist methodisch verdrängt worden. Aus dem Abstand des Denkens zu dieser Erfahrung resultieren die spezifisch modernen Schwierigkeiten des »kosmologischen« Redens von Gott.

Man kann deren gemeinsame Wurzel benennen: Philosophische und wissenschaftliche Tradition, die sich vornehmlich zu dieser Aufgabe berufen wußten, lassen sich von ihren eigenen Voraussetzungen her die Welt unter einer Perspektive erscheinen, unter der allein die Form vergegenwärtigender Vorstellung (Re-präsentation) das Problem der Erkenntnis von Wahrheit bestimmt. Die Frage nach einer Zukunft, die sich solcher Vergegenwärtigung (»Antizipation«) entzieht, ist damit abgeschnitten. Sie gilt bis heute ausschließlich als die besondere Sache und Angelegenheit der Theologie, und so ist der Eindruck schwer zu widerlegen, daß der Gott, von dem das christliche Bekenntnis redet, eben doch nichts mit der Natur zu tun hat, mit der sich der Naturwissenschaftler befaßt[60]. So weit dieser Eindruck hinter der Einsicht in das tatsächliche Problem der Zeit zurückbleiben mag: zerstreuen ließe er sich erst dann, wenn sich zeigen (und nicht nur behaupten) ließe, daß die Zeit, die in der Erfahrung des wissenschaftlichen Bewußtseins zu Tage tritt, und jene, auf die der alttestamentliche Beter »alle Morgen neu« wartet, Gestalten der *einen* Zeit sind, die erscheinen läßt, was sich in der

---

[60] Vgl. Anm. 9.

Natur von sich selbst her zeigt. Hier melden sich Probleme, die heute noch kaum eigens gesehen, geschweige denn in Angriff genommen sind. Redlicher als der Versuch einer vorschnellen Vermittlung scheint mir daher das Aufdecken und Offenhalten der *Differenz* zu sein, weil nur so der Preis einer neuen Konstellation sichtbar wird, in der Theologie und Wissenschaft einander begegnen könnten: die Korrektur, wenn nicht gar die Revision unserer überlieferten Erkenntnisbegriffe.

Auf dem Boden des Neuen Testaments hat diese Differenz ihre unüberbietbare Schärfe erfahren. Es ist die Predigt des »historischen« Jesus, die den Weltentwurf der »Schöpfung« authentisch interpretiert. Sie tut dies, indem sie die Nähe des Reiches oder der Herrschaft Gottes, der βασιλεία τοῦ θεοῦ, verkündigt. Seit Johannes Weiß und Albert Schweitzer hat sich die Erkenntnis durchgesetzt, daß das Reich Gottes »gegenüber der Welt nicht nur, sondern auch gegenüber der christlichen Welt eine Größe, ein Faktor sui generis [ist]: eben jenes Novum des Deutero- und Tritojesaja, das die Geschichte, indem es ihr immanent, in ihrer Mitte Ereignis wird, transzendiert: Das Reich Gottes ist Gott selbst ...«[61]. Es ist der Inbegriff des Raumes und der Zeit der Offenbarung Gottes, dasjenige Eschaton, das als die Wirklichkeit Gottes sich selbst bekannt macht. Als Schöpfung gibt sich die Welt zu erkennen, sofern sie im Zeichen dieses Eschaton, als der Darstellungsraum *seiner* Zukunft, wahrgenommen wird[62].

Wie aber ist von dieser Zukunft zu reden, wie ist sie wahrzunehmen? Die Schwierigkeiten, vor denen das moderne Bewußtsein angesichts der theologischen Interpretation der Welt steht, liegen auf der Hand. Denn offenbar können sich die Phänomene, an denen das »Eschatologische« in Erscheinung tritt, erst melden, wenn man gelernt hat, die Frage nach dessen Präsenz — die »kosmologische« Frage nach Gott — von dem ontologischen Vorgriff der Vorhandenheit (dem Primat der Gegenwart)

---

[61] K. Barth, Kirchliche Dogmatik IV/4 (= Nachlaß), 422.

[62] Die Aussagen über den Anfang haben, wie H. J. Kraus (1975), 129, im Rückgriff auf die 2. Homilie der Genesis-Auslegung des Basilius von Cäsarea bemerkt, den theologischen Charakter einer »rückwärtsgewandten Prophetie, die als Reflex der Prophetie des Kommenden in Erscheinung tritt«.

abzulösen: Die im Neuen Testament eingeübte Wahrnehmung der Welt läßt sich ihr »Raster« nicht etwa durch das Gesetz eines »vorhandenen« biologischen oder moralischen Zusammenhangs vorschreiben. In ihr artikuliert sich ein Protest gegen den Status quo dieser Welt, der durch eine Zukunft jenseits des Zeitgefüges ihrer Ordnungen autorisiert wird: durch die Zukunft der Basileia Gottes. Es ist deren »Nähe«, die die Wahrheit der Schöpfung ans Licht treten läßt, zugleich aber das Denken vor nahezu unüberwindliche Schwierigkeiten stellt. Denn in dieser Nähe bilden Gegenwart und Zukunft einen Zusammenhang, der der gewohnten Vorstellung vom Verhältnis der Zeitmodi widerspricht[63]. Das Reich Gottes ist nahe und ist doch »herbeigekommen« (Mk 1, 15); es ist zukünftig und gegenwärtig zugleich. Diese Einheit will so verstanden werden, daß die Gegenwärtigkeit des Reiches dessen Zukünftigkeit »in keiner Weise relativiert«. Seine Zukunft geht in der Differenz unserer Zeitmodi nicht auf, so daß wir sie in einem temporalen Sinne antizipieren könnten, und doch *bestimmt* sie die Gegenwart, wenn anders diese Gegenwart ihre Nähe »ist«. Theunissen hat von der »proleptischen« Struktur der Gegenwart gesprochen, sofern das, was in ihr vorfällt, durch den »Vorfall der Zukunft in sie« bestimmt ist[64].

Diese Gegenwärtigkeit der Zukunft selbst — eine Präsenz, die keine Repräsentation ist — bestimmt nicht nur die eigentümliche Zeitlichkeit des Reiches Gottes. In ihr hat das sehr viel ältere Wort von der *Verborgenheit* Gottes seinen Grund, das, wie sich nun zeigt, überhaupt kein räumliches Sich-Verbergen — kein Versteckspiel »hinter«, »über« oder »in« den Dingen — meint, sondern eine zeitliche Entzogenheit. Verborgen ist Gott als der, dessen Zukunft — ungeachtet ihrer Gegenwärtigkeit — sich nicht in Gegenwart auflöst, sondern bleibt was sie ist. Die Welt hat Gott jederzeit *vor* sich und nicht, wie die Tradition der Metaphysik voraussetzte, a priori in ihrem Rücken. Verborgen ist Gott als der, der auf die Welt zukommt[65]. Darum liegt es

---

[63] Vgl. hierzu Theunissen (1976), 19.
[64] Ebd., 19.
[65] Diese Zu-künftigkeit ist nicht zuletzt der Grund seiner Freiheit, die ihn vom Menschen unterscheidet.

nicht an uns, seine Verborgenheit zu enthüllen, denn das hieße, Gott — nun doch wieder — zu einer schon zuvor vorhandenen und nur noch zu entdeckenden Wahrheit zu erklären. Seine Zukunft enthüllt sich selbst. Sie macht sich in der Welt bekannt, indem sie — »ubi et quando visum est Deo«, wie die alte Dogmatik sagte — in deren Gegenwart eintritt.

Daß die Gegenwart unserer Welt die »proleptische« Struktur hat, die die neutestamentliche Verkündigung vom Reiche Gottes voraussetzt, läßt sich nicht erklären, sofern erklären heißt, etwas aus etwas anderem abzuleiten. Denn gäbe es innerweltliche Gründe, die ihre Annahme plausibel machten, so wäre die Zukunft, auf die sie verweist, ein bloßer Modus im Zeitgefüge der Welt. Die Welt wäre der in sich abgeschlossene Kosmos der Griechen. Daß sie dies nicht ist, daß sie sich einer Wahrheit öffnet, die — mit dem Johannes-Evangelium (18, 36) geredet — »nicht von dieser Welt« ist, ist vielmehr eine Behauptung, die weder die Theologie noch eine andere Wissenschaft zu erklären hat, sondern durch die sie selber erklärt wird. In diesem *Zirkel* muß das kosmologische Reden von Gott begründet werden. Daß er logisch *nicht* zu beschreiben ist, ist der Grund des Scheiterns der bisher unternommenen Versuche.

Indessen bietet das Neue Testament selbst ein Modell an, das diesem Zirkel entspricht: die Figur des Gleichnisses[66]. Gleichnisse sind keine Gleichungen. Sie ziehen kein »fabula docet«, das man gleichsam neben ihre Szenen als deren Quintessenz aufschreiben könnte. Sie wollen nicht demonstrieren, sondern auf etwas aufmerksam machen. Was sie schildern, ist keine theologische Lehre und erst recht kein Gottesbeweis. Es ist der Bezugspunkt der Basileia Gottes in der menschlichen Erfahrung. Das neutestamentliche Gleichnis macht mit den Darstellungsmitteln der Welt Gott in der Welt bekannt. Es nimmt die Welterfahrung als den Horizont des Redens von Gott in Anspruch, indem es — darin liegt sein hermeneutisches »Geheimnis« — die Welt nicht läßt, wie sie ist, sondern das sogenannte Wirkliche über seine bloße Vorhandenheit hinaus führt und da-

---

[66] Ich greife im folgenden auf Feststellungen und Formulierungen meiner in Anm. 40 zitierten Arbeiten zurück.

durch jedes begrifflich erstellbare »Bild« der Welt zerbricht. Im Gleichnis wird die Gegenwärtigkeit der Zukunft Gottes anschaubar; genauer: es ist die Präsenz dieser Zukunft, die im Gleichnis der Gegenwart ihre eigenen Bindungen aufnötigt und dadurch den gleichnishaft redenden Vorgang allererst provoziert. Insofern ist das Gleichnis in einer ganz anderen Weise als das reflektierende Bewußtsein »bei der Sache«. Es setzt sich ihr aus. Gleichnisse sind erzählt, um dem Hörer die Distanz des bloßen Zuschauers, den Abstand der Reflexion, zu nehmen. Sie üben ein, was dem kosmologischen Denken auf dem Weg begrifflichen Schließens unerreichbar bleibt: die Wahrnehmung des Phänomens, in welchem die Zukunft des »verborgenen« Gottes in die Gegenwart tritt. In welchem Sinne ist hier von Wahrnehmung die Rede? Wahrnehmung besagt hier, daß das Wahre in der genauen Bedeutung des deutschen Wortes *genommen* sein will, uns also nicht als theoretischer Besitz zur Verfügung steht. Erfahren wird die Zukunft Gottes, sofern der Erfahrende sich in das Geschehen hineinnehmen läßt, durch das sie sich geltend macht, das heißt sofern er sich im Vollzug seiner Erfahrung gleichsam selber aufs Spiel setzt. Aus diesem Grunde sind theologische Aussagen nicht »objektivierbar«. Sie sind nur in den Grenzen wahr, in denen sie den Erkennenden in sich einbeziehen. An die Stelle der selbstgewählten Perspektive, des subjektiven Sinnentwurfs, den *ich* der Welt aufnötige, tritt so tatsächlich die »Provokation« (G. v. Rad), mit der die Welt *mich* nötigt, auf *ihre* Verhältnisse und Bewegungen einzugehen, also (im Sinne von Psalm 24, 7) die Bedingungen gleichsam zu verwirklichen, unter denen die verborgene Zukunft der Basileia in Erscheinung treten kann. Wahrnehmung verhält sich, so verstanden, zur Wahrheit wie der Schlüssel zum Schloß: sie erschließt einen Horizont neuer Erfahrung, sie setzt ihn nicht voraus. Wahrheit *ist* nicht, sie *wird*.

So entspringt das kosmologische Reden von Gott, das die biblische Tradition in großer Freiheit wagt, einer Bewegung, die den Horizont der Gegenwart überschreitet und zwar in einer Radikalität, die dessen Ende vorwegnimmt, so wie es in Jesu Tod ein- für allemal vorweggenommen ist. Dann erst tritt man in den Raum jener Zukunft ein, aus dem sich die Gegenwart Tag für

Tag erneuert. Aus dieser Zukunft »sprechen« die Lilien des Feldes (Mt 6, 28 f.). Ihre Schönheit ist eine Schönheit jenseits des Todes. Sie ist schon jetzt der »gloria Dei« geöffnet.

Literaturverzeichnis

Albert, H., Traktat über kritische Vernunft, ²Tübingen 1963.
Ayer, A. J., Sprache, Wahrheit und Logik, Reclam, 1970.
Barth, K., Brief an Carl Zuckmayer v. 7. 5. 1968, in: ders., Briefe 1961 bis 1968, hrsg. v. J. Fangmaier/H. Stoevesandt, Zürich 1965.
—, Kirchliche Dogmatik I/2, Zollikon/Zürich 1938.
—, Kirchliche Dogmatik III/1, Zollikon/Zürich 1945.
—, Kirchliche Dogmatik IV/4 (= Nachlaß), hrsg. v. H. A. Drewes/E. Jüngel, Zürich 1976.
Bonhoeffer, D., Ethik, ⁴München 1958.
Descartes, R., Correspondance I, in: Werke, hrsg. v. Adam/Tannery, Bd. I, Paris 1969.
Flew, A. G. N., Theology and Falsification (1950/51), zitiert nach H. Hofmeister, Wahrheit und Glaube, Wien/München 1978.
Gadamer, H. G., Wahrheit und Methode. Grundzüge einer philosophischen Hermeneutik, ²Tübingen 1965.
—, Über leere und erfüllte Zeit, in: ders. (Hrsg.), Die Frage Martin Heideggers (SAH), Heidelberg 1969.
Hegel, G. W. F., Phänomenologie des Geistes, hrsg. v. J. Hoffmeister, Hamburg 1952.
—, Glauben und Wissen, Jubiläums-Ausgabe, Bd. 1, hrsg. v. H. Glockner, Stuttgart 1959.
—, Vorlesungen über die Ästhetik I, Jubiläums-Ausgabe, Bd. 12, Stuttgart 1971.
—, Theologische Jugendschriften, hrsg. v. H. Nohl, Tübingen 1907.
Heidegger, M., Sein und Zeit, Tübingen 1927.
Heintel, E., Gottes Transzendenz, in: Neue Zeitschrift für Systematische Theologie, 14, 1972.
Jüngel, E., Gott als Geheimnis der Welt. Zur Begründung der Theologie des Gekreuzigten im Streit zwischen Theismus und Atheismus, Tübingen 1977.
—, Die Welt als Möglichkeit und Wirklichkeit. Zum ontologischen Ansatz der Rechtfertigungslehre, in: Unterwegs zur Sache, München 1972.
Just, W. D., Religiöse Sprache und sprachanalytische Philosophie, Stuttgart 1975.
Kant, I., Kritik der reinen Vernunft, Ausg. B (1787), hrsg. v. R. Schmidt, Hamburg 1956.

—, Kritik der Urteilskraft, Ausg. B (1799), hrsg. v. K. Vorländer, Hamburg 1959.

Köhler, L., Theologie des Alten Testaments, Tübingen 1936.

Kraus, H. J., Reich Gottes: Reich der Freiheit, Neukirchen 1975.

Link, Chr., Die Erfahrung der Welt als Schöpfung, in: M. v. Rad (Hrsg.), Anthropologie als Thema von psychosomatischer Medizin und Theologie, Stuttgart 1974.

—, Ein biblischer Weltentwurf, in: C. Eisenbart (Hrsg.), Humanökologie und Frieden, Stuttgart 1979.

Luther, M., Vorlesungen über die Genesis, 1535—1545, Weimarer Ausgabe (WA), Bd. 42.

Nietzsche, F., Die fröhliche Wissenschaft (Aus dem Nachlaß 1871 bis 1888), Werke, hrsg. v. E. Förster-Nietzsche, Bd. 6 (o. J.).

Pannenberg, W., Kontingenz und Naturgesetz, in: A. M. K. Müller/W. Pannenberg, Erwägungen zu einer Theologie der Natur, Gütersloh 1970.

—, Wissenschaftstheorie und Theologie, Frankfurt 1973.

Pascal, B., Pensées et opuscules, hrsg. v. L. Brunschvicg, Paris 1946.

Peukert, H., Wissenschaftstheorie, Handlungstheorie, Fundamentaltheologie. Analysen zu Ansatz und Status theologischer Theoriebildung, Düsseldorf 1976.

Picht, G., Einleitung, in: G. Picht/E. Rudolph (Hrsg.), Theologie — was ist das?, Stuttgart 1977.

Popper, K., Logik der Forschung, Tübingen 1966.

Rad, G. von, Weisheit in Israel, Neukirchen 1970.

Sauter, G., Wissenschaftstheoretische Kritik der Theologie. Die Theologie und die neuere wissenschafts-theoretische Diskussion, München 1973.

Schelsky, H., Auf der Suche nach Wirklichkeit. Gesammelte Aufsätze, Düsseldorf/Köln 1965.

Theunissen, M., Ho aiton lambanei. Der Gebetsglaube Jesu und die Zeitlichkeit des Christseins, in: Jesus — Ort der Erfahrung Gottes (Festschrift für G. Welte), Freiburg 1976.

Timm, H., Glaube und Naturwissenschaft in der Theologie Karl Heims, Witten/Berlin 1968.

Weizsäcker, C. F. von, Notiz über Wahrheitstheorien. Unveröffentliches Manuskript.

—, Die Tragweite der Wissenschaft, Bd. 1, Stuttgart 1964.

Weizsäcker, V. von, Am Anfang schuf Gott Himmel und Erde, ⁶Göttingen 1963.

Westermann, C., Genesis, Biblischer Kommentar I/1, Neukirchen 1974.

KNUD EJLER LØGSTRUP

DAS SINGULÄRE UNIVERSALE

Meine These ist, wie der Titel meines Beitrages besagt, daß das
Universale in erster Linie singulär ist; erst in zweiter Linie kann
es als Allgemeinbegriff gebraucht werden. Ich werde dies anhand der *Farbe*, anhand der *Art* und anhand der *Daseinsäußerung* deutlich zu machen versuchen.

Die Farbe

Wenn ich die Farbe heranziehe und mit ihr beginne, so deshalb,
weil ich damit rechne, daß man sich anhand der Farbe am ehe-
sten darüber einigen kann, daß wir um ein Operieren mit dem,
was ich das singuläre Universale nenne, nicht herumkom-
men.
Die übliche Auffassung ist, daß sich das Wort und sein Begriff
auf etwas Allgemeines beziehen. Sowohl in ihrer sprachphiloso-
phischen als in ihrer metaphysischen Ausformung geht diese
Auffassung darauf aus, daß durch Prädikate ein Moment am
Subjekt, eine Eigenschaft, ein Verhalten, ein Handeln oder Leiden herausgehoben wird, und daß die Allgemeinheit dieses Mo-
ments darin liegt, daß es sich auch bei anderen Gegenständen
vorfindet. Julius Stenzel, klassischer Philologe und Sprachphilo-
soph, ein Zeitgenosse von Husserl, veranschaulicht dies am Namen der Farben. Es heißt bei ihm, besagtes Moment könne bei
einem bestimmten einzelnen Subjekt etwa die Farbe grün sein.
Sie kehrt bei einem anderen Subjekt wieder und läßt sich mehr
oder weniger losgelöst von ihrem Träger denken, wie wenn man
an die Farbe grün in der Gesamtskala aller Farben und damit
auch an den höheren Begriff Farbe denkt. Erörtern wir, ob die
Farbe der Blautanne grün oder blau zu nennen sei, so handelt es
sich hierbei um die Bedeutung der einzelnen Farbe, um ihre Ab-
setzung von anderen Farben. Die Bezogenheit auf eine mögliche
Allgemeinheit, die in jedem Wort und seinem Begriff liegt, wird

jedesmal aktualisiert, wenn wir nach dem richtigen Wort zur Bezeichnung dessen suchen, womit wir uns beschäftigen.

Eine weniger geeignete Illustration für die Allgemeinheit der Wortbedeutung als die Farbe hätte Stenzel kaum wählen können. Gewiß ist die Farbe eines Dinges dieselbe Farbe, die wir immer auch bei anderen Dingen vorfinden können. Aber sie ist deshalb nicht allgemein. Daß die Farbe ein Moment bei einem Ding ist, erfahren wir nämlich nicht erst, nachdem wir sie bei einem anderen Ding wiedergefunden, die beiden verglichen und daraufhin konstatiert haben, daß sich die beiden Farben derartig gleichen, daß kein Unterschied zwischen ihnen zu sehen ist. Die Farbe ist vielmehr auf der Stelle spezifisch, und nicht erst als Resultat eines Ableitens. Sie ist nicht nur der Farbe eines anderen Dinges zum Verwechseln ähnlich, sondern die Farbe ist — so heißt es bei Hans Lipps — als spezifische Differenz die nämliche wie die Farbe anderer Dinge. Die Farbe hat Einmaligkeitscharakter, den sie nicht einbüßt, mag sie bei noch so vielen Gegenständen wiederkehren. Es ist nämlich nicht dieselbe *Art* von Farbe sondern dieselbe *Farbe*, die immer wieder auftritt.

Auch ist die Farbe nicht individuell. Es gibt eine Unzahl von Farbtönen, doch gleichgültig wie nuanciert die Farbe differiert, individuell wird sie niemals. Die Farbe behält ihre spezifische Art, auch wenn ihr Träger ein Individuum ist. Sie selber individualisiert sich deshalb nicht. Immer ist es die gleiche spezifische Farbe, die wiederkehrt. Die spezifische Farbe ist verbreitet, darum ist sie ein Universale, doch ist sie überall von ein und derselben Qualität.

Sie ist folglich ein singuläres Universale, singulär als eine Differenz, die immer spezifisch und niemals individuell ist, ein Universale, das verbreitet ist.

Die Art

Aber ist die Farbe nicht ein Sonderfall, gerade weil sie nur spezifisch differiert und niemals individuell? Genau entgegengesetzt verhält es sich in dieser Hinsicht mit der *Art*, insofern, als sie aus lauter Individuen besteht. Die Art differiert spezifisch und bezeichnet zugleich die Individuen, etwa die Menschen, die

Mammuts und die Strandnelken in ihrer spezifischen Differenz gegenüber anderen Arten, Menschen gegenüber Waschbären, Mammuts gegenüber Pferden, Strandnelken gegenüber Strandastern. Ist nun die *Art* singulär oder ist sie allgemein? Je nachdem: Fällt uns auf, daß sie spezifisch von anderen Arten unterschieden ist, so ist sie singulär. Richtet sich unser Interesse darauf, daß sie individuell differiert, so ist sie allgemein. Was ist wichtiger? Meines Erachtens ist von größerem Gewicht, daß die Art spezifisch differiert; ich meine, wir gebrauchen den Begriff Art, wenn wir ihn als Allgemeinbegriff verwenden, in abgeleiteter Form.

Die Farbe ist ein und dieselbe, sie kann nur spezifisch differieren. Doch auch die Art ist ein und dieselbe — so bemerkt Hans Lipps — sie kann aussterben, viele Arten sind im Laufe der Zeit ausgestorben. Das Mammut ist ausgestorben. Andere Arten sind der Gefahr des Aussterbens ausgesetzt. Wird der Mensch einen Atomkrieg oder die Zerstörung des physischen Milieus überleben? Wir sprechen auch von der *Art* als ein und derselben Art, wenn wir aussagen, das Mammut sei in Sibirien, wo man Exemplare davon gefunden hat, verbreitet gewesen. Aber nicht nur in der Umgangssprache, sondern auch wissenschaftlich wird von der Art als von einer Singularität gesprochen. Jede Art unterteilt und reguliert sich selbst auf je eigene Weise und verschieden von anderen Arten, also singulär; doch geschieht dies bei sämtlichen Individuen und Exemplaren, die zu der einzelnen Art gehören, in gleicher Weise, also universell. Wir kommen also nicht darum herum, von der Art als von einem singulären Universale zu sprechen. Zudem sprechen wir davon, daß die Art sich selbst reproduziert. Die Art bewahrt sich selbst aus eigener Kraft, sowohl was Aufteilung in Individuen, als auch was deren Reproduktion betrifft.

Die Selbstorganisation der Arten ist — wie Adolf Portmann erklärt — ein ungelöstes Problem und damit ein nicht wegzudenkender Ansporn des Biologen für seine Forschung. Die Rede vom singulären Universale ist also keine willkürliche Spekulation, sondern drängt sich von der Wissenschaft her als metaphysische Beschreibung auf.

Die Daseinsäußerung

Und nun die Daseinsäußerung. Während die Farbe nur spezifisch differiert, differiert die Daseinsäußerung ganz wie die Art,
individuell. Die ständig individuelle Variation verführt nämlich
dazu, sowohl die Art als auch die Daseinsäußerung als allgemein anzusehen und ihnen die Singularität abzusprechen. Ich
meine aber, das ist verkehrt, auch in bezug auf die Daseinsäußerung, weil ihr damit das, was ich — weil mir bisher dafür kein
besseres Wort eingefallen ist — ihre Anonymität nenne, aber-
kannt wird.
Sprachlich gesehen sind Wörter wie Vertrauen, Aufrichtigkeit,
Mitgefühl insofern eigentümlich, als sie eine deskriptive und zugleich ethische Bedeutung in sich vereinen, und zwar so, daß
sich die beiden Bedeutungen nicht voneinander trennen lassen:
Die ihnen innewohnende Positivität in ethischer Hinsicht läßt
sich aus ihrer Bedeutung nicht entfernen, so daß sie als reine Be-
schreibungen verstanden werden könnten. Merkwürdigerweise
folgt die Positivität mit in die deskriptive Analyse des Wortin-
haltes hinein. Indifferent in bezug auf die Positivität und auf
den Appell, der von der Positivität ausgeht, lassen sich diese
Phänomene gar nicht schildern. Sie sind in sich selbst und von
sich aus gut, und nicht erst dank der Wertung, die wir an sie her-
antragen. In sich selbst und von sich aus spornen sie zu ihrem
Vollzug an, und nicht erst wir legen den Appell in sie hinein, der
uns oder die anderen zu ihrem Vollzug auffordert. So persönlich
sie auch sein mögen, ihre Positivität und ihr Appell sind präper-
sonal. Auf eigentümliche Weise sind sie persönlich und zugleich
anonym.
Die Frage, wie die Daseinsäußerung anonym und zugleich personal sein könne, hat keinen Sinn. Denn was könnte das für eine
Daseinsäußerung sein, die entweder nur anonym oder nur personal wäre? Lebendig ist unser geschichtliches Dasein nur dadurch, daß sich einander widerstrebende Tendenzen gegenseitig
bedingen. Aus dieser Spannung heraus entsteht das Phänomen
in seiner Geschichtlichkeit. Erhält die eine Tendenz das Übergewicht und setzt sie die andere Tendenz außer Kraft, so verküm-
mert das Phänomen und wird zum Zerrbild seiner selbst. Betonen wir die Personalisierung der Daseinsäußerung übermäßig

und begnügen wir uns nicht damit, sie in Verantwortlichkeit zu vollziehen, sondern betrachten wir sie als unser Verdienst und als unsere Erfindung, so entstellen wir sie. Ein Vertrauen, eine Aufrichtigkeit, ein Mitgefühl, das wir in der Überzeugtheit eigener Kraftanstrengung leisten, wird sich beim Anderen keiner dankbaren Aufnahme erfreuen. Soll der Andere an unserem Tun und Reden Freude haben und soll er es gebrauchen können, so müssen sich Vertrauen, Aufrichtigkeit und Mitgefühl von selber einstellen und uns in ihrer Anonymität als Daseinsäußerungen tragen. Der Singularität, die sich in bezug auf Farbe und Art darin manifestiert, daß sie in erster Linie spezifisch differiert und somit den Gebrauch des Farb- und Art-Namens als Allgemeinbegriff zur sekundären Funktion macht, entspricht in bezug auf die Daseinsäußerung deren Anonymität. In der Anonymität manifestiert sich vor allem die Singularität der Daseinsäußerung; erst an zweiter Stelle steht, daß die Wörter, die sie benennen, sich auch als Allgemeinbegriffe verwenden lassen.

Partikularität und Singularität

Alles, was es gibt, ist partikular im Hinblick auf Zeit und Raum da, und zugleich ist es vom gleichen Typus wie anderes, was es gibt. Alles, was da ist, ist da auf eine für es typische Weise, verschieden von anderem Typischen. Auf unterschiedslose Weise ist nichts von all dem, was es gibt, da, und die Unterschiede sind typische Unterschiede — bis auf die Unterschiede im Hinblick auf Zeit und Raum. Also müssen wir zwischen singulär und partikular unterscheiden. Was auch immer es sei, so ist es im Hinblick auf seinen Typus, singulär, und partikular im Hinblick auf Zeit und Raum da.

Nun läßt sich von der Partikularität her eine Metaphysik aufbauen, so wie P. F. Strawson dies in seiner Schrift »Individuals« von 1959 unternimmt. Im System der räumlichen und zeitlichen Relationen hat jede Partikularität ihren alleinigen Platz und steht in alleiniger Verbindung mit allen anderen Partikularitäten. Da das System nur als das eine da ist, läßt sich jede Partikularität demonstrativ identifizieren, und da wir selbst, wie alle anderen Personen, einen Platz im raumzeitlichen System einnehmen, läßt sich alles, was wir selber und was andere reden, in Beziehung zueinander setzen. Zwar läßt sich nicht alles Partikulare auf unmittelbare Weise demonstrativ identifizieren. Vieles kann nur durch Beschreibung unmittelbar identifiziert werden. Das Beschriebene jedoch läßt sich immer auf unike Weise mit anderem Partikularen, das demonstrativ identifiziert werden kann, in Verbindung bringen. Jede identifizierende Beschreibung inkludiert letzten Endes ein demonstratives Element[1].

Vom Identifizierungs-Gesichtspunkt her gesehen sind die Partikularitäten, die das raum-zeitliche System konstituieren, grundlegend. Es sind dies die dreidimensionalen Gegenstände von einiger Dauer, mit anderen Worten, die partikularen Gegenstände, die materielle Körper sind oder solche besitzen. Nur materielle Körper beanspruchen mit genügender Dauer Raum und erhalten mit genügender Stabilität Relationen aufrecht, um das Raum-Zeit-System zu konstituieren, das als Rahmen für unsere Bezogenheit auf das Partikulare und dessen Identifikation erforderlich ist.

Der Gesichtswinkel, den Strawson für seine Darlegung der begriffsmäßigen Struktur, mit der wir die Welt erfassen, anlegt, ist also die Möglichkeit, gemeinsam das Partikulare demonstrativ zu identifizieren. Der Nachdruck liegt auf dem Demonstrativen. Wenn also die materiellen Körper das grundlegende Partikulare sind, so deshalb, weil sie und das raumzeitliche System sich gegenseitig bedingen. Ja aber, so könnte man fragen, ist dies nicht doch ein, gewiß notwendiger, aber sehr einseitiger Gesichtspunkt, unter dem man eine solche deskriptive Metaphysik anlegt? Heißt das nicht, als Ausgangspunkt sich auf die Frage zu beschränken: Wie orientieren wir uns? Orientieren können wir uns gewiß nur, weil sich die materiellen Körper und das raumzeitliche System gegenseitig bedingen. Etwas tendenziös aber durchaus berechtigt, könnte man Strawsons Ausarbeitung eine Orientierungsmetaphysik nennen. Die Beschreibung, und mit der Beschreibung das Verständnis, sind darin, infolge der Natur der Sache, etwas Sekundäres.

Ebenso wichtig aber, wie daß wir uns orientieren können, ist es doch, daß wir das Partikulare in seinem Typus verstehen und

---

[1] Vgl. P. F. Strawson, Individuals, London 1959, 21—22.

beschreiben können. Es gibt eine Metaphysik, die ebenso fundamental ist wie Strawsons, und das ist die, die davon ausgeht, daß das Merkwürdigste an unserer Welt darin besteht, daß alles Partikulare Variation von irgendeiner Gesamtheit ist, die in ihrer Komplexität von unverwechselbarer Eigentümlichkeit ist. Das Erstaunliche ist, daß die komplexen Gesamtheiten sich selbst auf singuläre Weise aufrechterhalten und trotzdem verbreitet sind. Viele von ihnen kehren wieder, weil sie sich selbst auf singuläre Weise reproduzieren. Könnte man Strawsons Metaphysik eine Partikularitäts- und Orientierungsmetaphysik nennen, so könnte man diese andere und ebenso fundamentale Metaphysik eine Metaphysik des Verstehens und Beschreibens nennen. Mein Einwand gegen die Metaphysik der Partikularität geht darauf aus, daß sie nicht die Metaphysik der Singularität neben sich duldet.

Der Unterschied der beiden Arten von Metaphysik läßt sich an zwei Arten von psychischen Leiden und ihrer Auswirkung veranschaulichen. Beim Gedächtnisschwund laufen die beiden Arten von Metaphysik Gefahr, auseinanderzufallen. Die erkrankte Person erkennt die Straße als Straße, die Laterne als Laterne, das Haus als Haus, den Bürgersteig als Bürgersteig, den Schatten als Schatten, den Passanten als Passanten, ohne zu wissen, in welcher Stadt sie herumirrt, und ohne zu wissen, woher sie gekommen ist.

Ihre Biographie und die Geographie der Umgebung sind ihr entschwunden. Der Gedächtnisschwund greift die Partikularität an, läßt aber die Singularität intakt. Das ist schlimm; doch schlimmer noch ist es, wenn die Singularität angegriffen wird, so daß die Straße nicht mehr als Straße, die Laterne nicht mehr als Laterne, der Schatten nicht als Schatten erkannt wird, so wie es in schweren Fällen der Schizophrenie geschieht, was sich in Sprachstörungen äußert. Schlimmer auch deshalb, weil diese Sprachstörungen eintreten, da die Gefühle, ohne die wir nichts verstehen könnten — nicht einmal, daß zwei und zwei vier ist — sich dem Verstehen und Erkennen entzogen haben — so jedenfalls erklärt der dänische Psychiater, Thorkild Vanggaard, diese Eigentümlichkeit der Schizophrenie.

Die Metaphysik der Singularität, wenn ich sie kurz so nennen darf, kann sich nur schwer durchsetzen; das gilt erkenntnistheoretisch wie auch sprachlogisch.

1. *Erkenntnistheoretisch* ist ein Durchbruch schwierig, weil wir geneigt sind, Erkennen zu Subsumption zu reduzieren. Hier ist eine Unterscheidung wichtig. Heften wir uns daran, daß das Universale bei mehreren Individuen oder Exemplaren vorhanden ist, und wenden wir es an, um die Individuen oder Exemplare darunter zu subsumieren, so haben wir das Universale als Allgemeinbegriff gebraucht. Das ist in Ordnung, und das läßt sich auch gar nicht entbehren. Nur haben wir währenddessen das Erkennen im produktiven Sinne verlassen. Subsumption ist nämlich nicht Erkennen, sondern Anwendung dessen, was wir erkannt haben, eine Anwendung, bei der wir eventuell prüfen, ob unsere Erkenntnis richtig gewesen ist.

Eines ist also Verständnis und Erkenntnis, sie sind produktiv und sie vermitteln. Etwas anderes ist die Anwendung von Begriffen und Vorstellungen auf Individuen und Exemplare — und die Subsumption von Individuen und Exemplaren unter Begriffe und Vorstellungen als Fälle davon. Anwendung und Subsumption sind unproduktive Vorgänge, sie setzen Verstehen und Erkennen voraus, sind aber selbst weder das eine noch das andere, höchstens dessen Kontrolle.

Meine Behauptung ist nun: Der Unterschied zwischen allgemein und besonders gehört zur Anwendung und zur Subsumption. Im produktiven Verstehen und Erkennen handelt es sich um das Universale in seiner Singularität.

2. Auch *sprachlogisch* legen sich der Metaphysik der Singularität Hindernisse in den Weg. Der traditionellen Lehre nach lassen sich Partikulares und Universalia mit hinweisenden Ausdrücken sprachlich erfassen, beide können daher Subjekt in einem Subjekt-Prädikatsatz sein. Prädikat dagegen können nur Universalia sein, nicht Partikulares.

Wenn sich Partikulares nicht aussagen läßt, ohne daß darauf hingewiesen wird, so kommt das daher, weil was partikular ist, durch sein Eintreffen in der Zeit, die nicht zurückkehrt, und durch sein Auftreten an dem Ort im Raum, den es allein einnimmt, bestimmt ist. Wenn das Prädikat ein Universale ist, kommt das daher, daß wir mit dem, was wir mit dem Prädikat vom Subjekt aussagen, darauf eingestellt sind, daß es sich auch über andere Gegenstände, seien es Dinge, Personen, Phänomene oder Ereignisse, aussagen läßt. Das heißt wiederum, daß das Verständnis des Universale von der logisch-grammatischen Struktur der Aussage her erwarten läßt, daß es allgemein sei. Wenn nur die Universalia Prädikate sein können, und Prädikate das sind, was über vielerlei Dinge und Personen ausgesagt werden kann, so ist das Universale ein Allgemeinbegriff — von der Aussage her gedacht.

Sollten wir uns nun nicht damit zufrieden geben, daß das Universale Allgemeinbegriff ist? Nein, das ist es nur, wenn es als Prädikat gebraucht ist! Die Verwendung des Universale als Prädikat läßt es als Qualität eines Gegenstandes figurieren, von der wir von vornherein wissen, daß sie auch bei anderen Gegenständen wiederzufinden ist; dann ist das Universale als Prädikat allgemein. Sonst aber nicht. Prädikatsein und Alleinrecht auf Prädikatsein zu haben gehört nicht mit zum Verständnis des Universale. Auch ist das Universale nicht gebildet, um als Prädikat zu fungieren. Etwa als sei das Universale entstanden als das Gemeinsame, was wir aus einer geschlossenen oder offenen Gruppe von Gegenständen abgeleitet hätten, wobei wir von den partikular oder individuell variierenden Unterschieden zwischen den Gegenständen abgesehen hätten.

Bei der *Farbe* ist die Sache völlig klar. Gewiß fungiert die Farbe, gebraucht als Prädikat, als Allgemeinbegriff, doch ebenso einleuchtend ist es, daß das Verstehen, was eine Farbe ist, sich nicht durch Konstatierung dessen eingestellt hat, was eine Gruppe von Gegenständen gemeinsam an sich hat, wobei man von den partikular und individuell variierenden Unterschieden abgesehen hätte. Das ist deshalb von vornherein ausgeschlossen, weil die Farbe weder partikular noch individuell variieren kann. Die Farbe kann nur spezifisch differieren, also ist sie singulär in höchstem Maße. Verbreitet ist sie auch, also ist sie ein singuläres Universale. Trotzdem ist sie wirksam als Allgemeinbegriff, wenn sie als Prädikat gebraucht wird, ein Gebrauch, der also ihrer Natur widerstreitet.

Obwohl *Art* und *Daseinsäußerung* partikular und individuell differieren, ist auch ihr Verständnis nicht entstanden, indem das Gemeinsame abgeleitet und dabei vom partikular und individuell Variierenden abgesehen wurde. Im übrigen differiert die *Art* nicht nur individuell, sondern auch — und zwar primär — spezifisch; das gehört mit zu ihrer Bedeutung. Das ist allerdings bei der Daseinsäußerung nicht der Fall, weswegen das Wort für die Daseinsäußerung auch kein Name ist, so wie es die Wörter für Farben und Arten sind. Vielmehr ist es Deutung. Da aber alles, was gedeutet wird, zum Beispiel Sanftmut, als individuell variierter Vollzug im Hinblick auf sinnlich wahrnehmbares oder behaviouristisch konstatierbares Äußeres nichts Gemeinsames, allgemein Erkennbares hat, dürfte klar sein, daß Deutung souverän und primär ist und nicht Ableitung von etwas Gemeinsamem und Allgemeinem sein kann.

Kurz gesagt, wollen wir adäquat über Farbe, Art und Daseinsäußerung denken, so müssen wir sie im Widerspruch zu der Allgemeinheit auffassen, die ihnen unsere Aussagen als Prädikate beilegen. Der Allgemeinbegriff ist nur ein Nebenprodukt, das das Universale abwirft.

Da es von Universalia wie Menschen, Mammut, Strandnelke eine Unzahl an Individuen oder Exemplaren gibt, folgern wir unwillkürlich, die Universalia seien allgemein. Doch das ist ein Schluß, der ontologisch nicht haltbar ist; er wird uns vom logisch-grammatischen Aufbau der Aussagen als Prädikation her aufgezwungen. Wir widersetzen uns dem Gedanken eines singulären Universale, weil wir vom Prädikationsdenken beherrscht sind. Darum ist es kein Wunder, wenn die Metaphysik der Singularität die größten Durchbruchschwierigkeiten hat; sie hat ja den logisch-grammatischen Aufbau des Satzes, der für die Verbalsprache charakteristisch ist, gegen sich.

Ontologisch müssen wir unterscheiden zwischen der Partikularität, die Zeit und Raum all dem, was da ist, verleihen, und der Singularität, die das einzelne Seiende mit anderem Seienden gemeinsam hat, die also eine verbreitete Singularität ist. Ja, aber wenn das Singuläre verbreitet ist, dann ist es ja eben nicht singulär sondern allgemein, wird man dagegen einwenden. Der Einwand trennt aber nicht dazwischen, was vom Seienden gilt — und was von der Aussage über das Seiende gilt. Die Bedingungen unserer Sprachen für das Sprechen vom Seienden sind nicht die Bedingungen des Seienden fürs Sein.

Der einzelne Mensch, das einzelne Mammut, die einzelne Strandnelke, die einzelne Daseinsäußerung ist aus dem zusammengesetzt, was für das Individuum oder für das Exemplar besonders ist und was es mit allen anderen Individuen oder Exemplaren derselben Sorte gemeinsam hat. Wichtig ist nun, daß diesem Gemeinsamen nicht unterschoben wird, es sei ontologisch allgemein, wiewohl wir über das, was wir gemeinsam haben, Urteile fällen können, die allgemein sind, das heißt, die für alle Individuen und Exemplare gelten. Viel Unklarheit entsteht dadurch, daß man nicht auseinanderhält, daß das Universale ontologisch singulär ist und erst allgemein wird, wenn es zur Subsumption gebraucht wird.

Liest man als Nicht-Fachmann eine Übersicht über den Universalienstreit, so wie er im mittelalterlichen Denken hin und her wogte, kommt es einem vor, als ginge es nicht von der Stelle. Der Streit endet ja auch ergebnislos. Der Grund scheint mir der zu sein, daß man davon ausgeht, das Universale sei allgemein. Um mit diesem Problem fertig zu werden, muß zunächst für die richtige Plazierung des Unterschiedes von Allgemeinem und Besonderem gesorgt werden, eine Plazierung, die das Universale der Rolle enthebt, allgemein zu sein, und ihm stattdessen die Stellung einräumt, die ihm zukommt, nämlich singulär zu sein.

Religionsphilosophie

Was einen den Gedanken und die Rede vom singulären Universale so schnell beiseitelegen läßt, ist seine Metaphysik, von der man nichts wissen will. Sie leitet nämlich unschwer zu dem Gedanken über, daß alles, was es gibt, erschaffen ist. Alles, was es gibt, hat sein Universale, das mit seiner Entstehung und seiner Dauer in alles und jedes hineinerschaffen ist.

Was den Gedanken der Erschaffenheit nahelegt, ist, daß das Singuläre verbreitet ist, und nicht in der Weise an Zeit und Ort gebunden ist wie die rein numerische Individualität und Partikularität. Das ist eine Deutung und keine Erklärung. Wollten wir das Anwesendsein des Universale im Partikularen erklären können, müßten wir den Erschaffensprozeß belauern, und das können wir nicht. Wir können nur feststellen, was als Ergebnis des Erschaffens da ist. Dahinter zurückgreifen können wir nicht. Daß alles, was da ist, von ganz bestimmter und singulärer Verfassung ist, dies müssen wir als ein Faktum hinnehmen, das sich nicht weiter zurückverfolgen läßt.

Als Alternative zum Gedanken vom singulären Universale steht die Auffassung des Aussage- und Prädikationsdenkens, daß das Universale nichts weiter sei als eine Art und Weise, von den Dingen zu sprechen. Das Universale ist dann das Allgemeine. Doch in diesem Falle kann das Universale keine Realität haben; darin hat jeglicher Nominalismus recht. Nur wenn das Universale singulär ist, kann es auch Realität haben.

Der Nominalismus legt Abstand zwischen unser Erkennen und die Dinge, und erkennen wir den Nominalismus an, so sind wir auf dem Wege, die Wissenschaft auf Technik zu reduzieren, und alle anderen Impulse für unser Erkennen, die nicht auf das Beherrschen der Dinge ausgehen, zu ersticken.

Es scheint, als stünden wir vor der Wahl: Entweder ist unser Erkennen nichts weiter als eine Technik, mit der wir uns die Dinge zurechtlegen, immer besser und immer effektiver — oder: in alles, was da ist, sind singuläre Universalia hineinerschaffen, die unser Verstehen der Dinge in ihrem Typus bedingen, und die uns zu ihrer Beschützung auffordern.

Ontologisch kann weder das Universale noch das Partikulare für sich bestehen. Erich Heintel drückt dies etwa so aus: eine Differenz, analog zur Differenz zwischen Genotyp und Phänotyp, ist bereits im Entstehen des artbestimmten Individuums überwunden. Im Nominalismus aber wird das Universale und das Partikulare, das Typische und das Individuelle auseinandergerissen, mit dem Ergebnis, daß man in das unlösbare Problem gerät, wie es überhaupt möglich sei, sich über das Partikulare und das Individuelle zu äußern, wenn das Universale und das Typische außerhalb seiner liegt[2].

Aber nicht nur der Nominalismus, sondern auch der Begriffsrealismus reißt das Universale und das Partikulare auseinander. Der Nominalist gibt sich der Illusion hin, das Partikulare ließe

---

[2] Heintel, Einführung in die Sprachphilosophie, Darmstadt 1972, 169, 173.

sich erfahren ohne das Universale. Der Begriffsrealist bildet sich ein, das Universale habe Realität außerhalb des Partikularen. Beide sind sich einig in dem Irrtum, daß ein Denken des Universalen, unter gleichzeitigem Absehen vom Partikularen, möglich sei — mit dem Unterschied, daß der Nominalist im Universalen nur eine opportune Art und Weise des Sprechens über das Partikulare sieht, während der Begriffsrealist, wie gesagt, dem Universalen Realität außerhalb des Partikularen zulegt.

Doch erhalten Nominalismus und Begriffsrealismus in einer bestimmten Hinsicht denselben Einfluß auf unsere Haltung. Das Partikulare wird des Gewichtes der Singularität, die ihm als Manifestation der Singularität seines Universalen zukommt, enthoben und lediglich zum Fall von Gesetzen und Begriffen reduziert, denen in ihrer Eigenschaft als allgemein und abstrakt völlig der Einmaligkeitscharakter abgeht. Erkennen besteht dann darin, zum Angriff auf die Singularität loszugehen, sie zu unterminieren und auszuhöhlen. Nominalistisch geschieht das, indem die Gesetze und Begriffe, von denen das Partikulare ein Fall ist, nichts weiter sind als eine opportune Art und Weise des Redens über und Operierens mit dem Partikularen. Begriffsrealistisch geschieht es dadurch, daß den Gesetzen und Begriffen, von denen das Partikulare nur ein Fall ist, eine höhere Realität der Notwendigkeit beigemessen wird. Der Nominalismus und der Begriffsrealismus verflüchtigen jeder auf seine Weise den Einmaligkeitscharakter von allem, was da ist, und dem erst der Gedanke vom Erschaffensein gerecht wird. Unsere Kapitulation vor dem Angriff des abendländischen Denkens auf die Singularität ist eine der Ursachen, weswegen dem Gedanken der Erschaffenheit bei uns im Westen der Boden entzogen ist.

Gewiß können wir unser Erkennen des Partikularen nur in Aussagen formulieren, die allgemein sind. Das sollte uns aber nicht irreführen; denn die allgemeine Fassung und Formulierung hat vor dem Partikularen in der Singularität seines Universalen Rechenschaft abzulegen.

Auch das singuläre Universale, das sich im Hinblick auf die Daseinsäußerungen in der Anonymität manifestiert, legt eine religiöse Deutung nahe. Man könnte nämlich fragen: wie könnte das Gutsein und der Appell ihnen innewohnen, wenn sie ihren Ursprung nicht einer Erschaffenheit verdankten?

Lehnt man eine religiöse Deutung ab, so verhält es sich charakteristischerweise nicht so, daß man dann eine andere, irreligiöse Erklärung für das ihnen innewohnende Gutsein und den Appell vorlegt; vielmehr bestreitet man, daß ihr Gutsein und ihr Appell ihnen innewohne. In der Psychologie, die vor und nach dem Jahrhundertwechsel vorherrschend gewesen ist, und die man retrospektiv mal Element-, mal Assoziations-, mal naturalistische Psychologie genannt hat, war die Positivität der erwähnten Phänomene nichts weiter als der Widerschein des Lustgefühls, das mit diesen Phänomenen assoziativ verbunden ist. In sich selbst waren sie weder gut noch appellierend.

Noch ein weiteres, was für die Gruppe von Phänomenen, von denen wir hier sprechen, charakteristisch ist, legt eine religiöse Deutung nahe, und zwar ist das eine ihnen eigene Spontaneität von unerklärlicher Durchbruchskraft. In allem, was wir denken, fühlen und unternehmen, leben wir auf eine Einbildung hin, die ebenso grotesk ist wie sie uns selbstverständlich ist, nämlich, daß wir unser Dasein uns selbst zu verdanken haben. Die Daseinskraft ist unsere eigene. Nicht daß wir uns nur hier und da einmal von dieser Einbildung überwältigen lassen, nein, sie steckt in jedem Atemzug, den wir tun.

Wenn nun diese Einbildung so fundamental ist, so sollte man meinen, daß sie sich so auswirkt, daß wir unser Dasein nur in Verfälschung kennen. So ist es aber nicht; verhielte es sich so, wäre die Menschheit längst zugrunde gegangen. Das Sonderbare ist, daß sich trotz unserer unerschütterlichen Einbildung und quer durch sie hindurch Daseinsäußerungen durchsetzen, an denen nichts Verfälschendes ist, Aufrichtigkeit, Vertrauen, Mitgefühl. Sie sind so souverän, so anonym, daß die Einbildung sie gar nicht daran hindern kann, durchzubrechen. Ebenso sicher ist es aber, daß die Verantwortung dafür, wie es den Daseinsäußerungen weitergeht, uns selber überlassen ist, denn sie sind mit uns identisch geworden und wir mit ihnen. Die Daseinsäußerungen sind personal. Unsere Identität erhalten wir durch etwas, was wir nicht uns selber verdanken. Die Daseinsäußerungen sind anonym und zugleich personal. Sie werden von uns in dieser Zweiseitigkeit erfahren.

Das verlangt eine Deutung. Die religiöse Deutung geht dahin, daß die Daseinsäußerungen der Daseinskraft entspringen, die wir nicht selber sind und die uns näher ist als wir selbst. Das ist keine willkürliche Deutung. Wir machen nämlich die Erfahrung, daß wir die Daseinsäußerung entstellen und verderben im selben Augenblick, wo wir ihr Zwang antun und sie als unseren eigenen Verdienst vereinnahmen.

A. M. Klaus Müller

GESCHÖPFLICHKEIT ALS HERAUSFORDERUNG
AN NATURWISSENSCHAFT UND THEOLOGIE*

I.

Die Frage nach der Geschöpflichkeit des Menschen und darüber hinaus der gesamten belebten Natur konnte lange Zeit als eine kirchlich-dogmatische, im übrigen aber akademische Frage gelten. Heute, wo die Natur in Gefahr ist, vom Menschen in einem nie dagewesenen Umfange zerstört zu werden, kommt diese Frage plötzlich in der konkreten Wirklichkeit mit einer noch vor wenigen Jahren kaum vermuteten Wucht auf uns zu, und zugleich wird deutlich, daß die bisherige kirchlich-dogmatische Antwort den Nerv dessen, was da zwischen Mensch, Welt und Gott auf dem Spiele steht, nicht zureichend hat treffen können. Wir sind gerade auch hier, um eine Wendung Dietrich Bonhoeffers aufzunehmen, »ganz auf die Anfänge des Verstehens zurückgeworfen«. Ich bin freilich, um es vorweg zu sagen, davon überzeugt, daß darin ein geheimer Segen liegt. Vermutlich bedarf es gerade einer tiefen Krise, um uns tiefer in das Verständnis und die Bewährung unserer Geschöpflichkeit hineinzuführen, so tief, daß daraus schließlich eine Bewältigung eben dieser Krise hervorgehen könnte. Ich spreche hier nicht von einem kurzfristigen Prozeß. Wir befinden uns am Anfang eines tiefen Umbruchs in allen überlieferten Selbstverständnissen, die religiösen Selbstverständnisse der Menschheitsgeschichte nicht ausgenommen. Wie alles andere wird sich auch die Geschöpflichkeit des Menschen und der übrigen Lebewesen im Durchschreiten eines Weges schließlich anders darstellen als bisher. Was ich hier zu sagen versuche, können nur erste Andeutungen sein. Es ist leicht, sie aus der Tradition zu kritisieren, schwerer, sie von der aus der Zukunft her kommenden Wahrheit zu beurteilen.

---

* Abdruck aus: Scheidewege, Heft 3, Jahrgang 8, 1978, 336—361.

Geschöpflichkeit meldet sich in der heute angebrochenen ökologischen Krise als ein Grundphänomen unserer Wirklichkeit. Sie nötigt uns einen neuen Durchgang durch die Grundlagen unserer Weltwahrnehmung auf und zwingt zu einer Offenlegung der verschütteten Grundlagenkrise in den Wissenschaften und in der Politik. Dieser Durchgang ist schwer zu vollziehen, und es gibt heute in der Welt erst wenige Menschen, die ihn als unvermeidliche Voraussetzung einer radikalen Praxis ernsthaft ins Auge fassen. Ich wähle hier einen mehr auf Beispiele und Assoziationen gegründeten Zugang, der uns intuitiv in den Vorhof all jener (ungeklärten) Fragen führen kann, die man zu Gesicht bekommt, wenn man sich der Frage nach der Geschöpflichkeit zu stellen beginnt.

Zunächst möchte ich den Unterschied zwischen dem Ich und dem Selbst in unserem Leben ansprechen. Werner Heisenberg, der kürzlich verstorbene Atomphysiker, hat einmal dem Sinne nach gesagt: *Wir können tun, was wir wollen, aber wir können nicht wollen, was wir wollen.* Die Instanz, welche tun kann, was sie will, ist unser Ich; die Instanz, aus der unser Wollen Gestalt gewinnt, ohne daß unser Ich den bestimmenden Einfluß darauf hätte, ist unser Selbst. Der Unterschied zwischen Ich und Selbst ist wesentlich der Unterschied zwischen dem, was in unserem Bewußtsein unser Handeln bestimmt, und dem, was aus dem Unterbewußten heraus unser Bewußtsein bestimmt. Wären Bewußtes und Unbewußtes in Harmonie zueinander, so gäbe es für den Menschen keine Identitätskrise. Aber je mehr technische und geistige Möglichkeiten dem Menschen in seiner Geschichte zuwuchsen, desto mehr hat sich das Ich der Einsicht verschlossen, daß es vom Grunde des Selbst abhängig ist. Die zweckrationale Einstellung des neuzeitlichen Denkens suggeriert dem Ich, es schreibe gewissermaßen das Drehbuch für das Leben, und das Unterbewußte habe sich gefälligst nach ihm zu richten: Ich und Selbst sind unter dem Autonomieanspruch des technisch und unternehmerisch geprägten Menschen, des Homo Faber, auf Kollisionskurs gegangen. Was für den Menschen seit seiner Entstehung im Tier-Mensch-Übergangsfeld der Evolution schon immer galt, ist durch die Reichweite seiner Möglichkeiten unerhört verschärft worden: Wir glauben, die Wirklichkeit habe sich nach unserem Willen zu richten, und unser Wille wiederum könne legitimiert werden durch unsere Interessen und Bedürfnisse. Unser Ich begreift nicht mehr, daß es — abgeschnitten vom Unbewußten — zugleich abgeschnitten ist von jeder übergreifenden Orientierung. Es spricht in Krisensituationen dauernd von ethischer Besinnung, rebelliert aber gegen die Anerkennung vorgegebener Zusammenhänge und Dimensionen, die sich dem zupackenden Griff eines ichbewußten Veränderungswillens entziehen. Deutlich ist diese Rebellion zum Beispiel in dem säkularen Versuch zu spüren, ethischen Rigorismus ohne Bezug auf religiöse Erfahrung praktizieren zu wollen.

Man glaubt, die Selbsterfahrung in Icherfahrung auflösen zu können und denunziert das nicht vom Bewußtsein ergriffene Selbst bei sich und bei anderen als ein Relikt unmündigen Lebensstils. In Wahrheit ist aber gerade der zweckrationale Lebensstil unmündig; denn er besteht, wenn er in der Einseitigkeit der letzten einhundertfünfzig Jahre fortgesetzt wird, in dem selbstzerstörerischen Versuch, den Status quo des erreichten Bewußtseins gegen tiefere Einsichten aus dem Unterbewußten vermittels der Spielregeln der Logik hermetisch abzuriegeln, also gegen die Tiefe des eigenen Daseins zu leben. Was sich als Veränderungswille nach außen kundtut, ist oft genug nur die geschickt als Aktivität kaschierte Angst, sich ändern zu *müssen*, ohne daß unser Ich uns *frei* und dem Selbst wiedergegeben hat: Ichveränderung statt Selbstveränderung. Im Drehbuch, welches unser Ich schreibt, fehlt die entscheidende Komponente, ohne deren Anerkennung wir unsere Identitätskrise langsam aber sicher zur globalen Überlebenskrise verschärfen müssen: Der kleine, so gern größenwahnsinnige Buchhalter unseres Bewußtseins, der sich als Feldherr des Lebens sehen möchte, verdrängt unsere *Geschöpflichkeit, ohne die wir nicht sinnerfüllt leben können.*

Geschöpflichkeit ist kein Begriff neuzeitlicher Wissenschaften. Ihre Abwesenheit im Weltveränderungsprogramm der wissenschaftlich-technischen Zivilisation markiert gerade die verborgene Unmündigkeit dieses Programms, auf das wir uns gleichwohl unumkehrbar eingelassen haben. Ich will hier aber auch nicht von Geschöpflichkeit von vornherein ausdrücklich theologisch reden; denn zur Unumkehrbarkeit des historischen Ganges der Lebenswelt gehört auch, daß uns die Unmittelbarkeit religiöser Rede, wie sie einmal wirklich und erlösend war, versunken ist. Dies gilt nicht nur für eine emphatisch-affirmative Rede von Gott und seiner Stellung als Schöpfer dieser Welt, sondern auch von den globalbegrifflichen[1] theologischen Systematisierungen, die gleichsam das rationale Überbleibsel der einst religiös gefüllten Rede sind. Natürlich klingt in dem Wort Geschöpflichkeit die Wirklichkeit des Schöpfers an, und so ist das Wort von mir durchaus gemeint. Aber wenn uns die theologisch stringente Rede vom Schöpfer und seinen Geschöpfen heute leer bleibt, weil sie keine Hinweise bietet, wie wir in die verdrängte Geschöpflichkeit gleichsam von unten her konkret wieder einzutreten vermögen, dann bedarf es eines weltlichen und gerade nicht eines überweltlichen, eines natürlichen und gerade nicht eines übernatürlichen Zuganges zum Defizit des Geschöpflichen in uns und um uns.

Ich will deshalb im folgenden einige Aspekte geschöpflichen Lebens nennen und erläutern, die es heute und in Zukunft unbedingt ernstzunehmen und neu zu bewähren gilt. Dabei beschränke ich mich auf eine ganz unvollständige Liste von drei zentralen Gesichtspunkten:

1. Der Vorrang des Lebendigen vor dem Leblosen.
2. Die Unverzichtbarkeit der Vor-Ort-Erfahrung durch das Lebewesen selbst.
3. Die Aufgabe einer geschöpflichen Umdeutung bisheriger Naturwissenschaft.

II.

Meine erste These lautet kurz: *Das Lebendige hat Priorität vor dem Leblosen.* Vorsichtiger formuliert: Das, was wir als Leben erkennen können, hat in einem tieferen Sinne, als wir uns bisher einzugestehen wagten, Priorität vor denjenigen Bereichen der Welt, die uns als leblos erscheinen. Das ist eine keineswegs triviale oder unbestrittene These, die auf den ersten Blick mit der Naturwissenschaft schwer vereinbar zu sein scheint; auf diese tieferliegenden ontologischen Fragen komme ich unter dem letzten der drei genannten Gesichtspunkte zurück.

---

[1] Vgl. Müller (1977) und (1978).

Für den Menschen und sein Leben bedeutet das zunächst einmal: In seiner Lebenspraxis sollten die leblosen Strukturen und Sachzusammenhänge nicht derart das Übergewicht erlangen, daß es zu schwer erträglichen Sachzwängen kommt, die ständig ein Übermaß an Anpassung verlangen. Ich rede nicht der Beseitigung einer begrenzten Anpassung das Wort — diese gehört ganz im Gegenteil unvermeidlich zur Spannung des Lebens, enthält doch bereits jede sinnliche Wahrnehmung im Akt dieser Wahrnehmung das Element von Anpassung an das jeweils wahrgenommene Stück Wirklichkeit. Aber ein Übermaß an Anpassung macht das Lebendige zum bloßen Anhängsel eines Zwanges, der in keinem Verhältnis mehr zu dem Grad von Lebensqualität steht, in deren Namen die Unterwerfung unter diesen Zwang einst gerechtfertigt schien. Haben die Sachzwänge eine solche Mächtigkeit einmal erreicht, so kann das Bewußtsein für die Ohnmacht, die dann in der Anpassung liegt, krank machen — und in der Tat liegt hier der Grund für viele Erkrankungen, die sich nicht mehr auf klassische Krankheitsbilder zurückführen lassen. Wir sind sozusagen an der Verleugnung der Priorität des Lebendigen über das Leblose, an der Verleugnung unserer Geschöpflichkeit erkrankt. Freilich ist die Forderung, wir sollten einen Teil unserer Sachzwänge abschütteln, heute noch weithin eine utopische Forderung. Um zu sehen, wie groß das Beharrungsvermögen in den etablierten Sachzwängen ist, braucht man den Blick nur auf charakteristische Züge unserer Wirtschaft und Technik zu richten, und ich will das hier beispielhaft in aller Kürze tun.

So wie wir es in der Gesellschaft mit kollektiven Verhaltensweisen zu tun haben, brauchen wir zur Orientierung Indikatoren, beispielsweise Indikatoren, an denen man ablesen kann, was in einer Wirtschaft wächst oder auch nicht wächst. Das Bruttosozialprodukt ist ein solcher volkswirtschaftlicher Indikator. Die Art, wie durch ihn Leistungen gemessen werden, begünstigt nun aber die Erfassung von solchen wirtschaftlichen Umsätzen, die als technische Produkte und als Dienstleistungen über den Preis quantifizierbar sind. Worauf es diesem Indikator zufolge ankommt, ist das umgeschlagene Volumen. Ob eine Landschaft als Erholungsgebiet ökologisch kultiviert oder etwa zum Zwecke der Ölschiefergewinnung ökologisch ruiniert wird, geht in die auf das Bruttosozialprodukt gegründete Rechnung nicht ein; vielmehr trägt hier alles zum »Fortschritt« bei, was große Umsätze erbringt, gleichgültig, ob die Umsätze dem Aufbau oder der Zerstörung einer lebenswerten Welt dienen. Der Punkt ist gerade, daß ein Begriff wie Umsatz gar nicht erlaubt zu artikulieren, was lebenswert sein könnte und was nicht. So hat man sich durch das Wahrnehmungsraster einer Bewertung des Fortschritts nach dem Bruttosozialprodukt bereits verboten, überhaupt wahrzunehmen, ob dieser Fortschritt mit der Priorität des Lebendigen im Einklang bleibt oder nicht.

Die derart eingeschränkte Wahrnehmung geht nun aber eine unheilvolle Symbiose mit anderen Tendenzen unseres Wirtschaftslebens ein. Große Umsätze, wie sie im Bruttosozialprodukt zählen, erbringt in erster Linie das Verfahren der heutigen Großtechnik mit der ihm innewohnenden Tendenz zu kapitalintensiver Arbeitsweise bei Wegrationalisierung der arbeitsintensiven Struktur, wie sie der älteren, handwerklich betriebenen Technik zugrunde lag. Wir leben heute in einer Welt, die für die Industrieländer von solcher Großtechnologie geprägt ist, und es muß bei den härter werdenden Verteilungskämpfen das Interesse jedes Unternehmens sein, den Lohnstückkostenanteil der Produkte gering und also auch die Arbeitsintensität der Produktion so niedrig wie möglich zu halten. Das Zusammenspiel von ökonomischen Interessen und einer Wahrnehmung der ökonomischen Resultate durch Indikatoren, welche andersartige Erwägungen ausblenden, beschert uns somit im Wirtschafts- und Technikgeschehen einen schwer zu durchschauenden Sachzwang. Was wir Wachstum nennen und was weithin als die Lösung der Probleme angesehen wurde und noch angesehen wird, ist, gemessen an dem, was not täte, gleichsam eine wertneutrale Beschreibung des Wirtschaftsgeschehens: Es wächst auch die *Ambivalenz* des Verfahrens der Großtechnologie, auf die wir uns eingelassen haben, so daß Wachstum für die Zukunft überhaupt kein Maßstab für die Scheidung nach »gut« und »böse« im Wirtschaftsleben mehr sein kann.

Die ersten, die das heute zu spüren bekommen, sind die längerfristig Arbeitslosen. Mit dem Beginn einer stärkeren Dauerarbeitslosigkeit zeichnet sich für viele Menschen die harte Alternative ab, entweder gar keine Arbeit zu haben oder ganztägig arbeiten zu müssen — genau nach diesem Entweder-Oder ist unsere heutige Leistungsgesellschaft ja organisiert. Diese Scheidung wird, weil sie zwei Klassen von Bürgern schafft, in den nächsten Jahren gravierende Bedeutung erlangen — und damit die Frage, wie lange wir uns eine solche Arbeitslosigkeit überhaupt werden leisten können, ohne daß es zu großen politischen Instabilitäten in den Industrieländern kommt. Gerade aber, weil diese Arbeitslosigkeit strukturell bedingt ist, ist ihr durch wirtschaftliches Wachstum bisheriger Art jedenfalls nicht beizukommen — und schon gar nicht durch energiewirtschaftliches Wachstum. Denn die Bereitstellung von mehr Energie öffnet gerade der arbeitsplatzvernichtenden Rationalisierung weiter Tür und Tor, während künftig das Wachstum im Außenhandel, welches bisher diesen Effekt hat überkompensieren können, durch die Verschärfung des Nord-Süd-Konflikts (die ungelösten Probleme einer New Economic Order) gebremst wird. Wenn wir also wie bisher fortzufahren trachten, kann unser durch den Wohlstand scheinbar legitimiertes Wachstumsprinzip zur »sozialen Falle« (Forrester[2]) werden: Nach einer langen, wohltätigen Anlaufzeit beginnt es sich zu rächen, wenn man den Menschen im Namen einer bestimmten wirtschaftlich-technischen Rasterung unserer Wahrnehmung einseitig nach umgeschlagener, monetär erfaßter Leistung bemißt, statt auch andere Faktoren, die Lebensqualität beinhalten, *gleichrangig* zur Geltung kommen zu lassen.

Damit komme ich auf die Frage der Priorität des Lebendigen zurück. Es gibt heute bei vielen jungen Menschen ein Bedürfnis nach Teilzeitarbeit selbst dann, wenn mit ihr eine entsprechend geringere Entlohnung verbunden wäre; denn die Aussicht, in der gewonnenen *Zeit* ein Stück Lebensautonomie zurückzugewinnen und damit zu einer sinnerfüllten, weil weniger zerstückelten Tätigkeit zurückfinden zu dürfen, ist für eine steigende Zahl von Menschen im wörtlichen Sinne in Mark und Pfennigen unbezahlbar; hier meldet die für das Leben unabdingbare Viel-

[2] Vgl. den Bericht über J. W. Forresters Arbeiten zu den Entwicklungsgesetzen sozialer Systeme, in: Der Spiegel, 15. 3. 1971, 171 ff. Aus diesen Arbeiten sind die ersten »Weltmodelle« des Club of Rome hervorgegangen.

falt der Wahrnehmung einen Anspruch an, der vom Ordnungs-
prinzip einer immer weiter sich verästelnden Hochspezialisie-
rung nicht eingelöst werden kann; statt die Dinge in einer über-
schaubaren Ordnung zu halten, zu hegen und zu pflegen, wie es
dem traditionellen Wesen von Kultur entsprach, wird der
Mensch als Hochspezialist in eine Erblindung gegenüber der
unübersehbaren Zahl von Konstrukten anderer Spezialisten ge-
trieben und tappt dann weithin wahrnehmungslos durch eine
Welt, die er nicht mehr verantworten kann, selbst wenn er das
möchte. Die Unterscheidung von Tauscharbeit und Eigenarbeit,
wie sie der Biologe und frühere Präsident der Gesamthochschule Kassel — Ernst von Weizsäcker — zusammen mit einer
Gruppe von Wissenschaftlern politisch ins Gespräch bringen
möchte[3], könnte der Tendenz vieler junger Menschen entgegenkommen, und diese Tendenz könnte ein essentieller Beitrag zu
dem Lebensstil werden, der uns die Freiheit gegenüber lange
eingefahrenen Lebensweisen wenigstens teilweise zurückgibt.
Wer durch seinen andersartigen Lebensstil die Arbeitsteiligkeit
der heutigen Industriegesellschaft ein Stück weit aufbricht,
dringt in eine Dimension von Geschöpflichkeit vor, die in der
zerstückelnden Analyse des heute vorherrschenden Denkens
nicht wahrzunehmen ist.

III.

Was bedeutet es nun aber konkret, wenn das Leben über die
Welt der leblosen Dinge, Beziehungen und Apparate mehr Sou-
veränität gewinnen soll? Es bedeutet für uns Menschen, daß wir
gegenüber der Aneignung von Wirklichkeit zu einer anderen
Einstellung gelangen müssen. Damit bin ich beim zweiten Gesichtspunkt, der Unverzichtbarkeit von Vor-Ort-Erfahrung
durch das Lebewesen selbst. Der Psychoanalytiker Erich Fromm
hat die von uns heute geforderte kopernikanische Wende im
Weltverhältnis durch das Gegensatzpaar *Haben — Sein*[4] beschrieben. Die Konsum- und Leistungsgesellschaft ist eine Ha-

---

[3] Vgl. Bierter u. E. v. Weizsäcker (1977), besonders Fußnote 9.
[4] Fromm (1976).

ben-Gesellschaft. In ihr dient die außermenschliche Natur letztlich nur als Rohstofflieferant für durch Arbeit zu veredelnde Dinge, die wir zu unserem Eigentum machen, um dadurch vor uns selbst und vor anderen den Status eines Besitzenden zu gewinnen. Unsere Kultur basiert auf Transformation von vorfindlicher Natur in Besitz; aber Besitz, so wie wir ihn verstehen, ist materielle Verfügungsgewalt, welche — rechtlich kodifiziert — die Verfügung durch andere als den Besitzenden ohne dessen Erlaubnis ausschließt. Haben ist also in diesem Sinne eine *exklusive* Lebenseinstellung; sie gleicht dem Streben des Nationalstaates nach vollständiger Kontrolle im Innern und nach Ausschaltung jeder Unsicherheit an den Grenzen durch Einverleibung von immer neuen Territorien. So kommt es aus der Haben-Einstellung heraus zu der Weise von Akkumulation, welche schließlich im großtechnischen Verfahren ihre intensivste Ausprägung erfährt und über die jedem Lebewesen organisch gesetzten Grenzen weit hinausschießt. Die oben angesprochene Ausbildung einer kapitalintensiven Produktionsweise ist ein Beispiel dafür.

Worin äußern sich nun aber die einem Lebewesen organisch gesetzten Grenzen? Dazu müssen wir uns fragen, worin sich die dem Sein zugewandte Einstellung von der dem Haben zugewandten Einstellung grundsätzlich unterscheidet. Jedes Lebewesen lebt davon, daß es mit der Welt kommuniziert, ja man kann sagen, sein Sein als ein lebendiges Wesen hängt in einem Netz von Kommunikation, und ohne dieses Netz würde es in die Nichtigkeit versinken. In der Tat gibt es nach unserer Kenntnis kein total von jeder Kommunikation abgeschnittenes Leben; bereits die Entwicklung der biologischen Arten von der ersten Zelle bis zum Menschen beruht auf intensiver Kommunikation der Lebewesen untereinander wie auch mit den irdischen und sogar den kosmischen Gegebenheiten; dies kommt in den Stichworten Selektion und Mutation der Evolutionstheorie zum Vorschein. Der Stoffwechsel aller Lebewesen oder die Atmung vieler höherer Lebewesen sind Beispiele für das Kommunizierenmüssen des Lebens. Ein Großteil dieses Kommunizierens geschieht somit bereits in nichtverbaler Form; die Sprache, der wir die Weitergabe erworbener Kenntnisse und Fähigkeiten verdanken, ist erst eine sehr späte Errungenschaft des Lebens. Kommunizieren ist nun aber stets ein Geschehen, das mehrere Partner füreinander öffnet, ihre Autonomie teilweise durchbricht und sie aufeinander zugehen läßt; kurz, es ist ein *inklusives* Geschehen. Wenn Sein wesentlich Kommunizieren ist und wenn Kommunizieren wesentlich inklusive Züge trägt, dann verhalten sich in der Tat Haben und Sein *komplementär*[5] zueinander: Haben wird durch Sein begrenzt, und Sein wird durch Haben begrenzt, und es ist unmöglich, beide Weltverhältnisse im Lebewesen gleichzeitig zu maximieren. Die überwiegende Haben-Gesellschaft, in der wir uns vorfinden, hat dann das ausgeglichene Wechselverhältnis zwischen Haben und Sein noch nicht gefunden, dessen wir in einer tödlich gefährdeten Natur bedürfen, um in der Symbiose von Mensch, Tier und Pflanze überleben zu können.

Die einem Lebewesen organisch gesetzten Grenzen sind dann die Grenzen seiner Kommunikation. Hier komme ich nun auf den Unterschied von Ich und Selbst zurück. *Das Ich will haben, das Selbst darf sein.* Das ist die These unseres zweiten Gesichtspunktes zur Geschöpflichkeit. Die Gesamtheit der Iche in der Welt konkurriert um einen möglichst großen Anteil von Besitz und errichtet ein Netz von Verfügungsmechanismen und -gewalten. Die heutige Großtechnik wird wesentlich dazu entwickelt und benutzt. Die Domäne dieser Technik ist primär nicht Kommunikation, sondern *Konstruktion*, nämlich die Konstruktion großräumiger Beziehungsfelder, sowohl materiell wie ideell. Die Mehrzahl der Lebewesen findet sich dann nur noch als Rädchen in diesen Beziehungsfeldern, in diesem großtech-

---

[5] Die Existenz derartiger komplementärer Verhältnisse im Bereich der Tiefenpsychologie weist auf den engen Zusammenhang zwischen Wahrnehmung und den Phänomenen der Quantentheorie hin: Komplementarität ist ein Grundzug aller Quantenphänomene. Es ist Carl Friedrich von Weizsäckers und auch des Verfassers Vermutung, daß umgekehrt die rigoros verstandene Quantentheorie *sämtliche* Komplementaritäten der Weltwahrnehmung strukturell tangiert, so daß die Tragweite einer »nichtklassischen« Physik erheblich größer ist als heute selbst unter Physikern in der Regel angenommen wird. Vgl. dazu C. F. v. Weizsäcker (1971), Kapitel II, 5: Die Quantentheorie; ders. ([11]1970); Müller (1972), besonders Kapitel II, 3; II, 4 u. 268 f., 293 ff., 360 f., Fig. 10, 389; ders. (1974b); ders. (1976a), besonders These 16 ff.

nisch bewirtschafteten Getriebe vor. Zwar wird in diesen Beziehungsfeldern auch kommuniziert, aber es handelt sich um eine Kommunikation über vom Menschen vorgeplante und ausgeformte Kanäle, um eine technisch bereits formalisierte Kommunikation, die den Axiomen eines definierten Kalküls unterworfen ist[6]. Hier kommt wieder das Habenwollen einer durchschaubaren Situation zum Vorschein, so daß man auch sagen kann, daß die Partner solcher technisch vermittelten Kommunikation im wesentlichen die von ihrem Selbst abgetrennt agierenden Iche sind. Ich nenne deshalb diese Art der Kommunikation die *Ich-Kommunikation;* ausgeschlossen ist der Bereich des Unterbewußten.

Ist die Ich-Kommunikation technisch großräumig organisierbar und darin global, so sind der *Selbst-Kommunikation* viel engere Grenzen gesetzt. Sowie nämlich ein Hin- und Hergang zwischen dem Bewußten und dem Unterbewußten in einem Lebewesen und vielleicht sogar zwischen Lebewesen wirklich zugelassen werden soll, stellt sich in der Erfahrung heraus, daß solche Kommunikation gerade nicht mehr großtechnisch organisierbar ist, sondern in der Regel auf die leibhaftige Reichweite gegenwärtig versammelter Lebewesen beschränkt bleibt. Ein bekanntes Beispiel ist das brain-storming, welches nur in einem relativ kleinen Kreis produktiv gelingt; man kann die hier nötige »über-kritische« Situation auch nicht durch Aktenumläufe zwischen isolierten Personen hervorrufen, sondern braucht die hautnahe Gegenwart der Personen in allen Dimensionen ihrer wechselseitigen Wahrnehmung. Aber es gibt noch viel alltäglichere Beispiele, die uns wohlbekannt sind: Träumen kann man in einer kleinen Gruppe, am besten zu dritt oder zu zweit oder auch als Einzelner; das Selbstgespräch schließlich, das immer auch ein Gespräch zwischen dem Ich und dem Selbst ist und auch nichtverbal geführt werden kann (ich pfeife mir eine Melodie), ereignet sich im Einzelnen.

Für den schöpferischen Weitergang des Lebens, ja bereits für den roten Faden meiner Lebensführung ist gerade diese *Nahzone* der Kommunikation unentbehrlich. In ihr erfährt sich der Mensch als an seine leiblich-seelische Existenz geheftet, auch

---

[6] Vgl. Müller (1976b), Thesen A und B, 37.

und gerade, wenn sein Bewußtsein vielleicht dabei nicht in der Nähe bleibt, sondern in die Ferne schweift. Unser Erleben, unser Gestimmtsein in der Nahzone prägt auch noch unsere fernsten Gedanken, die Verkümmerung etwa der sinnlichen Wahrnehmung läßt auch die Fähigkeit zu abstraktem Denken schließlich verkümmern. Die seelischen Beziehungen zu unserer geschauten, gehörten, geschmeckten, ertasteten, erfühlten Mitwelt bilden die Grundsubstanz unseres Lebens, hier gewinnt das Kommunizieren seine eigentliche Tiefe und Fülle. Gedankliche Reflexion und theoretische Vermittlung sind demgegenüber stets sekundär, wenn auch zur Orientierung unentbehrlich; die organische Vielfalt der primären Selbst-Kommunikation vermögen sie niemals auszuloten.

Die Grenzen solchen organischen Kommunizierens liegen also bereits wesentlich in der Reichweite unserer Sinne und der sinnlich gestützten Erinnerung. Die Wahrnehmung in einem Umkreis von hundert Metern ist in diesem Zusammenhang schon viel. Freilich sind Entfernungsangaben hier sogleich auch irreführend und können nicht der adäquate Indikator für die Reichweite von Selbst-Wahrnehmung und Selbst-Kommunikation sein. Die Sonne scheint zu uns aus der Tiefe des Alls, wie wir aus der Astrophysik wissen; aber wir erleben in einem Sonnenaufgang nicht das physische Objekt Sonne, sondern Sonne im Kontext von Himmel, Wolken, Landschaft, oder von Helligkeit, Schattenwurf, oder von Lichterspiel, Wärme, Ausschnitt, Geblendetsein und so fort. Immer ist unser kommunizierendes Dasein an eine *Perspektive* geheftet, und ohne Perspektive, aus der heraus gerade wahrgenommen wird, gibt es für ein Geschöpf überhaupt keine Wahrnehmung; die Perspektive beschränkt unseren Blick und macht uns gerade darin unvertretbar durch andere Geschöpfe; sie verweist uns an den jeweiligen leiblich-seelischen *Ort* unserer Existenz, und dieser Ort ist auf keinen Begriff zu bringen, weil ihm nichts Allgemeines anhaftet.

In der Großtechnik, zum Beispiel im Verkehrswesen, haben wir dieses Angeheftetsein an einen nicht austauschbaren leiblich-seelischen Ort überspielt. Unser Unterbewußtes kann keinen so raschen Ortswechsel vollziehen wie unsere physische Existenz. Wer heute im Flugzeug den Ozean überquert, der ist noch lange nicht am Ziel gegenwärtig, wenn er glücklich gelandet ist; sein mit dem Unbewußten verbundenes Bewußtsein hinkt hinter der physischen Geschwindigkeit her, weil es sich auf mehr als nur auf den physikalischen Raum und die physikalische Zeit umstellen muß. Wir glauben, im Jet-Zeitalter Zeit gewonnen zu haben, die wir in Wahrheit an die Umstellung auf eine fremde Welt zum Teil wieder drangeben müssen. Bekannt ist auch das Phänomen, daß die Erweiterung unserer Reisemöglichkeiten durch das Auto insgesamt faktisch nicht zu einer Entlastung führt, sondern in der Regel mit einer größeren Belastung unseres Zeithaushalts verbunden ist. Carl Friedrich von Weizsäcker hat dies wie folgt analysiert: Ein schnelleres Reisemittel (Auto, Flugzeug) verkürzt die Reisezeiten linear, d. h. um einen konstanten Faktor; in der gleichen Zeit wie früher kann ich also einen Umkreis mit einem entsprechend größeren Radius räumlich bereisen. Da die Zahl meiner Freunde und Bekannten im Durchschnitt über diesen Kreis gleichmäßig verteilt sein wird, die Fläche des Kreises aber nicht linear, sondern quadratisch mit dem Radius wächst, brauche ich im Endeffekt viel mehr Zeit als vorher, um alle die, welche mit dem schnelleren Verkehrsmittel für mich erreichbar sind und darum jetzt meinen Besuch beanspruchen können, auch wirklich zu sehen. Dieses Beispiel zeigt besonders klar, daß ein in den Begriffen der Physik ausweisbarer Gewinn durchaus nicht ein solcher im Raume unserer leiblich-seelischen Existenz sein muß. Die Zahl der Freunde, mit denen wir uns pro Woche treffen wollen, läßt sich nicht wie eine technische Leistung immer weiter steigern; versuchen wir es dennoch, hier ein fremdgesetztes Soll zu erfüllen, weil einlinige Erwägungen uns dazu verführen, gehen Freundschaften und Ehe oft genug auseinander. Dies ist ein Beispiel dafür, in welchem Sinne wir unser Leben nicht »selbst in die Hand nehmen« dürfen.

Die Selbst-Kommunikation verträgt somit im Unterschied zur eingeschränkten Ich-Kommunikation keine *technisch organisierten* Beschleunigungsmaßnahmen; sie ist wie ein scheuer Vogel, der sich der Hektik allzu forcierter Bemühung entzieht. Das ist nun auch von zentraler Bedeutung für die Tiefendimension von Erfahrung, der wir im Glauben begegnen. Die Entdeckung unserer Geschöpflichkeit fordert uns dazu heraus, die Weise, »wie christliche Offenbarung konkret wird«, in einem neuen Licht zu sehen. Indem wir so an die zentrale Frage Dietrich Bonhoeffers anknüpfen, erweitert sich unser Thema auf das Verhältnis von Glaube und Theologie.

IV.

Ich sage, wir begegnen auch im Glauben der *Erfahrung*. Den Affekt vieler Theologen gegen das Wort Erfahrung im Zusammenhang mit der christlichen Offenbarung teile ich nicht. Verwendet man den Begriff der Erfahrung in dem engen Sinne von empiristischer Naturerfahrung, wie das häufig geschieht, so ist die abweisende Haltung des Theologen allerdings verständlich und auch berechtigt. Solche Erfahrung wird im Umgang mit Meßapparaten gewonnen und gehört in den Bereich der Ich-Kommunikation. Versteht man hingegen unter Erfahrung all das, was zu einem Lebewesen in der Zeit kommt, in seinen Wahrnehmungshorizont tritt und in sein Bewußtsein und Unterbewußtsein eingeht, dann ist Erfahrung eine Wirklichkeit, die es mit der vollen Selbst-Kommunikation zu tun hat[7]. Können, ja müssen wir dann nicht sagen, daß auch Offenbarung nur in der Erfahrung konkret wird? Ich will versuchen, das am Umgang mit der Bibel näher zu erläutern.

Bis gegen Ende des 19. Jahrhunderts war man in der Lage, die Bibel in der naiven Erwartung zu lesen, daß hier geschrieben stehe, was Gott selbst in seiner unantastbaren Autorität wörtlich diktiert habe. Aus der Erweckungsliteratur der Weltmission dieser Zeit erinnere ich mich an eine Geschichte, in der ein junger Mann nach einer Erweckungspredigt zum Prediger kommt und ihm sagt, er finde trotz allen guten Willens keinen Zugang zum Alten und Neuen Testament; er könne einfach vielem, was da stehe, keinen Glauben schenken. Der Prediger sagt schließlich zu ihm: Ist dir klar, daß du nicht dem Text mißtraust, sondern Gott selbst? Und plötzlich öffnete sich für den jungen Mann eine Dimension von Gottes Gegenwart, die ihm vorher, als er

---

[7] Ein extremes Beispiel für eine nicht apparativ vermittelte Erfahrung ist die Sterbeerfahrung, wie sie z.B. geschildert ist in Wiesenhütter (1976).

nur auf die Texte gesehen hat, verschlossen blieb. Ich nehme diese »Bekehrung« als biographisches Ereignis im Leben des jungen Mannes ganz ernst. Sie ist eine Erfahrung »vor Ort« dieses einen Lebens. Fragwürdig wäre hingegen der Versuch, aus diesem Ereignis die Nutzanwendung zu ziehen, jemand könne durch den Hinweis, es sei Gott selber, dem er mißtraue, zwingend einer Wahrheit »überführt« werden. Inzwischen nämlich ist die Vorgegebenheit einer religiösen Strukturierung der Wirklichkeit unwiederbringlich dahin; die Bibel wird nicht länger durch Gott autorisiert, sondern Gott wird allenfalls durch einen bestimmten Weg mit der Bibel autorisiert. Aber auf diesem Wege handeln wir uns natürlich alle die Frage der historisch-kritischen Leben-Jesu-Forschung ein. Wie verhalten sich für uns heutige Menschen im Lichte dieser Forschung und im Lichte der naturwissenschaftlichen Einsichten über den Kosmos und die biologische Evolution dann aber Bibel und Wahrheit zueinander? Wieder hängt die Antwort sehr davon ab, ob wir die Geschöpflichkeit des Menschen ernst nehmen oder nicht.

Die historisch-kritische Forschung hat gezeigt, daß vieles an den Texten des Alten und Neuen Testaments faktisch gar nicht stimmt. Aber das ist gerade nicht das Entscheidende. Die Bemühung, die Texte faktisch stimmig zu machen, geht an der Funktion dieser Texte vorbei. Der Versuch, sie zu verändern, um sie zu berichtigen, würde sie in ihrer Möglichkeit, zur Wahrheit hin *betroffen* zu machen, zerstören, obgleich sie faktisch nicht stimmen. Wie ist dieses hermeneutische Rätsel zu verstehen? Ich gestehe, daß mir die einschlägigen Versuche, die Deutungen der Bibel zu deuten, nie recht eingeleuchtet haben. Wenn die Bibel immer nur in die Gegenwart eines Lesenden oder Hörenden spricht, dann ist das Wesentliche weder ihre faktische Stimmigkeit noch ihre historische, noch ihre kerygmatische Begründetheit, weil alle diese Sichtweisen gemeinsam haben, daß sie zu sehr durch die Hervorhebung der Vergangenheit bestimmt sind. Es gibt für das, was in der Gegenwart zu mir kommt — also für die Erfahrung —, überhaupt keinen zwingenden Grund, warum etwas, was für eine Zeit, die heute vergangen ist, als einleuchtend galt und damals so erfahren wurde, auch heute noch als ebenso einleuchtend erfahren wird. Das einzige, was eine solche Einsicht auch für die Gegenwart noch tragend macht, ist, daß sie eben auch heute als einleuchtend erfahren wird; hinter das Phänomen der gegenwärtigen Erfahrung können wir durch keine Kontinuität stiftende Begründung zurückgehen, weil auch ihre Bewährung und damit ihre Wahrheit gerade nur in der gegenwärtigen Erfahrung zu finden wäre.

Der scheinbar einfachste Ausweg ist, die Kontinuität, welche die Bibel für uns autorisieren soll, in der *Gleichheit* des Inhalts der biblischen Schriften durch die Zeit hindurch zu suchen und schlicht zu behaupten, es stehe ja doch gestern, heute und morgen immer dasselbe da. Das Vorurteil, das diesem versuchten Selbigkeitserweis zugrunde liegt, ist die Erwartung, Wahrheit sei als ewige Gegenwart eines ein für allemal Ausgesagten und Niedergeschriebenen festzumachen. Die Bibel wird hier zwar nicht mehr als Gottes wortwörtliche Mitteilung verstanden, aber doch noch von einem *über*geschöpflichen Ort her, gleichsam »über die Schulter Gottes hinweg«, als zeitlose Wahrheit gelesen.

In der geschöpflichen Wirklichkeit, in der sich kein Lebewesen über die Zeit erheben kann, hat die Bibel aber eine ganz andere Wirkung, nämlich — im Bilde der Chemie gesprochen — die eines *Katalysators*. Ein Katalysator ist eine chemische Substanz, deren bloße Anwesenheit zwischen anderen Substanzen chemische Prozesse auslöst, die ohne den Katalysator praktisch nicht stattfinden würden (genauer: die ohne den Katalysator so langsam ablaufen, daß sie für das Auge eines Beobachters zu vernachlässigen sind). Der Katalysator selbst verändert sich dabei praktisch nicht; worauf es ankommt, ist nur seine Anwesenheit. Für das Auge eines Beobachters scheint also der Katalysator die chemischen Prozesse in seiner Umgebung zu *bewirken*; genau genommen *beschleunigt* er sie aber nur so sehr, daß sie merklich wahrnehmbar werden. Es ist dies genau ein Unterschied von Zeitlosigkeit und Zeitlichkeit, und auf diesen Unterschied soll das Gleichnis vom Katalysator der Chemie hinweisen. Durch die Bibel kommt Wahrheit zu uns — Wahrheit, die nur die Bibel uns vermitteln kann? Aber die betreffenden Bibelteile hat es ja zu der Zeit, in der das sich abspielte, was in ihnen als geschehend behauptet wird, noch gar nicht gegeben; Stück für Stück ist die Bibel erst im Nachhinein geschrieben worden; so mußten die Jünger Jesu ohne das Neue Testament auskommen. Wie? Sie hatten die Berührung mit Jesu Worten und Taten und mit deren

mündlicher Überlieferung. Warum konnte nur *diese* Überlieferung christliche Wahrheit vermitteln? Weil sie auf Jesus zurückgeht. Es geht also zuletzt um die unmittelbare Erfahrung im Umgang mit dem historischen Jesus. Der Umgang mit Jesus muß die Härte einer zeitüberbrückenden Wahrheit um nichts weniger vermittelt haben als später etwa die niedergeschriebene Bergpredigt, wenn sie Menschen durch ein ganzes Leben immer wieder betroffen macht, wie wir aus dem Zeugnis vieler auch heutiger Bibelleser ja wissen können. Worin ist dann aber Jesus singulär, wenn er das geschriebene Evangelium nicht im Rükken, sondern zeitlich sozusagen noch vor sich hatte? Ich kann mir nur eine Antwort denken: auch Jesus besaß bereits die Wirkung eines Katalysators für die Öffnung einer Weise von Erfahrung, von der später das Neue Testament spricht; Jesus war ein *Beschleuniger* für die Wahrnehmung von Erfahrung durch seine Umgebung. Im Prinzip ist die Schöpfung so eingerichtet, daß diese Erfahrung auch ohne ihn zu uns kommen könnte; daß wir dies nicht ›beobachten‹, liegt daran, daß dieser Prozeß zu langsam sich vollzieht — zu langsam zum Beispiel für ein Menschenleben, vielleicht sogar für eine der uns bekannten Kulturen. Indem ich die Bedeutung Jesu in dieser Weise *zeitlich*, nämlich vom Ort des Geschöpfes her sehe, vermeide ich die Anleihe bei einem übergeschöpflichen Wissen über ihn, das ich nur haben könnte, wenn ich mindestens Jesus selbst wäre, was mir aber von der klassischen Theologie, die dieses übergeschöpfliche Wissen postuliert hat, gerade bestritten wird. Die zeitliche Deutung der Gestalt Jesu Christi führt uns aus diesem Dilemma heraus, und ich meine, daß deshalb der Zusammenhang zwischen Geschöpflichkeit und Zeit für die Theologie künftig ein zentrales Thema werden könnte. Die These, die ich hier vorbringe, lautet, auf eine Formel verkürzt: *Die Zeit ist das Material der Schöpfung.* Es muß von der Zeit her neu verstanden werden, was es bedeutet, »christologisch« zu reden.
Ich will freilich weder sagen, daß damit das Rätsel der singulären Stellung Jesu gelöst ist, noch daß wir alle Jesu gleich wären oder uns nur bemühen müßten, ihm gleich zu sein. Die singuläre Bedeutung Jesu ist nur verschoben in seine historisch gelebte Fähigkeit, das Offenbarwerden von Wahrheit zu beschleunigen. Nicht beantwortet ist die Frage, wie ihm diese Fähigkeit wurde.

Ich glaube allerdings, daß sie in einem gewissen Sinne genau dann auch nicht beantwortbar ist, wenn wir nicht hinter die Erfahrung zurückkönnen, wie ich das oben geschildert habe. Die Erfahrung enthält in allen ihren Varianten von der Physik bis zum Damaskus-Erlebnis des Paulus immer schon eine Komponente von Offenbarung, und zwar für jedermann, nicht erst von und durch Jesus. Dieser Anteil von Offenbarung setzt zugleich die Grenze für jede Erklärung, *auch* und gerade für jede theologische Erklärung und Deutung. Ich komme auf die Frage der Theologie im Verhältnis zum Glauben am Schluß noch zurück. In diesem Sinne wäre dann die Bezogenheit von Wahrnehmung auf Offenbarung bereits in *jede* Wahrnehmung inkarniert, und Selbst-Kommunikation ist zu einem Teil immer Offenbarung, die dem Selbst zuströmt; der historische Jesus hat dann den Prozeß bis zum Sichtbarwerden dieses Zusammenhanges für seine Umgebung lediglich so beschleunigt, daß er selbst unmittelbar mit diesem Geschehen behaftet wurde, der Zusammenhang aber liegt bereits in der geschöpflichen Wirklichkeit als ein vorgegebener vor. Die *Präexistenz Jesu* in der Schöpfung wird von hier einleuchtend.

Wir können noch einen Schritt weitergehen, indem ich auf eine in vielen Bereichen unserer Wirklichkeit anzutreffende Erfahrung verweise, die ich biographisch auch für den Weg des Glaubens nur bestätigen kann: Der Durchbruch zu einer Erfahrung des Erlöstseins vom Ich, zur Erfahrung also, daß etwa die Heilszusagen der Seligpreisungen in der Bergpredigt wahr sind, daß es Gnade und tragende Geborgenheit in der Schöpfung wirklich gibt, dieser Durchbruch ist mit einer Krise meiner Ich-Wahrnehmung verbunden. Es gibt diese tiefen, umwälzenden Erfahrungen der Selbst-Kommunikation offenbar konstitutiv nur durch Krisen hindurch, und eben darin sind sie auch an bestimmte Voraussetzungen der Kommunizierbarkeit gebunden, wie man sie in den Naturwissenschaften — jedenfalls in Zeiten ›normaler Wissenschaft‹[8] (Kuhn) — so nicht findet. In der Krise werden unsere Erwartungen und Wünsche, die aus der Haben-Haltung des Ichs kommen, gekreuzigt. Insofern ist das Kreuz dann un-

---

[8] Zur Kuhnschen Unterscheidung von normaler Wissenschaft und wissenschaftlichen Revolutionen vgl. besonders Scheibe (1976).

vermeidlich inkarniert in die Erschließung jenes Erfahrungsbereiches, der mit der beschleunigenden Kraft Jesu und der von ihm zeugenden Schriften zugänglich wurde. Daß Jesus selbst gekreuzigt wurde, ist dann nur die Folge der Präexistenz seiner Weise, in die Erfahrung der Tiefendimension der Schöpfung zu gelangen. Daß wir alle auf dem Wege Jesu unser Kreuz auf uns nehmen müssen, bedeutet dann, daß jedes Lebewesen der Präexistenz dieses Weges in der Schöpfung unterliegt. Es ist dann die Zeitlichkeit der Schöpfung selbst, in der das Kreuz von Anfang an den Weg in die Tiefe der Wahrnehmung markiert. Nur der oberflächlicheren Ich-Kommunikation, hinter der der zweckrationale Wille des Ichs steht, bleibt verborgen, daß Selbsterkenntnis ein Kreuzweg zur Offenbarung und nicht bloße Ichbespiegelung ist. Die Präexistenz Jesu ist die Präexistenz des *Gekreuzigten*, Christus ist bereits ontisch, vom Sein der Schöpfung her, im Kosmos präsent.

Ich breche diesen Gang der Erwägungen hier ab, nicht ohne auf ein eigentümliches Resultat zu verweisen: Es gibt Beschleunigung auch für den Bereich der Selbst-Kommunikation, aber *diese* Beschleunigung entsteht nicht durch Vermeidung der Krise im technisch eindeutigen, sicheren Funktionieren, wie das in den konstruierten Beziehungsfeldern der Ich-Kommunikation am deutlichsten in der Großtechnik praktiziert wird; sie geschieht gerade nur um den Preis der Krise und ist deshalb nicht zu verwechseln mit einem technisch reproduzierbaren Akt. Für eine politische Kritik der Großtechnik, wie sie etwa Ivan Illich[9] versucht, scheint mir dieser Gesichtspunkt zentral zu sein. Wir können nicht erwarten, daß eine Kursänderung in Richtung auf eine mehr von der Offenbarung bestimmte Beschleunigung unserer Selbst-Kommunikation ohne große Krisen zustandekommt, und durch Technik können wir uns diese Krisen gerade nicht vom Leibe halten.

V.

Damit komme ich zum dritten und letzten Gesichtspunkt, an dem wir uns die Herausforderung, die mit der Bewährung unse-

---

[9] Illich (1975).

rer Geschöpflichkeit gegeben ist, verdeutlichen wollen: Wir stehen vor nichts Geringerem als der Aufgabe einer geschöpflichen Umdeutung bisheriger Naturwissenschaft. Warum ist das so? Ich erinnere zunächst noch einmal an die beiden Thesen, die wir besprochen haben. Die erste These behauptet die Priorität des Lebendigen vor dem Leblosen. Die zweite These verweist auf die Unverzichtbarkeit der Vor-Ort-Erfahrung durch das Lebewesen selbst, einer Erfahrung, welche in der Spannung von Haben und Sein steht: Das Ich will haben, das Selbst darf sein. Wir erleben heute in der technischen Welt in besonderem Maße das Überhandnehmen der Sachzwänge, und im Verbund von Konsum und Reklame wird uns ein vorgefertigtes Leben angeboten, bei dem das wirkliche Abenteuer durch Experten und Konsumpioniere vorweggenommen ist. Warum können wir nicht einfach durch eine persönliche Entscheidung der Welt der Entfremdungen und der Surrogate entrinnen? Und wenn wir erkennen müssen, daß dazu in der Tiefe des Daseins Erlösung nötig ist: warum vermittelt die Erfahrung solchen Erlöstwerdens, wie sie dem Suchenden in der Krise widerfahren kann, dann noch immer nicht den Austritt in ein Leben, das so frei ist, daß es all die Zwänge und Verführungen der technischen Welt nicht mehr kennt? Die Antwort nach dem einschlägigen Stand unserer Naturerkenntnis könnte lauten: Weil wir als physisch existierende Wesen in die physische Welt eingeschlossen sind, und weil die physische Welt keine Priorität des Lebendigen vor dem Leblosen kennt, weder historisch noch kosmisch. Historisch nicht, weil die biologische Evolution jünger ist als die Evolution des Kosmos, Leben also später angefangen hat als die Entwicklung des Weltalls; kosmisch nicht, weil das uns bekannte Leben im Weltall praktisch vernachlässigbar ist. Die Lebenswelt der Erde gleicht einem kaum wahrnehmbaren Pilzgeflecht auf der Oberfläche eines kaum wahrnehmbaren Planeten, der um eine der unzähligen Sonnen unseres Weltalls kreist. Es erscheint auf den ersten Blick absurd, daß dieses kleine, verletzliche, hinfällige Leben gegenüber den unerhörten Zeiten, Räumen und Materiegestalten des Kosmos irgendwelche Chancen haben sollte. In der Tat ist die physische Existenz des Weltalls durch ein Ineinanderspielen von Raum, Zeit und Materie gegeben, und die Physik, welche dieses Ineinanderspielen zutreffend beschreibt, erstreckt sich genau so auf Mensch, Tier und Pflanze; die Naturgesetze werden durch die physische Existenz des Lebens nicht außer Kraft gesetzt, sondern gerade bestätigt. Diese Gesetze sind für den Bereich der herkömmlichen Physik aber in Kategorien des Leblosen formuliert, in Begriffen von Materie und von Feldern, wie wir sie aus den Naturerscheinungen unabhängig von den Manifestationen des Lebendigen kennen. Schon von der *Beschreibung* durch die Naturwissenschaft her sind wir also als Lebewesen in ein gleichsam lebloses Gehäuse eingeschlossen, wenn wir dem bisherigen Weltbild der Physik folgen. Sollte das die letzte Wahrheit über unsere natürliche Existenz sein, dann sind die Sachzwänge der technischen Welt nur die konsequente Ausnutzung dieser Wahrheit, und diese Wahrheit samt der Härte ihrer Möglichkeiten verschwindet nicht, wenn wir hier und da einen Sachzwang zurückdrängen oder abändern. Die Wahrheit der Physik sagt uns dann immer noch, daß wir im physischen Raum des Kosmos zufällig entstanden, gegenwärtig unerheblich und für die Zukunft ohne kosmische Auswirkungen sind und daß ein Sinn unserer zeitweiligen Existenz mit den so ganz anderen Zeitskalen des Kosmos nicht zusammenzubringen ist. Die Rückwirkung dieser von der Härte naturwissenschaftlicher Erkenntnis gekennzeichneten Diagnose auf unser Selbstverständnis müßte sein, daß demgegenüber alles, was ich über das Leben gesagt habe, als eine Art Taschenspielertrick von Wesen erscheinen muß, die sich über ihre hoffnungslose Lage vermittels tiefenpsychologischer oder religiöser Kunststücke hinwegtäuschen möchten. Und in der Tat ist ja die Unerfülltheit und Rastlosigkeit des modernen Menschen in nicht geringem Maße von der Lebensleere des Weltbildes der Physik beeinflußt — eines Weltbildes, das wir alle bewußt oder unbewußt als credo eines aufgeklärten Weltverhältnisses mit uns führen. Aber ist das die letzte Wahrheit? Verschlingt die bisherige Naturwissenschaft die geschöpfliche Deutung der Wirklichkeit, wie ich sie hier tastend versucht habe, oder läßt sie eine weitergehende Umdeutung ihrer eigenen Aussagen zu, in der das Leben wirklich Priorität vor dem Leblosen beansprucht und die Erfahrung vor Ort eines Lebewesens wirklich auch die kosmische Erfahrung der Welt sein könnte? Ich hoffe, ich habe deutlich gemacht, daß diese Frage auch dort und gerade dort nicht müßig ist, wo ein neuer Lebensstil praktisch versucht wird. Gewiß können wir das Abenteuer des Lebens nur durch Leben eingehen und nicht durch eine bloße Beschreibung des Selbstverständnisses der Natur solchen Lebens ersetzen; aber wenn die Härte, in der wir Natur gesetzlich erfahren, das neue, erweiterte Abenteuer des Lebens nicht erdrücken soll, muß diese Härte zu einer ebenso harten, aber tieferen Einsicht in das *Zusammenspiel von Leben und Materie* verwandelt werden. Wir stehen heute am Beginn dieser Aufgabe, und es gibt erste Indizien, daß sie zwar ein unermeßliches Programm zum Inhalt hat, aber nicht hoffnungslos ist. Ich will schließen mit einigen Hinweisen, in welcher Richtung diese Umdeutung zu suchen sein wird.

VI.

Ich sagte, es erscheint auf den ersten Blick absurd, daß die Kleinheit irdischen Lebens kosmisch von Belang sein könnte. Schauen wir aber nicht auf die physische Struktur des Lebens, sondern auf seine geistigen Möglichkeiten, so ändert sich das Bild völlig. Wir wissen heute auf Grund der Astrophysik so genau im Kosmos Bescheid, daß wir zum Beispiel die zu uns gelangenden Reste von elektromagnetischer Strahlung aus der ersten Minute der Entstehung des Weltalls identifizieren und uns ein detailliertes Bild sogar von diesem frühen Stadium des Kosmos vor etwa 10 Milliarden Jahren machen können. Meditiert man über dieses erstaunliche Phänomen, so kann man es nur so verstehen, daß wir als geistige Wesen einem Zusammenhang angehören, der sich gerade nicht in den Weiten des Kosmos verliert, sondern der umgekehrt den ganzen Kosmos enthält, ihn für den wissenden Menschen dadurch kommensurabel macht, daß das Physische am Universum von diesem geistigen Zusammenhang bis in die fernen Zeiten und Räume adäquat durchdrungen wird. Könnten wir diesen geistigen Zusammenhang zur Grundlage einer Darstellung von Natur machen, so müßte die bisherige Physik sich dem Leben fügen, denn es ist ja das geschöpfliche Leben, dem dieser Zusammenhang offen steht; die Beschreibung der Natur könnte dann in Kategorien des Lebendigen erfolgen.

Nun ist Voraussetzung für die Wahrnehmung des Universums durch ein Lebewesen die Erfahrung dieses Lebewesens; Erfahrung besteht aber in Kommunikation mit der Wirklichkeit des Universums; der Raum, den dieser gesuchte Zusammenhang aufspannt, wird daher ein *Kommunikationsraum* sein. Soll er die lebendige Erfahrung in allen ihren Zügen vermitteln, so muß er mit dem Bewußten zugleich auch die Tiefendimensionen des Unterbewußten mit zum Ausdruck bringen. Das Ineinander von Ich- und Selbst-Kommunikation ist aber ein zeitliches Spiel, so daß dieser Kommunikationsraum wesentlich zeitliche Züge besitzen muß. Da umgekehrt alles, was überhaupt war, ist oder sein wird, in der Zeit ist (Georg Picht[10]), dürfen wir vermuten, daß dieser gesuchte Raum überhaupt selbst die Zeit ist, und zwar die Zeit in der Fülle ihrer Gestalten und Verknüpfungen zu Gestalten.

Was wir für gewöhnlich in der Physik den physischen, dreidimensionalen Raum der materiellen Gegebenheiten nennen — der in der Einsteinschen Physik noch um die Dimension der physikalisch gemessenen Zeit erweitert wird —, ist dann eine spezielle Gestalt der Zeit, nämlich diejenige Gestalt, in welcher sich Zeit als das Spiel von Objekten manifestiert, die miteinander wechselwirken; der für die Wechselwirkung bestimmende Parameter ist der Abstand, und so kommt es, daß diese spezielle Zeitgestalt für uns den Charakter eines Raumes im gewöhnlichen Sinne dieses Wortes annimmt. Auch die physischen Objekte sind dann wiederum spezielle Zeitgestalten, nämlich gerade solche, in denen die Zeit digitalisiert oder gequantelt wahrgenommen wird. Die Entdeckung, daß es einen solchen Zugang zur Physik gibt, verdanken wir Carl Friedrich von Weizsäcker[11]; damit ist ein erstes zentrales Indiz ans Licht gekommen, daß ein solches Programm, den Kosmos lebendig und nicht tot zu verstehen, durch die Struktur der Physik jedenfalls nicht ausgeschlossen wird.

Die Fülle der Zeit gestattet dann eine Zeitwahrnehmung, die vielfältiger ist als die gequantelte Zeitwahrnehmung der Physik, und gerade darin transzendiert der lebendige Kommunikations-

---

[10] Picht (1971).
[11] C. F. von Weizsäcker (1971), 264 ff.

raum des Universums den physischen Kosmos. Wenn wir daher diesen umfassenden Zeit-Zusammenhang Schöpfung nennen, so ist das keine Reduktion der Schöpfung auf den Kosmos der Physik, sondern das physische Weltall wird dann insgesamt eingebettet in einen größeren Zusammenhang, welcher der bloßen Ich-Kommunikation des Menschen entnommen ist.

Wie steht es nun mit dem Zusammenspiel von *Leben* und *Materie*? Wie hat man die Materie als Gestalt der Zeit zu verstehen, wenn die Umdeutung gelingen soll? Wir wissen aus der modernen Physik, daß im Unterschied zur älteren, cartesischen Auffassung Materie heute nur noch als das verstanden werden kann, was sich Gesetzen fügt; und umgekehrt wird man alles, was sich Gesetzen fügt, den exakten Wissenschaften einverleiben können, die sich in der Physik zur Einheit runden. Man kann dann sagen: Materie *ist* das Gesetzliche. Die Frage nach dem Zusammenspiel von Leben und Materie wird so zurückgeführt auf die Frage nach dem Zusammenspiel von Leben und *Gesetz*. Ist das Gesetz das Dominierende oder das Leben? Ein Gesetz kann für die Erfahrung nur dort wirklich sein, wo es Wiederholung gibt, durch die eine Regelmäßigkeit bestätigt wird; denn anders als durch eine Regelmäßigkeit kann kein Gesetz durch ein Lebewesen wahrgenommen werden, das ist der geschöpfliche Aspekt jeder Gesetzmäßigkeit. Eine Regelmäßigkeit ist aber gerade eine Gestalt der Zeit; so kann Materie also gar nicht anders als im Wirken der Zeit wahrgenommen werden; aber ihre Existenz ist an Wiederholbares gebunden. Jedoch nicht jeder Vorgang in der Zeit ist wiederholbar; dies sieht man schon daran, daß die Zeit als Ganzes ein Strom ist, »den man nicht zurückschwimmen kann« (Bergson[12]), daß also wirkliche Vergangenheit und wirkliche Zukunft sich niemals austauschen lassen. Leben ist von der Geburt bis zum Tode wesentlich unumkehrbar, keine Station des Lebens kann zweimal durchlaufen werden. Also ist die wiederholbare Zeitgestalt der Materie das Spezielle und die nicht wiederholbare Zeitgestalt des Lebens das Umfassende. Was sich keiner Wiederholung fügt, ist gerade der Überschuß der Schöpfung über das verfügbare Wissen; das lebendige Kommunikationsgeflecht des Universums transzendiert

---

[12] Bergson (1910), 43—45.

die Gesetze und damit die Materie des Kosmos. Wir können auch sagen: Das Weltall hängt in der Fülle der Zeit, und insoweit wir es für den wahrnehmenden Blick durch Quantelung der Zeit zur Materie objektivieren, hängt dann auch diese Materie in der Zeit des Lebendigen; eine ontologisch eigenständige Bedeutung, eine eigene Substanz, kommt der Materie im Unterschied zur älteren cartesischen Auffassung in dieser Deutung nicht mehr zu.

Da Leben sich physisch, so wie wir es bisher kennen, stets in einzelnen Lebewesen präsentiert, ist die Wahrnehmung des Universums an die Vor-Ort-Erfahrung *aller* dieser Wesen, aller Menschen, aller Tiere und aller Pflanzen gebunden; mit der Ausbreitung des Lebens und der Differenzierung seiner Wahrnehmungsmöglichkeiten wächst auch die Fülle dessen, was als Universum wahrgenommen werden kann, wobei Wahrnehmung stets in geschöpflicher Relation zu verstehen ist. Es kann dann keine Vergangenheit, Gegenwart oder Zukunft an sich ohne Bezug auf gegenwärtige Lebewesen mehr geben, und dies führt zu einer neuen Deutung der Geschichte und der biologischen wie der kosmischen Evolution, die als große Aufgabe vor uns liegt. Die Vergangenheit wäre dann wesentlich mit evolutiver *Entwicklung*, die Zukunft wesentlich mit unverfügbarer *Offenbarung* zusammenzusehen, und es bliebe dann für das Verständnis von Entwicklung wie von Offenbarung kein zeitloser Standort der Wissenschaft wie des Glaubens mehr übrig[13]. Wissenschaftlich gesprochen wäre es dann zum Beispiel nicht mehr korrekt zu sagen, das Gravitationsgesetz habe es schon vor der Entstehung des Lebens gegeben; vielmehr wird dieses Gesetz jetzt ein Wissen aus der Perspektive lebender Menschen, und nichts ist mehr real ohne eine solche Vor-Ort-Perspektive. Die Naturwissenschaft hätte man dann konsequent aus einer kulturell-sozialen Perspektive heraus neu zu verstehen; bisherige Physik ist ohne Rücksicht auf die Auswirkungen auf die Inhalte reiner Wirkungszusammenhänge konzentriert, man könnte sie als Stenographie zur Handhabung von *Macht* bezeichnen[14], sie gehört der Sphäre des Haben-Wollens an. Die Materie, von der diese Phy-

---

13 Müller (1976a), »Vorwort des Herausgebers«, besonders 17f.
14 Picht (1972), besonders 622.

sik handelt, ist somit ein Phänomen aus dem Bereich der Ich-Kommunikation. Nach dem, was ich früher über das Verhältnis von Ich und Selbst sagte, überrascht es nicht, wenn sich der Materiebegriff in der neuen Deutung als für das Leben zu eng herausstellt.

Aber nicht nur Materie und Gesetz fallen jetzt zusammen, sondern auch Gesetz und Allgemeinbegriff; denn jeder Allgemeinbegriff erlaubt ja dessen wiederholte Benutzung, bedeutet also regelmäßige Wiederkehr in der Zeit; wenn Materie das ist, was Gesetzen genügt, dann müssen wir jetzt die allgemein- oder globalbegriffliche Wahrnehmung überall als in die materielle Wirklichkeit hineinführend ansehen, ganz gleich, ob die benutzten Begriffe sich auf die Naturwissenschaften beziehen oder nicht. Dies hat eine folgenschwere Konsequenz für die *Theologie*. Die Erfolge des begrifflichen Denkens haben die Theologen in einer langen Wirkungsgeschichte des Evangeliums veranlaßt, die Inhalte des Glaubens begrifflich zu fassen und als systematische Theologie darzustellen. Glaube ist, um es in den Worten von Eberhard Jüngel auszudrücken, eine »Erfahrung mit der Erfahrung«[15], also eine Erfahrung, die tiefer reicht als die Empirie der psychophysischen Lebensbewältigung. Glaube ist darin Begegnung mit dem Grunde der Schöpfung, mit dem Schöpfer. Theologie hingegen ist nach einer von mir benutzten Formel Nachdenken über den Grund von Begegnung und darin immer ein sekundärer Vollzug, der von der Substanz des Glaubens lebt. Ich könnte auch sagen: Theologie redet über Grunderfahrungen der Selbst-Kommunikation, aber dieses Reden geschieht im Bereich der Ich-Kommunikation, in der Form einer in Begriffe gefaßten Reflexion »über« diese Grunderfahrungen[16]. In der abendländischen Tradition sind die theologischen Deutungen meist so konzipiert worden, als könne der Mensch im Nachdenken über Gott und die Welt den Ort Gottes einnehmen, und dem entspricht die Fassung der Reflexion in Allgemeinbegriffe »sub specie aeternitatis«.

In der Umdeutung, die uns heute aufgegeben ist, beginnen wir zum ersten Male zu verstehen, daß wir die Geschöpflichkeit

---

[15] Jüngel (1972), 8.
[16] Vgl. Müller (1974a), besonders 324.

durch den Allgemeinbegriff theologisch niemals überspringen können. Was sich so ausnahm, als sei es über die Schulter Gottes wahrgenommen, stellt sich nun als genau so weit und so eng wie das Raster der Materie heraus. Der Allgemeinbegriff wird von der zeitlichen Erfahrung des Glaubens gerade gesprengt, und die Theologie muß die fließende Zeiterfahrung, mit der es der Mensch im Angesicht der Schöpfung zu tun hat, anders als durch logische Systematisierung und Rubrizierung zum Ausdruck bringen. Der Umstand, daß die Bibel nicht in Form einer systematischen Abhandlung abgefaßt ist, sondern Geschichten erzählt, erscheint nun angemessen und verheißungsvoll. Damit bin ich am Ende dieses Ausblicks auf die Umdeutung unseres Weltverständnisses. Ich wäre aber mißverstanden, wenn der Eindruck entstünde, die Menschheit könne eine solche geschöpfliche Deutung des Universums einfach als ein neues Wissen annehmen wie die früheren Weltbilder. Wenn es wahr ist, daß die Tiefe der Selbstwahrnehmung ohne eine tiefe Krise dessen, der wahrnimmt, nicht zu haben ist, dann steht der Menschheit diese Krise als Bedingung ihres Einsichtigerwerdens noch bevor; dann ist sie als Krise *jedes einzelnen* Menschen zugleich eine umfassende Menschheitskrise, welche nicht esoterisch durch eine Gruppe Wissender vollzogen werden kann, sondern in der das Prinzip der Stellvertretung mehr und mehr außer Kraft gesetzt wird. Die Zeit, in der gesellschaftliche Institutionen das Leben des Bürgers wie eine große Kathedrale überwölben und gegen Gefahren zureichend abstützen konnten, nähert sich ihrem Ende. Die Antwort des Ich, das Sicherheit haben will, genügt nicht mehr, wenn von Verantwortung die Rede ist; wir sind künftig angewiesen auf die Antwort des Selbst, das sich in Liebe preiszugeben bereit ist[17]. Darin liegt die tiefste Herausforderung, die unser Geschöpfsein uns auferlegt.

Literaturverzeichnis

Altner, G., Die Trennung der Liebenden — Variationen über den Ursprung des Lebens, in: Evangelische Theologie, 37, 1977, 69—83.

---

[17] Vgl. Altner (1977).

Bergson, H., L'évolution créatrice (1907). Deutsche Übersetzung: Schöpferische Entwicklung, Jena: Diederichs, 1910, 43—45.

Bierter, W./von Weizsäcker, E., Strategien zur Überwindung der Arbeitslosigkeit, in: Prisma, Zeitschrift der Gesamthochschule Kassel, Nr. 14, März 1977, 19—25.

Fromm, E., Haben oder Sein. Die seelischen Grundlagen einer neuen Gesellschaft, Stuttgart: Deutsche Verlagsanstalt, 1976.

Illich, I., Selbstbegrenzung — Eine politische Kritik der Technik, Reinbek: Rowohlt, 1975.

Jüngel, E., Unterwegs zur Sache. Theologische Bemerkungen (Beiträge zur Evangelischen Theologie, Bd. 61), München: Kaiser, 1972.

Müller, A. M. K., Die präparierte Zeit, Stuttgart: Radius, 1972, [2]1973.

—, Vom Sinn des Leides, in: M. Krauss, J. Lundbeck (Hrsg.), Die vielen Namen Gottes (Heinz-Mohr-Festschrift), Stuttgart: J. F. Steinkopf, 1974(a).

—, Naturgesetz, Wirklichkeit, Zeitlichkeit, in: E. von Weizsäcker (Hrsg.), Offene Systeme I, Stuttgart: Klett, 1974, 308—358 (= 1974b).

—, Die Identität des Menschen und die Identität der wissenschaftlich-technischen Welt, in: ders. (Hrsg.), Zukunftsperspektiven, Stuttgart: J. F. Steinkopf, 1976 (a).

—, Technik — Krisenverstärker oder Überlebensfaktor?, in: Mensch und Technik — Leben und Tod, epd-Dokumentation, Nr. 23/76, Frankfurt: Evang. Pressedienst, 1976 (b).

—, Geschöpflichkeits-Defizite in Naturwissenschaft und Theologie, Teil I, in: J. Anderegg (Hrsg.), Wissenschaft und Wirklichkeit, Göttingen: Vandenhoeck & Ruprecht, 1977; Teil I und II in: A. M. K. Müller, Wende der Wahrnehmung, München: Kaiser, 1978.

Picht, G., Die Zeit und die Modalitäten, in: H. P. Dürr (Hrsg.), Quanten und Felder. Physikalische und philosophische Betrachtungen zum 70. Geburtstag von Werner Heisenberg, Braunschweig: Vieweg, 1971.

—, Philosophie und Politik, in: Merkur, 26, 1972, 617—623.

Scheibe, E., Wie beurteilt man eine physikalische Theorie?, in: Georgia Augusta, Nachrichten der Universität Göttingen, Nov. 1976, 19—29.

von Weizsäcker, C. F., Gestaltkreis und Komplementarität, in: ders., Zum Weltbild der Physik, Stuttgart: Hirzel, [11]1970, 332—366.

—, Die Einheit der Natur. Studien, München: Hanser, 1971.

von Weizsäcker, E. (Hrsg.), Offene Systeme I, Stuttgart: Klett, 1974.

Wiesenhütter, E., Blick nach drüben — Selbsterfahrung im Sterben, Gütersloh: Mohn, [3]1976.

III. Philosophische Aspekte

KRZYSZTOF MICHALSKI

SINN UND TATSACHE

Über Husserls Auseinandersetzung mit dem Psychologismus

1. In den achtziger Jahren des vorigen Jahrhunderts beschäftigte
sich der junge Husserl mit Grundlagenproblemen der Mathematik und Logik. 1883 erlangte er aufgrund der Arbeit »Beiträge
zur Theorie der Variationsrechnung« seinen Doktortitel. Einige
Jahre später legt er die Habilitationsschrift »Über den Begriff
der Zahl« vor. 1891 veröffentlicht er das erste große Buch, die
»Philosophie der Arithmetik«. »Je mehr ich mich aber in die
Grundprobleme der Logik vertiefte«, erinnert sich Husserl einige Jahre später, »desto mehr hatte ich das Gefühl, daß unsere
Wissenschaft, unser Wissen, wanken und schwanken. Und
schließlich gelangte ich zu meinem unbeschreiblichen Entsetzen
zu der Überzeugung, daß wir, wenn die moderne Philosophie
das letzte Wort sein sollte, das den Menschen über das Wesen
des Wissens zu sagen gegeben ist, über kein Wissen verfügen. Es
kam ein Moment, da ich, vom Katheder die Ideen darlegend,
die ich von unseren Zeitgenossen übernommen hatte, das Gefühl bekam, daß ich nichts zu sagen habe, und daß ich mit leeren Händen und leerer Seele vor meine Hörer hintrete. Und da
beschloß ich, alle bestehenden Erkenntnistheorien vor mir selbst
und vor meinen Hörern jener erbarmungslosen und strengen
Kritik zu unterziehen, die bei vielen Empörung hervorgerufen
hat und begann andererseits, die Wahrheit gerade dort zu suchen, wo bisher niemand die Wahrheit gesucht hatte, da keiner
annahm, daß man sie dort suchen könne. Das ist der Ursprung
meiner ›Logischen Untersuchungen‹.«[1]
Die »Logischen Untersuchungen« sind das nächste große Buch
Husserls; sie sind um die Jahrhundertwende erschienen. Auch
hier ist das Problem der Grundlagen der Logik der Ausgangs-

---

[1] Husserl-Chronik (1977), 331.

punkt. Aber hier geht es in der Tat um mehr: das Wesen des Wissens überhaupt. Die damals vorherrschende Auffassung über das Wesen des Wissens war im sogenannten Psychologismus repräsentiert. (Er dominierte jedenfalls an den deutschen Universitäten, und diese waren für Husserl »tout le monde«.) Wenn Husserl von der zeitgenössischen Philosophie spricht, denkt er an jenen Psychologismus. Als er das Gefühl bekam, daß er nichts zu sagen habe, legte er gerade die Ideen des Psychologismus dar. Daher stellt er an den Anfang seiner Kritik moderner Erkenntnistheorien in den »Prolegomena« zu den »Logischen Untersuchungen« eine Auseinandersetzung mit dem Psychologismus. Die Diskussion, die er von da an mit der Tradition des europäischen Denkens führen wird, beginnt mit einer »Eröffnung« gegen den Psychologismus. Betrachten wir uns diese näher.

2. Der Psychologismus, mit dem sich Husserl auseinandersetzte, war zunächst eine Ansicht über das Wesen der Logik. Ein Psychologist war einer, der behauptete, daß die Logik ein auf Tatsachen begründetes Wissen ist, daß man sich bei der Begründung der Logik als eines objektiven Wissens auf die empirische Beschreibung der Tatsachen stützen müsse. Logische Sätze beschreiben nach seiner Meinung bestimmte faktische Eigenschaften einer Psyche, die »Natur unseres Denkens«. Der Satz vom Widerspruch ist zum Beispiel ein Reflex der Tatsache, daß wir nicht gleichzeitig etwas als wahr und falsch annehmen können. Wenn das der Fall ist, muß die empirische Psychologie (die Kunde von diesen faktischen Abhängigkeiten) die Grundlage der Logik bilden.

Ist das nicht überzeugend? Die Logik scheint uns etwas über die Welt zu sagen, und das tut sie mit einer schwer zurückzuweisenden Selbstverständlichkeit. Wie soll man jedoch diesen Weltbezug erklären? Die Psychologisten antworten hierauf: die Logik ist ein objektives Wissen, denn sie ist ein Wissen davon, wie die menschliche Psyche tatsächlich funktioniert, wie der Mensch (der normale Mensch unter normalen Umständen) tatsächlich denkt. Ist das nicht die richtige Antwort auf die obige Frage? Erklären wir nicht die Selbstverständlichkeit, mit der sich uns die logischen Gesetze aufdrängen, wenn wir wie die Psychologisten sagen: das unlogische Denken ist ähnlich pathologisch wie die Grippe; wenn wir unlogisch denken, denken wir der eigenen Natur zuwider?

3. Wenn das der Fall wäre, müßten sich die Logiker bei der Begründung ihrer Sätze auf die Beobachtung von Tatsachen, von faktischen menschlichen Verhaltensweisen oder Reaktionen berufen. Das tun sie aber nicht. *Keinen* Satz der Logik kann man nach Husserl durch Berufung auf Tatsachen begründen. Psychologisch, das heißt durch Berufung auf Tatsachen unseres Seelenlebens, kann man höchstens die *psychologische Genese* eines logischen Satzes erklären, auf keinen Fall kann man ihn so *begründen.* Um etwas anderes geht es bei der Frage:»warum urteile ich so und nicht anders?« (die Frage nach der Ursache) und um anderes bei der Frage:»ist es so?« (die Frage nach dem Grund). Die Psychologisten bringen beide Dinge durcheinander, erklärt Husserl, das heißt, die psychologische Genese und die Begründung, die Ursache und den Grund oder, in der Terminologie Husserls, den *Inhalt des Urteils* und den *Akt des Urteilens.* »Wie die jetzige Meinung, die doch ein unmittelbar gegebenes und eigenartiges Erlebnis ist, mit ihrem evidenten Inhalt *entstanden* sein mag, was zu ihr in genetischer Hinsicht notwendig gehört, was ihr im Unbewußten und Unbemerkten, physiologisch und psychologisch zugrundeliegt, dies zu erforschen mag interessant sein. Aber auf diesem Weg über das, was wir *meinen,* Auskunft zu suchen, ist widersinnig.«[2]

Die Unterscheidung zwischen Inhalt des Urteils und Akt des Urteilens treffen wir natürlich nicht nur bei Husserl an, sondern auch, wenngleich unter anderem Namen, bei Bolzano und Frege, und später in der reichhaltigen angelsächsischen Literatur. Das, was Husserl den »Inhalt des Urteils« nennt (im Unterschied zum Akt, in dem dieser Inhalt erscheint), nennen die Angelsachsen »proposition« (im Unterschied zu »sentence«). Es geht im allgemeinen um die Abtrennung des Gesagten von seinem Sagen, des Gedachten oder Sich-bewußt-gemachten von der konkreten Tätigkeit des Denkens oder sich Bewußtmachens. Wenn ich mich im Gespräch mit etwas einverstanden erkläre, was mein Gesprächspartner gesagt hat, so akzeptiere ich das, was er gesagt hat, und nicht seine besondere Art des Sprechens;

---

[2] Husserl (1968), Bd. 2, 210.

ich bin einverstanden, weil ich das gleiche meine, obwohl ich mich zu einem gewissen Grade anders ausdrücke. Wenn ich irgendeine wissenschaftliche Behauptung durchdiskutiere, spreche ich nicht von dem geistigen Erlebnis eines Menschen (zum Beispiel desjenigen, der diese Behauptung zum ersten Mal aufgestellt hat), sondern davon, was mit dieser Behauptung gemeint ist, obwohl ich sie jetzt denke, während sie einst jemand anders dachte.

Diese »Inhalte« oder »propositions« werden im allgemeinen folgendermaßen charakterisiert: vor allem, sagt man, sie existieren nicht in der Zeit und im Raum. Mein Gespräch mit jemandem über den Satz von Pythagoras begann irgendwann und endete irgendwann, die Aufzeichnung dieses Satzes hat auch seinen Anfang und sein Ende, dem Satz selber kann jedoch weder das eine noch das andere passieren. Es ist so, oder es ist nicht so; Daten und Orte haben hier nichts zu sagen. Daher behauptet man, daß der »Inhalt des Urteils« wahr oder falsch sein kann, den »Akt des Urteilens« dagegen kann man nur in einem abgeleiteten Sinn wahr nennen.

Husserl erklärt im Zusammenhang damit, daß der »Inhalt des Urteils« (»proposition«) nicht »real« existiert (wobei real »in Zeit und Raum« bedeutet) oder auch, daß er »ideal« existiert. Man kann also sagen, daß der »Inhalt« des Urteils seinem »Sinn« gleichkommt. Er ist unabhängig von der Tatsache, daß er ausgesprochen, gedacht, bewußtgemacht und so weiter wird; er ist in jeder Situation, in der er erscheint, der gleiche, identisch (die »Identität« des Inhalts ist, wie man leicht bemerken kann, eine einfache Folge seiner »Idealität«). Er ist damit auch unabhängig von der Tatsache, ob er beobachtet worden ist: das Anziehungsgesetz galt auch schon, als es noch nicht entdeckt war. »Wenn ich ... (in wahrhaftiger Rede, die wir immer voraussetzen wollen), aussage«, lesen wir bei Husserl, »die drei Höhen eines Dreiecks schneiden sich in einem Punkte, so liegt dem natürlich zugrunde, daß ich so urteile. Wer meine Aussagen mit Verständnis hört, weiß dies auch, nämlich er apperzipiert mich als den so Urteilenden. Ist aber mein Urteilen, das ich hier kundgegeben habe, auch die Bedeutung des Aussagesatzes, ist es das, was die Aussage besagt und in diesem Sinn zum Ausdruck bringt? Offenbar nicht. Die Frage nach Sinn und Bedeutung der Aussage wird normalerweise kaum jemand so verstehen, daß ihm einfallen würde, auf das Urteil als psychisches Erlebnis zu rekurrieren. Vielmehr wird jedermann auf diese Frage antworten: Was diese Aussage aussagt, ist *dasselbe*, wer immer sie behauptend aussprechen mag, und unter welchen Umständen und Zeiten immer er dies tun mag; und dieses selbige ist eben dies, daß die drei Höhen eines Dreieckes sich in einem Punkt schneiden — nicht mehr und nicht weniger. Im wesentlichen wiederholt man also ›dieselbe‹ Aussage, und man wiederholt sie, weil sie eben die eine und eigens angemessene Ausdrucksform für das Identische ist, das ihre Bedeutung heißt.«[3]

Die Erklärung der psychologischen Genese eines Urteils ist also nicht das gleiche wie die Begründung, daß etwas so ist, wie es das Urteil aussagt. Wenn ich behaupte, daß die drei Höhen eines Dreiecks sich in einem Punkte schneiden, überschreite ich die Sphäre des »Realen«: Zeit und Raum. Wenn ich diesen Satz begründen will, muß ich zeigen, warum es sich mit den Höhen so verhält. Wenn ich dagegen erfahren möchte, warum ich hier und jetzt faktisch so urteile, muß ich mich auf etwas anderes berufen: auf andere Tatsachen, wie etwa meine Ausbildung, mein Leben in dieser und keiner anderen Kultur, mein ausreichendes Intelligenzniveau und so weiter. Bei der Betrachtung dieser Tatsachen erfahre ich aber in keiner Weise, ob sich die drei Höhen eines Dreiecks in einem Punkt schneiden oder nicht.

Tatsachen (wie zum Beispiel Akte des Urteilens) und Bedeutungen (Sinn, Inhalte dieser Akte) gehören also, dieser Argumentation nach, zwei verschiedenen Sphären an. Durch die Berufung auf Tatsachen sind wir nicht imstande, irgendeinen Sinn zu begründen. Man kann diesen Unterschied aufgrund des bisher Gesagten mit Hilfe des klassischen Arguments von Hume formulieren: wenn wir uns auf Fakten berufen, können wir nicht auf die Frage antworten, warum das gegebene Urteil (ein Gesetz der Logik beispielsweise) nicht nur im konkreten, als Tatsache festgestellten Fall gilt. Der Psychologist beruft sich auf die gleichbleibende menschliche Natur oder die Unveränderlichkeit der Gesetze der Natur, aber diese können ebenfalls nur empirisch fest-

---

[3] Husserl (1968), Bd. 2, 43.

gestellt werden, das heißt durch die Berufung auf Tatsachen. Kurzum, die Tatsachen sind keine hinreichende Grundlage für die Universalität und die Identität, und Universalität und Identität sollen doch, wie wir gesehen haben, die beiden konstitutiven Eigenschaften der Inhalte der Urteile (Bedeutungen) ausmachen.

Universalität und Identität sind nicht, was man hier betonen sollte, Eigenschaften, die nur einigen Arten von Urteilen (zum Beispiel den »allgemeinen« im Unterschied zu den »individuellen« oder den »notwendigen« im Unterschied zu den »bedingten«) zukommen, sondern sie sind allen Urteilen als solchen eigentümlich. Ohne Rücksicht darauf, was das gegebene Urteil aussagt, sagt es eben etwas aus; daß etwas so oder nicht so ist, daß die Summe der Winkel eines Dreiecks zwei Rechtecken gleicht, daß sich X im allgemeinen verspätet und so weiter. Und obwohl sich jedes dieser Urteile in bezug auf seinen Gültigkeitsbereich — wie in den obigen Beispielen — unterscheiden kann, so sind doch alle gültig oder nicht gültig, alle haben einen Gültigkeitsanspruch. Kurz und gut: jedes von ihnen bedeutet etwas. Aus diesem Grund kann ich sagen, daß jedes Urteil, genauer: das, was es bedeutet, also sein Sinn, seiner Intention nach universell ist. Es ist also so oder nicht so für jeden, der irgendwo und irgendwann diesen Sinn versteht — in den angeführten Beispielen besteht die Gleichheit oder sie besteht nicht, verspätet sich jemand oder tut er es nicht — und er ist identisch: genau derselbe in all den Fällen. »Logische Vorstellung, einheitliche Bedeutungen überhaupt«, schreibt Husserl, »sind ... ideale Gegenstände«, also identische und universelle, »mögen sie selbst nun Allgemeines oder Individuelles vorstellen.«[4]

4. Also gut, der Inhalt des Urteils und der Akt des Urteilens — Bedeutung (Sinn) und Tatsache — sind zwei diametral verschiedene Dinge. Wenn jemand dies nicht sieht, wie es die Psychologisten taten, wird er in die Irre gehen. Aber kann man ihnen wirklich widersprechen, wenn sie behaupten, daß »Inhalt« und »Akt« aufs engste miteinander verbunden sind, daß man den Gedanken (Akt) nicht vom Gedachten (Inhalt) trennen darf? Husserl erklärt: »Eine merkwürdige Sachlage tritt uns ... bei

---

[4] Husserl, a. a. O., 111.

den idealen Gegenständlichkeiten, mit denen der Logiker zu tun hat, entgegen. Einerseits sind sie, was sie sind, ob sie gezählt beziehungsweise gedacht, geurteilt, erkannt werden oder nicht. So jeder mathematische Satz oder jede Zahl. Andererseits ... wird die Zahl im Zählen erzeugt, der betreffende Satz, die betreffende Wahrheit im urteilenden Tun subjektiv gebildet.«[5] Wie ist also eine Beziehung zwischen den beiden Sphären, die wir eben so scharf voneinander getrennt haben, möglich? Mit anderen Worten: wie ist Urteilen, Denken, Bewußtsein überhaupt möglich?

Die Antwort auf diese Frage erfordert nach Husserl noch eine Unterscheidung. Den »Inhalt des Urteils« muß man nicht nur vom »Akt des Urteilens«, sondern auch vom Gegenstand, über den man urteilt, unterscheiden. Der Inhalt des Urteils ist dasselbe wie seine *Bedeutung*, sein Sinn, was nicht mit seinem *Gegenstand* zu verwechseln ist.

Auch diese Unterscheidung findet man nicht nur bei Husserl. Vor den »Logischen Untersuchungen« treffen wir sie in Freges »Über Sinn und Bedeutung« (1891) an. Von Frege stammt auch das schon klassische Beispiel: es gibt Ausdrücke und Namen, wie etwa Abend- und Morgenstern, die eine verschiedene Bedeutung haben, wenn sie sich auch auf den gleichen Gegenstand beziehen. 1894 schrieb Frege eine kritische Rezension der »Philosophie der Arithmetik« von Husserl, in der er diesem unter anderem vorwarf, Vorstellung und Begriff (oder in der Terminologie der »Untersuchungen« Akt des Urteilens und Inhalt des Urteils) sowie Begriff (Inhalt) und Gegenstand nicht unterschieden zu haben. In seinem ersten Buch vertrat Husserl tatsächlich noch einen »psychologistischen« Standpunkt. Freges Kritik hat ihn sehr beeindruckt. (W. R. Gibson, der Husserl damals häufig traf, notierte in seinem Tagebuch: »Husserl remarked, that Freges criticism was the only one he was really grateful for. It hit the nail on his head«.) Es wird daher manchmal behauptet, daß Freges Rezension die antipsychologistische Wende im Denken Husserls bewirkt und er von Frege die Unterscheidung zwischen »Gegenstand« und »Bedeutung« (obwohl Frege andere Termini verwendet) übernommen habe. Doch hat J. N. Mohanty meines

---

[5] Husserl, a. a. O., 25.

Erachtens überzeugend nachgewiesen, daß man diese Unterscheidung und überhaupt die antipsychologistische Wende schon in den Schriften vor 1900 nachweisen kann, vor allem in der 1891 erschienenen Rezension des Buches »Vorlesungen über die Algebra der Logik« von Schröder (also noch bevor sowohl Freges Besprechung von der »Philosophie der Arithmetik« als auch sein Aufsatz über »Sinn und Bedeutung« erschienen sind). Frege und Husserl sind einfach etwa zu gleicher Zeit unabhängig voneinander zu jener Unterscheidung gelangt[6].

Wie sieht diese in Husserls Sicht aus? Gegenstände sind, wie er sagt, für uns das, was sie sind in Abhängigkeit davon, wie wir zu ihnen stehen, wie sie uns gegeben sind. Das bedeutet natürlich nicht, daß ein und derselbe Gegenstand sowohl Baum wie auch Hut sein kann, je nachdem, wie wir zu ihm stehen. Zweifelsohne aber kann etwas als dieser Gegenstand und kein anderer nur bei einer bestimmten Verhaltensweise des Subjekts erscheinen: für einen Blinden gibt es keine Farben. Die Gestalt, in der der Gegenstand uns gegenübertritt, hängt also ab von der Weise, wie wir seiner bewußt werden, von der Weise des Erlebnisses, in der er uns erscheint. »... alle Gegenstände und gegenständlichen Beziehungen [sind] für uns nur, was sie sind durch die von ihnen wesentlich unterschiedenen Akte des Vermeinens, in denen sie uns vorstellig werden, in denen sie eben als *gemeinte* Einheiten uns gegenüberstehen«[7].

Gegenstände werden immer so oder anders aufgefaßt, und ohne Zweifel ist für mich der Baum, den ich vor mir sehe und den ich umgehen muß, etwas anderes als derselbe Baum, an den ich mich später erinnere, obwohl es sich in beiden Fällen um denselben Gegenstand, denselben Baum handeln mag. Eben darin ist nach Husserl der Unterschied zwischen *Gegenstand* und *Sinn* (Bedeutung) zu suchen; der Sinn ist die Art, in der der Gegenstand gegeben ist, in der er im Bewußtsein erscheint.

Wenn der Sinn (die Bedeutung) die Weise ist, in der der Gegenstand gegeben ist, unterscheidet sie sich von dem Gegenstand nicht so, wie ein Gegenstand von anderen. Die Aufdeckung von Sinn ist nicht einfach die Aufdeckung eines neuen Bereichs von

---

[6] Vgl. Mohanty (1978).
[7] Husserl (1968), Bd. 2, 42.

Gegenständen. Sinn als solcher ist nicht Gegenstand einer bestimmten Art. Der Sinn kann natürlich zu einem Gegenstand werden: im Akt der Reflexion. Aber dieser neue Gegenstand wird ebenfalls irgendwie erfaßt, er wird ebenfalls seinen Sinn haben. Die Art des Erscheinens, die Art des Präsentseins, eben der Sinn etwa eines Baumes, existiert nicht neben dem Baum wie die Bank, die neben ihm steht. Sinn und Gegenstand sind untrennbar miteinander verbunden; jeder Gegenstand ist irgendwie gegeben, jeder Sinn ist nichts anderes als die Weise, in der etwas, irgendein Gegenstand, eben gegeben ist. Dieses Verständnis von Sinn kann man auch anders formulieren. Man kann sagen: der Sinn ist eine bestimmte Eigenschaft, ein bestimmter Charakter, der gewisse Erlebnisse von anderen abhebt, nämlich solche, bei denen etwas, ein Gegenstand, erscheint, von solchen, bei denen dies nicht der Fall ist. Die anderen nennt Husserl »intentionale Erlebnisse« oder »Akte des Bewußtseins«. Wenn ich eine Gestalt durch das Fenster wahrnehme, erlebe ich etwas in spezifischer Weise: zusammen mit der erlebten Wahrnehmung erscheint noch etwas, etwa der Baum, den ich sehe. Bei einigen anderen Erlebnissen ist das nicht der Fall: wenn ich beispielsweise Hitze empfinde. Hier ist mir nur mein eigenes Erlebnis gegenwärtig, sonst nichts. Intentionale Erlebnisse enthalten in sich eine »auf etwas gerichtete Intention«, sie sind Erlebnisse, in denen etwas erscheint, dies oder das präsent, ein Gegenstand gegenwärtig, gegeben ist. »Intentional« ist ein anderer Name für die gleiche Eigenschaft der Erlebnisse, die hier bisher »Sinn« genannt wurden.

»Die Intentionalität« — hierauf soll vielleicht schon jetzt hingewiesen werden — ist also im Husserlschen Wortverständnis keine Relation zwischen den Erlebnissen und den in ihnen bewußt gemachten Gegenständen; die Intentionalität ist einfach eine Eigenschaft der Erlebnisse. Ist das intentionale Erlebnis »präsent, so ist *eo ipso* ... die intentionale ›Beziehung auf einen Gegenstand‹ vollzogen, *eo ipso* ist ein Gegenstand ›intentional gegenwärtig‹; denn das eine und das andere besagt genau dasselbe«[8]. Wenn ich etwas wahrnehme, wird der Gegenstand dieser Wahrnehmung (etwa der schon mehrmals angeführte Baum)

---

[8] Husserl, a. a. O., 372.

nicht getrennt erlebt. Es gibt hier nicht zwei voneinander unabhängig existierende Dinge: der Gegenstand und das Bewußtsein von ihm. Jeder Gegenstand ist irgendwie intentional gegenwärtig — jedes intentionale Bewußtsein ist ein Bewußtsein irgendeines Gegenstandes. Also noch einmal: »Sinn« und »Gegenstand« kann man nicht gegenständlich voneinander trennen, der Sinn als solcher ist kein Gegenstand.

Wenn wir also das Wesen der Logik, der logischen Sätze zu erfassen suchen, so wie es Husserl im Streit mit dem Psychologismus getan hat, müssen wir zu folgendem Schluß kommen: logische Aussagen sind sinnvoll, haben eine Bedeutung (das heißt, sagen etwas aus, beziehen sich auf irgendeinen Gegenstand) durch die besondere Art der bewußten Erlebnisse, die Akte, mit denen sie im Zusammenhang stehen. Husserl nennt diese Akte »Akte des Bedeutens«, »sinnverleihende Akte«. Durch einen bestimmten Charakter des gegebenen Bewußtseins und nicht durch die Existenz irgendwelcher Gegenstände sind logische Sätze sinnvoll. Die Existenz oder Nichtexistenz von irgendwelchen Gegenständen haben für die Sinnhaftigkeit der Logik keinerlei Bedeutung.

Ich benutze hier die Termini »Sinn« und »Bedeutung« synonym, so wie es Husserl in den »Logischen Untersuchungen« tut. »Bedeutung gilt uns als *gleichbedeutend* mit Sinn«, schreibt er[9]. Das ist jedoch nicht nur ein sich aus den Konventionen ergebender Entschluß. Die Analyse der »Bedeutungen« oder »Sinne« beginnt Husserl, wie wir sahen, mit der Frage nach der Sinnhaftigkeit einer bestimmten Art von Aussagen, nämlich den logischen. Hier verwendet Husserl prinzipiell das Wort »Bedeutung«, was übrigens der üblichen Sprachintuition entspricht. Von »Bedeutung« reden wir vor allem in bezug auf sprachliche Aussagen. Wie wir jedoch sahen, erhalten sprachliche Äußerungen (wie etwa logische Sätze) nur durch eine bestimmte Art von Bewußtsein eine Bedeutung: die »Bedeutung« selber ist nichts anderes als eine Charakteristik solcher Akte. Es gibt also keinen prinzipiellen Unterschied zwischen der »Bedeutung des Satzes« und der »Bedeutung des Wahrnehmungsaktes«; beide sind als Erlebnisse bestimmter Art (»intentionale Erlebnisse«) sinnvoll,

---

[9] Husserl, a. a. O., 51.

und der Umstand, ob sie sprachlich artikuliert sind oder nicht, tut hier nichts zur Sache. Wenn Husserl im Falle der nicht-sprachlichen Akte lieber das Wort »Sinn« verwendet, so tut er es nur aus sprachlichen und nicht aus inhaltlichen Gründen (in den »Ideen I« wird er »Sinn« und »Bedeutung« unterscheiden, wobei er den zweiten Begriff für sprachliche Aussagen reserviert, aber nur »der Deutlichkeit halber«)[10].

Wie wir sehen, haben die Reflexionen über das Wesen der Logik in den »Logischen Untersuchungen« nur einen exemplarischen Charakter; es geht hier in der Tat um das Wesen des Wissens überhaupt. Die Identifizierung von »Bedeutung« und »Sinn« (das heißt die Überzeugung, daß eine sprachliche Aussage unter den gleichen Umständen bedeutungsvoll wird, wie ein sprachlich nicht artikuliertes Erlebnis) hat auch eine andere Konsequenz: die sprachliche Kommunikation ist in dieser Perspektive völlig unwesentlich für die Sinnhaftigkeit unseres bewußten Lebens — die Sprache kann beim Verständnis von etwas prinzipiell keine Hilfe darstellen, eher stört sie.

5. Wenn das so ist, wenn der Sinn eine bestimmte Charakteristik des Bewußtseins ist, erfordert die Frage nach dem Wesen der Logik, die Frage nach ihrem Sinn eine *Reflexion über das logische Bewußtsein*, eine *Psychologie*. Wenn die Sinne nicht Gegenstände wie andere, sondern Gegebenheitsweisen von Gegenständen sind, sind sie nicht direkt präsent und können nicht direkt beschrieben werden (wie zum Beispiel eine Bank). Die Analyse der Sinne muß daher eine reflexive Analyse sein. Mehr noch, wenn die Sinne Weisen der Vergegenwärtigung von etwas im Bewußtsein und damit im gewissen Sinne ihre Charakteristiken sind, muß diese Analyse eine Reflexion über dieses Bewußtsein, eine psychologische Reflexion sein. Die Analyse der Grundlagen der Logik und überhaupt die Analyse des Sinns muß daher eine deskriptive Psychologie sein.

Das Verständnis des grundlegenden Charakters von logischen Gebilden erfordert mithin eine psychologische Analyse: aber das ist ein rein psychologistisches Postulat! Tatsächlich ist der Psychologismus für Husserl bis zu einem gewissen Grad eine richtige Einstellung: das Problem, das der Psychologismus zu

---

[10] Husserl (1976), 303.

lösen suchte, ist auch für Husserl ein wesentliches Problem, nur ist die psychologistische »Lösung« seiner Meinung nach keine Lösung. Der Psychologismus ist nämlich der Versuch einer Antwort auf die Frage nach der Objektivität unseres Wissens — und die gleiche Frage stellt sich Husserl in den »Logischen Untersuchungen«. Mehr noch, der Psychologismus schenkt zu Recht der Beziehung zwischen dem Gedachten und dem Prozeß des Denkens, zwischen dem Bewußtsein und dem Bewußten Aufmerksamkeit; Husserl ist denn auch der Meinung, daß die »Zahl im Zählen erzeugt, die betreffende Wahrheit im urteilenden Tun subjektiv gebildet wird«. Nur läßt sich das Wesen des Wissens nicht, wie es die Psychologisten wollten, durch den Bezug auf Tatsachen, insbesondere auf Tatsachen unseres Seelenlebens erklären. Die Objektivität des Wissens ist nicht durch die Regelmäßigkeiten der psychischen Vorgänge garantiert. Also zwar Psychologie, aber nicht eine solche Psychologie, wie sie von den Psychologisten gefordert wurde. Es geht um eine Psychologie, die erklären kann, wie der Sinn — etwas Nicht-Reales, sondern Ideales — in den realen, faktischen Bewußtseinsprozessen einen Platz finden kann, eine Psychologie, die das Verhältnis real—ideal ohne die Reduzierung einer Sphäre auf die andere (was die Psychologisten taten) verständlich zu machen vermag.

Was ist das für eine Psychologie? Wie charakterisiert sie Husserl?

Sie soll die »Inhalte und Urteile«, die Sinne (Bedeutungen) und nicht die Urteile selber beschreiben. Wie wir schon erklärten, ist das Kennzeichen der »Inhalte der Urteile« (als idealer Gebilde), im Unterschied zu den Tatsachen, wie etwa den konkreten Erlebnissen oder Akten des Urteilens, ihre Universalität und Identität. Wie kann man mithin die »Bedeutungen« beschreiben, wenn man ihrer Identität und Universalität Gerechtigkeit widerfahren lassen will?

Die Antwort könnte folgende sein: Die Bedeutungen sind einfach andersartige Gegenstände, »Denkgegenstände« (Bolzano). Identität und Universalität bedeuten schließlich nichts anderes als Unabhängigkeit von einem bestimmten Kontext. Es ist daher ganz natürlich, wenn wir annehmen, daß die Bedeutungen zu einer ganz anderen Gegenstandssphäre gehören. Der Baum als ein

Gegenstand des Denkens ist nicht von den Wetterveränderungen abhängig; nur den wirklichen Baum können wir begießen. Die Bedeutungen sind solche Gegenstände wie der gedachte Baum. Der Sinn ist etwas, was wir glauben oder nicht, was wir meinen, annehmen oder ablehnen. Der Sinn und das Denken sind durch einen intentionalen Zusammenhang miteinander verbunden. Der Sinn »steht« dem Denken »gegenüber«. Der Irrtum der Psychologisten beruhte auf der Vermischung der Sphären und den daraus resultierenden Beschreibungsmethoden. Die in der realen Sphäre angewandte Beschreibung soll, laut Psychologismus, ebenfalls in der des Denkens verwandt werden. Dies ist aber so, als wollte man das Äußere von Engeln beschreiben.

Eine solche Antwort kann uns jedoch nicht zufriedenstellen. Wir wissen schließlich schon, daß die Bedeutungen als solche keine Gegenstände sind, obwohl sie zu solchen werden können. In der Tat, wenn wir ein Urteil aussprechen, zum Beispiel »die Höhen eines Dreiecks schneiden sich in einem Punkte«, geht es uns darum, wie es sich mit den Höhen des Dreiecks verhält, und nicht um die Bedeutung des ausgesprochenen Satzes. Der Sachverhalt und nicht der Satzsinn ist der Gegenstand meines Glaubens oder Nichtglaubens, meines Akzeptierens oder Nicht-Akzeptierens. Nicht der Sinn, sondern der Gegenstand »steht« dem Denken »gegenüber«. Die »Intentionalität« verbindet vor allem das Denken (Bewußtsein) und die Gegenstände miteinander: das, *wovon* Sätze sprechen, nicht ihre Bedeutungen, nicht das, was sie *sagen*. Die Bedeutungen sind also ursprünglich keine Gegenstände des Denkens. Bolzanos Sätze an sich sind nach Husserl »mythische Einheiten, die zwischen dem Sein und Nicht-Sein schweben«. Gilbert Ryle sagte von ihnen, sie seien eine wunderliche, und zumindest überflüssige, Art von Wesen. Er befindet sich hier wohl ganz in Übereinstimmung mit Husserl, wenn auch ohne es zu wissen. Wie könnte auch eine solche Auffassung das Verhältnis zwischen dem Sinn und dem sinnvollen Satz erklären?

Was ist das also für eine Identität, diese Identität der Bedeutung? Wie ist es möglich, daß *identische* Sätze in vielen, immerhin *verschiedenen*, Akten auftreten? Wie ist es möglich, daß der von mir hier und jetzt ausgesprochene Satz, etwa der von den

Höhen des Dreiecks, mit dem identisch ist, den jemand anders irgendwo anders ausgesprochen hat? Also noch einmal: Worauf beruht die Identität und die aus ihr folgende Universalität des Sinns?

»Diese wahrhafte Identität, die wir hier behaupten«, schreibt Husserl, »ist nun keine andere, als die *Identität der Spezies*. So, aber auch nur so, kann sie als ideale Einheit die verstreute Mannigfaltigkeit der individuellen Einzelheiten umspannen ... Die mannigfältigen Einzelheiten zur ideal-einen Bedeutung sind natürlich die entsprechenden Aktmomente des Bedeutens, die Bedeutungsintentionen. Die Bedeutung verhält sich also zu den jeweiligen Akten des Bedeutens (die logische Vorstellung zu den Vorstellungsakten, das logische Urteil zu den Urteilsakten, der logische Schluß zu den Schlußakten), wie etwa die Röte in specie zu den hier liegenden Papierstreifen, die alle diese selbe Röte ›haben‹. Jeder Streifen hat neben anderen konstituierenden Momenten (Ausdehnung, Form und dergleichen) seine individuelle Röte, d. i. seinen *Einzelfall* dieser Farbspezies, während sie selbst weder in diesem Streifen, noch sonst in aller Welt real existiert; zumal auch nicht ›in unserem Denken‹, sofern dieses ja mitgehört zum Bereich des realen Seins, zur Sphäre der Zeitlichkeit.«[11]

Die Bedeutung ist, wie wir sahen, nach Husserl die Art, wie ein Gegenstand (etwas) dem Bewußtsein gegeben ist, und insofern ist sie ein bestimmter Charakter des Erlebnisses. Jetzt können wir über sie etwas mehr sagen: sie ist ein in specie gefaßter Charakter, etwas Allgemeines im Verhältnis zu den einzelnen Erlebnissen. Eben als Allgemeines, als Gattung, ist die Bedeutung mit keinem Ort in Zeit und Raum verbunden. Eben als Allgemeinheit ist sie etwas *Identisches* im Verhältnis zu den sich verändernden Einzelheiten (der gleiche Sinn in verschiedenen Bewußtseinsakten), ist sie *eine* im Verhältnis zu den Mannigfaltigkeiten ihrer Realisierungen (ein Sinn in vielen Akten). Kurz gesagt: die Idealität des Sinns — ihre Identität und Universalität — ist für Husserl die Idealität der Gattung, der Sinn ist die Idee des Akts, in dem er erscheint.

---

[11] Husserl (1968), Bd. 2, 200.

Einem solchen allgemeinen, identischen und in diesem Sinne idealen Gebilde verleiht man traditionell den Namen *Wesen*. Der Sinn ist mithin nach den »Logischen Untersuchungen« das Wesen des sinnvollen Akts. Die Opposition zwischen *Sinn* und *Tatsache*, mit der wir hier Husserls Disput mit dem Psychologismus begannen, erweist sich als identisch mit der Opposition *Wesen — Einzelheit*. Wir wollen das an einem Beispiel zeigen: es möge die Vorstellung der Zahl vier sein, die Husserl mehrmals in den »Untersuchungen« vorführt. Man muß hierbei, wie er darlegt, drei Dinge unterscheiden: den Akt des Sich-Vorstellens der Zahl vier, die Zahl selber und schließlich die Idee oder das Wesen dieses Sich-Vorstellens-der-Zahl-vier, also den Sinn. Bei diesem Beispiel haben wir es mit zwei Allgemeinheiten zu tun: der Allgemeinheit des Gegenstandes, der in diesem Falle eine bestimmte Gattung, nämlich die Zahl vier ist, und der Allgemeinheit seiner Vorstellung, in specie gefaßt (Sinn), also Allgemeinheit des Vorgestellten und des Wie der Vorstellung. In dieser Weise versteht Husserl in den »Logischen Untersuchungen« den Unterschied zwischen *Sinn, Gegenstand* und *Akt*.

Fassen wir zusammen. Husserl stritt sich mit den Psychologisten in erster Linie um das Wesen der Logik, den Charakter der logischen Gebilde, aber der wirkliche Gegenstand des Streits war, wie wir zeigen konnten, das Wesen des Denkens, das Wesen des Bewußtseins überhaupt. Wie verhalten sich logische Sätze und das diesen Satz denkende Gemüt? Wie sieht überhaupt das Verhältnis des Denkens (Bewußtseins) zum Gedachten (Bewußtgemachten) aus? Worauf beruht die Objektivität des Wissens? Das sind die Fragen, um die man sich stritt.

Der Psychologismus war ein Versuch der Antwort. Indem er jedoch unser Denken auf eine Kette von Tatsachen reduzierte, war er nicht imstande, die Identität und Universalität des Gedankens zu erklären, des klaren Sachverhalts, daß der Satz, die Wahrheit, das Theorem »sind, was sie sind, ob sie ... gedacht, geurteilt, erkannt werden oder nicht«. Der dem widerstreitende Standpunkt, den man manchmal »Platonismus« oder »Logizismus« nennt, besitzt diese Schwäche nicht. Indem der »Platonismus« die realen Gegenstände, etwa die ausgesprochenen Sätze, den idealen, »Sätzen an sich«, gegenüberstellt, scheint er der Unabhängigkeit der Bedeutungen von dem konkreten Kontext gerecht zu werden. Aber auch er ist einseitig, denn er vermag nicht, die genauso selbstverständliche Tatsache zu erklären, daß sich das Gedachte nicht vom Denken trennen läßt, daß also »die Zahl im Zählen erzeugt [wird], der betreffende Satz, die betreffende Wahrheit, im urteilenden Tun subjektiv gebildet wird«. Er vermag nicht klar zu machen, warum man Bestimmungen, die »Sätzen an sich« zukommen (wie zum Beispiel »wahr« und »falsch«), auch bei konkreten Aussagen anwenden kann. Der Psychologismus erkennt nicht den Unterschied zwischen Sinn und Tatsache, der »Platonismus« nicht den zwischen Tatsache und Gegenstand, und deswegen verkennen beide das wirkliche Wesen des Sinnes.

Husserls Vorschlag in den »Logischen Untersuchungen«, den Sinn als Wesen bestimmter, gegenstandsbezogener Erlebnisse zu verstehen, ist ein Versuch, die beiden Einseitigkeiten zu vermeiden: die psychologistische, weil der Sinn jetzt ein Wesen und keine Tatsache ist, und daher einen idealen und keinen realen Charakter hat, und die platonische, weil der Sinn das Wesen des Akts ist, eine seiner Eigenschaften als Gattung gefaßt und daher mit diesem Akt unzertrennlich verbunden ist. Husserl versucht also einerseits, der Identität und Universalität (»Idealität«) des Sinns Gerechtigkeit widerfahren zu lassen, andererseits will er ihn nicht vom Bewußtsein trennen, für das der Sinn besteht. »... Husserls Originalität«, schreibt Merleau-Ponty, (beruht) »darauf, daß er den Psychologisten ... nicht durch bloße Hervorhebung der gegenteiligen Position, ... den ... Logizismus widerlegt ... [Er] versucht während seiner ganzen Lehrtätigkeit, einen Mittelweg zwischen Logizismus und dem Psychologismus zu finden.«[12]

Wie man daraus ersieht, erfordert die Erklärung des grundlegenden Charakters der logischen Gebilde — ja der Sinne überhaupt — tatsächlich eine reflektive Beschreibung des logischen Bewußtseins, eine Psychologie. Nur soll es sich hierbei nicht um eine empirische Psychologie, eine Beschreibung der Tatsachen unseres Seelenlebens und der psychologischen Zusammenhänge, sondern um eine eidetische Psychologie, eine Beschreibung des Wesens (eidos) dieser Akte handeln. Die Psychologie muß

---

[12] Merleau-Ponty (1973), 137.

nach Husserl nicht eine Wissenschaft von Tatsachen sein, sie braucht sich nicht in einen Psychologismus zu verwandeln.

6. In den »Logischen Untersuchungen« nennt Husserl, wie wir sehen, die von ihm postulierte Psychologie eine »deskriptive«, »beschreibende«, während er die der Psychologisten eine »genetische« nennt. Den Begriff »genetisch« gebraucht man jedoch im allgemeinen im Gegensatz zu »statisch« und nicht »deskriptiv«; der letztere ist in der Tradition im Gegensatz zu »erklärend« zu sehen. Die Opposition »genetisch« — »deskriptiv« suggeriert die Identifikation beider Paare. Die »genetische« Psychologie wäre dann gleichzeitig die »erklärende« und die »deskriptive« gleichzeitig die »statische«.

Schauen wir uns beide Paare etwas genauer an. Die Opposition »Erklärung« und »Beschreibung« entspricht traditionell der Gegenüberstellung von konstruktivem und nicht konstruktivem Verhalten. Die »Beschreibung« soll sich anders als die Erklärung ausschließlich auf das Gegebene beschränken. Eine ähnliche Opposition finden wir sowohl am Anfang der Neuzeit bei Newton (»hypothesis non fingo« soll er gesagt haben: ich berufe mich nicht auf hypothetische Erklärungen, sondern ich beschreibe die Erscheinungen so, wie sie sind) oder bei Dilthey mit seiner Unterscheidung von geisteswissenschaftlichen (beschreibenden) und exakten (erklärenden) Wissenschaften oder schließlich bei einigen Positivisten, für die Beschreiben und Erklären zwei verschiedene aufeinanderfolgende Erkenntnisstufen sind: Zuerst konstatiere ich Tatsachen, die ich dann zu erklären habe. Einerseits also Beschreibung der Erscheinungen, des Gegebenen, und zwar »reine« Beschreibung, denn sie enthält keine Beimischung von Konstruktion, und andererseits Erklärung des Gegebenen unter Berufung auf äußere, oder besser: transzendente Faktoren — um diese Opposition geht es.

Was heißt hier »Berufung auf äußere Faktoren«? Das kann die Suche nach den *Ursachen* des Gegebenen sein — hier würde die Erklärung auf einer Konstruktion einer Kette von aufeinanderfolgenden und sich gegenseitig bedingenden Erscheinungen beruhen: einer Kette von Ursachen und Folgen. Das kann ebenfalls die Suche nach dem *Grund* der gegebenen Erscheinungen sein, und zwar im Sinne der Suche nach einem allgemeinen Prinzip, aus dem sich die betreffende Erscheinung ergibt. Erklären in diesem Sinne ist nach Husserl »das Begreiflichmachen des Einzelnen aus dem allgemeinen Gesetz und dieses letzteren wieder aus dem Grundgesetz«[13]. In beiden Fällen wird die Erscheinung als Element eines Ganzen begriffen, das selber keine Erscheinung ist. In diesem Sinne ist es konstruiert und nicht gegeben.

Die Beschreibung kann also nicht zu kausalen (induktiven) oder logischen (deduktiven) Erklärungen greifen; dennoch treffen wir unter den Erscheinungen auch nicht konstruierte Zusammenhänge an. Husserl nennt diese in den »Untersuchungen« Motivationszusammenhänge. Wenn ich beispielsweise einen Kirchturm in der Ferne sehe (ein Beispiel aus der »Phänomenologie der Wahrnehmung« von Merleau-Ponty), ist die Distanz, in der ich ihn sehe, davon abhängig, wie klar ich die dazwischenliegenden Gegenstände sehe. Aber diese Gegenstände wirken nicht als objektive Ursachen für die Distanzwahrnehmung, sie sind auch keine Gründe, die sie irgendwie beweisen könnten. Es gibt hier weder Ursache noch Grund, sondern nur das Motiv[14]. Die Logik der Erscheinungen, die Logik, die eine Beschreibung vornimmt, ist eine spezifische, von der Logik der Erklärung unterschiedene.

Die Aufgabe der »deskriptiven« (beschreibenden) Psychologie beruht mithin nicht auf der Auffindung von besseren *Begründungen* für die logischen oder wissenschaftlichen Sätze: die beschreibende Psychologie (Phänomenologie) will nicht die Wissenschaftler in ihrer Arbeit ersetzen. Sie sucht weder kausale noch deduktive Erklärungen. Wenn man also die Phänomenologie eine »Theorie« nennt, wenn man sagt, daß ihre Aufgabe die »Begründung« des Wissens ist, dann geht es hier nicht um »Theorie« und »Begründung« im üblichen Sinne, etwa um eine logische Theorie oder um eine Begründung wie die deduktive oder kausale Erklärung. Die Phänomenologie will nicht, schreibt Husserl, »die Erkenntnis, das faktische Ereignis in der objektiven Natur, im psychologischen oder psychophysischen Sinn *erklären*, sondern die *Idee* der Erkenntnis nach ihren kon-

---

[13] Husserl (1968), Bd. 2, 20.
[14] Merleau-Ponty (1969), 59.

stitutiven Elementen, beziehungsweise Gesetzen *aufklären*«[15].
Dies sagt, daß das Ziel der Phänomenologie die Antwort auf die
Frage ist: worauf beruht überhaupt eine *Begründung*? Warum
können uns deduktive oder kausale Erklärungen überhaupt etwas erklären? Worauf beruht die Kraft, mit der sich diese und
andere Erkenntnisse uns aufdrängen, wann kann man etwas als
begründetes Wissen ansehen? Eine solche »Aufklärung« der Erkenntnis, diese Begründung (im neuen Sinn) des Wissens soll —
laut Husserl — durch die Berufung auf das Gegebene und nur
so erfolgen.
Die zweite Opposition, Genetik und Statik, ist traditionell die
zwischen Bewegung und Bewegungslosigkeit, zwischen Werden
und seinem Ergebnis. Die *genetische* Analyse soll auf die Frage
antworten: wie kam es dazu?, auf die Frage nach dem Ursprung,
nach der Herkunft von etwas. Wovon? Eine Antwort darauf
fiele bereits in die Domäne der *statischen* Analyse, die das darzustellen hätte, was ist, das Resultat und nicht den Weg dorthin.
Sie wäre eine Präsentation einer gegebenen Ganzheit, einer
Form mit einer bestimmten inneren Ordnung. In diesem Sinn
würde die statische Analyse aufzeigen, was die gegebene Erscheinung *ist*, und die genetische, wie sie *entstand*. Kurzum, die
Genetik soll die Erscheinung als etwas in der Zeit Verlaufendes
darstellen, während für die Statik die Zeit unwesentlich ist. Die
statische Darstellung ähnelt, wie man sagt, einer Momentauf-
nahme. Die Statik beschreibt das, was ist, das unmittelbar Gegebene. Die Genetik versucht das, was ist, zu erklären, indem sie
sich auf anderes beruft, das nicht mehr ist, das war.
Es ist also nicht verwunderlich, daß für Husserl in den »Logischen Untersuchungen« die psychologische genetische Analyse
eine Art Erklärung ist — nämlich eine kausale. Die genetische
Psychologie versucht psychische Erscheinungen durch Berufung
auf die zeitlich vorausgehenden Prozesse zu erklären, die mit
diesen Erscheinungen im kausalen Zusammenhang stehen sollen. Sie fragt also, »wie die jetzige Meinung entstanden sein mag
..., was zu ihr in genetischer Hinsicht notwendig gehört, was ihr
... physiologisch und psychologisch zugrunde liegt«. Aber auf
diesem Weg sind wir nicht imstande, irgendetwas über diese

---

[15] Husserl (1968), Bd. 2, 21.

Meinung selber zu erfahren, was sie denn sei, was denn ihren Sinn ausmache. Wenn wir uns auf diese Weise darum bemühen würden, wäre das ein »Irrtum, der einige Analogie mit demjenigen des Alltagsmaterialismus hat, der uns versichern will, Töne seien in Wahrheit Luftschwingungen, Erregungen des Akustikus und dergleichen. Auch hier werden theoretische Suppositionen zur genetischen Erklärung des Gegebenen mit diesem selbst verwechselt.«[16]

Für die beschreibende Psychologie (Phänomenologie) ist also die Frage, »aus welchen psychischen Vorkommnissen eine Meinung entstanden ist, vollkommen irrelevant«. Husserl identifiziert also wirklich die genetische Analyse mit einer bestimmten Art von Erklärung (kausaler), die statische Analyse dagegen mit der Beschreibung. Die Aufgabe der deskriptiven Psychologie ist es, das Wesen der einzelnen Erlebnisse zu beschreiben und nicht zu erklären. Es ist eine statische Analyse, für die alle Genese außerhalb ihres Interessenbereichs liegt.

7. Wie ist aber eine Beschreibung von Wesen möglich? Wie kann etwas *gegeben* sein, was *allgemein* ist? Kann die Röte genauso wie ein roter Gegenstand gegeben sein, ein Dreieck als solches wie das, welches ich an der Tafel sehe? Was heißt das überhaupt: »gegeben« sein?

Diese Frage ist für die ganze bisherige Darlegung entscheidend. Der Nerv der Argumentation Husserls, der sie beseelende Geist ist nämlich keine These, keine Ansicht, wie prinzipiell sie auch sein mag, sondern der leidenschaftliche Aufruf zum Sehen, zur Aufgabe des Widerstands gegen die Evidenz. Husserl scheint zu sagen: laßt euch nicht so sehr von Worten, Argumenten, Ansichten beeindrucken, vertraut dem, was ihr seht, was euch gegeben ist, darauf stützen sich schließlich all unsere Ansichten und Argumente, wenn sie etwas wert sind. Kehren wir zu den Sachen selbst zurück — befreien wir uns also von den Spekulationsgebilden, die von verschiedenen philosophischen Doktrinen einschließlich des Empirismus für wirkliche Dinge ausgegeben werden, zu den Dingen, wie sie uns gegeben sind. Die Kraft der Argumentation ergibt sich am Ende aus der Evidenz, die dahinter steht. Auch die Logik ist nur in dem Maße überzeugend, in

---

[16] Husserl, a.a.O., 210.

dem in ihr die Erfahrung, das heißt die Evidenz, also das Gegebene zu Wort kommt.

Husserls Abkehr von der traditionellen Philosophie — der Streit mit dem Psychologismus ist ein Beispiel dafür — bedeutet also keine Option für ein Argument gegen ein anderes; es ist eher eine Kritik an einer bestimmten Begründungsweise des Wissens (einer argumentiven, mittelbaren, erklärenden Begründung, wenn man diese als die letztendliche ansieht). Die einzig überzeugende endgültige Begründung des Wissens ist nach Husserl die Berufung auf die wirkliche Erfahrung, das heißt auf das wirklich Gegebene. Sich-bewußtwerden, was sich in unserer Erfahrung abspielt — und das gegen die Philosophen, die die Erfahrung mit ihren Konstruktionen verdecken —, das ist die Aufgabe der philosophischen Reflexion! Daher ist die Frage, was bedeutet »gegeben«?, eine grundlegende Frage, ohne deren Beantwortung — in der Konsequenz auch ohne die Lösung des Problems: in welcher Weise können Wesen, also Universalien bestimmter Art, gegeben sein? — die bisherige Argumentation in der Luft hängt.

Das ganze philosophische Schaffen Husserls, nicht nur die »Logischen Untersuchungen«, ist übrigens ein Versuch, die Intuition klar zu formulieren: daß nämlich Ansichten, Argumente, Worte erst durch die Evidenz, die hinter ihnen steht, etwas sagen; durch die Vision, durch die Erfahrung. Wo diese Intuition fehlt, gibt es keine wirkliche Philosophie — das glaube ich auch. Zu Recht hat später Husserl den Streit von Sokrates mit den Sophisten als einen Streit um die Möglichkeit der Philosophie selber angesehen. Seine Auseinandersetzung mit dem Psychologismus ist eine Fortsetzung dieses Streits. Die platonischen Dialoge sind doch der beste Beweis dafür, daß Sokrates sich von den Sophisten nicht bloß in irgendwelchen Ansichten unterschied; er sah die Wahrheit, sie spielten nur mit leeren Worten. Ob Husserl diese Einsicht in Begriffe fassen konnte, ist eine andere Frage.

Was bedeutet also: »gegeben«? Man kann folgende Antwort versuchen: streng genommen, ist mir das gegeben, was gegenwärtig ist — und gegenwärtig ist all das, was ich jetzt sehe. Alles, was ich in diesem Augenblick sehe, und nur dieses ist mir im exakten Wortsinn gegeben. So ist mir zum Beispiel das gegenüberliegende Haus »gegeben«, das ich vom Fenster aus sehe, nicht aber »das Haus im allgemeinen«, oder das Haus, von dem nur noch Ruinen geblieben sind. »Gegeben« ist bei einer solchen Antwort vor allem das, was »anschaulich« ist. »Anschauung« ist dann ein Wort, durch das die Nähe der Dinge, ihre Anwesenheit, ihre »Gegebenheit« bezeichnet wird. »Durch die Anschauung«, schreibt Kant, »... wird der Gegenstand gegeben; ohne dieselbe wird er bloß gedacht.« Wie daraus zu ersehen ist, ist Gegebensein, Anwesenheit, als Anschauung (im obigen traditionellen Sinn) unmittelbare Gegenwart eines individuellen Gegenstandes. Das, was »gegeben« ist, ist also erstens unmittelbar gegenwärtig, im Gegensatz zu dem, was nur mit Hilfe von etwas anderem vergegenwärtigt werden kann: dem Zeichen, der Spur (der Ruine beispielsweise). Kant: »Auf welche Art und durch welche Mittel sich auch immer eine Erkenntnis auf Gegenstände beziehen mag, so ist doch diejenige, wonach sie sich auf dieselbe unmittelbar bezieht ... die Anschauung.« Zweitens kann im genauen Wortsinn nur etwas *Individuelles* gegeben sein, etwa dieses Haus da, dieser Baum hier — jedoch keine Allgemeinheit. Die Anschauung — die unmittelbare und individuelle Gegenwart — ist also der mittelbaren und allgemeinen Gegenwart, der Gegenwart für das Denken gegenübergestellt.

Auf den ersten Blick scheint diese Antwort richtig zu sein; es scheint, daß dies eine gute Beschreibung unserer Erfahrung ist. Ist es nicht wirklich so, daß ich nur einzelne Gegenstände *sehen* und allgemeine Bestimmungen höchstens *denken* kann (»ich sehe ein rotes Haus«, das ist klar, doch was heißt, »ich sehe Röte überhaupt«)? Ist mir nicht nur das wirklich gegeben, was ich sehe? Dieser Begriff von »Gegebenheit« ist wohl der Alltagsintuition am nächsten (daher übrigens das Mißtrauen gegenüber der Erklärung, daß die »Röte« als solche oder das »Dreieck im allgemeinen« gegeben sein können).

Wird dieser Begriff aber wirklich dem gerecht, was uns in der Erfahrung gegeben ist? Ist es nicht vielmehr so, daß ich das Dreieck als solches, die Röte, den Satz von Pythagoras, Musikwerke und so weiter nicht nur denken, sondern mir auch irgendwie Rechenschaft darüber geben kann, woran ich da jeweils denke (genauso, wie wenn ich an Häuser oder Bäume denke und ich sie später sehe)? Kann ich mir nicht irgendwie darüber klar werden, was die Farbe rot (also etwas Allgemeines) ist, von der ich bisher immer nur gehört habe? Gibt es also vielleicht doch auch im Falle der Allgemeinheiten einen Unterschied zwischen der faktischen Gegenwärtigkeit des Gegenstandes, der Situation, in der er selber irgendwie gegeben ist — und der Situation, in der er nur »gedacht« ist, ich ihn mir nur irgendwie vorstelle? Lehrt uns also die Erfahrung wirklich, daß die eigentlichen Gegenstände unserer Aussagen über Allgemeinheiten individuelle, reale Gegenstände sind? Ist die Gegenständlichkeit, die mir *gegeben* ist, wirklich nur die Gegenständlichkeit individueller Dinge von der Art: »dieses Haus« oder »dieser Baum hier«?

Husserl verneint das. Er versteht die Gegebenheit von etwas tatsächlich als Gegenwart, und zwar als Gegenwart von gesehenen Dingen, als »Anschauung«. Auch für ihn ist die verwirklichte Beziehung zum Gegenständlichen, die faktische Nähe der Dinge »Anschauung«. Der sprachliche Ausdruck, schreibt er, »meint etwas und indem er es meint, bezieht er sich auf Gegenständliches. Dieses Gegenständliche kann vermöge bleibender Anschauungen aktuell gegenwärtig oder mindestens vergegenwärtigt erscheinen (zum Beispiel im Phantasiebild). Wo dies statthat, ist die Beziehung auf die Gegenständlichkeit realisiert.«[17] Husserl ist jedoch der Meinung, daß zu den ›sichtbaren‹ Dingen, also zu denen, die wirklich gegeben sind, nicht nur die einzelnen Häuser gehören, die individuellen Gegenstände also, sondern auch die Dreiecke als solche, die Röte überhaupt, also Allgemeinheiten (unter anderem auch die Bedeutungen, die Wesen der Bewußtseinsakte). Die »Anschauung« bedeutet mithin für Husserl etwas anderes als die »direkte Gegenwart eines individuellen Gegenstandes«, sonst würde er einfach Unsinn reden: »ein anschaulich gegebenes Dreieck überhaupt« bedeutete dann soviel wie ein hölzernes Eisen. Wie unterscheidet sich also Husserls Auffassung von der traditionellen?

Der Unterschied beruht darauf, daß für Husserl der Begriff »Anschauung« nur die Weise charakterisiert, in der etwas gegenwärtig ist, es ist damit nicht vorgegeben, *was* das ist. Von dem traditionellen Begriff der Anschauung behält Husserl nur

---

[17] Husserl (1968), Bd. 2, 37.

die erste Bestimmung, während er die zweite verwirft. Für ihn ist Anschauung unmittelbare Gegenwart von etwas, jedoch nicht unbedingt Gegenwart eines individuellen Gegenstandes. In Übereinstimmung mit diesem Begriff können Gegenstände jeder Art gegenwärtig sein. Die Wendung »anschaulich gegebenes Dreieck überhaupt« ist also jetzt sinnvoll; die anschauliche Gegenwart von Wesen wird nicht mehr von vornherein durch den Begriff als solchen ausgeschlossen. Man muß nur zeigen, daß eine solche Anschauung wirklich vollzogen werden kann.

Aber was heißt eigentlich »unmittelbar gegenwärtig«? Es ist etwas — habe ich oben geschrieben —, dessen Gegenwart durch keine Vermittlung unterstützt wird, etwas, was *selber* gegenwärtig ist und nicht erst mit Hilfe eines Vermittlers (Zeichen, Spur, Dokument und so weiter). Wie kann man aber entscheiden, wann etwas unmittelbar gegenwärtig ist und wann nicht, wenn ich nicht von vornherein festlege, daß nur eine bestimmte Art von Gegenständen gegenwärtig sein kann?

Nehmen wir ein Beispiel. Wenn mir jemand die ersten Takte einer mir wohlbekannten Melodie vorsingt, weiß ich sofort, um welche Melodie es sich handelt: sie wird mir also irgendwie gegenwärtig, aber nicht »wörtlich«, nicht »selbst«, sondern nur durch einen Repräsentanten, durch die wenigen Takte, die als Signal, Vorbote, Anzeichen dienen. Ähnlich ist es mit der anderen Seite eines wahrgenommenen Gegenstands (dieses beliebteste Beispiel der Phänomenologen soll doch zitiert werden): sie ist irgendwie gegenwärtig, aber wiederum nicht »selbst«; ihre Gegenwart ist mittelbar, impliziert nur durch die Seite des Gegenstandes, auf die ich schaue. Das ist wie die Anwesenheit des Bräutigams bei der Trauung per procura ... Der Unterschied beider Gegenwärtigkeitsweisen — der per procura und der vollen, wirklichen, einer solchen wie der Gegenwart der Töne, die ich gerade höre, oder der Seite des Gegenstandes, die ich gerade anschaue — hat nach Husserl etwas von dem Unterschied zwischen dem Zielen und Treffen; er nennt ihn daher den Unterschied zwischen der leeren Intention und ihrer Erfüllung: »Was die Intention zwar meint, aber in mehr oder minder uneigentlicher oder unangemessener Weise vorstellig macht, das stellt die Erfüllung, das heißt der sich in der Erfüllungssynthesis anschmiegende, der Intention seine ›Fülle‹ bietende Akt, *direkt* vor uns hin; oder mindestens relativ direkter als die Intention. In der Erfüllung erleben wir gleichsam ein *das ist es selbst*.«[18] Ich möchte darauf aufmerksam machen, daß das Wort »Intention« jetzt eine etwas andere Bedeutung als bisher annimmt. Bisher wurde über »intentionale Akte« gesprochen im Sinne all der Erlebnisse, die sich auf irgendeinen Gegenstand beziehen, wobei die Art der Beziehung keine Rolle spielte. Der Terminus »Intention« bedeutete also bisher einfach den Bezug auf einen Gegenstand; als Gattung gefaßt, Wesen der irgendeine Gegenständlichkeit vergegenwärtigenden Erlebnisse, ist »Intention« gleichbedeutend mit »Sinn«. Husserl verwendet auch manchmal das Wort »Intention« synonym mit dem Wort »Akt«, also als den Namen eines beliebigen intentionalen Erlebnisses. Wenn man dagegen den Terminus »Intention« im Gegensatz zu »Erfüllung« gebraucht, dann nicht mehr, um Erlebnisse mit Gegenstandsbezug, also »Akte«, von anderen Erlebnissen zu unterscheiden, sondern um Akte einer bestimmten Art abzusondern, nämlich diejenigen, in denen der Gegenstand zwar gegenwärtig, aber nicht »selbst« ist. Eine charakteristische Eigenschaft *solcher* Akte ist, daß sie auf ein bestimmtes Ziel gerichtet sind: auf ihre mögliche Erfüllung, das heißt auf eine volle, durch nichts unterstützte Gegenwart ihres Gegenstandes. Diese Gerichtetheit auf eine volle Gegenwart als Ziel hatte Husserl im Sinn, als er die Intention mit dem »Zielen« verglich. »Intention« und »Erfüllung« verweisen also aufeinander. Intention ist ein Streben nach Erfüllung; die Antwort auf die Frage, ob eine Gegenwart Erfüllung ist oder nicht, hängt wiederum davon ab, welche Intention wir betrachten. Schließlich trifft man oder fehlt, je nachdem, worauf man gezielt hat. Die Auffassung der unmittelbaren Gegenwart, der Anschauung als Erfüllung, hat zur Folge, daß die Anschauung zu einem relativen Begriff wird. Die Unterscheidung, ob der Gegenstand »selbst« gegenwärtig ist, also »unmittelbar«, »anschaulich«, oder nicht, ist abhängig von der Situation. Es gibt keine Anzeichen, die uns dies jederzeit erkennen lassen, und es kann sie auch nicht geben. Verdeckt sich hinter dieser neuen Terminologie nicht eine Figur der alten relativistischen Argumentation? Wenn wir sagen, daß

---

[18] Husserl (1968), Bd. 3, 65.

es keine Anzeichen gibt, die uns jederzeit erkennen lassen, ob
uns etwas unmittelbar gegeben ist, sagen wir dann nicht, daß wir
die Wirklichkeit nicht ein für allemal und ohne Zweifel von ihrem Schein unterscheiden können, daß es kein eindeutiges Kriterium gibt, welches uns erlaubt, das Gesehene von dem zu unterscheiden, was wir hier zu sehen glauben? Lehrt uns Husserl
nicht entgegen seinen Versicherungen eher Mißtrauen als Vertrauen zu dem, was wir sehen?
Eben nicht. Husserl bietet nämlich keine neue Antwort auf die
alte Frage, wie man unterscheiden soll, ob etwas gegeben ist
oder nicht — er versucht eher die Frage neu zu stellen. Die beiden traditionellen Stellungnahmen, die entweder die Möglichkeit der Auffindung eines untrüglichen Kriteriums leugnen oder
meinen, es gäbe ein solches, also die »relativistische« und die
»absolutistische«, setzen die Möglichkeit und Notwendigkeit einer »äußeren« Beurteilung der Situation voraus, in der uns etwas als gegeben erscheint. Doch für Husserl ist eine solche Beurteilung weder möglich noch notwendig: in der konkreten Situation — und *nur* in ihr — ist die Unterscheidung möglich, ob
etwas gegeben ist oder nicht, erst in ihr kann man den Sinn der
Gegebenheit bestimmen. Erst eine *andere* Situation, ein Blick
von einer anderen Perspektive aus (von der Perspektive einer
neuen Intention, würde Husserl sagen) kann zeigen, daß das,
was bisher »unmittelbar gegenwärtig«, »anschaulich gegeben«
zu sein schien, es gar nicht ist. Tatsächlich revidiere ich die
Wahrnehmung, daß das ins Wasser getauchte Paddel gebrochen
ist, erst, wenn ich es aus einer anderen Perspektive betrachte.
Erst dann weiß ich, daß das gebrochene Paddel eine Täuschung
war. Man kann also sagen, daß für Husserl die Frage: Wie kann
man unterscheiden, ob etwas gegeben ist oder nicht? (das heißt
in der Folge auch die Frage: was bedeutet »anschaulich gegenwärtig«?), nicht mit einer Antwort beruhigt werden kann: die
Antwort ist nur in einer konkreten Situation möglich, weil nur in
der konkreten Situation feststeht, was die Frage selber bedeutet.
Es ist also nicht so, daß eine Gegenwart ein für allemal anschaulich ist oder nicht, ein Akt ein für allemal eine »Intention« oder
eine »Erfüllung« darstellt. Beide Charakteristika sind jetzt nicht
mehr definitiv. Die Tatsache, daß mir im Akt der Erfüllung der

Gegenstand unmittelbar gegeben, anschaulich gegenwärtig ist, bedeutet noch nicht, daß er mir damit ganz endgültig gegeben ist, daß keine weitere Erfüllung möglich ist. Eine neue Intention kann immer eine neue Perspektive des Gegenstands eröffnen, in der sich seine Gegenwart als noch unvollständig, besser: noch nicht erfüllt erweisen wird. Die »völlige« Gegenwart von etwas, die »adäquate Selbstdarstellung«, wie Husserl sagt, ist nur eine *ideale Grenze*, ein *Ziel*, auf das alle, sowohl die anschaulichen wie auch die unanschaulichen Akte gerichtet sind: ein Volltreffer. Intention ist, wie schon einmal gesagt, Streben nach Erfüllung: eine bestimmte Art von Zielen. Man kann also sagen, daß das Ziel der Intention immer eine volle, absolute Gegenwart des in ihr gemeinten Gegenstandes ist — tatsächliches Ergebnis ihrer Erfüllung ist aber immer nur eine konkrete, relative Anschauung. Vom Gesichtspunkt dieses realen Ziels aus kann man jede faktische Gegenwart als eine bessere oder schlechtere Annäherung an den Gegenstand ansehen; mehr oder weniger »unmittelbar«, mehr oder weniger »anschaulich«. Die Relativität der »Erfüllung« und »Intention« zieht also ihre Graduiertheit nach sich; »unmittelbare Gegenwart« oder »Anschauung« erweisen sich in der Folge als graduierbare Bestimmungen. Die Perspektive der Intention, in der uns Gegenstände *gegeben* sind, ist daher nach Husserl eine *teleologische* Perspektive. Sie ist auf ein Ziel gerichtet, das heißt auf die Erfüllung aller möglichen Intentionen, die einen Gegenstand meinen: die volle Gegenwart des Gegenstandes.

Kommen wir auf die Frage zurück, die wir uns zu Beginn dieses Abschnittes gestellt haben: wie ist eine Beschreibung der Wesen möglich, wie kann das Allgemeine gegeben sein? Wir wissen bereits, daß für Husserl »gegeben« so viel wie »anschaulich«, »unmittelbar gegenwärtig« heißt, daß der Begriff der Gegebenheit nicht inhaltlich beschränkt ist wie in der traditionellen Auffassung (wo der bloße Begriff Anschauung die Möglichkeit einer anschaulichen Gegenwart eines Allgemeinen ausschloß). Wir wissen auch, daß »Anschauung« — als Erfüllung einer Intention aufgefaßt — ein relativer und graduierbarer Begriff ist. Im Endergebnis läßt sich die Frage nach der Möglichkeit der Beschreibung von Wesen, nach der Möglichkeit ihrer unmittelbaren Gegenwart, auf die Frage zurückführen: haben wir es auch hier, im Falle der Gegenwart von Wesen (also von Universalien eigener Art) nicht nur mit einer »leeren Intention« zu tun, sondern auch mit ihrer »Erfüllung«?

Die Alltagserfahrung scheint uns zu sagen, daß es so ist. Schließlich kann man sich, wie schon erwähnt, anschaulich davon überzeugen, was eine Farbe ist, man kann es sehen. Und das ist eine ganz andere (nicht ersetzbare) Art von Wissen, als jenes, das man sich sonst von der Farbe verschafft hat. Aber die bloße Berufung auf die Alltagserfahrung ist noch kein entscheidendes Argument: ein Skeptiker könnte sagen, daß die Anschauung, von der hier die Rede ist, in Wirklichkeit die Anschauung einzelner roter Gegenstände sei und nichts mehr. Mit Anschauung hätten wir es nur dann zu tun, wenn wir ein konkretes Haus, einen Baum, eine Zeichnung an der Tafel sehen.

Husserl entgegnet dem, daß hier mit Gewalt Erfahrungen in einen vorher festgelegten Begriffsrahmen gezwängt werden. Schauen wir uns doch einmal, sagt er, ohne Vorbehalte an, wie beide Bewußtseinsweisen wirklich aussehen: die Anschauung von etwas Spezifischem, Allgemeinem (das sich unserem Skeptiker zufolge auf die Anschauung von einzelnen Fällen reduzieren läßt) und die eines Individuums: die »vergleichende Betrachtung« lehrt uns, »daß der Akt, in dem wir Spezifisches meinen, in der Tat wesentlich verschieden ist von demjenigen, in dem wir Individuelles meinen ...«[19]. Worin unterscheiden sie sich? Bestimmt nicht durch den gegenständlichen Inhalt, so wie sich die Wahrnehmung des Baums von der des Hauses unterscheidet. Keiner Allgemeinheit kann man einen sinnlich faßbaren Inhalt zuordnen, der sie von besonderen Fällen unterscheiden würde. Das Rot überhaupt ist weder mehr noch weniger intensiv, weder heller noch dunkler als seine Abschattungen. Welcher Inhalt könnte auch der »Röte« oder dem »Dreieck als solchem« entsprechen? Weder die Röte noch das Dreieck als solches lassen sich einfach wahrnehmen. Wenn ich das Rot sehe, erblicke ich keinen individuellen Gegenstand; Röte und Dreieck als solches sind keine Gegenstände *im gleichen Sinne* wie individuelle Gegenstände.

---

[19] Husserl (1968), Bd. 2, 108.

Das ist der Kern des Problems. Obwohl sich die Akte der allgemeinen Anschauung nicht von den Akten der individuellen Anschauung in Hinsicht auf den gegenständlichen Inhalt unterscheiden, so wie der Akt der Baumwahrnehmung von dem Akt der Hauswahrnehmung, unterscheiden sie sich in Hinsicht auf den Sinn der in ihnen bewußtgemachten Gegenständlichkeit. Wie wir aus den früheren Beispielen wissen, heißt das: in Hinsicht auf die Art der Auffassung dieses gegenständlichen Inhalts. Im Falle der individuellen (sinnlichen) Anschauung, sagt Husserl, haben wir es mit einem Akt zu tun, »in dem wir in schlichter Zuwendung das Erscheinende selbst, dieses Ding oder dieses Merkmal, dieses Stück im Ding meinen«[20]. Der Gegenstand dieser Art von Akt erscheint »in *schlichter* Weise«. Er ist mit einem Mal da, »in einer Aktstufe«[21].

Die Anschauung eines Wesens ist dagegen ein synthetischer Akt. Nehmen wir wieder das anschaulich gegebene Rot als Beispiel: obwohl ich da nichts anderes sehe (im üblichen Wortsinne, also sinnlich wahrnehme), als wenn ich auf ein rotes Haus schaue, »meinen wir nicht dieses gegenständliche Merkmal, dieses Hier und Jetzt, sondern wir meinen seinen Inhalt, seine ›Idee‹; wir meinen nicht dieses Rotmoment am Hause, sondern *das* Rot. Dieses Meinen ist hinsichtlich seiner Auffassungsgrundlage offenbar ein fundiertes, sofern sich auf die ›Anschauung‹ des individuellen Hauses, beziehungsweise seines Rots, eine neue Auffassungsweise baut, die für die intuitive Gegebenheit der Idee *Rot* konstitutiv ist.«[22] Durch diese Auffassungsweise erscheint eine Gattung, Spezies, ein allgemeiner Gegenstand, Rot zum Beispiel. Der Akt, in dem etwas Allgemeines gegeben ist, ist mithin ein mehrstufiger, synthetischer Akt. Das Material der Synthese sind Akte der schlichten Anschauung, in der irgendwelche individuellen Gegenstände (einzelne Fälle) gegeben sind.

Es geht hier nicht, was zu unterstreichen ist, um eine Synthese der Gegenstände selbst oder ihrer Eigenschaften. Mit dem Gegenstand geschieht real im Ergebnis einer solchen Synthese

---

[20] Husserl, a.a.O., 109.
[21] Husserl (1968), Bd. 3, 146.
[22] Husserl (1968), Bd. 2, 103.

nichts. Es verändert sich in Wirklichkeit nichts in ihm: »die primären Gegenstände [bleiben] unberührt; [die Synthese kann] ihnen auch nichts antun, [kann] sie in ihrem eigenen Sein nicht ändern, weil das Ergebnis dann ein neuer Gegenstand im primären und realen Sinn wäre, während evidentermaßen das Ergebnis des [synthetischen] Aktes ... in einer objektiven Fassung des primär Angeschauten besteht, ... «[23]. Der synthetische Akt, in dem sich das Rot konstituiert, verändert nicht den roten Gegenstand, dessen Wahrnehmung die Grundlage des Akts bildete, in einen anderen. Es verändert sich nur der Gegenstand als ein so gegebener (zum Beispiel als ein rotes Haus). Das ist aber auch keine Veränderung in rein subjektivem Sinne, wie wenn ich einmal etwas als ein fröhliches und einmal als trauriges Ereignis erlebe, etwa den Regen. Das Ergebnis eines synthetischen Akts soll eben eine »objektive Auffassung« des ursprünglichen Gegenstandes darstellen. Es handelt sich also auch um keine Synthese der Akte als Erlebnisse. Nicht die »Akte als Gegenstände, sondern die Gegenstände dieser Akte werden hier miteinander verschmolzen«[24]. Das Rot im allgemeinen als Resultat der Synthese unterscheidet sich nicht nur von irgendeinem roten Gegenstand, sondern auch vom Akt, in dem es gegeben ist; in diesem Sinn kann man von seiner »Objektivität« sprechen.

Die Universalien sind also weder objektive (im Alltagssinn) noch subjektive Gebilde; sie sind »Gegenstände«, die *nur* dank einer bestimmten Art von Synthese gegeben sind (»so, daß der Gedanke an [ihre] schlichte Wahrnehmung ... oder an [ihr] Gegebensein in einem sonstigen schlichten Anschauen Widersinn ist«[25]), doch sind sie mit dieser Synthese nicht identisch.

Solche »allgemeinen Gegenstände« können natürlich zu Gegenständen im einfachen Sinne werden, das heißt auch sie können der einfachen Anschauung zugänglich gemacht werden (wir können sie nämlich einer Nominalisierung unterwerfen). Aber *gegeben*, unmittelbar gegenwärtig, sie selbst, sind sie in einer anderen, ungegenständlichen Weise (im Hinblick auf den einfachen Begriff der Gegenständlichkeit), nämlich im Vollzug der

---

[23] Husserl, a. a. O., 186.
[24] Husserl (1968), Bd. 3, 141.
[25] Husserl, a. a. O., 186.

Synthese der Akte, die ihnen zugrundeliegen. Dies sei an einem weiteren Beispiel illustriert (in ihm wird die unmittelbare Gegenwart eines solchen »allgemeinen Gegenstandes«, wie etwa ein Urteil, demonstriert): »Es kommt vor, daß wir *zunächst* schlechthin aussagen und uns *dann* auf den Sachverhalt nennend beziehen: ›endlich ist Regen eingetreten — das wird die Landwirte freuen‹. Hier können wir den Kontrast studieren; er ist ja unverkennbar. Der Sachverhalt ist auf der einen und auf der anderen Seite derselbe, aber er wird uns in ganz anderer Weise gegenständlich. In der schlichten Aussage urteilen wir über den Regen und sein Eingetretensein; beides ist uns im prägnanten Sinne des Wortes ›gegenständlich‹, es ist ›vorgestellt‹. Wir vollziehen aber nicht ein bloßes Nacheinander von Vorstellungen, sondern ein Urteil, eine eigentümliche ›*Einheit des Bewußtseins*‹, das die Vorstellungen *verknüpft*. Und in dieser Verknüpfung konstituiert sich für uns das Bewußtsein vom *Sachverhalt. Das Urteil vollziehen und in dieser synthetischen Weise eines Sachverhalts ›bewußt‹ werden, ist einerlei.* Eine Thesis wird vollzogen und *daraufhin* eine zweite unselbständige Thesis, derart, daß in der Aufeinandergründung dieser Thesen die synthetische Einheit des Sachverhalts zu intentionaler Konstitution kommt. Offenbar ist *dieses synthetische Bewußtsein* ein ganz anderes als das sich ein Etwas sozusagen *in einer einstrahligen Thesis Gegenübersetzen, in einem möglichen schlichten Subjektsakt, in einer Vorstellung.* Man achte vergleichend auf die Art, wie der Regen ›bewußt‹ wird, und vor allem, man vergleiche das Urteilsbewußtsein, das *Ausgesagtsein* des Sachverhalts, mit dem in unserem Beispiel unmittelbar angrenzenden Vorstellungsbewußtsein, dem *Genanntsein* desselben Sachverhalts: ›das wird die Landwirte freuen‹. ›Das‹ weist auf den ausgesagten Sachverhalt wie mit dem Finger hin. Es meint also diesen selben Sachverhalt. Aber dieses Meinen ist nicht das Urteilen selbst, welches ja *vorangegangen*, als das uns so beschaffene psychische Ereignis abgeflossen ist; sondern es ist ein *neuer* und *neuartiger* Akt, welcher als hinweisender sich dem vordem schon synthetisch (mehrstrahlig) konstituierten Sachverhalt in einer einstrahligen Thesis einfach *gegenüberstellt*, ihn also in ganz anderem Sinne zum Gegenstand hat als das Urteil. Darnach kommt dieser Sachverhalt im Urteil ›ursprünglicher‹ zum Bewußtsein; die in

Einem Strahl auf ihn gerichtete Intention setzt die mehrstrahlige voraus und weist in ihrem eigenen Sinne auf sie zurück ... Jedenfalls ist nun völlig klar: die ›Weise des Bewußtseins‹, die Art, wie das Objekt intentional wird, ist beiderseits eine verschiedene — das ist aber nur ein anderer Ausdruck dafür, daß wir es mit ›wesentlich‹ unterschiedenen Akten zu tun haben.«[26]

Was ist also schließlich die »Wesensschau«, worauf beruht hier die »Erfüllung der Intention«?

Sie beruht, wie wir sahen, auf dem Vollzug der Synthese, die von einer Intention bestimmt ist, auf der Verwirklichung des durch die Intention vorgezeichneten Aktes, der Akte anderer Art, einfache Akte in eine Einheit verknüpft. Das ist keine »übersinnliche« Schau irgendwelcher Gegenstände anderer Art, keine Vision einer anderen Welt: wenn man diese »Sicht«, diese Schau »übersinnlich« nennen kann, so deswegen, weil sei einerseits von dem abhängig ist, was wir sinnlich sehen (denn es ist das Substrat der Synthese), und andererseits gibt sie uns *mehr*; die Antwort darauf, was das Rot oder das Dreieck überhaupt ist, werden wir schließlich nicht im sinnlich Gegebenen finden können. »Allgemeine Gegenstände«, wie Röte oder das Urteil »endlich ist Regen eingetreten«, sind nur im Akt der Synthese, in dem sie sich konstituieren, »gegeben«, sie selber; das Urteil zum Beispiel nur im Akt des Urteilens, nicht dann, wenn es selber zum Gegenstand der Reflexion wird. Die allgemeinen Gegenstände charakterisieren *die Weise des Gegenwärtigseins,* nicht das, *was gegenwärtig ist:* sie sind also Sinne, nicht Gegenstände in sensu stricto.

So beruht die in den »Logischen Untersuchungen« enthaltene Darlegung der Sinne als *Wesen* (nämlich als Wesen einer bestimmten Art von bewußten Erlebnissen: von Akten) nicht darauf, daß wir die Sinne als Gegenstände eines bestimmten Gegenstandsbereichs (des Bereichs der ›Wesen‹) erkennen, bilden doch die Wesen als solche keinen Gegenstandsbereich im einfachen Sinne. Die Wesen selber haben, wie sich gezeigt hat, den Charakter von Sinn; die gegenständliche Wirklichkeit, so wie sie uns erscheint, also der Sinn dieser Wirklichkeit, kann nicht

---

[26] Husserl (1968), Bd. 2, 472 ff.

durch die individuelle Gegenständlichkeit ausgeschöpft werden — die Allgemeinheit, die Idealität des Allgemeinen ist ein nicht reduzierbares Element der *Gegenwart* der gegenständlichen Welt.

Die Wahrnehmung des individuellen Gegenstands (zum Beispiel dieses Hauses da) ist also, wie aus den obigen Erörterungen hervorgeht, nicht die einzige Art der direkten Gegenwart; es ist auch noch eine andere möglich, ja sogar notwendig, denn ohne sie werden wir nicht imstande sein, dem Sinn der uns gegebenen Welt gerecht zu werden: die Gegenwart, die Anschauung der Wesen (›Wesensschau‹). Mehr noch, auch die Wahrnehmung dieses Hauses muß keineswegs seine vollkommene anschauliche Gegenwart sein, Anschauung ist nun eine relative Bestimmung; die Unterteilung der Bewußtseinsakte in »anschauliche« (erfüllte) und »unanschauliche« (leere) sowie in »individuelle« (einfache) und »allgemeine« (synthetische) überschneidet sich, deckt sich aber nicht. Man kann mithin sagen, daß erst jetzt, nachdem die Möglichkeit der Wesensschau gezeigt wurde (soweit wir dem oben Gesagten zustimmen würden), die Unterscheidungen, mit denen ich begann (Sinn und Akt, Sinn und Gegenstand) begründet werden *können;* erst jetzt *können* wir der dahintersteckenden Evidenz gerecht werden. Die Funktion der Argumente für die ›Wesensschau‹, die ich oben rekonstruiert habe, beruht nicht darauf, daß sie die ursprüngliche Intention gleichsam von außen begründet, sondern ihr Ziel ist vielmehr, im Sinne von Husserl, die Scheuklappen abzureißen, sehen zu lehren, die Vorurteile, die unser Sehen behindern, abzubauen (zum Beispiel, daß nur das Individuelle gegeben sein kann). Husserls Argumente sollen keine *für* eine bestimmte Art von Erfahrung sein; Argumente dieser Art sind seiner Meinung nach nie entscheidend. Das sind aber die Argumente *der Erfahrung selber:* das, was wir sehen, muß selber zu uns sprechen. »Der Anfang ist die reine und sozusagen noch stumme Erfahrung, die nun erst zur reinen Aussprache ihres eigenen Sinnes zu bringen ist.«[27] Die hier vorgebrachten Darlegungen sollten eben das ermöglichen.

---

[27] Husserl (1978), 77.

8. Welche Schlußfolgerungen ergeben sich daraus? Wie kann man Husserls Kritik am Psychologismus zusammenfassen?

Der Psychologismus war der Versuch, die Objektivität des Wissens, insbesondere der Logik, durch die Berufung auf die Tatsachen zu erklären: die Analyse der faktischen psychischen Prozesse sollte die Frage beantworten, warum unser Wissen überhaupt auf Gegenstände bezogen werden kann und worauf seine Begründung beruht.

Tatsachen finden jedoch hier und jetzt statt, sie tun es in Raum und Zeit. In diesem Sinne sind sie *reale* Gegenstände. So ist es auch mit den psychischen Erscheinungen und physiologischen Prozessen, die mit unserem Denken einhergehen. Hier und jetzt und nicht dort und dann; Tatsachen (reale Gegenstände) sind immer individuell, unwiederholbar. Wenn das aber der Fall ist, dann, meint Husserl, ist der Psychologismus eine absurde Ansicht. Nicht nur eine falsche — eine absurde. Er negiert nämlich das, was seine eigenen Behauptungen verständlich macht: ihre Unabhängigkeit von Raum und Zeit, also von der Situation, in der sie entstanden oder verkündet wurden. Behauptungen — wie die der Psychologisten — können nur dann akzeptiert oder abgelehnt werden, wenn sie einen Sinn haben, der in allen Fällen, wo diese Sätze ausgesprochen werden, derselbe bleibt, also nicht mit Zeit und Raum verbunden, kurz: ideal ist. Jede Begründung setzt die Idealität des Sinns voraus. Wenn man ihn auf reale Vorgänge zurückführt, führt man seinen eigenen Standpunkt ad absurdum.

Das bedeutet aber nicht, daß die Absurdität des Psychologismus einfach auf der Vermischung von Gegenstandsbereichen beruht, von Realität und Idealität, von Tatsache und Sinn, als wären das Speise- und Giftpilze. Bedeutungen sind, wie wir sahen, keine Gegenstände im üblichen Sinne, sie sind nur Gegebenheitsweisen der Gegenstände; das eine ist somit mit dem anderen untrennbar verbunden. Genau genommen gibt es »Tatsachen«, reine, absolute Tatsachen, wie bei den Psychologisten, nicht. Alle Gegenstände, auch die psychischen Prozesse, sind *in irgendeinem Sinne,* aus dieser und keiner anderen Perspektive, *als die* und keine anderen gegeben. Selbst die Individualität der Gegenstände, also die konstitutive Eigenschaft ihrer »Realität«, ist, wie wir sahen, nichts anderes als eine bestimmte Auffassungsweise, eine Art der Präsentation, mithin ein gewisser Sinn. Jede Feststellung einer Tatsache, jede Wahrnehmung von etwas, jede Beschreibung einer konkreten Situation, enthält in der Folge etwas, was in dieser Situation, in diesem hier und jetzt nicht aufgeht, darüber hinausführt, über diesen oder jenen Zeitpunkt oder -raum, über diesen und jenen Raum hinausgeht. (Aus diesem Grunde — weil eben individuelle, unwiederholbare Gegenstände uns mittels identischer Sinne gegeben sind — können wir uns überhaupt über sie verständigen.) Für Husserl sind also Sinn und bloße Feststellung realer Tatsachen nicht zusammengeknüpft wie zwei Stoffstücke. Die Erfahrung ist kein einfaches Registrieren von Fakten. Der Sinn ist ein untrennbares Merkmal der Erfahrung selber: er ist *Intention*, mithin Charakteristik einer jeden Erfahrung als solcher, keine äußerliche, bloß hinzugefügte Bestimmung. Die Unabhängigkeit des Sinnes von der Situation, in der er erscheint, ist keine Gegenwart von Wesen eines anderen Planeten. Genau so wie es keine reinen Tatsachen gibt, gibt es auch keinen Sinn unabhängig von Tatsachen. Der Sinn ist keine Konstruktion, er ist mit der Erfahrung gegeben, daher ist die Kritik am Psychologismus erst dann vollständig, wenn man die Erfahrung zeigt, in dem die Sinne als solche *gegeben* sind.

Den spezifischen Charakter des Sinnes, seine Unabhängigkeit von der konkreten, faktischen Situation einerseits und sein untrennbarer Zusammenhang mit dieser Situation andererseits, kann man nach Husserl durch die Auffassung des Sinnes als Wesen eines sinnverleihenden Aktes aufklären. Die Idealität der Bedeutung ist die Idealität der Gattung: des in specie erfaßten Akts. Der Höhepunkt der Polemik mit dem Psychologismus ist daher die Theorie der Wesensschau: ein Versuch, die spezifische ungegenständliche *Erfahrung* aufzuzeigen, in der das Allgemeine gegeben ist.

Man kann also sagen, daß Husserls Auseinandersetzung mit dem Psychologismus im Grunde einen doppelten Adressaten hat: sowohl den Psychologismus (den Versuch der Zurückführung des Sinnes auf die Tatsachen) als auch den Logizismus (den Versuch, den Sinn als eine von der Empirie völlig unabhängige Struktur aufzufassen). Diese Auseinandersetzung ist — mit anderen Worten — eine Kritik der Ansicht, daß man die Erfahrung durch Berufung auf äußere Umstände vollständig *erklären* kann. In Wirklichkeit soll man sie *»aufklären«*, das heißt ohne Berufung auf äußere Instanzen ihren eigenen Sinn *sichtbar machen*. Eine solche »Aufklärung« ist natürlich keine Antwort auf die Frage nach der Begründung konkreter Erfahrungen; sie antwortet vielmehr auf die Frage: Was heißt überhaupt Begründung? Erst durch diese Aufklärung der Erfahrung verlieren übrigens die Begründungen, mit denen wir in der Wissenschaft operieren, ihren relativen Charakter (erst damit werden sie also zu Begründungen schlechthin). In diesem Sinne ist die Phänomenologie nach Husserl ein Versuch, die Fundamente unseres Wissens an den Tag zu bringen, in diesem Sinne ist sie »erste Philosophie«.

Die Philosophie (Phänomenologie) macht also der Wissenschaft keine Konkurrenz. Aber diese macht auch der Philosophie keine Konkurrenz, denn mit Hilfe von deduktiven oder kausalen Erklärungen findet man keine Antwort auf das Wesen des Wissens und der Wissenschaft. Der Unterschied zwischen Philosophie und Wissenschaft ist nach Husserl nicht wegzudiskutieren (den Psychologismus kann man auch als die Unfähigkeit definieren, diesen Unterschied zu sehen). Aber wenn die phänomenologische »Aufklärung« keine Beschreibung eines besonderen Gegenstandsbereichs ist, wenn sie der Versuch der Beschreibung der gleichen *Erfahrung* ist, die die ›Erklärungen‹ zum Gegenstand haben, läßt sich dieser Unterschied nur noch schwer fassen. Man kann ihn sich nicht klarmachen, indem man etwa auf bisher nicht beachtete Gegenstände oder Eigenschaften hinweist.

Wann wird aber der Sinn der Erfahrung wirklich sichtbar? Wie wir sahen, wird Sinnhaftigkeit in den »Logischen Untersuchungen« in Hinsicht auf den Gegenstandsbezug bestimmt (Erlebnisse oder Aussagen haben dann und nur dann einen selbständigen Sinn, wenn sie einen Gegenstand vorstellen). Und jeder Bezug zu einem Gegenstand wird erfüllt, realisiert, wenn der Gegenstand vollkommen gegenwärtig ist. Die »Aufklärung« des Sinnes wird hier von einem teleologischen Gesichtspunkt vorgenommen, dessen Ziel die völlige Gegenwart des Gegenstandes ist. Auf diese »zielen« im Grunde alle »leeren« Intentionen ab (die Frage, ob dieser teleologische Gesichtspunkt imstande ist,

alle zentralen Ideen der »Logischen Untersuchungen« ohne
Schwierigkeiten in sich aufzunehmen, soll hier unbeantwortet
bleiben).

Alles, was die Fülle der Gegenwart einschränkt, beispielsweise
die Sprache oder die Verständigung mit einem anderen Menschen (wir erinnern an die Folgen der Identifizierung von Sinn
und Bedeutung) oder die Zeit (erinnern wir wiederum an die
Verwerfung aller genetischen Analyse als bloß »erklärender«),
entfernt uns von diesem Ziel. Unsere Worte, unsere Gesten sind
nur soweit sinnvoll, wie sie uns etwas vor Augen führen, wie ihre
Intention uns dorthin führt, wo wir ihrer nicht mehr bedürfen:
in die Situation, in der der Gegenstand selbst *sichtbar* wird (und
wiederum lassen wir vorläufig die sich aufdrängende Frage unbeantwortet, ob der Begriff des Sehens [Anschauung], welcher
mit der teleologischen Auffassung des ›Sinnes‹ im Zusammenhang steht, mit der Modifikation des Begriffs »Sehen« in der
Theorie der Wesensschau vereinbar ist).

Weiter oben erklärte ich, daß der Nerv der Argumentation von
Husserl der leidenschaftliche Aufruf ist, zu den Sachen selbst
zurückzukehren. Die teleologische Fassung des »Sehens«
scheint eine Vision zu verraten, die mit diesem Aufruf in Verbindung steht: die Vision einer durch nichts beschränkten reinen
Weltsicht, einer Sicht, die keine Geheimnisse kennt, die keine
Worte braucht, denn die Worte vernebeln sie, bringen Elemente
der Mehrdeutigkeit, die Möglichkeit des Irrtums, einen Schatten
hinein. Es ist eine Sicht, die keine *Zeit* kennt, denn auch die Zeit
verhindert die Fülle der Gegenwart, führt eine Nicht-Gegen-
wart, die Endlichkeit, den Tod, ein. Lassen Sie mich diese Vision mit den Worten des englischen Dichters Thomas Traherne
aus dem 17. Jahrhundert beschwören. Ich glaube nämlich, daß
diese Vision schon lange in der europäischen Philosophie und
Dichtung existiert und daß Husserl dieser Tradition aufs tiefste
verbunden ist, auch wenn er die traditionellen Anschauungen einer ›erbarmungslosen und strengen Kritik‹ unterzieht:
»Sure Man was born to Meditat on Things,
And to Contemplat the Eternal Springs
of God and Nature, Glory, Bliss and Pleasure;
That Life and Love might be his Heavanly Treasure:
And therefore Speechless made at first, that he

365

Might in himself profoundly Busied be:
And not vent out, before he hath t'ane in
Those Antidots that guard his Sould from Sin.
Wise Nature made him Deaf too, that he might
Not be disturbd, while he doth take Delight
in inward Things, nor be depravd with Tongues,
Nor Injurd by the Errors and The Wrongs
That *Mortal Words* convey ...
This, my Dear friends, this was my Blessed Case;
For nothing spoke to me but fair Face
Of Heav'n and Earth, before my self could speak,
I then my Bliss did, when, my Silence, break.
My Non-Intelligence of Human Words
Ten thousand Pleasures unto me affords;
...
Then did I dwell within a World of Light,
Distinct and Seperat from all Mens Sight,
Where I did feel strange Thoughts, and such Things see
That were, or seemd, only reveald to Me.
There I saw all the World Enjoyd by one;
There I was in the World alone;
No Buisness Serious seemd but one; No Work
But one was found; and that did in me lurk.
D'ye ask me What? It was with Cleerer Eys
To see all Creatures full of Deities;
Especially Ones self: And to Admire
The Satisfaction of all True Desire:
Twas to be Pleasd with all that God hath done;
Twas to Enjoy *even All* beneath the Sun:
Twas with a Steddy and immediat Sence
To feel and measure all the Excellence
of Things: Twas to inherit Endless Treasure,
And to be filld with Everlasting Pleasure:
To reign in Silence, and to Sing alone
To see, love, Covet, hav, Enjoy and Prais, in one:
To Prize and to be ravishd: to be true,
Sincere and Single in a Blessed View
To Prize and Prais. Thus was I pent within
A Fort, Impregnable to any Sin:

Till the Avenues being Open laid,
Whole Legions Entered, and the Forts Betrayd.
Before which time a Pulpit in my Mind,
A Temple, and a Teacher I did find,
With a large Text to comment on. No Ear,
But Eys them selvs were all the Hearers there.
And evry Stone, and evry Star a Tongue,
and evry Gale of Wind a Curious Song.
The Heavens were an Oracle, and spake
Divinity: The Earth did undertake
The office of a Priest; And I being Dum
(Nothing besides was dum;) All things did com
With Voices and Instructions; but when I
had gaind a Tongue, their Power began to die.
...«

Wo ist eine solche Erfahrung zu finden? Gewiß nicht im Alltag.
Unsere Alltagserfahrung ist schließlich mit dem Wort und der
Zeit verknüpft, unvermeidlich, wie es scheint. Weniger metaphorisch ausgedrückt: die Bedeutungen, mit denen wir es im allgemeinen zu tun haben, sind in einen Kontext eingebettet, sind immer bis zu einem gewissen Grad okkasionell[28]. Aber kann man
ohne eine solche »reine« Erfahrung auskommen? Stellt sie nicht
als wirkliche, faktisch eintretende Erfahrung und nicht nur als
ein ins Unendliche verschobenes Ideal die Grundlagen der bisherigen Husserlschen Argumentation als einer Ganzheit dar, die
Grundlagen, ohne die die Argumentation in der Luft hängt? Wie
wäre die Abtrennung des Sinnes (in der Auffassung Husserls)
von dem möglich, was er nicht ist, wie die Enthüllung der Bedeutung aus der sie gewöhnlich umgebenden Hülle der Sprache,
wie ihre Herauslösung aus dem mit ihr verwachsenen Kontext
der zwischenmenschlichen Kommunikation? Husserl will
schließlich, um es noch einmal zu wiederholen, keine andere
Entscheidungsinstanz zulassen als das Zeugnis der Erfahrung
selber.
Die Lehre vom Sehen, die uns Husserl liefern will, ist also nicht
abgeschlossen. Ebensowenig gegen den Psychologismus. Um sie

---

[28] Husserl (1968), Bd. 2, 828.

zu beenden, muß man eine Erfahrung finden, in der der Gegenstand gänzlich in Erscheinung träte, in der er nicht nur einfach *gegeben*, sondern auch *adäquat gegeben* wäre. Der Streit mit dem Psychologismus führt folglich zu der Suche nach einer adäquaten Evidenz (das Ergebnis einer solchen Suche kann sich übrigens als überraschend erweisen: es kann geschehen, daß sich während der Suche ihr Sinn verändert, daß wir beim Sehenlernen nicht so sehr immer besser sehen werden, als vielmehr lernen, was sehen wirklich heißt).

9. Läßt sich aber »der Sinn« überhaupt als das »Wesen des Akts« erfassen? Ist das Verhältnis des Sinnes zu den einzelnen sinnvollen Erlebnissen tatsächlich ein Verhältnis von Gattung und Einzelfall? »Die Irrealität der Verstandesgegenständlichkeiten«, schreibt Husserl später, »darf nicht mit der Gattungsallgemeinheit verwechselt werden. Da nämlich beliebig viele aussagende Akte, und gleichgültig welche aussagenden Subjekte, diesen einen und selben Satz aussagen, ihn als identisch denselben Sinn haben können, ist die Versuchung groß, zu meinen, daß der Satz den mannigfaltigen Akten, deren Sinn er ist, als Gattungsallgemeines so zugehöre; wie etwa vielen roten Dingen zugehört das Gattungswesen Röte. So wie diese alle das Rot gemein haben und das durch ideirende Abstraktion erfaßte Rot ein allgemeines Wesen ist, so sei der idealidentische Satz, der ja in der Tat den vielen Akten gemeinsam ist, ein allgemeines Wesen, und das heißt doch, ein Gattungswesen.

Dagegen ist zu sagen: gewiß ist der Satz insofern allgemein, als er auf eine unendliche Zahl setzender Akte hinweist, in denen er eben vermeint ist; aber er ist nicht allgemein im Sinne der Gattungsallgemeinheit ... er ist also nicht allgemein in der Art der Wesen, die den sogenannten Allgemeinbegriffen entsprechen, wie Farbe, Ton und dergleichen. Wenn das gattungsallgemeine Wesen, zum Beispiel das Eidos Farbe, sich in den vielen farbigen Gegenständen vereinzelt, so hat jeder dieser Gegenstände *sein* individuelles Moment der Färbung, wir haben viele individuelle Farbmomente und ihnen gegenüber das eine Eidos Farbe als Gattungsallgemeines ... Ganz anders, wo es gilt, den Sinn einer Aussage herauszufassen und zum Gegenstand zu machen ... Jedes Urteil für sich meint den Satz: *den* Satz und dieser gemeinte ist von vornherein der irreale. Zwei Akte des Urteilens, die denselben Satz meinen, meinen *identisch dasselbe* und nicht meint jeder einmal für sich einen individuellen Satz, der als Moment in ihm enthalten wäre, und jeder nur einen *gleichen,* so daß der eine irreale Satz 2 < 3 nur das Gattungsallgemeine all solcher Vereinzelungen wäre. Jeder Akt in sich meint denselben Satz. Das Meinen ist individuelles Moment jedes Setzens, aber das Gemeinte ist nicht individuell und nicht mehr zu vereinzeln. Jeder Akt hat in seinen reellen Eigenheiten wohl seine individuelle Weise, *wie* er den Satz bewußt hat, zum Beispiel der eine in mehr klarer, der andere in mehr dunkler Weise ... Aber der Satz selbst ist für alle diese Akte und diese Aktmodalitäten *Identisches als Korrelat einer Modifikation* und nicht *Allgemeines als Korrelat einer vergleichenden Deckung.* Der identische Sinn vereinzelt sich nicht individuell, das Gattungsallgemeine hat in der Deckung unter sich Einzelnes, der Sinn aber hat nicht Einzelnes unter sich.«[29]

In der Tat, die Auslegung des Sinnes als Wesen des Aktes läßt sich nicht aufrechterhalten. Das Wesen des konkreten Urteilsaktes ist ein solcher in specie, doch in keinem Fall ein Urteil, das, *was* man urteilt. Das allgemeine Wesen des Aktes ist nicht sein Inhalt. Die Individuen, die dem Wesen des Aktes entsprechen, sind konkrete Akte und keine »individuellen Sinne«, denn der Sinn, der in jedem Akt in Erscheinung tritt, ist immer ein und derselbe, er unterliegt also keiner Individualisierung. Im gewissen Sinne wiederholt Husserl in den »Logischen Untersuchungen« den Fehler der Psychologisten, die er bekämpft: er vermischt den Akt mit seinem Inhalt (obwohl es sich bei Husserl um den Akt in specie und nicht um den konkreten Akt handelt wie bei den Psychologisten).

Die Irrealität des Sinnes, seine unzweifelhafte Unabhängigkeit vom konkreten Kontext, in dem er erscheint, kann man mithin nicht mit Hilfe der Begriffe »Wesen« und »Individuum« verständlich machen. Gewiß, die Auffassung des Sinnes als der Wesen eines Aktes rettet vor dem Psychologismus — insofern der Psychologismus den Sinn auf die Tatsachen zu reduzieren versucht (Wesen ist keine Tatsache). Ähnlich aber wie der Psychologismus subjektiviert diese Auffassung den Sinn — und

---

[29] Husserl (1972), 315f.

wird in der Folge seinem eigentümlichen Charakter nicht gerecht, der ihn weder als subjektiv noch als objektiv verstehen läßt. Die traditionellen Begriffe des Wesens und des Einzelfalls eignen sich also nicht, die grundlegende Intention Husserls zu erfassen, eine Intention, um die es vor allem bei der »Eröffnung« gegen den Psychologismus ging: die Aussonderung der Sphäre des Sinns. Man müßte also diese »Eröffnung« noch einmal von vorn beginnen.

Literaturverzeichnis

Atkins, J. E., Husserl on signification and object, in: J. N. Mohanty (Hrsg.), Readings on Edmund Husserl's Logical Investigations, Den Haag 1978.

Biemel, W., Die entscheidenden Phasen der Entwicklung von Husserls Philosophie, in: Zeitschrift für philosophische Forschung, 13, 1959.

Boer, Th. de, Das Verhältnis zwischen dem ersten und dem zweiten Teil der Logischen Untersuchungen Edmund Husserls, in: Filosofia, 4, 1967.

Derrida, J., La voix et le phénomène, Paris 1967, deutsche Übersetzung: Die Stimme und das Phänomen, Frankfurt 1979.

—, L'écriture et la différence, Paris 1967, deutsche Übersetzung: Die Schrift und die Differenz, Frankfurt 1972.

Fein, H., Genesis und Geltung in E. Husserls Phänomenologie, Frankfurt 1970.

Grünewald, B., Der phänomenologische Ursprung des Logischen, Kastellaun 1977.

. *Heidegger, M.,* Logik. Die Frage nach der Wahrheit, Frankfurt 1976.

Husserl, E., Logische Untersuchungen, Bd. 1, 2, 3, [5]Tübingen 1968.

—, Phänomenologische Psychologie (Husserliana, Bd. 9), Den Haag 1968.

—, Erfahrung und Urteil (Philosophische Bibliothek), Hamburg 1972.

—, Formale und Transzendentale Logik (Husserliana, Bd. 17), Den Haag 1973.

—, Logische Untersuchungen, Bd. 1 (Husserliana, Bd. 18), Den Haag 1975.

—, Ideen zu einer reinen Phänomenologie und phänomenologischen Philosophie, Erstes Buch (Husserliana, Bd. 3), Den Haag 1976.

—, Cartesianische Meditationen (Philosophische Bibliothek), Hamburg 1978.

Kern, I., Husserl und Kant, in: Phänomenologica, Den Haag 1964.

370

Merleau-Ponty, M., Phénomènologie de la perception, Paris 1945, deutsche Übersetzung: Phänomenologie der Wahrnehmung, Berlin 1969.

—, Vorlesungen I, Berlin 1973.

Mohanty, J. N., Husserl's theory of meaning, in: Phänomenologica, Den Haag 1964.

—, Husserl and Frege, A new look of their relationship, in: J. N. Mohanty (Hrsg.), Readings on Edmund Husserl's Logical Investigations, Den Haag 1978.

—, Husserl's thesis of the ideality of meaning, in: ders., ebda.

Ritter, J., Historisches Wörterbuch der Philosophie.

Schuhmann, K., Husserl-Chronik, Den Haag 1977.

Thyssen, J., Husserls Lehre von den »Bedeutungen« und das Begriffsproblem, in: Zeitschrift für philosophische Forschung, 13, 1959.

Tugendhat, E., Wahrheitsbegriff bei Husserl und Heidegger, Berlin 1969.

—, Vorlesungen zur Einführung in die analytische Philosophie, Frankfurt 1978.

Waldenfels, B., Abgeschlossene Wesenserkenntnis und offene Erfahrung, in: Münchener Phänomenologie, Phänomenologica, Den Haag 1965.

—, Intentionalität und Kausalität, in: A. Metraux/C. F. Graumann (Hrsg.), Versuche über Erfahrung, Bern/Stuttgart/Wien: Huber, 1975.

—, Die Abgründigkeit des Sinnes. Kritik an Husserls Idee der Grundlegung, in: E. Ströker (Hrsg.), Lebenswelt und Wissenschaft in der Philosophie Husserls, Frankfurt 1979.

Willard, D., The paradox of political psychologism: Husserl's way out, in: J. N. Mohanty (Hrsg.), Readings on Edmund Husserl's Logical Investigations, Den Haag 1978.

Enno Rudolph

ZEIT UND WIDERSPRUCH

Eine Problemskizze im Blick auf Heidegger und Aristoteles

In der neueren Philosophie ist es bekanntlich Martin Heidegger gewesen, der im Rahmen seines Entwurfes einer fundamentalen Neubesinnung auf die Frage nach dem »Sinn von Sein« auch zu einer originären Theorie der Zeitlichkeit angesetzt hat. Die Summe dieser Theorie findet sich in Heideggers Hauptwerk »Sein und Zeit«, obschon vielfältige und ausführliche Erläuterungen sowohl in späteren Schriften (wie etwa in »Kant und das Problem der Metaphysik«) beziehungsweise in jetzt erscheinenden Vorlesungen zu finden sind. Allenthalben zeigt sich in Heideggers Überlegungen zur Frage von Zeit und Zeitlichkeit, daß sie ohne Hinblick auf das, was er die »Seinsfrage« nennt, nicht zu stellen geschweige denn zu beantworten ist. Diese Feststellung gilt ebenso auch im umgekehrten Sinne. Ohne die Entfaltung seiner Theorie der Zeitlichkeit ist der Sinn der Frage nach dem »Sinn von Sein« nicht adäquat zur Darstellung zu bringen. Hinzu kommt, daß Heidegger sich mit nahezu jedem Gedanken in einem kritischen Dialog mit der ontologischen und zeitphilosophischen Tradition befindet, eine Situation, die jeden Interpreten der Philosophie Heideggers nötigt, die jeweils angesprochenen relevanten traditionellen Positionen zu Wort kommen zu lassen. Der Aristotelischen Ontologie der Zeitphilosophie kommt dabei eine herausragende Bedeutung zu. Aristoteles hat nach Heideggers Überzeugung »das Problem des Seins auf eine grundsätzlich neue Basis gestellt«[1], eine Leistung, die durch die neuzeitliche Entwicklung der Philosophiegeschichte, vor allem aber durch Hegels Logik verschüttet wurde. Schon insofern ist Heideggers Kritik an der Neuzeit immer zugleich als ein Stück Aristoteles-Renaissance zu verstehen.

---

[1] Heidegger (1963), 3.

I.

Bereits der erste Abschnitt von »Sein und Zeit« ist — recht besehen — eine »Wiederholung«: Wiederholt wird explizit und programmatisch die Seinsfrage. Der erste Paragraph erläutert, daß »Wiederholung der Seinsfrage« nicht primär bedeute, eine Wiederaufnahme der Leitfrage klassischer Ontologie zu leisten, sondern vor allem die Fragestellung selbst zureichend auszuarbeiten. Der nach Heideggers eigener Charakteristik traditionell als allgemeinster Begriff bezeichnete Terminus »Sein« ist nicht nur als solcher zugleich der dunkelste, sondern seine Undefinierbarkeit provoziere erst gerade die Frage nach seinem Sinn. Dazu, so wird im folgenden entwickelt, bedürfe es der rechten Zugangsart, das heißt der rechten Auswahl des exemplarisch Seienden, das es zu be-fragen gälte. Heideggers Wahl fällt auf dasjenige Seiende, das — nahezu evidentermaßen — allem anderen Seienden gegenüber eine ausgezeichnete Stellung hat, weil sein Verhalten zum erfragten Sinn von Sein selbst ein Seinsmodus ist. Dieses Seiende, das wir je selbst sind, ist nicht nur wie ein Stein einfach vorhanden, sondern es *ist* fragend, es *ist* sich verhaltend zum Sein, um das es ihm geht: zu seinem Sein. Dieses erwählte Seiende nennt Heidegger »Dasein«, das »Dasein«, dessen Sein ein Verhältnis zum Sein ist. Heidegger hat damit au fond eine ontologische Blickrichtung auf diejenige Seinsweise gewonnen, die in der neuzeitlichen Bewußtseinsphilosophie allenthalben unausgesprochen, verdrängt oder vergessen vorausgesetzt ist, wenn die reflexive Struktur des Selbstbewußtseins als ein Verhältnis, das sich zu sich selbst verhält, erläutert wird.

In Konsequenz der Auswahl des Daseins als ausgezeichnetem Seienden erinnert Heidegger zu Beginn der Zeitlichkeitsanalyse des zweiten Abschnittes von »Sein und Zeit« an den ersten Abschnitt, indem er folgert: »Zum Sein des Daseins gehört Selbstauslegung.«[2] Diese Zuordnung gilt es im Sinn zu haben, wenn im folgenden der Begriff des Daseins fortwährend als jenes Seiende verwendet wird, das die Methode der Selbstauslegung als einzig adäquate Ausbildungsart der Frage nach dem Sinn von Sein veranschlagen muß. Dem Dasein geht es um sein Sein. Das

---

[2] Heidegger (1963), 312.

heißt genauer gefaßt, »das Dasein verwendet sich primär je für sich selbst«[3]. Vorzustellen ist dieser als Selbstverwendung beschriebene Selbstbezug als Bezugnahme auf sich als Potentialität. Dem Dasein geht es primär um sein eigenstes »Seinkönnen«. Sein Sein kann nur Seinsvollzug sein als selbstbezügliche Existenz. Die Dynamik dieses Vollzugs ist in dem »je« der zitierten Formulierung bereits enthalten, welche auf die Notwendigkeit verweist, die primäre Struktur des »um-zu« als zeitliche Struktur des Daseins zu analysieren. (Wir müssen es hier unterlassen zu rekapitulieren, inwieweit Heidegger diese Analyse durch die Einführung des Begriffs der Sorge, dessen Sinn ohnehin erst nach der Einsicht in die Zeitlichkeit des Daseins klar werden kann, vorbereitet hat.) Dazu ist es notwendig, Heideggers Kritik am Ansatz der zeitphilosophischen Tradition genauer zu beleuchten. Mit dem Terminus des »vulgären Zeitverständnisses« faßt Heidegger mehr oder weniger die gesamte Tradition der Zeitphilosophie — vor allem aber diejenige des Aristoteles, Augustin und Hegel — zusammen. Die Kantische Zeittheorie nimmt in diesem Zusammenhang eine Sonderstellung ein, die mit Kants Lehre von der Zeit als reiner Anschauungsform einerseits und der Endlichkeit als Wesensbestimmung des anschauenden Subjekts andererseits zusammenhängt. Grundlegend für das »vulgäre Zeitverständnis« ist nach Heidegger die aristotelische Zeittheorie. Dabei ist daran zu erinnern, daß Heideggers Intention nicht primär auf eine Destruktion dieses Zeitverständnisses gerichtet ist, sondern vielmehr intendiert, dem vulgären Zeitbegriff sein »eigenständiges Recht« zurückzugeben. Dazu will er zeigen, wie dieser Zeitbegriff aus dem, was er »ursprüngliche Zeitlichkeit« nennt, selbst entspringt. Die Konstituentia des vulgären Zeitbegriffs lassen sich wie folgt zusammenfassen: 1. die Zeit wird als unendliche Erstreckung gedacht und 2. die Zeit manifestiert sich in einem jeweiligen »Jetzt«, das als janusköpfiger Transitpunkt von Vergangenheit zur Zukunft fungiert, selbst aber kein Teil der Zeit ist. Dieser Strukturbeschreibung genügt auch ein Zeitverständnis, das nach Augustinischem oder Kierkegaardschem Vorbild eine Kluft zwischen dem zeitlich Seienden und dem überzeitlich Ewigen zum

---

[3] Heidegger, a. a. O., 312.

Ansatz der Zeitanalyse macht. Hier fungiert die Zeit als Kriterium der Unterscheidung von Seinsregionen, ohne daß eine hinreichende ontologische Rechtfertigung für diese Funktion geleistet wäre. Seinsregionen wären entweder Ewigkeit und Zeitlichkeit auf der einen oder aber vergangenes Seiendes und zukünftiges Seiendes auf der anderen Seite. Heidegger resümiert kritisch:»Wie die Zeit zu dieser ausgezeichneten ontologischen Funktion kommt und gar mit welchem Recht gerade so etwas wie Zeit als solches Kriterium fungiert und vollends, ob in dieser naiv ontologischen Verwendung der Zeit ihre eigentliche mögliche ontologische Relevanz zum Ausdruck kommt, ist bislang weder gefragt, noch untersucht worden.«[4]

Die beiden genannten Charakteristika des vulgären Zeitverständnisses, die Jetzt-Manifestation und die unendliche Erstrecktheit, indizieren ein Verhältnis zur Zeit wie zu einem Vorhandenen, das innerweltlich begegnet, ohne daß eine Vorklärung über die Seinsweise dieses Begegnens selbst stattgefunden hätte.»Diese Zeitthese wird nur möglich aufgrund der Orientierung an einem frei-schwebenden An-sich eines vorhandenen Jetzt-Ablaufs.«[5] Heidegger bezieht sich damit auf die aristotelische Zeitabhandlung im vierten Buch der Physik zurück, von deren Zeitdefinition er behauptet, daß alle nachkommende Erörterung des Zeitbegriffes grundsätzlich von ihr abhängig sei. In der aristotelischen Bewegungslehre, die eo ipso als »Ontologie der Natur« entworfen ist, fungiert Zeit als »Maßzahl der Bewegung«. Dies so, daß als Zeit die »Jetzt« (νῦν) in ihrer kontinuierlichen Folge gezählt werden, und ein Zeitabschnitt durch jeweils ein anfängliches und ein endliches Jetzt begrenzt wird. Die Zeit erscheint als das im jeweiligen Jetzt »Vorhandene«, das als momentane Gegenwart auf ein Nicht-mehr-Jetzt zurück und ein Noch-nicht-Jetzt vorausweist. Dieser integrative Verweisungszusammenhang ist für das νῦν strukturell konstitutiv, weil ohne ihn die Kontinuität von Bewegung, die kontinuierliche Prozessualität von Wachstum, von Ortsveränderung, von Entstehen oder Vergehen wie auch vom Zustandswechsel nicht gewährleistet ist. Darauf, daß Aristoteles die Zeit in der gezählten Jetzt-

---

[4] Heidegger, a.a.O., 18.
[5] Heidegger, a.a.O., 424.

folge nicht schlechthin aufgehen läßt, wird später noch zurückzukommen sein. Zunächst genügt es, darauf hinzuweisen, daß
Aristoteles den Menschen als das Lebewesen auszeichnet, das
den Zeitsinn hat, daß also die Seele das zählende Vermögen ist
und der Mensch so sich in der Lage befindet, Zukunft zu antizipieren. (Gadamer spricht in seinem Aufsatz über »Die leere und
erfüllte Zeit«[6] von der aristotelischen Zeit als etwas, über das
man disponiert wie über eine leere verfügbare Gegebenheit.)
Als Symbol für die Jetztzeit ist uns die Uhr vertraut, deren Zeit
entsprechend der aristotelischen Zeitabhandlung ein jeweiliges
»Jetzt« nur so fixieren läßt, daß das Fixierte im Moment des Fi-
xierens nicht mehr ist, zwar Übergang, Grenze, aber nicht selbst
ein Teil, der doch wiederum aus Teilen bestehen müßte. Hegels
berühmte Darstellung des Jetzt-Phänomens in der »Phänomenologie des Geistes«[7] beschreibt treffend das Gemeinte: »Es wird
das Jetzt gezeigt, dieses Jetzt, Jetzt: es hat schon aufgehört zu
sein, indem es gezeigt wird; das Jetzt das *ist*, ist ein anderes als
das gezeigte, und wir sehen, daß das Jetzt eben dieses ist: indem
es ist schon nicht mehr zu sein.« Für Hegel folgt daraus, daß das
Jetzt nicht die Wahrheit des Seins hat, eine Konsequenz, die der
Heideggerschen Kritik an der Zeitauffassung als Jetztfolge nur
scheinbar nahekommt. Heidegger hat der Kritik des Hegelschen
Zeitbegriffs einen eigenen Paragraphen in »Sein und Zeit« gewidmet[8]. Dieser Paragraph gehört mit zu den aufschlußreich-
sten Abhandlungen der Hegelkritik Heideggers und sollte mit
Heideggers späterer Exegese von Hegels Einleitung zur »Phänomenologie des Geistes« grundsätzlich zusammengesehen werden. Für Heidegger hat Hegel die vulgäre Zeiterfahrung und
Zeitauslegung auf »die radikalste Formel« gebracht[9]. Die Zeit
als der Übergang vom Jetzt-noch-nicht zum Jetzt-nicht-mehr bedeutet Übergang vom Nichts zum Sein, vom Sein zum Nichts[10].

---

[6] Gadamer (1972), 224.
[7] Hegel (1952), 85.
[8] Im § 82 stützt sich Heidegger auf die »Enzyklopädie der philosophischen Wissenschaften im Grundrisse« von 1830 und stellt die These auf,
daß die dort entfaltete These über die Zeit derjenigen in der frühen »Je-
nenser Logik« von 1804/5 Hegels voll entspreche.
[9] Heidegger (1963), 431.
[10] Hegel (1923), 66 ff.

Zeit nach Hegel ist in ihrem Wesen das »angeschaute Werden«, der Übergang, der nicht gedacht wird, sondern sich in der Jetztfolge unmittelbar darbietet. Das Ungenügen dieser bloß äußerlichen, transitorischen Anwesenheit von Zeit wird bei Hegel nicht aufgehoben vom Standpunkt einer radikal gedachten Zeitlichkeit des Seins, sondern von der These aus, daß wahrhafte Gegenwart (im Sinne des traditionellen »nunc stans«) die Ewigkeit sein müsse, da offenbar nur der Gegenwart Sein im Unterschied zum Nichts der Vergangenheit und Zukunft zukommen kann. Dies zu entdecken aber ist die Leistung der Anstrengung des Begriffs. Der Begriff selbst repräsentiert die Einheit von Sein und Wesen der Zeit, mithin von Werden und reiner Gegenwart. Er tilgt die Zeit als gegenwartslose Jetztfolge und bemächtigt sich der Zeit als wahrem Jetzt in Gestalt der absoluten Gegenwart. Die Zeit als Äußeres, als Äußeres des Geistes, als sich darbietende Jetztfolge, als angeschautes Werden, wird zur Aufhebung gebracht in der Zeitlosigkeit des zu sich selbst kommenden Geistes. Der Geist begreift die Ewigkeit als absolutes Wesen der Zeit. Das Wesen des Geistes und das Wesen der Zeit erweisen sich als identisch.

Ehe Heideggers Kritik an dieser Auffassung und damit seine originäre Freilegung der Zeitlichkeit des Seins als Alternative zur Hegelschen Darstellung wie auch als Kritik des vulgären Zeitbegriffs schlechthin weiter verfolgt wird, ist noch die zweite Charakteristik des vulgären Zeitverständnisses genauer zu beachten: die Unendlichkeit. Die Auffassung von der Zeit als Fluß der Jetztfolge inkludiert die These, daß die Jetzt-Zeit »nach beiden Seiten«, zur Vergangenheit und zur Zukunft hin endlos sei. »Denkt man in der Blickrichtung auf Vorhandensein und Nichtvorhandensein die Jetztfolge ›zu Ende‹, dann läßt sich nie ein Ende finden.«[11] »Bei dem Jetzt, wo immer ich auch halten will, stehe ich in einem Noch-nicht beziehungsweise Nicht-mehr. Jedes Jetzt, bei dem ich rein gedanklich ein Ende setzen wollte, wäre als Jetzt mißverstanden, wenn ich es nach der Vergangenheit beziehungsweise nach der Zukunft hin beschneiden wollte, weil es über sich hinausweist. Aus dem so verstandenen Wesen

---

[11] Heidegger (1963), 424.

der Zeit ergibt sich, daß sie als endlose Folge der Jetzt gedacht werden muß.«[12]

Heideggers Kritik an der »vulgären Zeitauffassung« will, wie bereits angemerkt, zugleich deren Genese erklären. Seine Diagnose, nach der diese Auffassung eine Verstellung des Wesens der Zeit darstellt, wird begründet mit dem Aufweis, daß sie durch ein Vergessen zustandegekommen ist. Was ist aber das Wesen der Zeit, das in der »vulgären Zeitauffassung« verstellt wird? Heideggers Antwort lautet: die ursprüngliche Zeitlichkeit des Daseins. Die Erklärung ihres Sinnes geschieht als Entdeckung ihrer Ursprünglichkeit und soll zugleich die Abkünftigkeit und Defizienz des vulgären Zeitbegriffs erweisen. »Zeitlichkeit« nennt Heidegger ein Phänomen, das er selbst aus dem Zusammenbinden zweier anderer Phänomene, nämlich dem als vorlaufendes Sein zum Tode bestimmten Dasein zum einen und seiner Entschlossenheit zum anderen gewinnt. Entschlossenheit heißt die Verhaltung des Daseins, in der es sich freihält, sich von sich selbst rufen läßt zu dem, worum es ihm als ausgezeichnetem Seienden geht: nämlich, wie beschrieben, zu seinem Seinkönnen. Entschlossenheit ist der Akt ursprünglicher Selbstannahme, will sagen Übernahme seiner selbst als Entwurf. Nicht ›ich‹ bin, sondern ›ich‹ entwerfe mich oder genauer, ›ich‹ bin immer entwerfend, was ›ich‹ bin.

Präzise bestimmt Heidegger einmal das Gemeinte so: »Es wäre ein völliges Mißverstehen des Phänomens der Entschlossenheit, wollte man meinen, es sei lediglich ein aufnehmendes Zugreifen gegenüber vorgelegten und anempfohlenen Möglichkeiten. Der Entschluß ist gerade erst das erschließende Entwerfen und Bestimmen der jeweiligen faktischen Möglichkeiten.«[13] In der Entschlossenheit des Daseins ist mithin noch keine Sicherheit gegeben über die Möglichkeiten, die das Dasein ergreifen kann und will, sondern sicher ist dem Dasein nur der Entschluß als solcher. Unbestimmt bleibt das Wofür. In diesem ursprünglichen Sinne ist Entschlossenheit die Bedingung der Möglichkeit des Ergreifens bestimmter Möglichkeiten seiner selbst. »Existentiell« ist die Entschlossenheit unbestimmt; »existential« ist sie be-

---

[12] Heidegger (1975), 386.
[13] Heidegger (1963), 298.

stimmt. Mit dieser Unterscheidung wird zugleich an einem repräsentativen Beispiel der Sinn der Unterscheidung von »existentiell« und »existential« deutlicher, als es anhand ihrer bloß formalen Definition geschehen könnte. Wenn Heidegger »Existentialität« diejenige Seinsverfassung des Seienden nennt, das existiert, und Existenz das Sein, zu dem das Dasein sich je verhält, als das, worum es ihm geht, so heißt dies auf das Phänomen der Entschlossenheit bezogen folgendes: In der Entschlossenheit ist das Dasein durch sich selbst aufgerufen, disponiert, auf je bestimmte Weise zu existieren. In der Entschlossenheit entschließt sich das Dasein, sein Sein, das seine Möglichkeit ist, nämlich Möglichkeit, verschiedene Möglichkeiten zu realisieren, als Ergreifen konkreter Möglichkeiten zu entwerfen und in diesem Sinne *sich* zu entwerfen.

Das »Sein zum Tode«, das andere Phänomen, das mit demjenigen der Entschlossenheit verbunden die Zeitlichkeit des Daseins ausmachen soll, kennzeichnet ein Hingespanntsein des Daseins auf sein Ende als auf seine schlechthinnige Nichtigkeit. Heidegger nennt den Tod auch konsequent »die höchste Instanz« des Daseins. Der Tod kommt nicht von einem zukünftigen Irgendwoher und macht ein Ende mit dem Dasein nach der Art einer Katastrophe, sondern der Tod ist ontologisch das nichtende Ende des Daseins als eine Möglichkeit, die dem Sein des Daseins in ausgezeichneter Weise zukommt, ausgezeichnet, weil diese Möglichkeit im Unterschied zu allen vor dem Tode liegenden Möglichkeiten unüberholbar ist.

Hier ist nun bereits von Zeitlichkeit die Rede. Nicht aber so, daß der Tod primär als das Ereignis gefaßt wird, das irgendwann zu einem Zeitpunkt stattfindet und dem Dasein bevorsteht — so wie es einem Apfel bevorstehen kann, daß er verspeist wird — sondern mit dem Tod steht sich das Dasein selbst bevor. Der Tod ist Seinsmöglichkeit des Daseins. Seinsmöglichkeit aber ist das Wesen des Daseins. Das Dasein begegnet sich im Tod selbst. Dies ist gemeint, wenn Heidegger vom Tod als der eigensten Möglichkeit des Daseins spricht. In der Möglichkeit kommt das Dasein auf sich zu, denn es sind je seine Möglichkeiten und es ist je es selbst, das seine Möglichkeiten bestimmt. Im Tod aber geschieht das Auf-sich-zukommen auf extrem ausgezeichnete Weise, da der Tod als schlechthinnige Nichtigkeit nicht überholt werden kann. Er ist äußerste Grenze des Seinkönnens, um das es dem Dasein geht. Sicher ist, daß die spezifische Bedeutung des Heideggerschen Sorgebegriffs erst von diesem analytischen Ergebnis aus recht zu verstehen ist. Das »existentiale Grundphänomen« der Sorge, das dergleichen Phänomenen wie Wille, Wunsch, Hang und Drang ontologisch ebenso vorausliegt wie die Angst der Furcht, ist der Titel für einen Strukturzusammenhang, der in sich gegliedert ist. Die Formel über diesen Strukturzusammenhang ist diejenige des »Sich-vorweg-sein-im-schonsein-in als Sein-bei«. Die drei Glieder dieses Strukturganzen sind zeitlich aufeinander bezogen, was deutlich wird, wenn Heidegger aus ihnen Zukunft, Gegenwart und Vergangenheit in zeitlicher Einheit gewinnt. Die Gegenwart, die gemäß dem vulgären Zeitverständnis im Jetzt verschwindet, ist ursprünglich nicht als Anwesenheit von Etwas, woraufhin ich ein Jetzt-hier prädiziere, sondern sie ist als »Sein-bei«. Anwesendes Seiendes, alle Welt ist zugegen nur als je Vergegenwärtigtes eines Gegenwärtigenden. Wer gegenwärtigt? Das Dasein, das wir je sind. Dieses Gegenwärtigen von Anwesendem wird dem Dasein überhaupt erst ermöglicht durch das ursprünglich entschlossene »Sein-bei« des Daseins. Im »Sein-bei« des Daseins liegt der Sinn von Gegenwart. Der Bezug auf die Möglichkeit des Gegenwärtigens aber setzt bereits das Seinkönnen des Daseins voraus. Hier hat die Zukunft ihren Ursprung, und hier hat auch der Vorrang der Zukunft vor den beiden anderen Ekstasen der Zeitlichkeit seinen Sitz. Das Dasein ist als »Sein zum Tode« seines Seinkönnens und damit seiner Möglichkeiten vorlaufend ge-wärtig. Die Zukunft, von der wir reden als einer noch ausstehenden Zeit, die uns etwas bringen kann, ist nicht die aus dem Wesen der Zeitlichkeit zu verstehende Zukunft. Zukunft ursprünglich, das heißt existential, ist auf sich selbst zu-kommende Möglichkeit des Seins des Daseins. Ebenso wie in der Erläuterung des Seins zum Tode kann Heidegger in den nachgelassenen Phänomenologievorlesungen formulieren: »Das Dasein kommt auf sich zu.«[14] Das Dasein, insofern es gewärtigend seine Möglichkeiten auf sich zukommen läßt, ist sich selbst Vergangenheit. Es *ist schon in* der Welt. Das »Schon-sein-in« meint nicht, was wir

---

[14] Heidegger (1975), 375.

einmal waren und nicht mehr sein werden, weil die Zeit vorbei ist. Vielmehr ist es das Dasein selbst, auf das seine Möglichkeiten zukommen im Sinne von Zurück-kommen. In diesem Zurückkommen liegt jener Sinn von Wiederholung, den Heidegger auch als »eigentliche Gewesenheit« des Daseins bezeichnet. »Diese Gewesenheit besagt primär gerade nicht, daß das Dasein faktisch nicht mehr ist; umgekehrt, es *ist* gerade faktisch was es war ... Das Dasein kann sich seiner Vergangenheit sowenig entschlagen, wie es seinem Tode entgeht.«[15] Die Gewesenheit *ist*, sie strukturiert das Sein des Daseins also, selbst wenn ich diese Bestimmung meiner jeweiligen Existenz durch Verdrängung, Vergessen beziehungsweise durch Ausdifferenzierung einer scheinbar vorgängigen Zeit in Vergangenheit, Gegenwart und Zukunft ignoriere. Das Dasein holt sich je wieder. Der zeitliche Sinn der erwähnten Sorgestruktur des Daseins liegt auf der Hand. Heidegger faßt ihn, scheinbar umständlich, als »gewesend-gegenwärtigende Zukunft«. Es gehört zum Wesen dieser Zeitlichkeit, diejenige Zeit zu zeitigen, die als abkünftige sich meßbar erstreckt. Die Differenz zwischen der Zeitlichkeit und der Zeit, die durch sie gezeitigt wird, gilt es grundsätzlich zu beachten, will man nicht ständigen Äquivokationen verfallen und bald von Zeitigung im Sinne von zeitlichem Verfließen und bald im Sinne von Sein der Zeitlichkeit sprechen. In kritischer Abkehr vom verdinglichungsgefährdeten Sprechen über die Zeitmodi nennt Heidegger die aus der Zeitlichkeit gewonnenen Charaktere von Gegenwart, Vergangenheit und Zukunft »Ekstasen der Zeitlichkeit«. Ekstase (von griechisch ἔκστασις) besagt »Außer-Sich-Sein«. Damit ist hier ein Doppeltes gemeint. Jede Zeitekstase weist zum einen über sich hinaus auf die beiden anderen Ekstasen. Sie ist nur als Strukturglied in der ganzheitlichen Einheit des Daseins, so wie es die Sorgeformel ausdrückt. Das aber kann nicht genügen, da diese Charakteristik auch für das vulgär-theoretische Jetzt, jedenfalls in seiner philosophischen Bedeutung bei Aristoteles und Hegel beansprucht werden könnte. Denn auch das Jetzt ist insofern ekstatisch, als die Vergangenheit und die Zukunft von ihm aus und durch es inauguriert und zusammengehalten werden. Das Einheitsphänomen

---

[15] Heidegger (1975), 375.

der Zeitlichkeit hingegen ist noch in einer anderen Hinsicht als wesentlich Außer-sich zu verstehen, sofern nämlich die Zeitlichkeit des Daseins seine eigene Existenz je zeitigt. Im Existieren geschieht, ereignet sich das Außer-sich-sein des Daseins als Vorlaufen (zum Tode). Dieses Ergebnis läßt sich auf den Einsatz der Daseinsanalytik zurückbeziehen. Heidegger hat zu Beginn festgelegt, daß (in Umkehrung traditioneller Terminologie) die Existenz das Wesen des Daseins ausmache. Daraus darf jetzt gefolgert werden, daß Zeitlichkeit das Wesen des Daseins zeitigt, das Wesen des Daseins also als je gezeitigte Existenz selbst keine zeitlose Substanz sein kann. Hierin liegt der Kern der Abkehr von der traditionellen Substanzmetaphysik, sofern sie den Begriff des Wesens als einen zeitlosen zu fassen trachtete. Mit dieser Wendung hat Heidegger nicht nur einen radikalen Bruch mit der neuzeitlichen Figur der Substanzmetaphysik qua Subjektivitätsphilosophie vollzogen, er hat vielmehr eine Idee von Zeitlichkeit substantiellen Seins entwickelt, die in der Philosophie vornehmlich Vorklänge in der Leibnizschen und der Aristotelischen Zeittheorie, nicht aber in der Hegelschen hat. Inwieweit diese Vorklänge mit der Heideggerschen radikalen Verzeitlichung des Seins qua Sein des Daseins vermittelbar sind, entscheidet sich nicht zuletzt an der Interpretation der von Heidegger selbst vorgeführten Exegesen dieser Positionen. So finden wir etwa in Heideggers Schrift »Vom Wesen des Grundes« (1929) eine Leibnizdarstellung, in der die »Verflüssigung« einer sonst weithin als fixe Substanz gefaßten Monade von der Theorie der Zeitlichkeit im Ansatz vorbereitet wird[16]. Im Anschluß an diese Deutung läßt sich die These vertreten, daß die Leibnizschen Monaden, jene substantiellen Bausteine des Universums, die ursprünglichen unteilbaren unkörperlichen Atome, die das phänomenale Sein perzipierend konstituieren, erst Substanzen sind, sofern und indem sie sich in ihren Akzidenzien successiv realisieren. Die von Leibniz nur scheinbar abgewertete Rolle der Zeit als imaginäres Ordnungsschema der sichtbaren Bewegungen gewinnt eine konstitutive Funktion für die Einheit der Substanzen selbst. Es darf nicht heißen, die Substanzen perzipieren, sondern sie sind, was sie sind, auf successive Weise perzipie-

---

[16] Siehe auch Heidegger (1978), 273 ff.

rend. Sie durchlaufen ihre verschiedenen Zustände (Prädikate), indem sie perzipieren. Substantialität erweist sich als eine dynamische Integration von Zeit und Einheit, die als zeitigende und nur als zeitigende ist[17].

Nun gilt aber, daß das Sein desjenigen Seienden, dem es seiend um sein Sein geht, als zeitlich bestimmtes ein Ende des Gegenwärtigens von Möglichkeiten im Tod hat, so wie es im faktischen,»daß es ist«, in der»Geworfenheit«, seine Anfänglichkeit je mit entwirft, wenn es existiert. Die Endlichkeit ist unter dem Aspekt der zeitlichen Einheit des Daseins die Weise, wie die Zeitlichkeit für die Verfassung des Daseins durchschlägt. Endlichkeit besagt nicht, die Zeit hört auf oder die Zukunft ist beschränkt. Denn die Zeit, von der dies zu sagen wäre, ist nicht ursprünglich, sondern objektivierend erzeugt. »Nicht Zeit ist« sagt Heidegger in den»Prolegomena zur Geschichte des Zeitbegriffs« von 1925,»sondern Dasein zeitigt qua Zeit sein Sein. Zeit ist nichts, was draußen irgendwo vorkommt als Rahmen für Weltbegebnisse; Zeit ist ebensowenig etwas, was drinnen im Bewußtsein irgendwo abschnurrt, sondern sie ist das, was das Sichvorweg-sein im-schon-sein-bei möglich macht.«[18] Mit den Worten von»Sein und Zeit« gesprochen müssen wir an die Stelle des Wortes Zeit hier den Begriff der Zeitlichkeit setzen und sagen: Zeitlichkeit verendlicht. Unendlichkeit ist ein Privativum.

II.

Heideggers Plädoyer für eine ursprüngliche Zeitlichkeit der Selbstauslegung des Daseins im Sinne der Endlichkeit bindet

---

[17] Heidegger hat es im Rahmen seiner Leibnizinterpretation bei Andeutungen bewenden lassen. Um die hier vorgeschlagene Auslegung als stringent zu erweisen, wäre es nötig, den Leibnizschen Begriff individueller Substanz im Sinne Heideggers als zeitliche Entwicklung ihrer Akzidenzien zu fassen. Die Einheit von Substanz und Phänomen wäre selbst eine zeitlich kontinuierliche. Diese These würde nicht nur eine neue Würdigung des»bloß relativen« Charakters der Zeit als Ordnungsschema einschließen. Sie würde auch dazu nötigen, den Leibnizschen Begriff der Logik und seinen Zusammenhang mit der Mathematik an einer solchen Figur der sich selbst zeitigenden Substanz zu messen.
[18] Heidegger (1979), 442.

das Wesen der Zeit definitiv an das ontologische »Schicksal« des Daseins. Der Sinn von Zeit liegt in einer Zeitlichkeit, die das Sein des Daseins zeitigt. Eine andere Zeit kann es primär nicht geben, sie wäre »vulgär«, mithin derivat und privativ. Das führt bei Heidegger sogar zu der Konsequenz, daß Bewegungen in der Natur, die wir raum-zeitlich bestimmen, als solche zeitfrei seien[19], daß sie »in« der Zeit begegnen, die wir selbst sind.

Die aristotelische Zeitdefinition, die Heidegger — obzwar als Grundlage des vulgären Zeitverständnisses — zugleich immer als Ansatz zur Freilegung der ursprünglichen Zeitlichkeit würdigt, kennt nun eine Seite, die Heidegger in diesem Zusammenhang weniger beachtet. Diese Seite hängt mit einer Bestimmung zusammen, die der Bewegung in der Natur, um deren Zeitstruktur es Aristoteles geht, ebenso ursprünglich eigentümlich ist, wie die »Jetzt« der Zeitmessung angehören. Aristoteles bezeichnet Bewegung als eine Wirklichkeit, deren Struktur als Entelechie bestimmt wird. Entelechie bedeutet, daß wirkliche Bewegung ihr Ziel als Möglichkeit wirklich in sich hat. Das »Noch-nicht-zum-Ziele-gekommene-in-sich-haben-des-Ziels« (Picht) vermittelt ontologisch Möglichkeit und Wirklichkeit so, wie Leibniz es für die Zeitlichkeit der Monaden gelegentlich metaphorisch ausdrückt: Die Gegenwart geht mit der Zukunft schwanger. Dieses ist der ontologische Sinn von Wirklichkeit als »im Werke sein«. Die Entelechie als unvollendete Wirklichkeit stiftet dieselbe Einheit ursprünglicher Art, um die es Heidegger zu tun ist, wenn er auf die ursprüngliche existentiale Einheit der Zeitekstasen abhebt. Allerdings: Bei Aristoteles ist Entelechie die Struktur von allen Bewegungen und damit der Natur überhaupt, ob sie als Wachstum, Ortsbewegung oder als Zustandswandel erscheint. Die Entelechie, als Zeitstruktur der Bewegung verstanden, kennt keine Antinomie von Endlichkeit und Unendlichkeit, die so oder so entschieden werden müßte. Als »In-sich-haben-des-Ziels« bezeichnet sie ein »Sein zum Ende«, als »In-sich-haben-des-Ziels« qua *Möglichkeit* beschreibt sie die reine Prozessualität. Sie ist nicht jenem Sinn von Endlichkeit verhaftet, der bei Heidegger, bestimmend für das Dasein, ein spezifisches Erbe

---

[19] Heidegger, a. a. O., 442.

neuzeitlicher Subjektivitätsphilosophie darstellt, einer Tradition, die Heidegger der »Seinsvergessenheit« überführen will.

Die aristotelische Zeitphilosophie wird, wie bereits betont, von Heidegger immerhin als grundlegend für die Geschichte der Zeitphilosophie, insbesondere aber für die Ausbildung des »vulgären Zeitverständnisses« beurteilt: »Kein Versuch, hinter die Rätsel der Zeit zu kommen, wird sich von einer Auseinandersetzung mit Aristoteles dispensieren dürfen. Denn er hat zum ersten Mal und für lange Zeit hinaus das vulgäre Zeitverständnis eindeutig in den Begriff gebracht, so daß seine Zeitauffassung dem natürlichen Zeitbegriff entspricht.«[20] Etwas später fügt Heidegger hinzu: »Man kann sagen, daß die nachkommende Zeit nicht wesentlich über das Stadium der aristotelischen Problembehandlung hinausgekommen ist — von einigen Ausnahmen bei Augustinus und Kant abgesehen, die dennoch grundsätzlich den aristotelischen Zeitbegriff festhalten.«[21] Heidegger hat seine Auseinandersetzung mit der aristotelischen Quelle des »vulgären Zeitverständnisses« in Gestalt einer detaillierten Exegese der aristotelischen Zeitabhandlung im vierten Buch der Physik dokumentiert. Sowohl im Rahmen der Physik als auch der Metaphysik des Aristoteles kann das Resultat seiner Analyse als Kritik an einem Mißverständnis der Zeit im Sinne eines linearen Parameters, einer reinen Form oder einer absoluten Dimension, in der alles »Innerzeitige« existiert, verstanden werden. Die Konzentration der Bedeutung von Zeit auf das νῦν als das Gezählte an einer jeden Bewegung ermöglicht es Aristoteles, jede Region des Seienden dem Schicksal der Zeit auszuliefern, sofern es bewegtes Seiendes ist. Bedenkt man aber, daß Bewegung *die* Fundamentalstruktur der gesamten Natur ist, so bleibt offenbar nur ein Bereich vom Diktat der Zeit unberührt: das abstrahierende Denken, der λόγος. Hat Aristoteles die Logik von der Zeit dispensiert? Bedeutet die Ausklammerung der Zeit aus dem Satz vom Widerspruch, dem obersten Axiom aller logischen Schlußformen, einen Anspruch der Logik auf zeitlose Wahrheit im emphatischen Sinne des Wortes? Verurteilt der Satz vom Widerspruch, nach dem etwas demselben in

---

[20] Heidegger (1975), 329.
[21] Heidegger, a. a. O., 336.

385

derselben Hinsicht nicht zugleich zukommen und nicht zukommen kann, die Region des Veränderlichen, mithin die Natur, etwas an Wahrheit oder gar Realität zu ermangeln? Der Satz vom Widerspruch mag seiner fundamentalen Funktion für die Syllogistik wegen im folgenden als Paradigma für diese hier nur experimentell gestellte Frage dienen. Aus Gründen der Vereinfachung dann auf das Verhältnis dieses Axioms zum Bivalenzprinzip und zum Satz vom ausgeschlossenen Dritten ebensowenig Bezug genommen werden wie auf das Regelsystem der Syllogistik im einzelnen.

Im vierten Buch der Metaphysik verteidigt Aristoteles den Satz vom Widerspruch im Zusammenhang einer Kritik an der herakliteischen Philosophie. Vor allem geht es ihm dabei um den Nachweis, daß es sich beim Satz vom Widerspruch um das erste Axiom des Denkens und der Erkenntnis schlechthin handelt, dessen Gültigkeit zu bestreiten zugleich bedeute, nichts Bestimmtes mehr aussagen zu können. Axiome sind nach Aristoteles ἀρχαί συλλογιστικῶν. Sie stellen die Fundamente der logischen Schlußfiguren dar. Ohne sie läßt sich kein Syllogismus durchführen, das heißt, es läßt sich auf der Basis von zumindest zwei Voraussetzungen keine Schlußfolgerung ziehen, auf die sich zwei Dialogpartner einigen könnten.

Den Satz vom Widerspruch, dessen Figur sich bereits im vierten Buch der Politeia von Platon findet, nennt Aristoteles bekanntlich das Axiom der Axiome. Drei Wesensmerkmale charakterisieren diesen Vorrang des Satzes vom Widerspruch gegenüber allen anderen Axiomen:

1. Der Satz vom Widerspruch ist das sicherste Prinzip der Erkenntnis überhaupt (also nicht nur derjenigen einer oder mehrerer Einzelwissenschaften). Das ist zudem der Grund dafür, daß der Satz vom Widerspruch von derjenigen Wissenschaft untersucht wird, die es mit allen Wissenschaftsgegenständen in ihrer allgemeinsten Form zu tun hat: mit dem Seiendem als solchem. Es ist dies die erste Wissenschaft, beziehungsweise die Philosophie im Sinne der Metaphysik.

2. Das erste Axiom der Erkenntnis muß jeder zur Erkenntnis schon »mitbringen«, der erkennen will. Wir würden heute sagen: es hat den Rang einer Erkenntnis a priori.

3. Schließlich kommt dem Axiom der Axiome in der Rangord-

nung der Axiome die Bedeutung zu, selbst Prinzip der anderen Axiome zu sein. Es ist schlechthin voraussetzungslos. Nun gilt von allen Axiomen, daß sie erste, unbestrittene Sätze sind, auf denen die Wahrheit aller aus ihnen abgeleiteten Sätze beruht. Durch die besondere Hervorhebung des Satzes vom Widerspruch aber werden nach Aristoteles selbst die anderen Axiome dem Satz vom Widerspruch noch subordiniert. Man kann sich diese Auszeichnung des Prinzips vom Widerspruch an einem Beispiel verdeutlichen. Die Definition, durch die das Wesen eines Gegenstandes definiert wird, hat den Rang eines ersten Satzes, der unbeweisbar bleibt. So postuliert man etwa als Obersatz eines Schlußverfahrens, daß der Mensch ein denkendes Wesen sei. Aus dieser Definition läßt sich bekanntlich durch Vermittlung mit einem Untersatz, etwa des Typs »Aristoteles ist ein Mensch« widerspruchsfrei schließen, daß Aristoteles ein denkendes Wesen sei. Es läßt sich leicht erkennen, daß die axiomatische Bedeutung der Ausgangsdefinition nur im Regelsystem des Syllogismus den Rang eines ersten Satzes im unbeweisbaren, oder besser: im nicht weiter beweisbedürftigen Sinne beanspruchen kann. Es darf als sicher gelten, daß der aristotelische Syllogismus (im Unterschied zum traditionellen) nur eine Logik der Beweisregel nicht aber eine Logik der Conclusio ist[22]. Mit anderen Worten: Der Syllogismus beweist nicht die Wahrheit der Definition von Obersatz und Untersatz, sondern er schreibt die Regelmäßigkeit des Schließens vor, die gilt, wenn man sich auf die Definition von Obersatz und Untersatz geeinigt hat. Die Definitionen haben mithin rein hypothetischen Charakter. Beachtet man die »Wenn-so«-Struktur der aristotelischen Syllogistik, so ergibt sich die vorrangige Rolle, die dem Satz vom Widerspruch in diesem Verfahren zukommt, von selbst: Der Satz ist ein Axiom, das nicht nur auf die Einhaltung der Definitionen im Schlußverfahren (also etwa darauf, daß man dem Subjekt »Mensch« nicht zugleich ein Prädikat zuspricht, das dem bereits zugesprochenen »denkendes Wesen« kontradiktorisch entgegensteht) achtet. Vielmehr regelt er, daß die Schlußfolgerung selbst widerspruchsfrei bleibt, sofern man voraussetzt, daß man die im Obersatz und Untersatz gesetzte

---

[22] Patzig (1969), 14, 23.

Identität von Subjekt und Prädikat nicht negiert. Der Satz vom Widerspruch regiert das Schlußverfahren und die in ihm verwendeten Definitionen, um die Identität des zur Debatte stehenden Gegenstandes nicht zu gefährden. Dem entspricht auch die Formulierung des Satzes vom Widerspruch in seinen verschiedenen Varianten. Daß es unmöglich ist, demselben in derselben Beziehung zugleich etwas zukommen und nicht zukommen zu lassen beziehungsweise, daß es nicht sein kann, daß demselben zugleich das Entgegengesetzte zukommt oder grundlegend, daß es unmöglich ist, anzunehmen, dasselbe sei und sei nicht — diese Regel regiert jedes Schlußverfahren, wenn anders man über einen und denselben Gegenstand zur Einigung kommen will. Wohlgemerkt: die Einhaltung der Regel garantiert nicht die Wahrheit des Satzes, der in der Conclusio formuliert wird. Sie ist nur die hinreichende Bedingung für die Wahrung der Identität der Definitionen. Damit ist dem Gültigkeitsbereich des Satzes vom Widerspruch zugleich eine Schranke gesetzt, auf die im Zusammenhang der aristotelischen Auseinandersetzung mit der heraklitischen Philosophie, insbesondere mit der Problematik der Veränderung in der Zeit noch zu sprechen zu kommen sein wird. Dazu ist es nötig, ausdrücklich hervorzuheben, daß der Satz vom Widerspruch nicht positiv definiert, was Identität (besser: Selbigkeit) sei. Die Weise, wie man angemessen von der Identität eines Gegenstandes, eines Seienden, handelt, hat Aristoteles im VII. Buch (Z) der Metaphysik im Rahmen seiner Lehre von der οὐσία (Seiendheit, Wesen) durch eine eigene Begriffsneuschöpfung festgelegt. Es handelt sich um die Bestimmung der οὐσία als das τὸ τί ἦν εἶναι, dessen Übersetzung schwierig, wenn nicht unmöglich ist. Eine genaue Übertragung würde etwa lauten, »das, was zu sein war«. Diese Figur bezeichnet die Identität eines Seienden im Sinne ihrer klaren Unterscheidbarkeit von allem, was an einem Seienden nur Akzidenz mithin nicht notwendig bleibend ist. Aristoteles unterscheidet dabei ausdrücklich, daß es sich hierbei um eine abstrahierende Betrachtungsweise des logischen Denkens (λογικῶς) handelt, die nicht erbringt, das, was einem Seienden an sich selbst (καθ' αὐτό) zukommt, von dem, was ihm zu- beziehungsweise abgesprochen werden kann, tatsächlich realiter abzutrennen. Fragt man nach dem, was nach Aristoteles das Seiende zu einem Seienden macht, ist man angewiesen auf die konkrete Präsenz dieses Seienden als ein Zusammengesetztes aus einer bestimmten Form einerseits und einem bestimmten Stoff andererseits (σύνολον). Will ich aber die zufällige Präsenz dieses Gegenstandes als ein Seiendes mit unzählig vielen Akzidenzien unterscheiden von der eindeutigen Identität, die diesem Seienden in seiner spezifischen Differenz zu anderem Seienden wie auch zu seinen veränderlichen Eigenschaften zukommt, so stellt sich die Frage nach seiner Identität. Der logische Zugang, der das Seiende auf seine Identität hin untersucht, ist eine künstliche Abstraktion des Substantiellen am Gegenstand von dem, womit es als Seiendes je schon ein Synholon bildet. Die logische Frage nach der Identität fragt mithin nach etwas, was ontologisch neutral ist, weil ihm kein Sein zugesprochen werden kann. Der Gegenstand erscheint immer als Synholon, das heißt in einer bestimmten Verbindung mit Stoff. Die logische Abstraktion versucht von dieser stofflichen Verbindung abzusehen, um wenigstens eine abstrakte Bestimmung des Identischen am veränderlichen Seienden zu gewinnen. Tugendhat[23] schlägt für die Erklärung des τί ἦν εἶναι vor, es als das am Synholon, also am aristotelischen Formbegriff (εἶδος) zu begreifen, was das Seiende für sein Sein vor allem Zusammengekommensein mit den Akzidenzien schon war und zwar in Hinsicht auf sich selbst. Dieses »vor« darf keinesfalls im zeitlichen Sinn mißverstanden werden. Ein Synholon, ein εἶδος ist immer zusammengesetzt aus Form und Stoff, aber die eidetische Identität etwa eines Standbildes ist von seiner konkreten Erscheinung als individuell geformte Bronze dennoch sinnvoll zu unterscheiden[24]. Nur wenn Aristoteles festlegt, daß es zum Wesen eines Seienden gehört, seine Identität nicht in etwas anderem haben zu können (Met. Γ 4, 1007 a 27), so heißt dies, daß unter Identität die unverwech-

---

[23] Tugendhat (1958), 15.
[24] Auf die platonkritische Komponente in der Bestimmung des Eidosbegriffes kann hier nur hingewiesen werden. Im VII. Buch der Metaphysik ergibt sich im Rahmen der Aristotelischen Lehre von der οὐσία, daß Aristoteles eidetische Identität je in der Verbindung von Wesen und Einzelheit des Seienden denkt. Die Spannung, die den Eidosbegriff dadurch auszeichnet, ist beabsichtigt und versucht, einer nachplatonischen Abstraktion der Ideen von den Sinnendingen entgegenzuwirken.

selbare Individualität eines Seienden (τόδε τι) zu verstehen ist, welche im Unterschied zu allen durch die Aussageformen (Kategorien) prädizierbaren Eigenschaften etwa der Quantität, der Qualität, der Relation etc. das ist, was als Träger, als Subjekt (ὑποκείμενον) all dieser Eigenschaften vorauszusetzen ist. In diesem Sinne spricht Aristoteles vom Wesen des Seienden, von der οὐσία, als dem letzten Attributionssubjekt. Die Identität ist also eine spezielle Weise, das letzte Attributionssubjekt eines Satzes, das von keinem anderen mehr ausgesagt werden kann, in seiner distinkten Selbständigkeit zu begreifen. Eine solche Definition von Identität hat mit der Formel des Satzes vom Widerspruch gemeinsam, daß beide, Identität und Widerspruchsaxiom, darauf achten, nicht etwas als identisch zu bezeichnen, was die Identität des in Frage stehenden Gegenstandes wiederum aufhebt. In der Syllogistik ist dies klar an der Regelmäßigkeit des Schlußverfahrens zu verfolgen. Würde einer behaupten, Aristoteles sei kein denkendes Wesen, obzwar er ein Mensch ist, der als denkendes Wesen definiert wäre, so würde man in beiden Fällen nicht von demselben Gegenstand sprechen. Die Formel von der Identität wäre gleichsam kompromittiert, wenn von demselben Gegenstand (Mensch) behauptet wird, er sei, was er zugleich nicht ist, nämlich ein denkendes Wesen. Entsprechend verhält es sich im Fall der Identität des τί ἦν εἶναι. Die Identität, die das Synholon immer schon war, vor und unabhängig von seinem Zusammengekommensein mit den Akzidenzien, diese eindeutige individuelle Selbigkeit, auf die alle Prädikate, alle allgemeinen Begriffe als deren ontologische Grundlage bezogen werden müssen, würde aufgehoben, wenn jemand behaupten würde, sie läge in den Akzidenzien, den Eigenschaften. Diese rote, blühende, große Rose an der Rosenhecke hat ihre individuelle Identität nicht durch die Röte, das Blühen, die Größe oder das Wachsen an der Hecke sondern durch ihre einmalige Trägerschaft dieser Eigenschaften in dieser und keiner anderen Konkretion. Diese Trägerschaft ist durch die bloße Summierung aller Eigenschaften, wie sie eben aufgezählt wurden, nicht zu gewinnen. Sie ist vielmehr zu erfragen als das, was derartige Eigenschaften hat. Das, was rot *ist,* groß *ist,* blühend *ist,* an der Hecke wachsend *ist,* ist das in Frage stehende Identische dieses Seienden. Das Wesen dieser Rose als eines individuellen »Dies da« (τόδε τι) steht auf dem Spiel, wenn es um die Unterscheidung der Identität vom Veränderlichen geht. Auch über diese Identitätsbestimmung wacht der Satz vom Widerspruch. Ein Seiendes kann nämlich seine Identität nicht zugleich in seiner individuellen Seiendheit und in einer der ihm zuzusprechenden Eigenschaften haben. Hätte die Rose ihre Identität sowohl in ihrem Rose-sein als auch in der Röte, so wäre nicht von demselben Seienden die Rede. Es würde nämlich im ersteren Falle richtigerweise auf diejenige Identität abgehoben, die der Rose als dem Subjekt all der ihr zugesprochenen Eigenschaften zukommt. Im letzteren Falle aber würde die Identität einer dieser Eigenschaften in ihrer zufälligen Konstellation und ihrer zufälligen Verbindung gerade mit dieser Rose zugesprochen, was zur ersten Bestimmung im Widerspruch steht. In der komplizierten Formel des τί ἦν εἶναι wird diese Differenz durch das Präteritum ἦν und den Infinitiv Präsens εἶναι zum Ausdruck gebracht. Im ἦν wird diejenige Identität formuliert, die »unabhängig« von der jeweiligen Gegebenheitsweise das individuelle Wesen eines Seienden festlegt. Im Infinitiv Präsens des εἶναι hingegen wird bezeichnet, daß und wie das Seiende jetzt als Synholon vorliegt. Daß Aristoteles in der Formel der Identität dennoch beide voneinander strikt unterschiedene Weisen dieses Identischen, einmal seine selbständige Selbstheit und zum anderen seine Gegebenheitsweise als Synholon zusammenbringt, liegt an seiner platonkritischen These, dergemäß jedes Seiende seine Identität in sich selber trägt und nicht von Gnaden einer transzendenten Seinsregion ist, was es ist.

In der Auseinandersetzung mit den Herakliteern nun vollzieht Aristoteles eine wesentliche Einschränkung des Geltungsbereichs und Geltungsanspruchs des Satzes vom Widerspruch. Hier stellt er fest, daß der Möglichkeit nach dasselbe zugleich das Entgegengesetzte sein kann (ἐναντίον). Der Entelechie nach aber nicht. Ehe der Sinn des genuin aristotelischen Begriffs der Entelechie hier weiter verfolgt wird, sei dem präzisen Sinn von Möglichkeit (δύναμις) noch weiter nachgegangen. Er ist nicht aufzuklären ohne seinen definitiven Zusammenhang mit der aristotelischen Lehre vom Werden (Genesis), vom Entstehen. Von der Genesis sagt Aristoteles, daß man zwar sagen dürfe, etwas werde aus Nicht-Seiendem, wiewohl man zugleich auch sagen muß, daß etwas nicht aus Nichts wird. Das Nicht-Seiende (μὴ ὄν), aus dem etwas wird, ist mithin nicht zu verwechseln mit jenem Nichts der absoluten Absenz von Seiendem, die Aristoteles für ebenso undenkbar hält wie Parmenides, wenn auch mit neuen Argumenten.

Die Dynamis verhält sich als »potential Seiendes« zum »aktual Seienden« wie das Nicht-Seiende zum Seienden. Als potential Seiendes aber ist es nicht nichts. Das wiederum bedeutet, daß vom »potential Seienden« sinnvoll behauptet werden kann, daß es zugleich ist (nämlich potential) und nicht ist (nämlich aktual). Die Ontologie der Möglichkeit schränkt die logische Kompetenz des Satzes vom Widerspruch auf eindeutige Weise ein: Für den Bereich des Werdens ist seine Gültigkeit aufgehoben. Die Frage ist, ob der Sinn des Werdens darin liegt, daß etwas in dem Sinne wird, entsteht, beziehungsweise vergeht, daß es seine Identität verliert oder ob das Wesen des Werdens darin liegt, keine fixe Definition eines Seienden zuzulassen, wohl aber die Einheit von Gegensätzen ausdrücklich einzuschließen. Das Werden ist ein Beispiel für das, was Aristoteles generell Bewegung (κίνησις) nennt. Alle Strukturmerkmale der Bewegung müssen demnach auch für den speziellen Vorgang des Werdens im Sinne der Genesis verbindlich sein. In der Zeitabhandlung des vierten Buches der Physik beschreibt Aristoteles den Vorgang jeder Bewegung als ein Werden aus etwas zu etwas hin. Für diesen Prozeß ist die Erstreckung von Vor zu Nach konstitutiv. Um zu erklären, welche Rolle die Zeit für diesen Vorgang von Bewegung spielt, fragt Aristoteles nach dem zeitlichen Wesen des Übergangs von Vor zu Nach. Er fragt exakt: Gehört die Zeit unter das Seiende oder das Nicht-Seiende? Seine Antwort auf diese Leitfrage ist ebenso doppeldeutig wie die Bestimmung der Möglichkeit auch. Sie hängt zudem unmittelbar mit dieser zusammen. Sie erläutert, in welchem Sinne von einer Kompetenzeinschränkung der Logik des Widerspruchs unter der Perspektive der Zeit die Rede sein kann.

In der Forschung wird die aristotelische Zeittheorie allenthalben als eine Theorie des νῦν dargestellt, das als das Gezählte der Bewegung selbst weder Teil der Zeit noch Grenze der Bewegung ist, sondern als ausdehnungsloser Punkt das Noch-nicht mit dem Nicht-mehr janusköpfig zusammenhält (συνέχειν). Am νῦν

entscheidet sich nach dieser Deutung gleichsam die Differenz von Vor und Nach der Bewegung als eine Differenz von Früher und Später der Zeit bezogen auf denselben Prozeß. Das νῦν repräsentiert die Einheit der Bewegung in ihren verschiedenen Teilen. Allein diese Bedeutung ist noch nicht dagegen gerüstet, die Zeit nach dem Modell von Raum und räumlicher Ausdehnung beziehungsweise linearer Kontinuität zu begreifen. Heidegger macht nun in seiner Aristotelesinterpretation nachdrücklich darauf aufmerksam, daß eine Verräumlichung der zeitlichen Jetztfolge der aristotelischen Intention von Grund auf widerspreche. Auf einer Linie wäre der Jetztpunkt in der Tat ebenso fix wie die Linie selbst. Von den νῦν hingegen gilt zugleich, daß sie sich jeder Fixierbarkeit entziehen, eine Eigentümlichkeit, die der immanenten Dynamik des Bewegten in der Bewegung entspricht:»Die je verschiedenen Jetzt sind *als verschiedene* doch gerade immer *dasselbe,* nämlich Jetzt. Aristoteles faßt das eigentümliche Wesen des Jetzt und damit der Zeit — wenn er die Zeit rein aus dem Jetzt interpretiert — so prägnant zusammen, wie es nur in der griechischen Sprache und im Deutschen kaum möglich ist: τὸ γὰρ νῦν τὸ αὐτὸ ὅ ποτ' ἦν — τὸ δ'εἶναι αὐτῷ ἕτερον, das Jetzt ist dasselbe hinsichtlich dessen, was es je schon war — das heißt in jedem Jetzt ist es jetzt; seine *essentia,* sein Was, ist immer *dasselbe* (ταὐτό) —, und gleichwohl ist jedes Jetzt in jedem Jetzt seinem Wesen nach ein anderes, τὸ δ'εἶναι αὐτῷ ἕτερον, das Jetztsein ist je *Anderssein* (Wiesein — *existentia* — ἕτερον). τὸ δὲ νῦν ἔστι μὲν ὡς τὸ αὐτό, ἔστι δ' ὡς οὐ τὸ αὐτο, das Jetzt ist in gewisser Weise immer dasselbe, in gewisser Weise nie dasselbe. Das Jetzt artikuliert und begrenzt die Zeit hinsichtlich ihres Früher und Später. Es ist einmal zwar je dasselbe, es ist aber sodann je nicht dasselbe. Sofern es je an einem anderen und anderes ist (denken wir an die Abfolge der Orte), ist es je ein anderes. Das macht sein je Jetzt-sein aus, seine Andersheit. Was es aber je schon als das, was es ist, war, nämlich Jetzt, das ist dasselbe.«[25]
Das Wesen der Zeit zeigt sich nach Aristoteles in der jeweiligen Andersheit des Seienden, das als Bewegtes die zur Betrachtung stehende Bewegung repräsentiert. Auf den Möglichkeitsbegriff

---

[25] Heidegger (1975), 350 f.

zurückbezogen ergibt sich daraus, daß es die jedem Bewegungsprozeß immanente Zeitstruktur selbst ist, die der Möglichkeit eines Seienden im Werden den Doppelsinn von Sein und Nichtsein verleiht. Die Ausgangsfrage des Aristoteles, ob die Zeit unter das Seiende oder unter das Nichtseiende gehört, ist also nicht eindeutig entscheidbar sondern nur, wie im Falle der δύναμις, mit einem »sowohl als auch« zu beantworten. Das Je-Anderssein des Jetztseins hat seine Manifestation in der Je-Andersheit von Seiendem, sofern es im Werden begriffen ist. Sodann nämlich ist jeder Punkt des Werdenden auf den nächsten als dessen Möglichkeit im Sinne des potential Seienden bezogen. Aristoteles könnte selbst als ein Theoretiker der Verzeitlichung des Seins betrachtet werden, wenn anders es ihm gelungen ist, das Wesen der Zeit in dem Je-Anderssein des Jetztseins von Bewegtem zu denken.

Zeitliche Veränderung als Je-Anderssein des Bewegten zu denken heißt, das Andersseinkönnen jedem Seienden zusprechen zu müssen, sofern es in der Zeit ist. (Die komplizierte Frage, ob nach der Ansicht des Aristoteles die Seele, welche die νῦν zählt, selbst nicht in der Zeit ist, muß hier ausgeklammert werden.) Diese These behauptet mehr als etwa die, daß jedes Seiende seine Eigenschaften im Sinne der aristotelischen Akzidenzien ändern könne. Sie behauptet nämlich, daß jedes Seiende qua Seiendes als ein sich veränderndes dem Wesen nach zu bestimmen sei[26]. Andernfalls wäre die Rede von der Verzeitlichung des Seienden hinsichtlich seiner Zustände trivial. Im Bezug auf die aristotelische Kategorienlehre und ihrem ontologischen Anspruch bedeutet dies nicht nur, die Prädikabilia sondern auch das jeweilige Subjekt als sich veränderndes beziehungsweise an-

---

[26] Die in der Forschung gelegentlich unterschiedenen Aspekte eines kinetischen und eines ontologischen Möglichkeitsbegriffes können und müssen hier nicht diskutiert werden (vgl. dazu Wolf [1979], 17 ff., 35 ff.). Das hier behandelte Problem der Veränderung als Struktur betrifft alle Bewegungsarten, die Aristoteles unterscheidet: Den Zustandswandel, die Vermehrung beziehungsweise die Verminderung (Quantität), die Ortsveränderung und das Entstehen beziehungsweise Vergehen. Alle diese ›Umschläge‹ sind Bewegungen im aristotelischen Sinne von μεταβολή und daher von der Ontologie der δύναμις betroffen.

ders-seinkönnendes zu begreifen. Die Logik des Widerspruches, die für die Identität des Definierten zuständig ist, wird allerdings nicht sinnlos angesichts der wesentlich zum Seienden gehörigen Widersprüchlichkeit. Denn die Logik des Widerspruchs hat es, wie wir sahen, nicht mit der Wahrheit der Definition sondern mit der Kontrolle ihrer schlüssigen Verwendung zu tun. Dennoch ist sie für die Betrachtung des realen Seins der Dinge nicht belanglos. Die Evidenz, daß etwas nicht zugleich sein und nicht sein kann, beruht nämlich letztlich auf der aristotelischen Überzeugung, daß Sein und Nichts sich nicht nur ausschließen, sondern daß es das Nichts nicht gibt oder parmenideisch formuliert, daß das Nichts nicht ist. Diese Evidenz ist ontologisch relevant, und so gesehen kann man von einem ontologischen Fundament der Logik des Widerspruches bei Aristoteles sprechen[27].

Die Philosophie des Parmenides wird mithin von Aristoteles nicht kritisiert, sofern in ihr gelehrt wird, daß das Seiende nicht vieles sondern nur Eines ist, sondern weil Parmenides daraus folgert, es könne in Wahrheit kein Entstehen und keine Bewegung geben. Platon wird von Aristoteles ebenfalls nicht kritisiert, weil er das konkrete Seiende teilhaben läßt an abstrakten Ideen, welche dem Seienden seinen Rang vermitteln, sondern weil damit Werden und Veränderung in der physikalischen Welt nicht erklärt werden können. Der Gedanke einer notwendigen Exklusivität der Wirklichkeit des Seins verbindet Aristoteles sowohl mit Platon als auch mit Parmenides. Allerdings treibt ihn der Anspruch der konkreten Phänomene in der bewegten Natur zu der Konsequenz, Sein und Werden auf einer Ebene zu verbinden, die es möglich macht, den physikalischen Begriff zeitlicher Veränderung durch den ontologischen einer reinen Wirklichkeit zu fundieren. »Rein« ist diese Wirklichkeit, sofern ihr nicht zukommt, was dem Begriff der Möglichkeit zugesprochen werden muß, nämlich sowohl sein als auch nicht-sein zu können. Rein ist diese Wirklichkeit mithin von jeder Möglichkeit

---

[27] Vgl. Meyer (1896), 42 f.; auf die aristotelische Lehre von den vier Ursachen, die zur Erläuterung des ontologischen Fundamentes der Logik des Widerspruchs herangezogen werden müßte, kann hier nicht eingegangen werden.

oder, wie Aristoteles es formuliert, sie ist ohne Stoff, ohne Materie (ἄνευ ὕλης), sofern gilt, daß Stoff der Name ist für die schlechthinnige Bestimmbarkeit im Sinne der reinen Möglichkeit. Der Begriff einer reinen Wirklichkeit ist zwar nur logisch als das τί ἦν εἶναι zu fassen, sein Wirklichkeitsgehalt aber wird durch die Negativität der Zeit nicht aufgehoben, sondern als zeitlicher Prozeß dargestellt.

Das sich-Erhalten des Seins als Wirklichkeit wird bei Aristoteles ausgedrückt als das im Werke sein des der Wirklichkeit nach Seienden. Entfaltet wird dieser Sinn der reinen Selbsterhaltung von Sein in der aristotelischen Gotteslehre. Sie enthält eine abstrakte Betrachtung von Gott als erstem Beweger, dessen Wirken nichts Mechanisches an sich hat, sondern der als ewige Tätigkeit gleichsam garantiert, daß im kinetischen Wechsel von Möglichkeit und Wirklichkeit, mit dem es die physikalische Betrachtung zu tun hat, das Nichts nicht nur unmöglich sondern auch ein Widerspruch im logischen und ontologischen Sinne ist. ἐνέργεια als Titel für einen Sinn von »Sein«, der die Dauer und Erhaltung des Seins selbst im Wechsel der Erscheinungen zum Ausdruck bringt, abstrahiert von der jeweiligen konkreten Erscheinungsform des Seienden im ewigen Prozeß des Übergangs von Möglichkeit zur Wirklichkeit und dies, um den absoluten Vorrang des Seins vor dem Nichts als zeitlichen Vorrang der Wirklichkeit vor der Möglichkeit zu beschreiben. Die Struktur dieses Prozesses bezeichnet Aristoteles daher mit seinem Begriff der Entelechie (ἐντέλεχεια), deren Bezug auf ἐνέργεια er entsprechend formuliert: τὸ γὰρ ἔργον τέλος, ἡ δὲ ἐνέργεια τὸ ἔργον, διὸ καὶ τοὔνομα ἐνέργεια λέγεται, κατὰ τὸ ἔργον καὶ συντείνει πρὸς τὴν ἐντελέχειαν. Denn das Werk ist Zweck, die Wirklichkeit aber ist das Werk. Daher ist auch der Name Wirklichkeit von Werk abgeleitet und zielt hin auf Verwirklichung (Met. Θ 1050 a 2111).

Die zeitliche Einheit von Noch-nicht und Nicht-mehr hat in der Entelechie ihren ontologischen Ausdruck. Wenn der Satz vom Widerspruch auf der oben genannten ontologischen Prämisse der Selbsterhaltung des Seins des Seienden als Wirklichkeit beruht, wenn das Sein des Seienden sich qua reine Tätigkeit erhält und wenn die Entelechie die angemessene Strukturbeschreibung dieser Tätigkeit ist, dann liegt mit dem Satz vom Widerspruch eine Formulierung vor, die auf logisch verbindliche Weise eine ontologische Wahrheit zum Ausdruck bringt, nämlich: es *Ist* nur stetiger Wechsel von Seiendem und Nicht-Seiendem.

Literaturverzeichnis

Aristoteles, Metaphysica (abgekürzt:»Met.«), ed. Jäger, Oxford 1973.

Gadamer, H. G., Die leere und die erfüllte Zeit, in: ders. (Hrsg.), Kleine Schriften III, Tübingen 1972, 221 ff.

Hegel, G. W. F., Wissenschaft der Logik, ed. Lasson, Leipzig 1923.

—, Phänomenologie des Geistes, ed. Hoffmeister, Hamburg 1952.

—, Enzyklopädie der philosophischen Wissenschaften im Grundrisse (1830), ed. Nicolin/Pöggeler, Hamburg 1959.

Heidegger, M., Sein und Zeit, [10]Tübingen 1963.

—, Grundprobleme der Phänomenologie (Martin Heidegger, Gesamtausgabe, Bd. 24), Frankfurt 1975.

—, Metaphysische Anfangsgründe der Logik im Ausgang von Leibniz (Martin Heidegger, Gesamtausgabe, Bd. 26), Frankfurt 1978.

—, Prolegomena zur Geschichte des Zeitbegriffs (Martin Heidegger, Gesamtausgabe, Bd. 20), Frankfurt 1979.

Meyer, H., Die Syllogistik des Aristoteles, Tübingen 1896.

Patzig, G., Die aristotelische Syllogistik, Göttingen 1969.

Picht, G., Der Begriff der Energeia bei Aristoteles, in: ders. (Hrsg.), Hier und Jetzt. Philosophieren nach Auschwitz und Hiroshima, Stuttgart 1980.

Tugendhat, E., Ti Kata Tinos, Freiburg/München 1958.

Wolf, U., Möglichkeit und Notwendigkeit bei Aristoteles und heute, München 1979.

EDITH PICHT

KLEINER AUSFLUG IN DIE MUSIK

Bemerkungen zu einem Bach-Praeludium

Wie kommt Musik in Gespräche über Logik und Zeit? Zunächst
ganz zufällig: mir war erlaubt worden, zuzuhören. Aber auf einmal fand ich mich befragt. Die Musik sollte zwar nicht ausdrücklich in die Thematik einbezogen werden; aber ein flüchti-
ger Blick in ein anderes Reich schien vielleicht für das im Hintergrund als Triebkraft wirkende Fragen nach dem umfassenden
Sinn von Sprache willkommen. Wenn die schwebende Konstellation solch halb verhüllten Gesprächs in der Publikation noch
spürbar bleiben soll, will ich, wenn auch sehr widerstrebend,
meine leicht hingesagten Antworten mit ein paar Anmerkungen
dafür hergeben. Es sind winzige Splitter aus einem riesigen Zusammenhang. Niemand suche darin Philosophie. Spielend gestaltet Musik das Ganze der Zeit zur Einheit klingender Schönheit. Zu denken, was Musik sei, bleibt eine Aufgabe für die Zukunft. Am Beispiel kann Einzelnes gezeigt werden.

*Die erste Frage: Welche Bedeutung hat der Hörer? Wie verhalten
sich Spieler und Hörer zueinander (der Spieler selber ist ein Hörer!)? Sind Hörer in jedem Fall ein »Publikum«?*

Ich spreche jetzt nur von dem Umkreis der Stücke, die ich selber
spiele. Ich bin ein Spieler von Tasteninstrumenten, und diese
Musik umgreift — grob gesagt — ein Repertoire von 1550 bis
heute. In diesem vom Instrument her bestimmten, sehr beschränkten geschichtlichen Ausschnitt von Musik ist die Frage
nach der Bedeutung des Zuhörers nicht mit einem Satz zu beantworten. Ich spiele auf der Orgel Musik, die während eines Got-
tesdienstes von einer Empore in den Kirchenraum strahlt. Ich
spiele auch Musik, die in einem Saal abends auf einem Podium
an einem Konzertflügel von einem Virtuosen dargeboten wird.
Die Hörer haben für die eine wie für die andere Musik eine kla-

Johann Sebastian Bach, Wohltemperiertes Clavier, Praeludium Nr. 1,
C-Dur.
Wiedergabe nach dem Autograph aus dem Besitz der Deutschen Staats-
bibliothek Berlin/DDR.

re, aber ganz verschiedene Bedeutung. Sie bestimmt sich aus dem, was jeweils die Musik in den Hörern wecken möchte, und aus dem, was die Hörer von der Musik erwarten. Die Orgelmusik dient der Einstimmung einer Gemeinde in das Gotteslob. Die Virtuosensituation erinnert mich immer an die Zeremonie der spanischen Corrida. Denn der Virtuose führt vor, daß die Materie oder die Bestie, also das Hindernis, unter ihm bleibt: Das Publikum applaudiert dem Sieg der Grazie über die Gewalt. Es vergöttert den Virtuosen als Stellvertreter; eine späte Gestalt stellvertretenden Opfers (in der Corrida noch lebendig!), die ihre Herkunft vergessen hat. Dies sind nur zwei etwas extreme Beispiele. Dazwischen gibt es viele verschiedene Weisen, wie Musik sich auf die Zuhörer bezieht.

Die zweite Frage: Was bedeutet der Notentext? Was gibt der Komponist dem Spieler zu spielen auf? Ich wähle als Beispiel ein Praeludium von Bach (Wohltemperiertes Clavier I, 1, C-dur).

Wir besitzen dieses Praeludium in seiner Urschrift und in zahlreichen Abschriften; und wir haben die gedruckten Ausgaben, die man kaufen kann. Die »Partitur« ist aber noch nicht das Leben des Praeludiums, nur seine Möglichkeit. Ich kann zwar die Partitur lesen und innerlich hören; ich kann sie unter unendlich vielen Gesichtspunkten betrachten, analysieren und deuten. Das Praeludium verwirklicht und ereignet sich aber erst, wenn es zum Klingen kommt, wenn ein bestimmter Mensch zu einer bestimmten Zeit, an einem bestimmten Ort, auf einem bestimmten Instrument das Praeludium spielt. Das Erklingen des Praeludiums wiederholt sich also niemals als dasselbe, schon deshalb, weil es an eine Gelegenheit, an Raum und Zeit, an einen Spieler und an Hörer gebunden ist.
Es ist in diesem Rahmen nicht möglich, ausführlich darzustellen, was Bach in den Schriftzeichen des Autographs niedergelegt hat. Ich muß mich auf ein paar grobe, vereinfachende Hinweise beschränken. Die Niederschrift einer Musik bedeutet deren Fixierung. In der späten, spezifischen Form der »res facta«, des »Werkes«, dokumentiert sich musikalische Kultur ausschließlich in der Geschichte der europäischen Musik. Das

Fünfliniensystem spiegelt jahrhundertelange Erfahrung mit Notationsversuchen eindeutig bestimmter Tonhöhen (zum Beispiel fixiert die koreanische Hochkultur die Töne nicht). Verschiedene Instrumente entwickeln verschiedene Schlüssel, die es erlauben, die zu spielenden Tonhöhen, dem Umfang des Instruments entsprechend, leicht lesbar in die fünf Linien zu schreiben. Die Formen der Noten stellen ein rhythmisches System dar, das die zeitlichen Längen nach Proportionen einfacher Zahlen (1 : 2 : 4 und 1 : 3) oder deren Vielfache ordnet. Die »mensurale« Organisation war die Voraussetzung für die Entwicklung der Mehrstimmigkeit. Eine Chiffre zu Beginn des Stückes bezeichnet den Takt, eine metrisch rhythmisch geordnete Zelle, die sich in der musikalischen Zeit des Werkes ständig reproduziert und mit ihresgleichen zu größeren Gebilden von 2 oder 4 Takten verbindet; auch diese größeren Gebilde sind nicht mechanisch, sondern metrisch aufgebaut und geordnet. In der Niederschrift des Praeludiums ist unser griechisch-europäisches Tonsystem mit der in ihm enthaltenen Mathematik vorausgesetzt. Zugleich ist die Geschichte der Auseinandersetzung mit den Möglichkeiten dieses diatonischen Systems präsent: die progressive Eroberung ursprünglich dissonant beurteilter Intervalle; die Entwicklung der Zusammenklänge aus der schwebenden Kirchenton-Linearität in eine leittonbestimmte Harmonik; schließlich die Befestigung des Dur-Mollsystems in seiner Vollständigkeit der 24 Tonarten, wie sie das Wohltemperierte Clavier als Zyklus zum ersten Mal darstellt.

Praeludium ist zu Bachs Zeiten schon eine alte Form. Der Organist »praeludiert« improvisierend vor dem Gottesdienst. Ein Orgelpunkt oder einfache Schritte der Baßstimme rufen Harmonien herbei. Man kann sie durch Arpeggieren oder Figurieren beleben. Bachs Praeludium Nr. 1 folgt dieser alten, einfachen Manier. Er breitet eine durch die Formkraft der Harmonien gefügte geschlossene Form aus, in der sich das Gleichgewicht der in sich kreisenden Bewegungsfigur stetig erhält. Der Fluß der Zeit scheint in eine schwebende Gegenwart gebannt. Das zarte, ruhevolle Klingen steigt in jedem Augenblick neu aus der Stille empor. Alles melodische Geschehen ist im diatonischen Dur-Mollsystem auf den tragenden Grundton der Tonalität bezogen, in der das Stück steht. Alles harmonische Geschehen ist auf den über dem Grundton sich aufbauenden Dreiklang als Ursprung, Mitte und Ziel bezogen. Die diatonische Skala ist einem Kraftfeld vergleichbar: jeder Ton befindet sich zum Grundton und zu den übrigen Tönen in einem individuellen Spannungsverhältnis. Das Analoge gilt für die auf den Tönen aufgebauten Dreiklänge. Sie können durch bestimmte, Kadenzen genannte Verbindungen vorübergehend tonale Herrschaft behaupten; es entstehen dadurch weiträumigere Formgebilde. Am Ende aber zieht die Haupttonalität alle melodischen und harmonischen Kräfte in das Ziel des Schlußakkords. Das Zusammenspiel der melodischen, harmonischen und rhythmischen Kräfte, der immergleiche Fluß der Figur, melodisch vom tiefsten Ton aufsteigend bis zum höchsten und in einer kreisenden Bewegung wieder in den nächsten tiefsten mündend, ruft in diesem Praeludium die Wirkung hervor, daß die »Flucht der Erscheinungen«, die wechselnden Harmonien, auf ein unwandelbares, doch Bewegtes bezogen scheinen.

Bach komponiert in der Tradition, die Musik als Sprache auffaßt. Aus dem Quadrivium der Artes liberales (Arithmetik, Geometrie, Astronomie und Musik), dem sie im Mittelalter zugeordnet war, ist die Musik in das Trivium (Grammatik, Rhetorik, Dialektik) übergetreten. Nicht nur die textierte Musik, sondern auch die reine Instrumentalmusik versteht sich als »Klangrede«. Der Komponist ist »musicus poeta«. Nach dem Vorbild der antiken Rhetorik will die Musik die Seelen lenken und beherrschen, die Affekte wecken und reinigen. Sie entwickelt daher einen Vorrat rhetorisch-musikalischer Elemente und Figuren, die verbindlich und verständlich Freude und Schmerz, Liebe und Haß, Leiden und Sieg, Stille und Sturm, Ordnung und Chaos, und was sonst auszusagen wäre, darzustellen fähig sind. Für die großen Themen des Menschenschicksals auf der Bühne des Welttheaters wird eine musikalische Typologie entwickelt. Die geistliche Musik verwendet dieses rhetorische Vokabular zur Darstellung von Christi Geburt und Leiden, zur Verkündigung seiner Worte und Taten und zur Zwiesprache des Menschen mit Gott. Melodie, Harmonik, Rhythmus, Taktarten, die verschiedenen Schreibarten (polyphon mit mehreren selbständigen Stimmen oder homophon mit einer Hauptstimme und Begleitung), die lichten und dunklen Tonarten, die Farben und Lagen der einzelnen Instrumente: alle diese Elemente formulieren mit an solcher Musiksprache.

Bachs Praeludium repräsentiert diesen großen Zusammenhang. Seine Tonart C-dur verweist es in einen Ausdrucksbereich, der von der Kantate »Jauchzet Gott in allen Landen« über Mozarts Jupitersymphonie bis zur Arietta von Beethovens op. 111 und noch weiter reicht.

Was Bach in den Schriftzeichen der Partitur niedergelegt hat, ist seiner Struktur nach und in seiner über sich hinausweisenden Bedeutungsfülle so unerschöpflich, daß nicht nur jeder Spieler im Vergleich mit jedem anderen, sondern auch der einzelne Spieler selbst im Laufe seines Lebens immer wieder neue Erfahrungen mit diesem Praeludium machen wird. Das Werk wird ihm jeweils noch unentdeckte Schönheiten und Zusammenhänge aufschließen. Wie ein Gebäude, zum Beispiel eine Kathedrale, als Ganzes dasteht und sich dennoch in keiner Perspektive und in keinem Moment einem Betrachter in ihrer Totalität präsentiert, sondern immer nur in einzelnen Aspekten, so zeigt auch das Praeludium Spielern und Hörern stets nur einen Ausschnitt seiner entfaltbaren Möglichkeiten. Man könnte sagen, es sei in der Partitur ein Strukturgefüge gebunden, das die unendliche Kraft besitzt, sich als klingend immer neu zu manifestieren und dabei immer in sich ganz zu bleiben.

Wieder stellt sich bei Bachs Praeludium die Frage nach dem Hörer. Bach hat glanzvolle, konzertante Praeludien geschrieben, die sich auf eine festliche Hörerschaft beziehen. Aber eben auch ganz stille, wie WC I, 1 bei denen man versucht ist zu denken, daß man sich am besten in sie vertiefen könne, wenn überhaupt kein Hörer da ist. Wenn man sie zwar klingen läßt, wenn aber in diesem Zum-Klingen-Bringen die Betrachtung der Ordnung, der Schönheit und dessen, was durch die Töne hindurch spricht, das Gegenüber von Spieler und Hörer nicht braucht. Und doch ist es ein Trug zu meinen, der Spieler musiziere das Praeludium für sich allein. In vielen Autographen schreibt Bach am Ende des Werks »s. D. G.«, das heißt soli Deo Gloria. Unsere gedruckten Ausgaben lassen das meist weg. Wenn ich aber diesen Hinweis ausblende und Bachs Praeludium nur als eine wunderbare Folge von Tönen und Entzücken erregenden Harmonien spiele, so habe ich offenbar den entscheidenden Horizont dieser Musik bereits vergessen oder verbannt. Ich bin in der Stille, die des Zuhörers unbedürftig ist, nicht mit mir allein. In der Harmonie des Praeludiums spiegelt sich für Bachs Musikverständnis die Schönheit des erschaffenen Kosmos. In seiner Musik lebt mittelalterliche Tradition. Nicht nur als strukturiertes Gebilde ist das Praeludium unerschöpflich. Es ist zugleich transparent und ein Beispiel, es hat einen unendlich über sich hinausweisenden Horizont.

Die dritte Frage: wie wirkt Musik in der Geschichte?

Das Praeludium lebt, seit Bach es vor mehr als 250 Jahren schrieb, in der Geschichte. Wenn ich mich heute mit ihm beschäftige, begegne ich ihm nicht voraussetzungslos. Spätere Auffassungen vom Wesen der Musik, die mich geprägt haben, und die Wirkungsgeschichte des Werkes selbst, stellen sich wie Vorurteile vor das Praeludium. Wenn ich mir in meiner Begeisterung für seine Schönheit einbilde, ich könne mich ohne Weiteres in einen Menschen des frühen 18. Jahrhunderts verwandeln, so kann das nicht wahr sein. Sondern ich lebe immer in der Polarität, daß ich eine für die Zukunft fruchtbare Begegnung mit Geschichte nur in dem Maße erfahren kann, als ich zugleich meine eigene Gegenwart entdecke. Die Kompositionsprobleme, vor die Schönberg und seine Schüler Berg und Webern sich gestellt sahen, haben zum Beispiel unserem Jahrhundert einen völlig neuen Zugang zur klassischen Musik eröffnet. Eine Epoche erschließt ihre zukünftigen Möglichkeiten in der Auseinandersetzung mit der Geschichte; dafür ist die europäische Musikgeschichte ein besonders drastisches Beispiel. Seit dem 15. Jahrhundert vollzieht sie sich in einer Folge revolutionärer Ansätze. Revolution kann sich hier auch als Renaissance verstehen. Die große Wende um 1600, die zur Entwicklung der Oper führt, empfängt ihre Impulse aus der Wiederentdeckung der griechischen Tragödie. Dieses »Gesamtkunstwerk« (wagnerisch gesprochen), diese Einheit von Sprache, Musik, Tanzgebärde und bildhafter Darstellung wollte man wieder ins Leben zurückrufen. Dabei entstand aber notwendig etwas völlig Neues, das zwar diesem Erbe verpflichtet, doch aus der eigenen Gegenwart und ihren in die Zukunft träumenden Ideen gestaltet war. In solcher Unmittelbarkeit kann ein Funken, überspringend aus der Geschichte, Zukunft ermöglichen. Das Zum-Klingen-Bringen einer Musik möchte jedesmal ein solcher Funke sein. Indem sie ihre musikalische Zeit entfaltet, versetzt erklingende Musik in die Unmittelbarkeit einer Gegenwart, in der Geschichte und Zukunft zueinander offen sind.

DIE AUTOREN DIESES BANDES

Link, Christian, geb. 1938 in Braunschweig. Professor für Systematische Theologie (Dogmatik, Philosophiegeschichte) an der Universität Bern. Studierte Physik, Theologie und Philosophie. 1968 Promotion bei Georg Picht, seit 1969 wiss. Assistent am religionsphilosophischen Seminar Heidelberg, 1976 bis 1979 Privatdozent für Systematische Theologie an der Universität Heidelberg, Korrespondierendes Mitglied der FESt. — Veröffentlichungen u. a.: Theologische Perspektiven nach Marx und Freud, Stuttgart 1971; Hegels Wort »Gott selbst ist tot«, Zürich 1974; Die Welt als Gleichnis. Studien zum Problem der natürlichen Theologie, München 1976; Subjektivität und Wahrheit. Die Grundlegung der neuzeitlichen Metaphysik durch Descartes, Stuttgart 1978; Ein biblischer Weltentwurf. Möglichkeiten einer theologischen Antwort auf ökologische Fragen, in: C. Eisenbart (Hrsg.), Humanökologie und Frieden, Stuttgart 1979, 373 ff.; Aufsätze über theologische und philosophische Probleme.

Løgstrup, Knud Ejler, geb. 1905. 1930 theol. Staatsexamen an der Universität Kopenhagen; 1930—35 Studienaufenthalte in Frankreich, Deutschland und Österreich; 1935—43 Pfarramt auf der Insel Fünen; 1943—75 Lehrstuhl für Ethik und Religionsphilosophie an der Theol. Fakultät der Universität Århus. Zwischendurch kurze Lehraufträge (einsemestrige Gastprofessuren) in Marburg, Heidelberg und Oslo. — Veröffentlichungen u. a.: Kierkegaards und Heideggers Existenzanalyse und ihr Verhältnis zur Verkündigung, Kopenhagen 1950; Kants filosofi I, Kopenhagen 1952; Den etiske fordring, ebd., (1956) [6]1962, deutsch: Die ethische Forderung, Tübingen 1959; Kunst og etik, Kopenhagen (1961), [2]1962; Auseinandersetzung mit Kierkegaard (Kontroverse), München 1968; Mitherausgeber von: Die Religion in Geschichte und Gegenwart (3. Aufl.), Theologische Rundschau.

Komorowski, Jacek, geb. 1943. Physikstudium an der Warschauer Universität, 1968 Promotion in Mathematik über den Satz von E. Noether, 1978 Habilitation bei Prof. Dr. K. Maurin in Mathematik (Laplace'scher Operator auf Riemannschen Mannigfaltigkeiten). Seit 1965 Mitarbeiter des Lehrstuhls für mathematische Methoden der Physik. Forschungsgebiete: Geometrische Methoden in der Physik, Anwendungen der Katastrophentheorie auf Phasenübergänge. Seit 10 Jahren Teilnehmer an dem von Prof. Maurin geleiteten Seminar für die interdisziplinären Probleme (Offene Systeme). — Veröffentlichungen u. a.: Von Quadriken bis Tensoren und Spinoren, Warschau 1978.

Maurin, Krzysztof, geb. 1929 in Warschau. Gründer und seit 20 Jahren Leiter des »Instituts für Mathematische Methoden der Physik« an der Universität Warschau. — Veröffentlichungen u.a.: Methods of Hilbert Spaces, Warschau 1967; General Eigenfunktion expression and unitary representations of topological groups, Warschau 1968; Analiza I und II, Warschau 1973; Analysis I, Warschau 1976; Analysis II, Warschau 1980.

Michalski, Krzysztof, geb. 1948. Wissenschaftlicher Assistent am Institut für Philosophie an der Universität Warschau, Promotion in Philosophie 1974 mit einer Arbeit über: Heidegger in der Philosophie der Gegenwart, Warschau 1978. — Weitere Veröffentlichungen u.a.: Martin Heidegger, Bauen, Wohnen, Denken und andere ausgewählte Aufsätze, hrsg. und eingeleitet von K. Michalski, Warschau 1977; Hans Georg Gadamer, Ausgewählte Essays, hrsg. und eingeleitet von K. Michalski, Warschau 1978.

Müller, A. M. Klaus, geb. 1931 in Petersdorf/Rsgb. Studium der Physik an den Universitäten Braunschweig, Bristol und Hamburg. Seit 1972 Professor für Theoretische Physik an der Technischen Universität Braunschweig. Arbeitsgebiet: Mathematische Methoden und Grundlagenprobleme der Quantentheorie. Korrespondierendes Mitglied der FESt. — Veröffentlichungen u.a.: Die präparierte Zeit, Stuttgart 1972, [2]1973; Überlebensfragen I (Hrsg.), Stuttgart 1973; Überlebensfragen II (Hrsg.), Stuttgart 1974; Zukunftsperspektiven (Hrsg.), Stuttgart 1976; Wende der Wahrnehmung, München 1978; Systemanalyse, Ökologie, Friede, in: C. Eisenbart (Hrsg.), Humanökologie und Frieden, Stuttgart 1979, 250ff.; sowie zahlreiche Aufsätze über physikalische Probleme und theologische und humanökologische Aspekte der Grundlagenkrise in den Wissenschaften und in der Politik.

Picht-Axenfeld, Edith, geb. 1914 in Freiburg, seit 1947 Professor für Klavier und Historische Tasteninstrumente an der Staatlichen Hochschule für Musik in Freiburg. Klavierstudium bei Anna Hirzel-Langenhan und Rudolph Serkin; Orgelstudium bei Wolfgang Auler und Albert Schweitzer. Internationale Konzerttätigkeit als Pianistin und Cembalistin, auch in verschiedenen kammermusikalischen Partnerschaften. Chopin-Preis Warschau 1937. Platten-Einspielungen bei Philips, Erato, Victor International, Camerata Tokyo, vor allem Klavierwerke von Joh. Seb. Bach. Kombination von Konzerten und Kursarbeit im Ausland, vor allem in Japan, Israel und Mexico. Editionsarbeit für die Wiener Urtextausgaben. Mitglied des Deutschen Musikrats.

Picht, Georg, geb. 1913 in Straßburg. Professor (em.) für Religionsphilosophie und Leiter der Forschungsstätte der Evangelischen Studiengemeinschaft (FESt) in Heidelberg. Studium der Altphilologie und Philosophie in Freiburg, Kiel und Berlin. 1945—55 Leiter der Schule Birklehof. Seit 1958 Leiter der FESt, 1965 bis 1978 Professor an der Theologischen Fakultät der Universität Heidelberg. — Veröffentlichungen u. a.: Die deutsche Bildungskatastrophe, Olten 1964; Die Verantwortung des Geistes, Olten 1965; Mut zur Utopie, München 1969; Wahrheit — Vernunft — Verantwortung, Stuttgart 1969; Frieden und Völkerrecht, Hrsg. (mit Constanze Eisenbart), Stuttgart 1973; Theologie — was ist das?, Hrsg. (mit Enno Rudolph), Stuttgart 1977; Wachstum oder Sicherheit? Beiträge zur Frage der Kernenergie, Hrsg. (mit Constanze Eisenbart), München 1978; Ist Humanökologie möglich?, in: C. Eisenbart (Hrsg.), Humanökologie und Frieden, Stuttgart: Klett-Cotta, 1979, 14 ff.; Hier und Jetzt. Philosophieren nach Auschwitz und Hiroshima, Bd. I, Stuttgart: Klett-Cotta, 1980, Bd. II ebd., 1981; zahlreiche Aufsätze zu philosophischen und politischen Themen, Gutachten zur politischen Beratung.

Rudolph, Enno, geb. 1946 in Oldenburg. Studium der Theologie und Philosophie an den Universitäten Tübingen und Heidelberg. 1970/71 theologisches Examen an der Universität Heidelberg, 1974 Promotion bei Georg Picht über Kant; 1974—77 Wissenschaftlicher Assistent am Lehrstuhl für Religionsphilosophie in Heidelberg, seit 1977 Wissenschaftlicher Mitarbeiter der FESt und Lehrbeauftragter für Religionsphilosophie an der Theologischen Fakultät in Heidelberg. — Veröffentlichungen u. a.: Theologie — was ist das?, Hrsg. (mit Georg Picht), Stuttgart 1977 (darin: Nietzsches Kritik an der Metaphysik und am Christentum); Zur Frage der Vermittlung von Theorie und Praxis bei Jürgen Habermas, in: Zeitschrift für Evangelische Ethik, Heft 1, 1977; Theorie des ethischen Verhaltens. Überlegungen am Beispiel der Wirtschaft, in: Evangelische Kommentare, Heft 11, 1978; Skepsis bei Kant. Ein Beitrag zur Interpretation der Kritik der reinen Vernunft, München 1978; Die atheistische Struktur der neuzeitlichen Subjektivität, in: Neue Zeitschrift für Systematische Theologie und Religionsphilosophie, Bd. 21, Heft 1, 1979; Entfremdung der Natur. Die praktische Naturwahrnehmung bei Marx im Kontext der neuzeitlichen Philosophie, in: C. Eisenbart (Hrsg.), Humanökologie und Frieden, Stuttgart 1979, 319 ff.; Aufsätze zu Fragen der politischen Philosophie und philosophischen Ethik.

Thom, René, geb. 1923. Studium der Mathematik an der »École Normale Supérieure« in Paris, 1952 Promotion in Mathematik bei Prof. H. Cartan (»Espaces fibres en spheres et carres de Steenrod«). Professor an der »Faculté des Sciences« der Universität Straßburg, seither Professor am »Institut des Hautes Etudes Scientifiques« in Bures-sur-Yvette. 1958 Verleihung der Fields-Medaille. Mitglied der französischen »Académie des Sciences«. — Veröffentlichungen u. a.: Stabilité structurelle et morphogénèse. Essai d'une théorie générale des modèles, in: W. A. Benjamin (Hrsg.), Reading, Mass. und Ediscience, Paris 1972; Modèles mathématiques de la morphogénèse. Recueil de textes sur la théorie des catastrophes et ses applications, in: Collection, 10/18, UGE, Paris 1974; D'un modèle de la science à une science des modèles, in: Synthèse, 31, 1975, 359—374; Les mathématiques et l'intelligible, in: Dialectica, vol. 29, 1975, Nr. 1, 71—80; Introduction à la Dynamique Qualitative, in: Astérisque, vol. 31, 1976, 1—13; Crise et catastrophe, in: Communications, 25, 1976, 34—38; Stabilité Structure et dynamique des systèmes, Maloine-Doin, Paris, 1976, 51—88.

von Weizsäcker, Carl Friedrich, geb. 1917. Studium der Physik unter Heisenberg und Bohr, Promotion zum Dr. phil. 1933, Habilitation 1936. 1942—44 außerordentlicher Professor für Theoretische Physik an der Universität Straßburg. 1946 Abteilungsleiter im Max-Planck-Institut in Göttingen und Honorarprofessor an der Universität Göttingen. 1957 bis 1969 ordentlicher Professor für Philosophie an der Universität Hamburg. Seit 1969 Direktor des Max-Planck-Instituts zur Erforschung der Lebensbedingungen der wissenschaftlich-technischen Welt in Starnberg bei München und Honorarprofessor an der Münchener Universität. — Veröffentlichungen u. a.: Kants Erste Analogie der Erfahrung und die Erhaltungssätze der Physik, in: Delius/Patzig (Hrsg.), Argumentation, Festschrift für Josef König, Göttingen 1964, 256—275; Die Tragweite der Wissenschaft, Bd. 1: Schöpfung und Weltentstehung. Die Geschichte zweier Begriffe, Stuttgart 1964; Das Problem der Zeit als philosophisches Problem (Vortrag, gehalten auf einer Tagung der Evang. Forschungsakademie in Berlin, Januar 1963), in: Erkenntnis und Glaube (Schriften der Evang. Forschungsakademie Ilsenburg, 28), Berlin 1967; Quantum Theory and Beyond, in: T. Bastin (Hrsg.), Quantum Theory and Beyond, Cambridge: University Press, 1971, 25—31, 229—262; Die Geschichte der Natur, 12 Vorlesungen, [7]Göttingen 1970; Die Einheit der Natur, Studien, München 1974; Zum Weltbild der Physik, [12]Stuttgart 1976; Der Garten des Menschlichen, München 1977; Deutlichkeit. Beiträge zu politischen und religiösen Gegenwartsfragen, München: Hanser, 1978; Diagnosen zur Aktualität, München/Wien: Hanser, 1979.

PERSONENREGISTER

Abel, N.-H. 148, 213, 223f., 227
Akame, G. E. 41
Akame, M. E. 41
Albert, H. 248, 282
Alberti, L. N. 175
Alexander, S. 146
Altner, G. 325
Andreotti, A. 168
Anrich, E. 119
Apel, K. O. 119
Archimedes 174
Arnold 53, 108
Aristoteles 18ff., 52, 55, 64, 87ff.,
    132, 275, 372ff., 375f., 381f.,
    384ff., 387ff., 390ff., 393ff.,
    396f.
Atkins, J. E. 370
Augustinus 374, 385
Ayer, A. J. 248, 282

v. Baader, F. X. 119
Bach, J. S. 398ff., 401ff., 404
Banach, St. 207
Barth, K. 264ff., 278, 282
Basilius von Cäsarea 278
v. Beethoven, L. 403
Bell 105
Berg, A. 404
Bergson, H. 322, 326
Besso, M. 26
Biemel, W. 370
Bierter, W. 306, 326
Blüher, H. 119, 130, 145, 158,
    240
Bochner, S. 174ff.
Boer, Th. de 370
Bohr, N. 25ff.
Bollnow, O. F. 119, 124ff., 127,
    159, 170f., 173, 240
Bolyai, J. 212
Bolzano, B. 331, 340f.

Bonhoeffer, D. 269, 282, 299,
    312
Bonnet, O. 151, 191ff., 222
Braitenberg, V. 90
Brieskorn 200
de Broglie, L.-V. 96
Brown, R. 56, 101, 238
Brunner, E. 158f., 164f.
Buber, M. 157f.
Bultmann, R. 248

Cartan, E. 230, 237
Cassirer, E. 125
Cauchy, A. 214
Chagall, M. 148
Comte, A. 85
Coulomb, Ch. A. de 105
Cusanus 175, 240
Cuvier, G. Baron de 62f., 66

Daqué, E. 119, 133ff., 136, 240
Darwin, Ch. R. 41, 62
Derrida, J. 370
Descartes, R. 253, 282
Dirac, P. A. M. 151
Dostojewski, F. M. 147
v. Dürckheim, K. Graf 170,
    172f.
Dukas, H. 26
Dupin, Ch. 185
Durand, G. 71, 77f., 80
Durkheim, E. 99, 104
van Dyck, W. 191f.

Ebner, F. 157f.
Eckermann, J. P. 62
Einstein, A. 25f., 30, 37, 95f.,
    100f., 105, 148, 151, 171, 204,
    321
Eisenbart, C. 10
Eisenstein 148

Ekeland, I. 53
Meister Ekkehart 157
Eliade, M. 171
Enomiya-Lassalle, H. M. 162
Epiktet 44
Ernst, M. 177
Euklid 91, 95, 102, 175 f.
Euler, L. 155, 174, 177 ff., 181,
    185 f., 191 ff., 194, 196 f., 200,
    213
Evans-Pritchard, E. E. 42
Evola, J. 171

Faraday, M. 155
Fein, H. 370
Fiedler, C. 149, 152 f., 241
Flew, A. 246 f., 282
Forrester, J. W. 305
Forster, O. 220, 241
Frank, Ph. 148
Frege, G. 20, 331, 335 f.
Freisler, R. 131
Frobenius, F. G. 226
Fröbel, F. 123
Fromm, E. 306, 326
Fuchs, E. 119, 127, 130 f., 241

Gadamer, H.-G. 119, 251, 273,
    275, 282, 376, 397
Galilei, G. 56, 94, 104
Galois, E. 148, 213, 225
Gauß, C. F. 151, 155, 183 ff.,
    186 f., 190 ff., 193 f., 198, 212 f.,
    222
Gibson, W. R. 335
Gödel, K. 83
Goethe, J. W. v. 62 f., 83, 93, 146
Gogarten, F. 158
van Gogh, V. 173
Gosztonyi, A. 173, 176 f., 241
Govinda, A. 119, 127 ff., 166, 241
Grassmann, H. 205
Grünewald, B. 370
Guardini, R. 119, 158, 161 f.

Hadamard, J. S. 148
Hamann, J. G. 119
Hamilton, W. R. 53, 56, 106, 237
Hasse, H. 153, 171
Hausdorff, F. 202, 220
Hecke, E. 169
Hegel, G. F. W. 12 f., 87, 248, 252,
    253 ff., 256 ff., 276, 282, 372,
    374, 376 f., 381 f., 397
Heidegger, M. 17, 119, 123, 131,
    144, 157, 173, 274 f., 282, 370,
    372—385, 393, 397
Heintel, E. 248, 251 f., 282, 295
Heisenberg, W. 28, 96, 148, 151,
    224 f., 241, 300
Heraklit 88, 386, 388
Hertz, H. R. 105
Hessenberg, G. 189
Hilbert, D. 95 f., 148 f., 207, 212,
    229 ff., 238
Hildegard von Bingen 94
Hoffmann, B. 26
Hofmeister, H. 247, 282
Hopf, E. 151
Hubel, D. 91
v. Humboldt, W. 124 f., 139
Hume, D. 333
Hurwitz, A. 168 f.
Husserl, E. 277, 284, 329—370
Huxley, A. 141
Huyghens, Chr. 154

Illich, I. 317, 326

Jacob, F. 73
Jacobi, C. G. J. 53, 56, 213
Jaspers, K. 157
Javlensky, A. 177
Jüngel, E. 245, 274, 282, 324, 326
Jung, C. G. 63, 93
Just, W. D. 247, 282

Kähler, E. 239 ff.
Kafka, F. 41, 75
Kandinski, V. 145, 177

412

Kant, I. 12f., 87, 118, 125, 249f., 259ff., 262ff., 265f., 282, 350, 372, 374, 385
Kepler, J. 146, 155, 175ff., 270f.
Kern, I. 370
v. Keyserling, H. Graf 119, 167f., 241
Kidwaii, H. 41
Kierkegaard, S. 374
Kirby, R. C. 182
Klages, L. 173
Klee, P. 144, 177
Klein, F. 192, 220, 227
Koebe, P. 220, 222
Köhler, L. 276, 283
Koiter 54
Komorowski, J. 8, 108ff., 117
Kraus, H. J. 278, 283
Kuhn, Th. S. 28, 316

Lagrange, J. L. 53
Lamarck, J. B. 62
Landau, E. 54
Laplace, P. S. 214, 230
Lax, P. 53
Legendre, A. M. 213
Leibniz, G. W. 19, 32, 56, 70, 87, 201f., 226, 270, 382ff.
Levi-Civita, T. 188, 199, 211f.
Lévi-Strauss, Cl. 85
Levin, K. 173
Lévy-Bruhl, L. 72, 98ff., 101, 104
Lévy-Leblond, J.-M. 53
Lie, S. 95, 122, 237f.
Link, Ch. 8, 245ff., 267, 276, 283
Lipps, H. 126, 285f.
Ljapunow, A. M. 49
Lobečewski, N. I. 212
Løgstrup, K. E. 8, 284ff.
Lorentz, H. A. 228
Lorenz, K. 27f., 32, 89
Lunn, A. 150
Luria, I. 159
Luther, M. 37, 150, 274, 276, 283

Maak, W. 169
Mach, E. 95f., 100f.
Malinowski, B. 101
Marc, F. 144
Maurin, K. 8, 14, 16, 41, 70, 96, 105, 118ff., 220, 241
Maxwell, J. C. 105, 110, 115f.
v. Mayer, J. R. 92
Mendel, G. J. 62
Merleau-Ponty, M. 344, 346, 371
Mersenne, M. 253
Meyer, H. 395, 397
Michalski, K. 8, 329ff.
Minkowski, E. 95, 172f., 228
Mohanty, J. N. 335f., 371
Moisé, E. 182
Molière, J. B. 237
v. Moltke, H. J. Graf 131
Mondrian, P. 177
Mozart, W. A. 147, 403
Müller, A. M. K. 8, 299ff., 302, 308f., 323f., 326

Nash, J. 212
Nebel, G. 119, 145, 154, 157f., 241
v. Neumann, J. 58, 238
Newton, I. 41, 94, 104, 155, 171, 175, 201, 238, 270, 345
Nietzsche, F. 254, 265, 283

Ortega y Gasset, J. 141
Otto, W. F. 162, 164

Panikkar, R. 119, 128, 135ff., 172, 241
Pannenberg, W. 248f., 283
Paracelsus, Th. 94
Parmenides 17, 392, 395
Pascal, B. 253f., 265, 271f., 283
Pasteur, L. 62
Patzig, G. 387, 397
Peukert, H. 249, 283
Picasso, P. 148
Picht, E. 8, 16, 398ff.

Picht, G. 7f., 9ff., 17, 120, 168, 268, 271, 283, 321, 323, 326, 384, 397
Planck, M. 27
Platon 18ff., 87, 120, 151, 154, 174, 177f., 182, 208, 227, 250, 277, 349, 386, 389, 395
Plotin 19, 23
Podolsky, B. 31
Poincaré, H. 82, 86, 151, 174, 182f., 195f., 198ff., 201, 211f., 220ff., 228, 237
Van Der Pol 77f.
Popper, K. R. 28, 41f., 82, 247, 283
Portmann, A. 286
Pythagoras 146, 240, 332, 350

v. Rad, G. 267, 270, 272, 281, 283
v. Rad, M. 267
Rado, T. 182
Rahner, K. 119, 136, 158, 160, 241
Rice, O. K. 117
Riemann, B. 48, 53, 73, 118, 148, 151, 155, 201ff., 204f., 209, 211ff., 214ff., 219ff., 222ff., 228f., 240
Rilke, R. M. 145, 160
Ritter, J. 371
Rosen, N. 30
Rosenstock-Huessy, E. 119, 122, 124, 131, 133, 158, 241
Rosenzweig, F. 131, 133
Rudolph, E. 8, 268, 372ff.
Russell, B. 20, 87
Ruyer, R. 69
Ryle, G. 341

de Saint-Exupery, A. 173
de Saint-Hilaire, G. 62f., 66
Sauerland, K. 41
Saussure, F. de 61
Sauter, G. 269, 283

Savage 83
Serre, J. P. 106
Serres 68
Shafarewitsch, I. R. 170
Shing-Shen Chern 204
Siebenmann, L. C. 182
Siegel, C. L. 170
Simondon, G. 100, 105
Snellius, W. 179
Söderblom, N. 150
Sokrates 161, 349
Spann, O. 156f.
Spencer, H. 89
Spengler 142
Sussmann, H. 55

Scheibe, E. 316, 326
Scheler, M. 125, 128, 130
Schelling, F. W. J. 13, 83
Schelsky, H. 246, 283
Schilpp, P. A. 25
Schmidt, E. 207
Schönberg, A. 404
Schopenhauer, A. 146
Schröder, E. 336
Schrödinger, E. 82, 106
Schuhmann, K. 371
Schutz-Sarach 165
Schwarz, H. A. 220
Schweitzer, A. 278

Stenzel, J. 284f.
Stöve, E. 41
Strauss, E. 173
Strawson, P. F. 288ff.

Thales 102
Theunissen, M. 279, 283
Thom, R. 8, 28, 41ff., 69, 102, 108, 118, 238
Thomas v. Aquin 19, 132
Thompson 188
Thyssen, J. 371
Tillich, P. 128, 136, 162
Tilmann, K. 162

Timm, H. 252, 283
Tits, J. 188
Traherne, Th. 365
Tugendhat, E. 371, 389, 397

v. Uexküll, J. 128

Vanggaard, Th. 290
Varadarajan 168

Van der Waals, J. D. 110ff., 115
Waddington, C. H. 61, 64, 97
Wagner, R. 404
Waldenfels, B. 371
v. Webern, A. 404
Weierstraß, C. 51, 217f.
Weiß, J. 278
v. Weizsäcker, C. F. 7, 15, 17ff.,
  260, 263, 283, 308, 311, 321,
  326
v. Weizsäcker, E. 10, 16, 306, 308,
  326
v. Weizsäcker, H. 8
v. Weizsäcker, V. 33, 131, 246,
  283

Westermann, C. 273, 283
Weyl, H. 141f., 148, 151, 175, 183,
  187ff., 202ff., 205, 208f., 219f.,
  222, 225, 230f., 241
Wheeler, J. A. 104
Whitehead, A. N. 91
Whitney, H. 108, 203
Whorf, B. L. 125, 241
Widom, B. 117
Wiener, N. 58, 238
Wiesel 91
Wiesenhütter, E. 312, 326
Wigner, E. 231, 239
Wilde, O. 127, 150
Willard, D. 371
Wittgenstein, L. 267
Wolf, U. 394, 397
Wolpert, L. 41

Young 90

Zeeman 54f., 80, 108
Zender, H. 16
Zuckerkandl, V. 145, 149, 158
Zuckmayer, C. 265

415

CONSTANZE EISENBART (Hrsg.)

Humanökologie und Frieden

Mit Beiträgen von Georg Picht, Klaus Michael Meyer-Abich, Constanze Eisenbart, A. M. Klaus Müller, Enno Rudolph, Dieter Wyss und Christian Link

Forschungen und Berichte der Evangelischen Studiengemeinschaft, Band 34

1979, 465 Seiten, Leinen mit Schutzumschlag, DM 50,—, ISBN 3-12-902060-8

Der Weltfriede ist die Überlebensbedingung der Menschheit in der technischen Welt. Welches sind die humanökologischen Bedingungen von Frieden?

Eine interdisziplinäre Arbeitsgruppe der FEST legt diesen Band vor, der Ergebnisse des naturphilosophischen Arbeitsbereiches und der Friedensforschung vermitteln soll. Es gibt heute keine wissenschaftlich ausgewiesenen Methoden, um Wirtschaftssysteme, politische Ordnungen, gesellschaftliche Zustände, Machtkonzentrationen, Kulturen und Religionen als Phänomene des menschlichen Oikos in der Natur zu beschreiben.

Der einleitende Beitrag von Georg Picht skizziert den möglichen Rahmen einer „Humanökologie"; die folgenden Arbeiten illustrieren, bis zu welchen Grundfragen man durchstoßen muß, wenn man sich im interdisziplinären Dialog auf solche Problemstellungen einläßt. Im Zentrum steht das gestörte und zerstörerische Verhältnis der technisierten Gesellschaft zur Natur.

ERNST VON WEIZSÄCKER (Hrsg.)

Offene Systeme I

Beiträge zur Zeitstruktur von Information, Entropie und Evolution

Forschungen und Berichte der Evangelischen Studiengemeinschaft, Band 30

1974, 370 Seiten, Leinen mit Schutzumschlag, DM 48,—, ISBN 3-12-902410-7

Die Wissenschaft schreitet vom Beschreiben von Zuständen voran zur Erklärung von Veränderungen, von der Anatomie zur Physiologie, von der Historiographie zur Geschichtstheorie, von der Fossilienkunde zur Evolutionsdynamik. Die Zeitlichkeit der Phänomene verlangt nach einer Erklärung der Zeitlichkeit allgemein.

Ansatzpunkt zur Untersuchung sollten zuerst die einfachsten Systeme sein, wie sie die Naturwissenschaft untersucht.

Wenn in der Naturwissenschaft die Zeitlichkeit, die Offenheit untersucht wird, stellt sich bald ein Berührungsfeld zur Philosophie und Theologie dar. Die Beiträge des vorliegenden Bandes führen in dieses Feld gerade erst hinein. Die Arbeit über Offene Systeme steht erst in ihren Anfängen. Sie werden unser Weltbild, ja unser kulturelles Selbstverständnis tief beeinflussen.

Preise freibleibend. Stand vom 1. 9. 1981.